© Biblioteca de América, 1998
Instituto Internacional de Literatura Iberoamericana
Universidad de Pittsburgh
1312 Cathedral of Learning
Pittsburgh, PA 15260
(412) 624-5246 • (412) 624-0829 FAX

*Colaboraron en la preparación de este libro:*

Composición y diseño gráfico: Erika Braga
Correctores: Ana María Caula, Juan Pablo Dabove y Bladimir Ruiz

*Para Antonio Cornejo-Polar,*
*In memoriam.*

*Para celebrar su entrañable presencia*
*entre nosotros.*

*Indigenismo hacia el fin del milenio.*
*Homenaje a Antonio Cornejo-Polar*

Edición de Mabel Moraña

# SUMARIO

III. INDIGENISMO Y GLOBALIZACIÓN: DEBATES ACTUALES

Quizá la crítica cultural que más importa, al menos para aquéllos que pensamos la cultura latinoamericana como algo más que el residuo teórico de elaboraciones centrales más o menos adscritas a las conocidas estructuras del colonialismo, sea aquélla que se vincula a la raíz misma del campo interpretado, a sus más profundas y conflictivas condiciones de existencia y desarrollo histórico. Las otras direcciones posibles de la crítica cultural, comprometidas con hallazgos teóricos de último momento, o con modelos esclerosados que se mantienen como por inercia en los distintos campos disciplinarios, tienden a demostrar, más temprano que tarde, su futilidad, y a sumarse al inmenso bagaje de textos prescindibles que pueblan nuestro campo de estudio.

El trabajo de Antonio Cornejo-Polar, a quien rendimos homenaje en este volumen, pertenece, por cierto, a la primera clase. Durante varias décadas, su obra alimentó la reflexión más seria y articulada que se haya producido en el Perú desde la época de José Carlos Mariátegui y el proyecto cultural que el autor de los *Siete ensayos* centralizara en torno a la revista *Amauta*. Como en éste, la obra de Cornejo-Polar no pretendió nunca extenderse más allá de los límites de su objeto de estudio: la que Angel Rama llamara "el área cultural andina", y particularmente la referida a la región peruana. No pretendió, por cierto, fundar un paradigma más o menos definitivo, ni descalificar otros intentos de acercamiento a la cuestión indígena, ni agotar las avenidas críticas y teóricas que pueden recorrerse para ir iluminando poco a poco la compleja red de antinomias, aberraciones y pretextos en la que se ha venido enredando, desde la Colonia, lo que Mariátegui llamara, modesta y puntualmente, "el problema del indio", y que hoy envolvemos con nombres más sofisticados y eufemísticos: otredad, alteridad, diferencia, subalternidad.

Sin embargo, y a pesar de lo acotado del proyecto de Cornejo-Polar, en su caso, como en el del "Amauta", el acercamiento a la problemática cultural andina pasó a constituir un modelo de interpretación aplicable a múltiples aspectos de la cultura latinoamericana y a distintos momentos de su historia. También como en el caso de Mariátegui, el trabajo crítico de Antonio Cornejo-Polar fue esencialmente *político*, en el más alto sentido del término: crece y se desarrolla a partir de una concepción dinámica de la cultura, como proceso que se va definiendo en relación tensa y conflictiva con el poder, como expresión de los distintos estratos que componen la sociedad civil en sus diversas modalidades de integración o resistencia a los proyectos dominantes y a las instituciones.

En los dos críticos hay, asimismo, un marcado énfasis en la coexistencia conflictiva de distintos sistemas que, compartiendo un mismo espacio/tiempo "nacional", se alimentan de tradiciones bien diferenciadas e incluso contrapuestas, desde el traumático origen colonial hasta la no menos fracturada contemporaneidad. La crítica es, en ambos, un ejercicio de desmontaje ideológico, mucho más que hermenéutica, comentario impresionista o propaganda, y es por eso que sus postulados permanecen y se extienden más allá de los textos o situaciones culturales concretas que los inspiraron originalmente.

En ambos críticos, finalmente, la interpretación cultural no constituyó nunca un fin en sí misma, sino un punto de partida, una labor de catalización intelectual y crítica y una convocatoria que se extendió desde la reflexión personal sobre los fenómenos analizados hasta la elaboración colectiva, articulando el trabajo de investigadores, pensadores y discípulos que contribuyeron y siguen contribuyendo a expandir la pasión por la crítica entendida ésta, eminentemente, como ejercicio de la libertad de pensamiento y compromiso ético con el objeto de estudio.

De ahí que en ambos autores la *revista* haya sido un órgano no sólo cultural e intelectualmente funcional, sino un producto simbólico, una oferta y un llamado, una plataforma de lucha, de reivindicación y debate, una apuesta al valor colectivo de la producción cultural, a la necesidad de respuestas inmediatas, dialógicas, nunca definitivas. Un espacio, también, de experimentación ideológica, desde el cual explorar distintas direcciones y metodologías, en el asedio incansable de las formas históricas y culturales.

Muchos de los colaboradores de este volumen, incluida quien escribe estas líneas, se formaron a partir de las páginas ofrecidas por la *Revista de Crítica Literaria Latinoamericana*, producida ininterrumpidamente desde 1975 gracias a la tesonera labor de Antonio y Cristina Cornejo, y deben a la apertura y generosidad de esa publicación buena parte del impulso necesario para el trabajo intelectual. Muchos pueden agregar también a ese privilegio el de haber disfrutado de primera mano de la constante labor pedagógica de su director, ejercida siempre con la necesaria dosis de rigor, honestidad y sentido del humor, no sólo desde el aula sino en toda ocasión de intercambio de ideas, polémica y diseño de proyectos comunes. Este libro quiere, de alguna manera, evocar esa dedicación a la investigación y la lectura, y la fidelidad a una búsqueda sin concesiones de las raíces más profundas del problema indígena en sus distintas manifestaciones históricas.

La crítica indigenista atraviesa hoy, como en otras etapas de su historia, un momento álgido de redefinición teórico-ideológica. La reflexión poscolonial y los fenómenos de globalización han conducido a un replanteo de las problemáticas regionales, y han obligado a repensar el lugar de América Latina no sólo en el ámbito de las relaciones internacionales sino en el contexto discursivo interdisciplinario que busca definir el papel y grados de integración de los "saberes locales" dentro de los parámetros del occidentalismo dominante.

Por su parte, la revisión de las ideas de *nación, pueblo, ciudadanía,* ha hecho volver nuevamente sobre los conceptos que definen la articulación de distintos sectores sociales, etnias y culturas en Latinoamérica: mestizaje, sincretismo, utopía, migración, marginalidad, hegemonía, como modo de explorar, desde nuevas perspectivas, las bases sobre las que se construye la nación latinoamericana y los alcances e implicancias reales de ese proyecto para los vastos y diversos grupos sociales que la componen.

Finalmente, la conciencia de la heterogeneidad latinoamericana, en los términos en que la definiera Cornejo-Polar, como coexistencia conflictiva de diversos sistemas en las totalidades nacionales o regionales, ha llevado ha enfocar el tema de la identidad latinoamericana desde nuevas premisas de análisis cultural, desafiando las taxonomías, prototipos y esquemas que rigieron el indigenismo en sus primeras y más ingenuas formulaciones, en las que el letrado se asumía como intérprete y portavoz privilegiado de sectores siempre excluidos del proyecto ilustrado y sus formas de institucionalización dentro de la estructura de la nación modernizada.

Por un lado, la elaboración identitaria no presenta ya, en la reflexión actual, el sentido conciliatorio, nivelador y fijo que le asignara la conciencia burguesa en las etapas de consolidación de la nación moderna. Desafiando sus propias premisas, la elaboración identitaria funciona en el contexto actual como una crítica de la noción de sujeto y como una apertura a la teoría de la alteridad y a la comprensión de las dinámicas internas que gobiernan el desarrollo histórico de la sociedad civil.

Por otro lado, la mediación letrada constituye ella misma tema de reflexión, ya que en la figura del autor, misionero, pedagogo, crítico, político, legislador, etc., se anudan las múltiples contradicciones entre tradición y contemporaneidad, colonización e independencia, escritura y oralidad, letra sagrada y paganismo, poder y pueblo, que subyacen en el proceso de formación de naciones y consolidación del aparato estatal en América Latina, desde la Colonia a nuestros días. De ahí que el fenómeno de transculturación, tanto como la noción de heterogeneidad, sean esenciales para entender los procesos de apropiación, redimensionamiento y resistencia cultural que se producen como consecuencia de la colonización y de los flujos modernizadores que imprimen sobre América, desde el Descubrimiento, la huella del poder metropolitano y de la hegemonía criolla que afirma su predominio político-económico ya desde las etapas protonacionales.

Los apartados en los que se divide este volumen se refieren a tres grandes campos que atañen, de distinta manera, a la crítica indigenista, y a los cuales Cornejo-Polar hiciera, en su larga carrera, importantísimas contribuciones. En los tres se plantean los temas arriba mencionados: la problemática del colonialismo, la lengua y la escritura como interpretación y representación de la "otredad" americana, la relación entre región y nación, y las diversas formas de entender las identidades colectivas y el lugar de la cultura indígena dentro de los conglomerados mayores que las articulan a través de diversas estrategias económicas, políticas y culturales.

La primera parte del libro, titulada **Colonialismo, culturas indígenas y discurso criollo**, se enfoca en los complejos intercambios culturales del mundo colonial, cuando la dominación española se impone sobre el sistema de creencias indígenas y sobre las formas de organización política y social que preceden a la llegada de los conquistadores o que sobreviven a su dominación. Los trabajos de Verónica Salles-Reese y Frank Graziano se abocan al estudio del tema religioso como manifestación de la cultura sometida dentro de la vigilante estructura del poder imperial. La primera trabaja esencialmente las manifestaciones referidas al clandestino sincretismo en que los cultos locales se combinaban y redimensionaban bajo la dominante cristiana, que exporta a América el binarismo que opone deidades y demonios como polos de la ética y la religiosidad del conquistador. Salles-Reese prefiere hablar, en este contexto, de "mestizaje" religioso, para enfocar el proceso de transculturación que se opera sobre el colonizado, en el que sobrevive, sin embargo, la tradición indígena como vertiente viva y diferenciada que acompaña los cultos cristianos con sus idolatrías, ritos y fiestas populares.

Frank Graziano, por su parte, estudia el mito de Inkarrí (el Inca/Rey), y el trasiego simbólico que se produce entre la vertiente andina y la matriz cristiana, haciendo así del cuerpo martirizado el centro de una combinatoria en que se articulan localismo y universalidad, paganismo y dogma cristiano, mitología y doctrina.

En el mismo apartado, el estudio de Beatriz Pastor sobre el Inca Garcilaso enfoca el tema del utopismo historiográfico en los *Comentarios Reales*. Analiza allí aspectos relacionados con la representación del Incario y en particular con algunos episodios claves dentro de la historia del enfrentamiento entre incas y españoles, tales como la traición de Cajamarca, estudiada como momento representativo del proceso de resistencia colonial y autofiguración incaica. Pastor persigue fundamentalmente la función que cumple en la obra del Inca la estrategia idealizadora: principalmente como "legitimación del sujeto, autorización del mensaje [y] creación de un espacio simbólico de negociación". Es central, en este sentido, la importancia conferida a la lengua (y al problema de la "competencia lingüística") como instrumento de diálogo, resistencia y construcción de sujetos en el mundo colonial. Conocimiento y comunicación son entonces aspectos centrales para la definición de identidades, y los *Comentarios* un momento esencial en la *inscripción* del Incario dentro del espacio cultural de Occidente pero también dentro de la secuencia histórica andina que reivindica su particularismo cultural en el contexto de la dominación colonialista.

El tema de la lengua es también esencial en el ámbito de la Nueva España, para entender los intercambios culturales que se producen en el contexto colonizador. En ese espacio Maureen Ahern estudia aspectos de la Guerra Chichimeca basándose en un memorial de 1563 que informa sobre las interacciones entre miembros de la sociedad náhuatl y colonizadores españoles. El artículo enfoca principalmente el proceso de formación de identidades fronterizas y el lugar que las lenguas (náhuatl y castellano) tuvieron en las interacciones culturales que caracterizaron esa instancia del encuentro colonizador. Asimismo, Ahern releva la importancia de la oralidad y de ciertas formas de *performance* en los procesos de autorrepresentación y construcción de subjetividades colectivas en el contexto social analizado. Este apartado se cierra con un trabajo de José Antonio Mazzotti, "Indigenismos de ayer: prototipos perdurables del discurso criollo", en el que se analizan algunas líneas discursivas que, arrancando de la cultura virreinal, se insertan y desarrollan en el indigenismo que durante el siglo XIX ensaya formas de incorporación de las sociedades indígenas a los proyectos de formación y consolidación nacional en América Latina. Mazzotti se adentra en el estudio del discurso letrado y de la "identidad relacional" (Cornejo-Polar) que cada grupo desarrolla como base para la interacción interétnica. El estudio analiza diversas fuentes en las que se apoya tanto el temprano "indigenismo criollo" de defensa del indio como el que elaboran autores de origen indígena y mestizo que dan a conocer su propia versión del pasado y de las consecuencias de la Conquista. El estudio demuestra la persistencia de paradigmas y tópicos de representación indígena que, desde las primeras etapas de la dominación española, han servido como modelo para una conceptualización de la "otredad" americana. El artículo de Mazzotti enfatiza así las líneas de continuidad ideológico-discursiva que pueden percibirse entre Colonia y República, y sirve de transición a los estudios que analizan la inscripción de la cuestión indígena dentro del amplio marco del pensamiento republicano y liberal bajo cuyos auspicios nacen y se desarrollan los nacionalismos latinoamericanos.

**Indigenismo y nación** reúne una serie de estudios acerca de textos o fenómenos culturales que están íntimamente relacionados con el diseño de la nación moderna en América Latina. A través de ellos, puede entenderse el papel que jugaron, desde el nacimiento de la nación latinoamericana los problemas de género y etnia, y cómo ambos se integran en los proyectos de incorporación de la cuestión indígena y en la elaboración de las identidades nacionales y regionales.

El estudio de Jesús Díaz-Caballero analiza el momento de transición de la época colonial a la republicana y la formación del imaginario nacionalista, dentro del cual se destaca la integración de los cultos marianos absorbidos y reelaborados por las elites criollas, como parte de su proyecto de consolidación político-cultural y desarrollo del proyecto ilustrado. Comparando los casos de México y la región andina, Díaz-Caballero analiza, dialogando implícitamente con los estudios de Graziano y Salles-Reese, aspectos de la transculturación aplicada al terreno de la creencia y la constitución de subjetividades colectivas en el mundo indígena y criollo. La inscripción de los cultos marianos como parte del discurso de legitimación de la Conquista permite relevar un aspecto esencial de la inserción de la tradición letrada en las culturas indígenas, y el modo en que a su vez esa vertiente metropolitana va absorbiendo el impacto de las culturas dominadas. Díaz-Caballero estudia el sincretismo religioso en sus variadas articulaciones con la ideología secularizadora del discurso libertador y como base para la construcción de un imaginario criollo que remodula y da nuevo significado ideológico y cultural a la herencia colonial.

El trabajo de Ana Peluffo enfoca la pionera novela de Clorinda Matto de Turner, *Aves sin nido*, a partir de la perspectiva del género (tanto sexual como literario), descubriendo en la matriz romántico-sentimental de la narración una vertiente sumergida de la identidad nacional peruana de fines del siglo XIX. El sentimentalismo sirve, según Peluffo, como estrategia y recurso ideológico a partir del cual la voz femenina reivindica el ámbito de lo doméstico, y los registros de la moralidad y la emoción como rasgos de una subjetividad desplazada de los proyectos dominantes. De acuerdo con el análisis de Ana Peluffo, la novela de Matto de Turner incorpora por esta vía una interpelación estético-ideológica que propone al lector un modelo alternativo de nación e interacción social, donde adquieren representación sujetos marginalizados por el patriarcalismo republicano.

Por su parte, Guido Podestá y José Castro-Urioste se refieren a autores que plantean también, a través de sus textos, alternativas a las elaboraciones identitarias dominantes en su momento histórico. El caso de Abelardo Gamarra, estudiado por Podestá, nos enfrenta al problema de la canonización literaria sobre todo en lo que se refiere a obras que desafían criterios normativos proponiendo una visión oblicua del mundo representado, o haciendo uso de un lenguaje que se aparta de los usos más recibidos en los círculos cultos. Podestá percibe en la obra de Gamarra sobre todo el valor de esa desviación, y el registro que hace de la modernidad, en las primeras décadas del siglo. Este autor al tomar la perspectiva del forastero en su propio país, ilustra las rearticulaciones que favorece la migración, interna o externa, que moviliza sujetos, visiones del mundo, retóricas y agendas culturales, dentro del espacio en que se desenvuelve la sociedad civil.

En la obra de López Albújar el estudio de Castro-Urioste resalta fundamentalmente la perspectiva multicultural desde la cual se construye una determinada visión del grupo indígena andino para fortalecer la identidad nacional elaborada a partir de los parámetros de la cultura urbana. Castro-Urioste descubre en la narrativa del autor de los *Cuentos andinos* la exploración, no exenta de contradicciones, de una imagen utópica de la nación peruana como espacio de conciliación racial y cultural en sentido amplio, donde los distintos sectores sociales se articulan y desarticulan mostrando el conflicto inherente a la sociedad andina y a su condición subalterna. Castro-Urioste atraviesa distintos niveles semánticos para poner de manifiesto a un López Albújar fermental y a veces despiadado en su representación de las fracturas sociales e ideológicas del Perú en las primeras décadas del siglo.

Eugenio Chang-Rodríguez releva un aspecto importante y con frecuencia descuidado de la obra de Mariátegui y en particular de la que llevó a cabo desde las páginas de la revista *Amauta*: su atención a la lucha social de la mujer y su apertura a la producción femenina como componente esencial a la construcción de una cultura nacional en el Perú y en los distintos países latinoamericanos. Chang-Rodríguez muestra la evolución del pensamiento y de la acción cultural mariateguiana, desde las primeras y más ambiguas crónicas del autor de los *Siete ensayos* hasta su más decidido reconocimiento de la importancia de la lucha de la mujer por adquirir derechos civiles e igualdad política y jurídica, posición que empieza a desarrollar principalmente después de su regreso de Europa. A partir de ese momento, *Amauta* se transforma en uno de los principales órganos latinoamericanos en la divulgación de creación literaria femenina, en el apoyo a la reivindicación de los derechos de la mujer y, en general, del pensamiento feminista que se desarrollaba ya a nivel continental.

Los estudios de Rebaza-Soraluz, Zevallos-Aguilar y Landreau se refieren a distintos aspectos de la obra de José María Arguedas, pero confluyen en la valoración crítica de los aportes que el escritor peruano realizara para una relectura de la identidad nacional y de las interrelaciones entre las distintas vertientes que componen la sociedad andina.

Luis Rebaza-Soraluz inscribe la obra de José María Arguedas y la de Javier Sologuren en el contexto de la redefinición de la cultura andina que tiene lugar en las décadas de los años treinta y cuarenta en el Perú. Estudia, principalmente, la construcción de subjetividades a partir de los recursos que provee la tradición estética y particularmente de los que abre la lengua quechua como espacio alternativo de comunicación y expresión colectiva.

Juan Zevallos-Aguilar concentra su análisis en la ritual danza de las tijeras tal como aparece representada en la obra de Arguedas, particularmente en su cuento "La agonía de Rasuñiti", en la que el baile remarca la especificidad y supervivencia de la cultura quechua. Zevallos resalta el carácter etnográfico que con frecuencia asume la literatura de Arguedas, y la particular significación de este baile que, arraigado a las más antiguas tradiciones indígenas de la región andina, es retomado y desnaturalizado en un video actual que intenta reproducir aspectos audiovisuales desplazados de la narración arguediana. Zevallos problematiza así la relación interdisciplinaria (literatura/antropología) y otras cuestiones inherentes al tema de la representación estético-cultural, en sus derivaciones sociales e ideológicas.

John Landreau, por su parte, explora principalmente la dimensión autobiográfica en la obra del autor de *Los ríos profundos* como estructura que potencia su proyecto literario y sus propuestas sobre la identidad transcultural en el Perú. El crítico estudia la construcción del espacio autobiográfico como paradigma interpretativo que se proyecta como modelo dominante sobre la producción y recepción de la obra arguediana.

Cerrando este apartado, Alejandro Solomianski propone una lectura actualizada de *Hombres de maíz* desde la perspectiva de la problemática que aporta el debate posmodernista y la incorporación de los conceptos de heterogeneidad y transculturación al estudio de la obra de Miguel Angel Asturias.

Solomianski analiza *Hombres de maíz* como "discurso estético de resistencia anticapitalista", en tanto reivindicación de identidades culturales "primitivas" amenazadas por las agendas de la globalización. Adentrándose en la abigarrada escritura asturiana, Solomianski analiza la elaboración a través de la cual se sitúa la cultura popular (el universo mítico, el folklore) en contraposición al orden capitalista, y los espacios de resistencia que crea la narración en torno a la representación de los diversos sectores sociales y sus tensas interacciones en el conflictivo contexto de la modernidad.

16 • Mabel Moraña

Los artículos que se agrupan bajo el título de **Indigenismo y globalización: debates actuales** reúne un grupo variado de trabajos en los que se discute el lugar de la problemática regional dentro de nuevas teorizaciones y en variadas localizaciones geoculturales: Ecuador, el noroeste argentino, Guatemala, la selva Lacandona, entre otros. A través de estos estudios puede vislumbrarse, de diversas maneras, la proyección de la problemática indigenista y sus distintas direcciones en el contexto de cuestiones de enorme vigencia en el fin de nuestro siglo: la cuestión ecológica, el tema de las integraciones regionales, el resurgimiento de regionalismos y movimentos comunitarios "adormecidos" durante la modernidad, la impugnación, desde nuevas perspectivas, de los discursos occidentalistas, los mitos iluministas y la utopía de la nación-estado, la problemática del mercado y la negociación de identidades impactadas por el comercio de los bienes simbólicos, etc. Cada uno de estos trabajos estudia aspectos diferentes, más o menos particularizados, de la problemática indigenista a nivel continental y con atención a coyunturas propias de nuestro momento histórico-cultural marcado por las dinámicas diaspóricas o migrantes tanto como por las que refuerzan la búsqueda de un centro identitario que cada comunidad sitúa en distintos lugares del espacio, la historia o la creencia.

Mi trabajo sobre "Indigenismo y globalización" intenta situar, en el contexto de las actuales estrategias de "mundialización", el lugar del indigenismo como espacio desde el que se reivindican los "saberes locales" contra el universalismo inherente en las totalizaciones occidentalistas. En este contexto, la problemática indigenista busca fundar un paradigma crítico-teórico desde el cual explorar las relaciones hegemonía/subalternidad reivindicando la preeminencia del particularismo étnico, lingüístico, económico, cultural frente a posturas homogeneizantes y reductivistas. El artículo plantea los desafíos actuales del indigenismo analizando aportes de Mariátegui y Cornejo-Polar en la definición de los sujetos y espacios discursivos que configura la crítica indigenista, y ubica la problemática de la integración regional y continental de acuerdo a los conflictos que son propios de América Latina.

Raúl Bueno enfoca los fenómenos de migración interna del campo a las ciudades latinoamericanas, viéndolo como una de las dinámicas principales que ha logrado invertir el modelo civilizador instalado desde la Conquista, que consistía en difundir el orden cultural a partir de los centros urbanos. Según Bueno, a partir de estos fenómenos migratorios, las ciudades son las que registran la redefinición cultural impuesta por los nuevos sujetos provenientes de las áreas rurales y portadores de culturas subalternizadas por el orden urbano. Raúl Bueno potencia el concepto de heterogeneidad y las últimas reflexiones de Cornejo-Polar sobre el sujeto migrante, ampliando sus aplicaciones y connotaciones primarias. Al referirse a la "crisis del modelo radial de cultura", el autor de este artículo discute los alcances de la *ciudad letrada* y plantea algunas de las posibles consecuencias de este fenómeno de contraconquista contemporánea que está cambiando la idea y la vivencia de la nación.

El trabajo de John Beverley se articula como una crítica al concepto de transculturación de Ángel Rama, y como cuestionamiento del predominio que el crítico uruguayo confiere a la *ciudad letrada* en los procesos de producción e institucionalización cultural. Aplicándose a varios casos que van desde la obra colonial *Ollantay* hasta la revolución sandinista, pasando por Rigoberta Menchú y otras situaciones de enfrentamiento cultural en el Ecuador contemporáneo, el artículo explora la instrumentalidad de la noción de sociedad civil, la crítica a la conceptualización moderna de hegemonía, y el lugar del olvido/memoria como elemento constitutivo de la subjetividad migrante.

En el caso del estudio de Ricardo Kaliman, se reflexiona sobre el tema de la identidad refiriéndola a la situación específica de los grupos humanos que habitan la región de los Valles Calchaquíes en el noroeste argentino. Esta identidad "vallista" se desarrolla en tanto alteridad con respecto a la identidad nacional "neoeuropea", dejando al descubierto un elemento de heterogeneidad y conflicto que desafía el concepto de nación como unidad étnico-cultural. El artículo analiza el discurso indigenista surgido en torno a grupos como el vallista y otros similares, cuya identidad comunitaria se contrapone a la elaboración de la vertiente gauchesca, considerada tradicionalmente como la dominante vernácula y la vertiente más autóctona en la elaboración identitaria argentina desde el siglo XIX.

Para el caso de Guatemala, el estudio sobre la cuestión étnica realizado por Mario Roberto Morales se concentra en la dinámica que compromete a los sectores mayas y ladinos, activada principalmente como consecuencia de la guerra civil que asoló al país desde la década de los años sesenta. El autodenominado "movimiento maya" se inserta justamente en el cruce de discursos sobre la etnicidad que luchan por la definición de subjetividades colectivas elaborando el tema de la diferencia y la pureza racial y el de la representatividad ideológica de los distintos grupos que se articulan en la totalidad nacional. Morales analiza el conjunto de nuevos movimientos sociales de carácter étnico surgidos a consecuencia de la movilización popular, desde distintas vertientes ideológicas, y las relaciones que éstos mantienen entre sí y con respecto a la sociedad civil y a las instituciones del Estado. De la problemática multiétnica y multicultural, Morales pasa a introducir el tema del mercado y la negociación de identidades que se producen en el proceso de democratización del espacio nacional, y plantea la pregunta acerca del papel histórico y político que corresponderá a estas identidades que han convertido la cuestión étnica en su principal bandera de lucha: nuevos desafíos para una ideología del mestizaje denunciada con frecuencia por su carácter conciliatorio y homogeneizante, y que Morales interpreta, en la encrucijada de hoy, como un espacio discursivo de articulación transculturadora y democratización interétnica.

Cerrando el volumen, el estudio de Cynthia Steele se concentra en la comparación de crónicas en las que se relatan expediciones americanas realizadas en la Selva Lacandona de Chiapas, convertida desde fines del siglo XIX en espacio de intercambios culturales y laboratorio de encuentro interracial. Su análisis descubre las figuras de los pioneros expedicionarios, la reconstrucción del paisaje y sobre todo las interacciones sociales como instancias de un relato histórico-etnográfico frecuentemente contradictorio, a veces poético y casi siempre teñido por la subjetividad interpretativa y las perspectivas culturales del relator. Colonialismo, transculturación, subalternización, descubrimiento y desencubrimiento de la otredad y de la propia identidad que se va definiendo en el proceso de la confrontación cultural, son algunos de los temas que introduce el artículo de Steele, que nos llama la atención sobre aspectos esenciales de la relación intercultural, y de las visiones/versiones que se construyen en el proceso de traducir discursivamente la experiencia y la mirada. La "zona de contacto" lacandona adquiere, así, un valor significativo, casi alegórico en su facilitamiento fermental de vivencias y relatos que entregan los fragmentos de subjetividades euro-americanas, mexicanas y mayas que interactúan y compiten por la hegemonía interpretativa y representacional.

De esta manera, en trabajos que recorren la historia latinoamericana desde el período colonial hasta la actualidad, este libro se propone, modestamente, como una contribución a la temática a la que Antonio Cornejo-Polar tanto aportara, durante los muchos años que dedicara a la crítica literaria y cultural. En todos y cada uno de los estudios incluidos en este volumen se perciben, explícitas o no, las sendas abiertas por su incansable trabajo crítico: su modo de conceptualizar la cuestión indígena como el punto en que se anudan y radicalizan las contradicciones de un continente surgido de la violencia colonizadora, su percepción de las múltiples vertientes y sistemas culturales que recorren la totalidad continental y desafían todo proyecto de nivelación identitaria, sus lecturas sagaces de los más representativos autores y procesos de la historia cultural del continente, su atención a los gestos culturales, coyunturas político-ideológicas e inscripciones de la creencia, la oralidad o el mito en el imaginario letrado.

Desde hace varias décadas, y de ahora en más, pensar la problemática indigenista es recordar la labor incansable, la porfiada fe en el trabajo crítico e interpretativo, la generosidad, la tolerancia sin concesiones, el rigor y la fuerza intelectual de Antonio Cornejo-Polar. Es verificar la solidez y productividad de sus análisis y celebrar el privilegio de haber podido compartir con él la pasión por la cultura y la fe en América Latina. Es, también, trabajar por mantener fértil y transitada la ruta que él abriera para que todos entendiéramos mejor el sentido y compromiso de nuestro trabajo y para que nos adentráramos en la interioridad de un continente sorprendente, ignorado, que él contribuyó, en gran medida, a presentar en toda su desafiante complejidad. Pensar la problemática indigenista, es, entonces, seguir compartiendo con Antonio un mismo espacio de intercambios, ideas e interrogantes y, en este proceso, confirmar su presencia, sabia y reconfortante, entre todos nosotros.

Mabel Moraña

# I. COLONIALISMO, CULTURAS INDÍGENAS Y DISCURSO CRIOLLO

Demonios y demonizados:
Mestizaje en el ámbito religioso andino

Verónica Salles-Reese
*Georgetown University*

En la historia cristiana de Europa el enfrentamiento de cultos locales con el cristianismo resultó en una recontextualización, sustitución o asimilación de deidades y ritos locales dentro de un esquema binario en el cual lo divino se contraponía a lo demónico. La visión cristiana de lo divino y lo demónico, cristalizada a lo largo de varios siglos, fue transferida, desplazada, proyectada y asimilada a distintos contextos en el Nuevo Mundo desde el comienzo del Encuentro.

Las religiones americanas, a diferencia de las europeas y sobre todo del cristianismo, no estaban fundadas sobre criterios binarios de oposición. Los poderes sobrenaturales tanto positivos como negativos estaban integrados en una especie de monismo donde la complementariedad o dualidad de las fuerzas era la regla.

Por ello, las prácticas religiosas americanas, filtradas a través de la óptica binaria cristiana, sufrieron distintos grados de rechazo y aceptación por parte de la religión hegemónica. Por otro lado, los conceptos religiosos y ritos indígenas estaban profundamente enraizados en las culturas americanas, y, a pesar de los múltiples esfuerzos de evangelización, sobrevivieron en prácticas religiosas sincréticas en algunos casos, en otros de manera clandestina o marginal, y aún en formas ininteligibles desde el marco de referencia cristiano. El caso de la representación del demonio en la región central andina es particularmente interesante pues revela, por una parte, los distintos modos en que la cultura local fue demonizada y, por la otra, explica en parte la ambigua figura del demonio en la cultura autóctona que persiste hasta nuestros días.

El mestizaje en el mundo andino en la mayoría de sus manifestaciones culturales es más la coexistencia que la mezcla o el sincretismo de las culturas indígenas y europea que lo alimentaron. Esto es evidente en las actuales prácticas religiosas de la población indígena y mestiza en los Andes centrales donde algunos de los cultos indígenas heredados desde tiempos remotos se practican paralelamente a los ritos cristianos impuestos a partir de la Conquista y Colonización. Partiendo de algunos ejemplos del ámbito religioso andino, en el presente trabajo intento dar una explicación de las razones por las cuales fue posible que las manifestaciones religiosas andinas ancestrales pudieran mantenerse vigentes a lo largo de los siglos a pesar de infatigables esfuerzos cristianos por suprimirlas.

La iglesia y convento de San Francisco se levanta en el centro de la ciudad de La Paz. Tanto su imponente fachada labrada en piedra como el retablo mayor tallado en madera y revestido en pan de oro son ejemplos representativos del barroco mestizo, y constituyen una muestra admirable de la arquitectura colonial. Los frailes, cuya labor catequizadora está dirigida mayormente a la población indígena y mestiza, celebran las misas y ritos católicos. Se los ve por las oscuras naves, vistiendo el tradicional hábito con que hace cinco siglos habían comenzado su misión evangelizadora. A espaldas de esta monumental estructura se encuentra el *laki asina katu* en aymara conocido popularmente en castellano como el "mercado de brujas". Contra la pared de San Francisco se apoyan los puestos de venta de todo aquello necesario para los ritos andinos: hierbas medicinales, ofrendas de algodón y lana, coloridos y peculiares dulces, algunos fetos de llamas u otros animales para enterrarlos en honor a la *Pacha Mama*, diosa de la tierra. En este *katu* frecuentemente se ve a *yatiris* (sabios o magos aymaras cuya característica es que fueron tocados por el rayo)[1] y a *callahuayas*, curanderos y poseedores de ocultos conocimientos quienes desde épocas pre-incaicas constituían un grupo étnico diferenciado cuyas funciones médico-religiosas fueron respetadas y temidas por los distintos grupos étnicos de la región. Muchas de las personas que frecuentan este mercado en busca de las ofrendas para la *Pacha Mama* o los consejos de los *callahuayas* son las mismas que en el interior de la Basílica oran y ofrecen velas al santo de su devoción y piden absolución de sus pecados a los frailes franciscanos.

No demasiado lejos de este sitio, a unos 130 kilómetros de la ciudad de La Paz, en la bahía de Copacabana, se levanta a orillas del lago Titicaca el cerro de Sirocani, cerro que —en tiempos pre-hispanos— era una de las principales *huacas* o lugares sagrados de los antiguos aymaras y quechuas. El augustino Fr. Alonso Ramos Gavilán nos dice en su *Historia del célebre santuario de Nuestra Señora de Copacabana* [1621], que allí esperaban los *yatiris*,[2] sacerdotes de la idolatría, quienes confesaban a los peregrinos que, en ruta al templo del Sol en la Isla Titicaca, hacían un alto en su peregrinación en el cerro de Sirocani, donde los indios después de confesar sus pecados realizaban ritos de purificación antes de continuar hasta el *sancta santorum* de su deidad solar. Hoy en día, ya muy pocos conocen a este cerro con su antiguo nombre de Sirocani, es más bien conocido como el Calvario. A pocos metros de la Basílica de Nuestra Señora de Copacabana, empiezan las catorce estaciones del calvario. A medio camino, en la séptima estación se halla un pequeño terraplén donde encontramos una mesa de piedra que, en días de procesión, sirve de altar para la celebración de la misa. En los días en que los franciscanos no celebran la misa, un *yatiri* puede celebrar una "mesa",[3] ritual andino, ofreciendo hojas de coca y *mullu* (conchas) a las divinidades tectónicas, o puede también orar a la Virgen de la Candelaria, según lo demande el peregrino o turista que haya llegado hasta este descanso en su ascenso hacia la cumbre del *Calvario*.

El cristianismo y las creencias religiosas indígenas no sólo comparten el mismo espacio, como los ejemplos citados sugieren, sino también suelen coincidir en el tiempo. En muchas de las festividades católicas, tales como por ejemplo el 8 de diciembre, día de la Inmaculada Concepción, sale de una iglesia la procesión encabezada por el sacerdote de la parroquia seguido por los fieles que llevan en andas una imagen de la Virgen. No es raro que detrás de la imagen acompañe la procesión la diablada, danza folklórica en la que los bailarines acicalados con trajes de fantasía, bordados con piedras de colores e hilos de oro y plata llevan unas coloridas máscaras de diablo, con enormes cuernos, sobre la cabeza un lagarto, y en la boca, dientes filudos hechos de espejos que refulgen mientras ellos bailan su elaborada coreografía. Si se trata de interpretar esta danza, no es difícil ver que evoca a los autos sacramentales, ya que podría representar la lucha entre las fuerzas satánicas y ángelicas. Sin embargo, esta interpretación es sólo válida si se la contextualiza dentro de una tradición cristiana occidental. En las creencias locales, la figura del diablo constituye uno de los seres sobrenaturales temidos y honrados por muchos indígenas. Por ejemplo, los mineros, antes de entrar a la mina, echan alcohol y ponen un cigarrillo en la boca de una figura tallada del "tío", como llaman al diablo, para que los proteja en el interior de la mina puesto que éste es señor de la *manqhapacha*,[4] el mundo de abajo, y por lo tanto dueño de los minerales.[5] Este ritual se realiza paralelamente al ofrecimiento de velas y oraciones ante la imagen de la Virgen del Socavón cuya ermita también está en la boca-mina.

Todos estos ejemplos sugieren que, a pesar de casi cinco siglos de evangelización y centenarias campañas de extirpación de idolatrías, en la religiosidad de los Andes centrales existe aún hoy en día una simultaneidad en la manifestación tanto de creencias cristianas como andinas ancestrales. Lo que propongo no es demostrar este fenómeno de isocronía e isotopía de ambas religiones, sino más bien tratar de explicar las posibles razones de su existencia. Mi hipótesis es que tanto la religión cristiana, representada por su cuerpo institucional de sacerdotes, clérigos, extirpadores de idolatrías, catequizadores y por su propia demonología, como la religión andina, con sus respectivas creencias y rituales, contribuyeron involuntariamente a la pervivencia de ambos cultos simultáneamente y a la demonización de las religiones andinas.

Como demuestra Henry Ansgar Kelly en su estudio *The Devil, Demonology and Witchcraft*, las creencias en el demonio, aunque parte significativa en la historia del cristianismo, no constituyen un cuerpo de conceptos coherentes que emergieron de las sagradas escrituras, sino que se trata más bien de una producción mítica post-bíblica —producto de malas, e incluso aberrantes, interpretaciones de textos bíblicos. Sin embargo, estas creencias, por más mal fundadas que estuviesen tuvieron serias repercusiones en Europa sobre todo a partir del siglo XV e inclusive hasta el siglo XVII, en que se llevó a cabo la persecución de brujas a gran escala (Kelly 43). La ortodoxia cristiana para entonces ya tenía una larga tradición desde la Edad Media de demonizar cualquier culto que se apartara de los cánones eclesiásticos o que por alguna razón fuera cobrando ascendiente político o económico en Europa. Tal es el caso de los cátaros, templarios, hospitalarios, *benandanti*, y otras muchas sectas y cultos que —tildados de herejías— encendieron el furor de la Iglesia cuyo celo se desencadenó en persecuciones, torturas, encarcelamientos, y ejecuciones realizadas por la Inquisición europea.[6] Las historias que circulaban acerca de estas sectas narraban los ritos satánicos que sus seguidores realizaban, su adhesión al demonio y su rechazo a la fe cristiana. Estos relatos, producto más de intereses creados y de una casi delirante imaginación que de hechos probados, fueron el pilar sobre el cual descansaban dichas acusaciones y fueron la fuerza motriz de las campañas de extirpación de tales sectas. Norman Cohn en su libro *Europe's Inner Demons* demuestra convincentemente cómo, en el caso de los templarios en Francia, el poder político, encabezado por Felipe IV, rey de Francia (1268-1314) a principios del siglo XIV[7] aprovechando la "información" de Esquiu de Floryan —futuro torturador de los templarios— tejió una red con las historias que extorsionaba de los templarios en la cual no sólo quedaban atrapados los supuestos herejes sino inclusive la autoridad máxima de la iglesia, el papa Clemente V (Cohn 83).

Los relatos sobre los ídolos que los templarios adoraban o los ritos de iniciación que realizaban, no difieren mucho de las acusaciones que los extirpadores de idolatría impugnaban a los indígenas en los Andes. El desplazamiento y la continuidad de la demonización de cultos no ortodoxos en Europa y su consiguiente persecución a las religiones americanas ha sido claramente demostrada en repetidas ocasiones, y más recientemente en el caso de México por Fernando Cervantes en su libro *The Devil in the New World*. Ya en 1630, el padre Bernabé Cobo, al terminar su tratado sobre la religión de los antiguos peruanos, había subrayado la similitud entre los cultos demonizados en Europa y los realizados por los andinos que "como gente bestial, inmunda y sujeta al demonio, tenia de torpezas y cosas obscenas que mezclavan con sus ritos, que no fueron en esta parte de mejor condición que los gentiles del mundo viejo, pues tenían por guía y maestro de su ceguedades e ignorancia al mismo que los otros" (Cobo 234).

Desde el primer relato sobre cultos amerindios hecho por Ramón Pané los cultos religiosos indígenas fueron tildados de demónicos. En sus sermones y con afán evangelizador los catequizadores repetían a los indios que sus antiguos dioses no eran otros que las hordas de Satán, Belzebú o Lucifer.

Si pensamos en términos lingüístico-simbólicos vemos que los significantes divinos, ejemplificados en el vocablo *huaca*, podían tener significados divinos duales, tanto positivos como negativos.[8] Los celosos cristianos en sus prédicas intentaban imbuir un significado demoníaco unívoco en todos esos significantes. Sin embargo, la pervivencia de muchos cultos parecería indicar que lo que sucedió fue más bien que el significado de fuerzas destructoras divinas adquirió un nuevo significante en la palabra castellana "diablo" que los españoles dieron como equivalente del termino *supay*. Es decir diablo o *supay* en quechua o aymará, retenía su valor divino y consiguientemente reclamaba el culto que le era debido. Más aún, como señala Hans van der Berg, en el pensamiento aymara ninguno de los seres extra-humanos es del todo bueno ni tampoco del todo malo. Por tanto, el demonio podía ser parte del panteón andino, donde los dioses pueden ser buenos o malos.

Si consideramos además que para los indígenas todo aquello que se apartaba de lo usual y esperado, incluyendo lo deforme o lo que en Occidente se consideraría monstruoso, era una *huaca*, es decir una manifestación divina que en muchos casos tenía un sentido agorero, resultaría lógico que el demonio occidental fuera aprehendido inicialmente como una divinidad más. Por otra parte, ese significado particular de *huaca* parcialmente se superponía al significado de lo monstruoso en Europa pues éste conllevaba también un sentido profético y en muchos casos también demoníaco que se combina especialmente en las representaciones iconográficas de las Postrimerías y los Triunfos. El tema del Juicio Final y la Segunda Venida de Cristo aparecen en la pintura europea desde la Edad Media hasta el siglo XVII (Ariès 99-113). En las iglesias europeas se cubrían los muros con lienzos representando las Postrimerías o el Juicio Final en los que aparecían diablos y monstruos que luchaban por llevarse almas al infierno.[9] En la Colonia, a partir del siglo XVI, y siguiendo la tradición europea, se pintaron muchos lienzos con el tema de las Postrimerías, especialmente en iglesias de indios.[10] Demonios y monstruos eran también motivos relativamente comunes en muchos cuadros coloniales, los cuales sin duda tenían un propósito didáctico-evangelizador. Un ejemplo interesante se encuentra en la iglesia de Caquiaviri, en la provincia Pacajes del Departamento de La Paz. Se trata del lienzo anónimo de "San Antonio Abad" en el tímpano de la iglesia. El cuadro es una copia de un grabado del maestro francés Jacques Callot [1592-1635], quien, sin duda, a su vez se inspiró en representaciones sobre el mismo tema de Hieronymus Bosch y Pieter Bruegel. Basado sin duda en la hagiografía medieval, San Antonio Abad aparece en este cuadro rodeado por horribles demonios que, echando fuego por las fauces, lo acechan por todas partes. El centro del lienzo está ocupado por San Antonio sentado en una cueva mientras que, el resto del espacio lo cubren toda suerte de monstruos y demonios, unos volando por el aire amenazantes, otros encaminándose hacia la cueva y aún otros ya dentro de la cueva hincándole un tridente o tirando de una cadena el cuello del santo.

Sin duda estas representaciones plásticas de monstruos y demonios tenían resonancias en los oídos de los indígenas quienes estaban muy acostumbrados a oir referirse a sus ídolos y divinidades como demonios, a sus sacerdotes como hechiceros y a sus altares como "diabólicos adoratorios". La tenacidad e insistencia de las campañas contra la idolatría obligaban a que todo lo relativo al ámbito religioso indígena buscara formas clandestinas de expresión, desplazando el contenido simbólico ancestral a otras formas de representación. En estas circunstancias, si los evangelizadores hubiesen conseguido que los indígenas asociaran a sus deidades con el demonio, las imágenes demoníacas de las Postrimerías en general y el lienzo del tímpano de Caquiaviri equivaldrían a un nuevo modo de exisistir de las *huacas* andinas, a quienes juntamente con el Dios cristiano se les rendía culto en el recinto sagrado de la iglesia. Este culto dual se vería también reforzado por el lugar donde se lo celebraba, ya que desde el principio de la Colonia la mayoría de las iglesias se habían construido en lugares previamente sacralizados por cultos andinos. También se levantaban capillas e izaban cruces donde antes se habían erigido los templos o donde se encontraban las *huacas* de los indígenas. La antigua sacralidad del espacio permanecía así inalterada, como ampliamente he discutido en un trabajo más extenso.[11] Durante mucho tiempo los indígenas trataron de incorporar físicamente a sus deidades en los templos cristianos recién erigidos. Francisco de Avila, iniciador de las campañas de extirpación de idolatrías y cura de San Damián en Huarochirí durante la última década del siglo XVI, encontró en varios lugares figuras de ídolos escondidas en distintas partes de las iglesias y aún en las andas del Santísimo Sacramento cuando salía en procesión. Cuenta este famoso extirpador que un ídolo llamado *Guamansiai* había sido introducido en la pared de la iglesia frontera del altar mayor "para podelle adorar de dentro de la iglesia, y parecía que adoraban a Dios" (28). Este ídolo tenía las ricas ofrendas de vestidos que el Inca le había asignado. Luego de destruir al ídolo, confiscaron los vestidos que lo adornaban y "se sacó un palio para el Sancto Sacramento" (Ávila 29). Los objetos sagrados, en este caso los vestidos de la *huaca*, pasaban de un contexto religioso autóctono a uno cristiano, sin por ello perder para los indígenas su original significado; es decir los vestidos mantenían su sacralidad ancestral aún transformados en el palio. Esta interpretación es coherente con lo que muchos cronistas narran sobre cómo los indígenas recuperaban los fragmentos de ídolos que los religiosos destruían y hasta fragmentos informes recibían el antiguo culto (Molina 131).

Por su parte los cristianos, conscientes de que incluso los altares de las iglesias escondían antiguas deidades locales, indagaban con mayor tenacidad acerca de las prácticas religiosas de los indígenas e intentaban suprimirlas y, si bien los indígenas reprimían toda manifestación abierta a sus cultos, los significados religiosos andinos pasaban a elusivos significantes que, cuando los sagaces cristianos descubrían, los atribuían nuevamente al demonio.[12] Por lo tanto, los indígenas, al continuar sus antiguas prácticas religiosas clandestinamente, confirmaban las sospechas de los cristianos y colaboraban en su propia demonización. Y los cristianos, a su vez, al hacer continuamente la equivalencia entre las *huacas* y el demonio tal como el Occidente lo había construido (es decir en su forma icónica o en su especularidad negativa con respecto a Dios), obligaban a los indígenas a desplazar sus antiguas creencias y ritos a la figura occidental del demonio y al mismo tiempo, aseguraban su permanencia en el sentimiento religioso de los nativos. Atribuyéndoles a las deidades andinas una esencia demoníaca y buscando su exterminio, los cristianos —siguiendo la demonología europea— iniciaron una pugna por la hegemonía en el universo religioso andino. Al narrar sobre el movimiento de resistencia del *Taqui Onqoy*, Molina dice que "en todas las demás provincias e ciudades... los más dellos avían caydo en grandísimas apostacías apartándose de la fe católica que avían recevido y bolviéndose a la ydolatría que usaban en tiempo de su ynfidelidad ... En esta apostación creyeron que Dios Nuestro Señor avía hecho a los Españoles y a Castilla y a los animales y mantenimientos de Castilla; enpero que las guacas avían hecho a los yndios y a esta tierra y a los mantinimientos que de antes tenían los yndios, y así quitavan a Nuestro Señor su omnipotencia" (Molina 130). Esto evidencia la visión indígena de dos universos religiosos separados y, al mismo tiempo, subraya la percepción cristiana de esa concepción como aberrante.

Sin embargo, los indígenas se daban cuenta de que el territorio y el poder político estaban firmemente afianzado en manos de los europeos, que la supervivencia dependía de su capacidad de adaptación y que "no había más remedio", como diría Guamán Poma. La cultura andina ancestral y milenaria en el caso de sus creencias religiosas sólo podía existir en la estructura profunda, clandestinamente, o bajo otra apariencia — aún si los europeos la tildaban de demónica — apoyándose como el *katu* o mercado de brujas en lo muros y extramuros de la Iglesia católica y los valores de Occidente.

NOTAS

[1] Existen varias categorías de poseedores del conocimiento entre los oficiantes del culto indígena aymara. Para una explicación exhaustiva de las distintas funciones de cada uno de estos magos o hechiceros, véase Huanca L.

[2] Según Ludovico Bertonio en su *Vocabulario de la Lengua Aymara* [1612], la función de los *yatiris* era de oficiar como confesores (389).

[3] Gabriel Martínez, explica la dificultad de distinguir entre "misa" católica y "mesa" como ritual andino debido a que los indígenas pronuncian exactamente igual ambos términos debido a la alafonía existente entre "e" e "i," tanto en quechua como en aymara. Martínez define "mesa": "Misa ofrenda". *Misa* es la palabra más común para la ofrenda compleja, es decir para la ofrenda con muchos o varios ingredientes. Es una hoja de papel, sobre la cual se colocan, según la intención de la ofrenda, una cierta cantidad de elementos vegetales, animales, minerales, alimenticios y diversos. Estos ingredientes constituyen dones olfatorios, alimenticios, o especiales para los seres sobrenaturales y simbolizan un determinado deseo (protección, suerte, amor, maleficio, etc.) ..." (11).

[4] Bouysse Cassagne discute ampliamente las distintas regiones del universo religioso andino y señala que en la *manqha pacha* se encuentra: "lo interior, clandestino y genésico, diablos, tío, pachamama, doce cerros, rayo, el tocado por el rayo, etc." (530).

[5] Taussing describe la figura del tío de la siguiente manera: "His body is sculptured from mineral. The hands, face,and legs are made from clay. Often, bright pieces of metal or light bulbs from miners' helmets form his eyes. The teeth may be of glass or . of crystal sharpened like nails, and the mouth gapes, awaiting offerings of coca and cigarettes. The hands stretch out for liquor. In the Siglo XX mine the icon has an enormous erect penis" (144).

[6] El excelente estudio de Norman Cohn, *Europe's Inner Demons* muestra cómo la demonización de las distintas sectas fue construida con fines políticos. Otro estudio relevante al tema es el de Carlo Ginsburgh, *The Night Battles*.

[7] El 13 de octubre de 1307, fueron arrestados por orden real los templarios de Francia.

[8] Véase los *Comentarios Reales* (67-69), donde el Inca Garcilaso de la Vega explica extensamente los múltiples significados de la palabra *huaca*.

[9] Los cuadros de las Postrimerías representan el destino final de los hombres en cuatro escenas: Muerte, Juicio, Infierno y Gloria. A menudo cada una de las escenas está representada separadamente, pero otras veces todas las escenas son parte de una sola pintura.

[10] Gisbert analiza los personajes indios, españoles, mestizos y criollos que aparecen en cuadros de Postrimerías y Triunfos pintados en el Perú colonial (79-82).
[11] Véase Salles-Reese, Chapter I.
[12] Los europeos suprimieron y prohibieron los instrumentos musicales y las danzas pues pensaban que estaban directamente asociados con las prácticas religiosas andinas.

### Bibliografía citada

Ariès, Philippe. *The Hour of Our Death*. Oxford: Oxford University Press, 1981.

Ávila, Francisco de. *La religión y gobierno de los Incas*. Lima: Sanmarti, 1918.

Bertonio, Ludovico. *Vocabulario de la Lengua Aymara* [1612]. Edición facsimilar. Cochabamba: Ceres, 1984.

Bouysse-Cassgne, Thérèse y Olivia Harris. "Pacha: En torno al pensamiento aymara". Bouysse-Cassagne, Platt and Cereceda. 11-59.

_____ Olivia Harris, Tristan Platt and Verónica Cereceda. *Tres reflexiones sobre el pensamiento andino*. La Paz: Hisbol, 1987.

Cervantes, Fernando. *The Devil in the New World: The Impact of Diabolism in New Spain*. New Haven: Yale University Press, 1994.

Cohn, Norma. *Europe's Inner Demons: An Enquiry Inspired by the Great Witch Hunt*. New York: New American Library, 1977.

Ginsburgh, Carlo. *The Night Battles: Witchcraft and Agrarian Cults in the Sixteenth and Seventeenth Centuries*. Trans. John and Anne Tedeschi. Baltimore: The Johns Hopkins University Press, 1992.

Gisbert, Teresa. *Iconografía y mitos indígenas en el arte*. Segunda edición. La Paz: Editorial Gisbert, 1994.

Huanca, Tomás. *El Yatiri en la comunidad aymara*. La Paz: CADA, 1989.

Kelly, Henry Ansgar. *The Devil, Demonology and Witchcraft: The Development of Christian Beliefs in Evil Spirits*. New York: Doubleday, 1968.

Martínez, Gabriel. *Una mesa ritual en Sucre: aproximaciones semióticas al ritual andino*. La Paz: Hisbol, 1987.

Molina, Cristoba de y Cristobal de Albronoz. *Fábulas y mitos de los incas*. Henrique Urbano y Pierre Duviols, eds. Madrid: Historia 16, 1989.

Ramos Gavilán, Alonso. *Historia del Célebre Santuario de Nuestra Señora de Copacaba* [1621]. La Paz: Universo, 1976.

Salles-Reese, Verónica. *From Viracocha to the Virgin of Copacabana*. Austin: University of Texas Press, 1997

Taussig, Michael T. *The Devil and Commodity Fetishism in South America*. Chapel Hill: The University of North Carolina Press, 1980.

Van der Berg, Hans. *La Tierra no da así nomás*. La Paz: Hisbol, 1990.

Un indigenismo sincrético:
aspectos mesiánicos del mito de Inkarrí

Frank Graziano
*American University*


El mito de Inkarrí probablemente empezó a tomar contornos a comienzos del siglo XVII, adquirió una importancia mayor en la época revolucionaria a fines del siglo XVIII, y siguió circulando en los Andes hasta el presente. Contra un trasfondo complejo de historia y leyenda, el mito evoca las dos ejecuciones más simbólicas de la conquista del Perú — Atahaualpa muerto a garrote en 1533 y Túpac Amaru decapitado en 1572 — y las sintetiza en la muerte de un solo héroe mitológico, Inkarrí, quien queda desprovisto de poder porque su cabeza está separada de su cuerpo. En cuanto la cabeza y el cuerpo se reúnan, Inkarrí vencerá a Cristo y los andinos recuperarán su reino, terminando así la edad de caos inaugurada por la conquista.

La ejecución de Túpac Amaru tuvo el mayor impacto mitopoético, puesto que parecía repetir la muerte de Atahualpa y puntuar la derrota definitiva de los Incas. Su muerte fue realizada en un espectáculo llevado a cabo en la plaza central del Cuzco, anteriormente la capital incaica considerada el ombligo del universo. El verdugo le cortó la cabeza a Túpac Amaru y la levantó para que la vieran los miles de testigos indígenas, quienes lloraron y gimieron mientras las campanas de la catedral empezaron a sonar para anunciar la solemne victoria. El virrey Francisco de Toledo mandó que la cabeza del Inca se quedara expuesta sobre un palo, pero poco después tuvo que cambiar de táctica al ver que los andinos adoraban la cabeza como objeto sagrado. En un acto percibido como otra profanación de lo sagrado indígena, las autoridades españolas bajaron la cabeza de su palo y la enterraron con el cuerpo de Túpac Amaru, que había sido sepultado el día después de la ejecución (Hemming 448-450).

La exhibición y luego desaparición de la cabeza del Inca muerto le otorgó mucho ímpetu al motivo central del mito de Inkarrí. Cuando al culto de la cabeza real fue negado el objeto de su veneración, unos rumores que paulatinamente se cuajaron en mitos empezaron a circular para llenar la ausencia. Unas versiones sostenían que la cabeza de Túpac Amaru resistió la putrefacción y se ponía progresivamente más bella después de la muerte. Esta inversión del propósito de la ejecución, con la cabeza en un estado de supervivencia triunfante, más tarde registró un incremento no de belleza sino de poder, de potencia reservada que espera el momento de manifestarse. La cabeza fue "robada" por los verdugos españoles, pero la misma exhibición seguida por una abrupta confiscación, el mismo construir un relicario sólo para vaciarlo, aumentó el vacio luctuoso que buscaba alivio en la esperanza de un retorno mesiánico. De estas circunstancias surgió la misión doble de Inkarrí: reintegrar su cuerpo fragmentado y, con su poder así recuperado, volver de la muerte (negada) para redimir a su pueblo oprimido.

La reintegración del cuerpo y la cabeza de Inkarrí se representa en versiones múltiples. Frecuentemente la cabeza se encuentra encarcelada — en Cuzco, Lima, o Madrid— y no tiene acceso a su cuerpo enterrado; por lo tanto Inkarrí debe desarrollar un nuevo cuerpo, de la cabeza para abajo, para realizar su resurrección. En otras versiones que siguen los acontecimientos históricos con más rigor, el cuerpo y/o la cabeza están enterrados (no encarcelados) y conspiran una reintegración subterránea. Más allá de sus resonancias modernas en un *underground* de la clandestinidad política, la metáfora sugiere la configuración colonial de un mundo constituido en dos niveles, uno arriba y otro abajo, que fueron invertidos durante la conquista. Como lo describe Pachacuti Yamqui, la conquista volteó el mundo al revés, con el sagrado cosmos de arriba —ya profanado y destruido— enviado al mundo de abajo que lo protege y conserva (Pease 90; MacCormack 284). La preservación subterránea es evidente también en el entierro de *huacas*, muchas veces debajo de cruces, para protegerlas de los extirpadores; y en la tradición andina que sostiene que los Incas derrotados están siempre vivos debajo de la ciudad del Cuzco, esperando el pachacuti que los suelte. Inkarrí regresa al útero de la Pachamama para ser reconstituido, regenerado y renacido, volviendo ya corporizado a remediar el mundo al revés. El Inca-Sol había sido derrotado en la tierra y los cielos, pero se convierte en el subterráneo Inkarrí que —como el sol que circula a través del mundo de abajo— regresa con la nueva alba (López-Baralt 47-49). El retorno de Inkarrí realinea lo de arriba y lo de abajo para restaurar su orden andino, y en el acto, el invertido régimen colonial impuesto por los conquistadores es relegado a un recinto subterráneo que ya evoca más tumba e infierno que conservación.

Al principio el mito de Inkarrí debe haber sido radicalmente anti-cristiano, pero el sincretismo sugerido en todas las versiones modernas y patente en muchas de ellas tiende hacia una consolidación de las dos cosmovisiones contrapuestas. El mismo término "Inkarrí" se compone por el título del máximo poder andino, el Inca, con el del máximo poder español, el rey. Guaman Poma expresa una fusión semejante en su esperanza de un rey español —ya asimilado al concepto del Inca, una especie de Inca-Rey— quien sería el catalizador del pachacuti definitivo, restaurando un orden armonioso al mundo al revés. El mismo deseo de reconciliación parece haber condicionado algunas representaciones dramáticas de la conquista, como por ejemplo en el pueblo de Chiquián una obra de teatro popular concluye con un gran abrazo entre el Inca y Pizarro, quienes luego se emparejan para bailar. La unión de poderes enemigos se colma cuando estas dos identidades simbólicas presiden juntos la corrida de toros (Flores Galindo 72).

La consolidación del Inca-Rey también fue expresada por continuidad en varias series de retratos pintadas durante los siglos XVIII y XIX. Los doce Incas y los monarcas españoles que los suplantaron fueron representados juntos en lo que parece una sucesión ininterrumpida, como si la conquista fuera una transición tempestuosa entre dinastías en lugar del fin de un régimen autóctono andino y el comienzo de otro impuesto por un imperio extranjero (Fane 243; Gisbert 749-772). Por lo menos una de esas series persigue un linaje alternativo: salta a los reyes españoles para seguir el último Inca con Simón Bolívar. En 1825 lo pintado, lo mitológico, y lo histórico coincidieron cuando el párroco indígena de Pucará recibió al Libertador con estas palabras: "Quiso Dios formar de salvajes un imperio, y creó a Manco Capac. Pecó su raza y lanzó a Pizarro. Después de tres siglos de expiación tuvo piedad de América y os ha creado a vos. Sois, pues, el hombre de un designio providencial" (Liévano Aguirre 408).

La dinámica de creencias andinas y cristianas a menudo produjo compuestos biculturales que mezclaron y metamorfosearon atributos de ambas fuentes. El mito original del deificado Inkarrí que resucita para vencer a Cristo no podría sobrevivir sin adaptarse durante siglos de conversión, colonización, neo-colonización, e institucionalización del paradigma cristiano. Entre los resultados se dio un ajuste jerárquico, como se nota por ejemplo en una versión en la cual Inkarrí se sitúa como intermediario entre el pueblo indígena y el dios blanco (Ossio 194). La reconciliación de fuerzas divinas opuestas se manifiesta también en el Señor de Chalhuanca, un dios compuesto de Apurímac cuya historia tiene rasgos en común con la del Inkarrí. El pueblo de Chalhuanca venera una cabeza de madera de Cristo que, como la cabeza de Túpac Amaru decapitada en 1572, mostraba signos de vida cuando los campesinos la encontraron en sus chacras. Según los informes de Luis Millones y Hiroyasu Tomoeda, los fieles de Chalhuanca están reconstruyendo paulatinamente el cuerpo con adornos, casi como para adelantar la recorporalización que Inkarrí nunca podría realizar por su cuenta. Este dios lo construyen sus fieles, y en Chalhuanca se esperan consecuencias milagrosas cuando la cabeza y el cuerpo se integren. En el caso de Chalhuanca la cabeza —de Cristo en lugar de Inkarrí, venerada en lugar de encarcelada— señala no una batalla entre dioses rivales sino una paz negociada, un intento de acomodar el pasado conquistado en el presente perdurable. La cabeza desaparecida de Túpac Amaru por fin ha sido devuelta a su relicario, pero en la forma de la cabeza de Cristo.

Las tradiciones andinas manifiestan una potente anticipación mesiánica, pero fue el cuerpo de Cristo el que activó el latente retorno heroico por proporcionarle el prototipo de la resurrección. Con la resurrección el martirizado Cristo les enseñó a los conquistados andinos que la muerte (corporal, cultural) era reversible, que el cuerpo fragmentado podría ser reconstituido, que un cuerpo muerto podría significar poder y salvación. Un eco distante de los primeros cristianos entre los romanos es discernible en la medida que Inkarrí sirve como salvador de los oprimidos, como el tropo de un pueblo "muerto" que busca un renacimiento en la sinécdoque de su dios. En leyendas europeas que paralelizan las del Inkarrí andino, el apóstol Santiago —símbolo de las conquistas milagrosas españolas— fue decapitado por Herodes y luego tirado a los perros. Los cristianos recuperaron el cuerpo fragmentado, lo embalsamaron, y lo sepultaron hasta decidir qué hacer. Cuando exhumaron a Santiago quedaron atónitos al descubrir que la cabeza se había rejuntado con su cuerpo. Cuando el sosegado apóstol luego reapareció como Santiago Matamoros durante la reconquista ibérica, había llegado el tiempo de la revancha y con su espada el santo-guerrero decapitaba a sus enemigos, aplastando los sangrientos cuerpos y cabezas con el galope de su brioso caballo (Myers 6-9). En estas tradiciones paralelas de Santiago e Inkarrí el contexto cultural cambia pero los componentes narrativos quedan esencialmente iguales: la restitución corporal de un héroe derrotado seguido por la resurrección y una victoriosa reinvindicación del pueblo oprimido. Entre las muchas versiones —todas modernas— del mito de Inkarrí está la siguiente, recogida en la comunidad Quechua-hablante de Q'ero:

> El primer dios es Inkarrí. Fue hijo del sol en una mujer salvaje. Él hizo cuanto existe sobre la tierra. Amarró al Sol en la cima de cerro Osgonta y encerró al viento para concluir su obra de creación.... Inkarrí fue apresado por el rey español; fue martirizado y decapitado. La cabeza del dios fue llevada al Cuzco. La cabeza de Inkarrí está viva y el cuerpo del dios se está reconstituyendo hacia abajo de la tierra. Pero como ya no tiene poder, sus leyes no se cumplen ni su voluntad se acata. Cuando el cuerpo de Inkarrí esté completo, él volverá, y ese día se hará el juicio final (Arguedas 175).

Como héroe mitológico Inkarrí vacila entre lo divino y lo mundano, a veces un dios ("el primer dios") a veces un hombre-dios (de padre divino y madre humana), y a veces un hombre (capturado y decapitado por los españoles). El padre divino (el sol) canaliza su procreación a través de una madre que sirve como intermedio de la encarnación, contribuyendo forma pero no cultura humana; ésta será desarrollada o mejorada por el héroe civilizador. El hijo subyuga exitosamente al padre (el sol) y a otra fuerzas (el viento) para concluir su misión en la tierra, pero no es capaz de hacerle competencia al rey español. El mito sugiere que la "creación" de la civilización desempeñada por los Incas (condensados en Inkarrí) fue interrumpida por la conquista, y que el separarse de la cabeza y el cuerpo (o el Inca y su pueblo) ha resultado en el desbaratamiento del desarrollo autóctono andino. Esta brecha sería remediada por la reconstitución y retorno de Inkarrí, un acontecimiento descrito en este texto en términos del Ultimo Juicio. Si en el Apocalipsis de San Juan se amarra a Satanás para que Cristo pueda establecer su reino milenario, entonces en la versión de Q'ero asimismo se amarran las fuerzas antitéticas a Inkarrí (sol/padre, con el eco distante del Dios Padre) para que se lleve a cabo su misión escatológica. La segunda venida y el reino de Cristo se esperan con confianza entre los fieles; los de Inkarrí, en cambio, parecen destinados a quedarse inacabados y postergados debido a la conquista que hace imposible su realización. En esa medida el mito de Inkarrí claramente representa la historia del pueblo andino, un cuerpo social colectivo que está decapitado, encarcelado, subyugado, y martirizado, mientras los conquistadores terminan la "creación" según la volición y el orden europeos.

Como Cristo, el Inkarrí de Q'ero es el hijo encarnado de un dios, viene a la tierra con una misión escatológica, desarrolla una identidad distinta a la del padre, es capturado y martirizado, de alguna manera sobrevive su muerte, crea un pueblo que no respeta su ley, y regresa para juzgar en el fin del mundo. A diferencia de Cristo, sin embargo, Inkarrí no tiene una misión de redención a través de un sufrimiento vicario y muerte expiadora que purifica un mundo lleno de pecado. También es distinta la relación política entre padre e hijo: en el cristianismo el Dios Padre encarna a su único hijo con el insólito propósito de haberlo crucificado, mientras que Inkarrí —lejos de una sumisión pasiva a la voluntad paternal— dirige su aparente fuerza mayor contra el sol para perseguir así sus propios designios. Cristo guarda su omnipotencia para que el deseo del Padre sea cumplido, hasta que los enemigos terrestres e incluso la muerte sea vencido al fin y al cabo con la resurrección. Inkarrí, a pesar de sus poderes en los cielos, queda desamparado ante sus enemigos en la tierra, pero valiéndose de sus éxitos anteriores conspira un retorno todopoderoso, y en este caso todo asimilado a la segunda venida de Cristo.

En las versiones más típicas del Inkarrí la vuelta del héroe tiene un objetivo muy contrario al mencionado Último Juicio de Cristo. Inkarrí resucita como hombre-dios para iniciar la nueva ofensiva indigenista que liberaría a los andinos. Se acentúa alternamente la enemistad religiosa y política mientras la identidad del rival de Inkarrí gira entre Cristo y Españarrí. El pasaje a continuación es de una versión recogida en Quinua, una comunidad de habla quechua y española cerca de Ayacucho:

> Fue Dios [el católico] quien ordenó a las tropas del Rey-Estado la captura y decapitación de Inkarrí. No fue el rey español quien lo derrotó y le hizo cortar la cabeza. Hubo entre los dioses un intercambio previo de mensajes mutuamente incomprensibles. La cabeza de Inkarrí está en el Palacio de Lima y permanece viva. Pero no tiene poder alguno porque está separada del cuerpo. En tanto se mantenga la posibilidad de la reintegración del cuerpo del dios, la humanidad por él creada continuará subyugada. Si la cabeza del dios queda en libertad y se reintegra con el cuerpo podrá enfrentarse nuevamente al dios católico y competir con él. Pero, si no logra reconstituirse y recobrar su potencia sobrenatural, quizás moriremos todos [los indios] (Arguedas 178).

Esta versión establece decididamente la naturaleza divina de Inkarrí y la imposibilidad de su subyugación por meros hombres. Las líneas más conmovedoras del texto subrayan la incomprensión mutua de los dioses rivales, y, por consiguiente, el fracaso de la comunicación en este mundo entre las respectivas culturas que representan. Hace recordar el primer encuentro entre Pizarro y Atahualpa en Cajamarca, con las interpretaciones inventivas del indio Felipe, la Biblia que no quería hablar audiblemente la palabra de Dios al Inca, y la batalla que se justificó en el pretexto de lo que se perdió en la traducción. Hasta cuando sean atropelladas por el sincretismo aparente en estos mitos, las barreras que impiden el entendimiento intercultural parecen tan implacables como los dioses.

En la versión de Quinoa, como en el movimiento Taqui Onqoy que a veces se asocia con el Inkarrí, un fragmentado poder divino debe reconsolidar sus fuerzas para trabar una nueva batalla con Cristo. Si Inkarrí sale victorioso, lo cual suele expresarse con cierta vacilación, entonces el mundo al revés se voltearía para inaugurar un renovado orden y edad indigenistas. En Quinoa no se pronostica un feliz desenlace de retorno triunfante, sino que lo proponen entre otras posibilidades ("moriremos todos") puesto que la libertad de la cabeza parece contingente a la voluntad de sus apresadores. A diferencia de muchas otras versiones, en las cuales parece sólo una cuestión de tiempo hasta que Inkarrí escape de su cautividad, en este caso el héroe vencido parece destinado a esperar a un confabulador ingenuo que deje escapar la cabeza subversiva. La misma dependencia subalterna se trascendentaliza en una versión de Puquio, donde la vuelta de Inkarrí necesita el permiso del Dios cristiano, a pesar de que el cuerpo fragmentado ya está recorporizado (Pease 90-138). Igualmente pesimista (o realista) en la versión de Quinoa es el desplazamiento de la cabeza del centro incaico del Cuzco al centro del virreinato y del Perú republicano, el palacio presidencial de Lima. En otras versiones, como una de Chacaray, la cabeza secuestrada se traslada al aún más remoto palacio real de Madrid (Ortiz Rescaniere 132).

Los significados metafóricos de la relación entre cabeza y cuerpo llevan una larga historia cristiana que se diseminó por las Américas tras la conquista. Con una base en los tropos del cuerpo resucitado que se desarrollan en Corintios, Efesios, y Romanos, los cristianos medievales entendían el conjunto de los fieles como un cuerpo social encabezado por Cristo: "Al único Hijo de Dios y Hijo de Hombre, como si a su cabeza, todos los miembros del cuerpo se juntan" (Bynum 62). La secularización progresiva del cuerpo místico resultó en su aplicación a los cuerpos de reyes, forjando así una unión poética entre el cuerpo del rey (o del Inca-rey) y el cuerpo social que encabeza. En esta perspectiva los reyes europeos por derecho divino contaron, como Cristo, con dos cuerpos, uno natural y el otro social o místico (Kantorowicz 130; Lisón Tolosana 96-103).

Por consiguiente, la decapitación de un rey con dos cuerpos podría ser figurada (por separar la cabeza del estado de su pueblo, como en la captura de Moctezuma o Atahualpa), literal (un verdadero descabezamiento, como en la ejecución de Túpac Amaru), o las dos juntas (el rey es ejecutado por decapitación y por lo tanto el cuerpo social carece de su cabeza). Estas opciones tienden a mezclarse debido a la reinterpretación de acontecimientos históricos según un emergente paradigma mitológico. El resultado más destacado se nota en la insistente representación de la muerte por garrote de Atahualpa como una decapitación, como lo hace por ejemplo Guaman Poma. Una semejante concesión al mito de Inkarrí es evidente en la obra de teatro colonial *La tragedia de la muerte del Inca Atahualpa*, todavía interpretada en pueblos andinos, en la cual Atahualpa es decapitado (en lugar de muerto por garrote) y promete una vuelta mesiánica. Tales mutaciones del relato histórico contribuyeron a la consolidación de múltiples Incas ajusticiados en un solo Inkarrí indomable. El Inkarrí pone en juego tanto el sentido literal como figurado de la decapitación, y a fin de cuentas la inseparabilidad de los dos cuerpos —físico y místico— del rey establece la base para la premisa central del mito: cuando Inkarrí reúna la cabeza física con su cuerpo, entonces la cabeza del estado habrá vuelto al cuerpo social. El cuerpo físico puede volver porque el cuerpo místico conserva su vitalidad.

A muchos andinos les pareció que algo por el estilo sucedía cuando en 1780 el cacique de Tungasuca, José Gabriel Condorcanqui, se levantó usando el nombre de Túpac Amaru. El ambiente de anticipación mesiánica facilitó que este nuevo Túpac Amaru fuera recibido como el héroe casi divino que restauraría el orden andino al mundo al revés. Además de sus títulos como "Libertador" y "Redentor", los andinos lo llamaban "Rey Inca", y él mismo se refirió como "Inca Rey del Perú" (Szeminski 75-9). Su descendencia de Incas reales, su nombre que "resucita" el héroe cuya muerte trágica merecía una anulación mito-poética, su lucha de reinvindicación contra los conquistadores, y sus grandiosos discursos y maniobras todos parecían indicar que "la cabeza del Inca había crecido un cuerpo" (Szeminski 192).

Si Túpac Amaru II fue un Inkarrí, empero, los aspectos trágicos del mito le reservaban la muerte despiadada que correspondía. El día llegó el 18 de mayo de 1781. Túpac Amaru II fue condenado a presenciar la ejecución de su esposa, sus hijos, y otros principales dirigentes de la rebelión, y después le cortarían la lengua, descuartizarían el cuerpo, quemarían el tronco y esparcirían las cenizas en el viento. Un monumento como recuerdo de los crímenes y sus consecuencias sería erigido en Picchu, y los miembros del cuerpo serían repartidos: la cabeza a Tinta, los brazos a Tungasuca y Carabaya, y las piernas a Livitaca y Santa Rosa. Los documentos tocantes al linaje de Túpac Amaru serían quemados en una ceremonia pública para borrar los últimos vestigios de su identidad real.

Según el informe de un testigo, unas sogas ataron los brazos y las piernas de Túpac Amaru a cuatro caballos situados como para tirar de direcciones opuestas y así descuartizar el cuerpo. La fuerza de los caballos no fue suficiente, y por lo tanto el Inca se quedó suspendido en el aire como "una araña" hasta que el oficial encargado, "conmovido por la compasión", mandó que le cortaran la cabeza (Lewin 497-498). Luego le amputaron los brazos y piernas para distribuirlos como estaba prescrito por la sentencia, y lo que quedó del cuerpo fue quemado en Picchu junto con los restos de su esposa.

Si los mitos emergieron para suavizar el trauma de la ejecución del primer Túpac Amaru, entonces fueron redoblados cuando la historia parecía repetirse en registros cada vez más altos de crueldad, desesperación, y desesperanza. Tres sobrecargadas muertes, las de Atahualpa y los dos Túpac Amarus, ahora buscaron refugio en el mito de Inkarrí. Unos pormenores de la muerte sufrida por Túpac Amaru II se destacaron para proporcionarle al mito nuevos refuerzos: la resistencia heroica del cuerpo frente a la descuartización, y la tempestad que llegó, terminando una sequía, precisamente cuando Túpac Amaru agonizaba, haciéndose creer así entre los andinos que los elementos naturales se habían aliado con el Inca y su causa (Lewin 498). Antes de la derrota de Túpac Amaru II los andinos creían que sus soldados muertos en batallas serían resucitados por el Inca; después, la promesa incumplida de esas resurrecciones individuales fue redirigida hacia su fuente, al mismo Inca muerto, muerto por ellos, muerto de nuevo, que parecía constancia suficiente para presumir que resucitaría de nuevo también.

Los castigos impuestos por los españoles contra los insurgentes indígenas hicieron sin querer una formidable contribución al mito de Inkarrí. Sea por intención o por casualidad, el cuerpo del Inca sufrió una fragmentación progresiva: Atahualpa fue ejecutado pero mantuvo íntegro el cuerpo; Túpac Amaru fue decapitado; y Túpac Amaru II fue decapitado, descuartizado, repartido, quemado, y esparcido. Cuando esto se interpreta en la perspectiva del mito de Inkarrí, se emite un mensaje inevitable: los españoles buscaron una fragmentación que hacía imposible la resurrección. Si la vuelta de Inkarrí requiere la reintegración de una fragmentación corporal, entonces el cuerpo (y por extensión el cuerpo social que representa) debe ser mutilado y dispersado a tal grado que su reintegración se vuelva inconcebible.

La frecuente ejecución de rebeldes latinoamericanos por decapitación y —en muchos casos— descuartizamiento realiza sobre el cuerpo del líder una desmembración que se extiende metafóricamente al conjunto de su pueblo. Cuando la "cabeza" de un movimiento o de una nación está cortada de su cuerpo social, las funciones de ese cuerpo sufren un *shock* que las paraliza. Al descuartizar el cadáver o cuerpo moribundo se realiza en pequeño, y gráficamente, el desmantelamiento social que la ejecución del líder simboliza, y que puede tener resonancias cósmicas si el líder se considera en algún sentido divino.

El cuerpo humano percibido y destruido en cuartos también subraya la extensión del modelo corporal a la geografía política. El Tahuantinsuyo de los Incas y el Tenochtitlán de los Aztecas son los ejemplos sobresalientes, pues los dos imperios están configurados en cuartos que se extienden a partir de un punto central considerado el ombligo del mundo. Guaman Poma representó las Indias como cuatro ciudades con Cuzco, la quinta, en el centro, y España apareció en una configuración igual, con Castilla ocupando la privilegiada posición céntrica. Para los epañoles imperiales, el mundo de tres partes —Africa, Asia, y Europa— encontró en América la extraviada, cuarta parte de la cual se había profetizado hacía siglos en la geografía pagana y cristiana. La cuarta perdida se estrenó en el *Cosmographiae introductio* de Martin Waldseemüller como isla, pero en 1585 el mapa de Diogo Homem bendijo Sud América sin ninguna ambigüedad con el lema "la cuarta parte del mundo" (Parry 46). El arte religioso didáctico anticipaba estas conclusiones cartográficas, como por ejemplo una iglesia construida en 1534 en Juli, Puno, exhibe un cuadro de los Reyes Magos adorando al niño Jesús, pero con los tres tradicionales acompañados por un cuarto rey, el Inca, para representar ante Cristo el recién revelado Nuevo Mundo (Kapsoli 24). Los cuatro puntos cardinales también sugieren un universo organizado conforme a los miembros corporales, y asimismo los dioses antropomórficos como el Cristo de brazos extendidos en la cruz, o como Tezcatlipoca, quien presidió las cuatro partes del mundo y reinó en sucesión sobre las cuatro edades anteriores. El universo antropomórfico es aún más explícito en una imagen del *Códice Vaticano Latino 3738* que se parece al zodíaco europeo: un desnudo cuerpo masculino está rodeado por signos de los veinte días aztecas, cada uno conectado con la parte del cuerpo que le corresponde (López Austin 348; Gruzinski 91).

Tanto el cuerpo fragmentado y reconstituido como el cuerpo muerto y resucitado sirven como recargados tropos de una muerte colectiva negada y vencida por la revivificación, la redención y el retorno cíclico del mesías. Se destruye un universo entero cuando los verdugos descuartizan el cuerpo de Inkarrí a lo largo de los cuatro ceques que convergen en Cuzco, y agoniza un pueblo entero cuando el pasmado cuerpo sin cabeza, cojeando sobre sus muñones, anda a tientas hasta que se desploma. Pero el mito siempre reunifica el mundo quebrado, juntando los añicos que quedan en la configuración que funciona, hasta que el héroe cultural regresa para restaurar el orden verdadero como un imán que llama a sus fragmentos.

BIBLIOGRAFÍA CITADA

Arguedas, José María. *Formación de una cultura nacional indoamericana*. México: Siglo Veintiuno, 1975.

Bynum, Caroline Walker. *Holy Feast and Holy Fast: The Religious Significance of Food to Medieval Woman*. Berkeley: University of California Press, 1987.

Fane, Diana, ed. *Converging Cultures: Art and Identity in Spanish America*. New York: Brooklyn Museum and Harry N. Abrams, 1996.

Flores Galindo, Alberto. *Europa y el país de los Incas: la utopía andina*. Lima: Instituto de Apoyo Agrario, 1986.

Gisbert, Teresa. "Los Incas en la pintura virreinal del siglo XVIII". *América indígena* 39/4 (1979): 749-772.

Graziano, Frank. *The Lust of Seeing: Themes of the Gaze and Sexual Rituals in the Fiction of Felisberto Hernández*. Lewisburg: Bucknell University Press, 1997. Su colaboración en esta colección forma parte de su libro *The Millennial New World*, que la Oxford University Press editará en 1999.

Gruzinski, Serge. *Painting the Conquest: The Mexican Indians and the European Renaissance*. Trad. Deke Dusinberre. Paris: Unesco/Flammarion, 1992.

Hemming, John. *The Conquest of the Incas*. New York: Harcourt Brace Jovanovich, 1970.

Kantorowicz, Ernst H. *The King's Two Bodies: A Study in Political Theology*. Princeton: Princeton University Press, 1957.

Kapsoli, Wilfredo. *Guerreros de la oración: las nuevas iglesias en el Perú*. Lima: Sepec, 1994.

Lewin, Boleslao. *La rebelión de Túpac Amaru y los orígenes de la emancipación americana*. Buenos Aires: Librería Hachette, 1957.

Liévano Aguirre, Indalecio. *Bolívar*. Caracas: Ediciones de la Presidencia de la República y la Academia Nacional de Historia, 1988.

Lisón Tolosana, Carmelo. *La imagen del Rey: monarquía, realeza y poder ritual en la Casa de Austrias*. Madrid: Espasa-Calpe, 1992.

López Austin, Alfredo. *The Human Body and Ideology Concepts of the Ancient Nahuas*. Trad. Thelma Ortiz de Montellano y Bernard Ortiz de Montellano. Salt Lake City: University of Utah Press, 1988.

López-Baralt, Mercedes. *El retorno del inca rey: mito y profecía en el mundo andino*. La Paz: Hisbol, 1989.

MacCormack, Sabine. *Religion in the Andes: Vision and Imagination in Early Colonial Peru*. Princeton: Princeton University Press, 1993.

Myers, Joan, et al. *Santiago: Saint of Two Worlds*. Albuquerque: University of New Mexico Press, 1991.

Ortiz Rescaniere, Alejandro. *De Adaneva a Inkarrí: una visión indígena del Perú*. Lima: Ediciones Retablo de Papel, 1973.

Ossio, Juan M. "El mito de Inkarrí narrado por segunda vez diez años después". *Anthropológica* 2/2 (1984): 169-194.

Parry, J.H. *The Discovery of South America*. New York: Taplinger Publishing, 1979.

Pease, Franklin. *El dios creador andino*. Lima: Mosca Azul Editores, 1973.

Szeminski, Jan. *La utopía tuparmarista*. Lima: Pontificia Universidad Católica del Perú, 1983.

# La razón utópica del Inca Garcilaso

Beatriz Pastor
*Dartmouth College*

En realidad la piedra es mirada de distinta manera,
porque les dice distintas cosas, por indios y españoles.

Antonio Cornejo-Polar

De todas las crónicas escritas por autores indígenas sobre la América
prehispánica y su conquista hay una que ha merecido consistentemente, por
encima de todas las demás, el calificativo de utópica:  los *Comentarios Reales*
del Inca Garcilaso de la Vega.  De ella dijo Marcelino Menéndez y Pelayo —
siempre lapidario— que era "novela utópica como la de Tomás Moro, como
la *Ciudad del sol*" (Menéndez-Pelayo, vol. I, 392).  Juicio tan catégorico como
equivocado, ya que ni los *Comentarios* son novela ni su proyección utópica se
ajusta a los modelos de la utopía renacentista más que en sus aspectos más
superficiales.  Pero lo cito aquí porque, con toda su inexactitud, el juicio de
Menéndez y Pelayo señala la dirección en que se ha orientado desde el siglo
XIX gran parte de la discusión crítica sobre el utopismo del Inca.

La complejidad de la obra del Inca Garcilaso es tan considerable y la
bibliografía sobre ella tan extensa que quiero, de entrada, acotar muy
claramente mi propio proyecto de lectura.  De ningún modo me propongo
una lectura exhaustiva ni totalizadora de los *Comentarios* ni, mucho menos,
de la obra del Inca Garcilaso, simplemente quiero reenfocar, en un breve
esbozo, la función que le corresponde al pensamiento utópico en la articulación
de una de sus obras — los *Comentarios Reales* — iluminando los elementos que
configuran su discurso historiográfico como discurso utópico.[1]  El consenso
que subyace la percepción general de la representación del Incario que
desarrollan los *Comentarios Reales* como texto utópico se apoya principalmente
sobre dos aspectos:  la idealización del pasado Inca y la relación de esa
representación idealizada con un fenómeno más amplio y heterogéneo:  la
llamada utopía andina. Considero que ambos son relevantes, pero su función
dentro del pensamiento utópico que articula el texto es subordinada.

Es obvio que la representación del Incario en los *Comentarios Reales*
convoca un espacio del deseo, un ideal, el reino mismo de la armonía. Como
es obvio también que los elementos que articulan la representación de ese
reino de la armonía se contraponen implícitamente y en contraste radical a la
realidad de la conquista. El proyecto histórico inicial parece ser común a
ambos: fundación del Incario y colonización española de América:  "En este
valle mandó Nuestro Padre el Sol que paremos y hagamos nuestro asiento y
morada para cumplir su voluntad.  Por tanto, Reina y hermana, conviene
que cada uno por su parte vayamos a conocer y atraer a esta gente para los

adoctrinar" (*Comentarios Reales*, vol.I, 39. Subrayado mío). Son las palabras del primer Inca en el momento de la primera fundación: la del Cuzco. Pero, a partir de este enunciado —que enlaza la filosofía del Incario con la justificación ideológica de la conquista en un proyecto análogo: civilización y adoctrinamiento religioso— la distancia que separa las fundaciones y colonizaciones que puntúan la representación del Incario, por una parte, y la de la conquista, por otra, son insalvables. Del contrapunto implícito o explícito entre ambos se desprende una crítica radical de la conquista española y de la sociedad colonial.

Los reyes incas de los *Comentarios Reales* no son agresores. Son *maestros*: "su padre el Sol los había enviado del cielo para que fueran maestros y bienhechores de los moradores de toda aquella tierra" (*C.R.*, I, 39). Sus conquistas se basan en la negociación y, sobre todo, en la evidencia tangible del beneficio que aportan a los que se acogen a la protección del Inca, aceptando su autoridad y siguiendo sus enseñanzas: "cotejando los indios entonces y después sus descendencias con la del Inca, y viendo que los beneficios que habían hecho lo testificaban, creyeron firmísimamente que era hijo del Sol ... confesando que ningún hombre humano pudiera haber hecho con ellos lo que él" (*C.R.*, I, 48-49). En contraste radical con la realidad de la conquista española, la cita, que se refiere a las fundaciones y conquistas de Manco Cápac, subraya que éstas fueron siempre un beneficio que redundaba en el bien de todos los nuevos sujetos del imperio. Sinchi Roca aclara que "teniendo el nombre Inca como su propio Rey, tenían la misma obligación de acudir al servicio del Sol, padre común a todos ellos, y al provecho y beneficio de todos sus comarcanos" (*C.R.*, I, 93). Maita Cápac perdona a los vencidos en la conquista de Hatunpacasa y Cac-Yauiri, diciéndoles que "les daba entera libertad, y con palabras suaves les dijo que no había ido a quitarles sus vidas ni haciendas sino a hacerles bien ... que su padre el Sol no lo había enviado a la tierra para que matase indios sino para que les hiciese beneficios" (*C.R.*, I, 128 y 133). Y el parlamento de los ancianos Charcas ante la inminente conquista de su territorio por Inca Roca proyecta un modelo de conquista y colonización que es la antítesis misma del de la española:

> Los más ancianos y mejor considerados dijeron que mirasen que, por la vecindad que con los vasallos del Inca tenían, sabían años había que sus leyes eran buenas y su gobierno muy suave; que a los vasallos trataban como a propios hijos y no como a súbditos; que las tierras que tomaban no eran las que los indios habían menester sino las que les sobraban, que no podían labrar, y que la cosecha de las tierras que a su costa hacía labrar era el tributo que llevaba, y no la hacienda de los indios, antes les daba el Inca de la suya toda la que sobraba del gasto de sus ejércitos y corte; y que en prueba de lo que habían dicho no querían traer otras razones, más que mirasen desapasionadamente cuán mejorados estaban al presente los vasallos del Inca que antes no lo fueran, cuánto más ricos y prósperos, más quietos, pacíficos y urbanos; cómo habían cesado las disenciones y pendencias que por causas muy livianas solía haber entre ellos, cuanto

más guardadas sus haciendas de ladrones, cuánto más seguras sus mujeres e hijas de fornicarios y adúlteros; y, en suma, cuán certificada toda la república que ni el rico ni el pobre, ni el grande ni el chico había de recibir agravio (*C.R.*, I, 201).

En el contraste implícito entre el modelo de expansión imperial del Incario y el occidental, la realidad de la colonia se presenta en toda su violencia, en toda su injusticia y en todo su horror. Sin duda, frente a esa realidad histórica del Perú colonial, la representación del Incario, perfecto centro —como el ombligo del Cuzco— del reino de la armonía, se presenta como espacio que invierte los elementos centrales que configuran la realidad histórica, como espacio de la nostalgia, como articulación simbólica de la pérdida. En ese sentido el Incario de los *Comentarios Reales* tiene, en tanto que espacio alternativo ideal, una proyección utópica. Pero su proyección utópica no equivale a la propuesta de retorno a un pasado mejor, que pasaría por la expulsión de los españoles, sino que se inscribe en y se subordina a un proyecto utópico mucho más complejo.

El deseo de retorno al Incario, la nostalgia del pasado y el rechazo de la conquista ligan los *Comentarios Reales* a lo que Flores Galindo llama la utopía andina: "La utopía andina son los proyectos (en plural) que pretendían enfrentar esta realidad (la que se constituye a partir de la conquista). Intentos de navegar contra corriente para doblegar tanto a la dependencia como a la fragmentación. Buscar una alternativa en el encuentro entre la memoria y lo imaginario: la vuelta a la sociedad incaica y el regreso del Inca. Encontrar en la reedificación del pasado la solución a los problemas de identidad" (Flores Galindo 15). Flores Galindo rastrea el desarrollo y las manifestaciones múltiples y heterogéneas de esa utopía andina que parte de una reconstrucción del pasado andino como espacio de neutralización simbólica de las contradicciones del presente histórico para proponer un Perú sin españoles que se ajuste a los términos de un modelo anterior: "La ciudad ideal no queda fuera de la historia o remotamente en el inicio de los tiempos. Por el contrario es un acontecimiento histórico. Ha existido, tiene un nombre: el Tahuantinsuyo. Unos gobernantes: los Incas. Una capital: el Cuzco. El contenido que guarda esa construcción ha sido cambiado para imaginar un reino sin hambre, sin explotación, y donde los hombres andinos vuelvan a gobernar. El fin del desorden y de la oscuridad" (Flores Galindo 15). Pero, aunque el enlace entre esos aspectos de los *Comentarios Reales* y la utopía que analiza Flores Galindo son innegables, el proyecto que articula en los Comentarios Reales el pensamiento utópico del Inca Garcilaso no se identifica en absoluto con el retorno del Incario a un Perú sin españoles que propone la utopía andina. Los puntos de contacto son claros, pero las diferencias son todavía más significativas y profundas.

Sin duda el Inca Garcilaso es un escritor complejo y contradictorio. Las oscilaciones entre la reivindicación del Perú prehispánico y la asimilación, hasta el virtuosismo, de la lengua y la tradición humanista de los invasores; o la lealtad apasionada hacia su país de origen y su exilio permanente en

España; o la vacilación de la persona narrativa, dividida entre un *yo* indio y un *nosotros* español, incompatibles a todas luces, no se pueden ignorar ni son fáciles de explicar. Sin duda, algunas de las oscilaciones de sus textos son resultado de "la tensión entre la organización y transmisión de la cultura de sus antepasados y las ideas de la escritura y del libro del Renacimiento europeo" (Mignolo 208). Pero tiendo a pensar que esa tensión no aclara más que algunas de las aparentes contradicciones del texto, y no necesariamente las más importantes.

Creo, más bien, que una relectura de los *Comentarios Reales* en relación con dos cuestiones fundamentales: los modos de articulación específicos del pensamiento utópico y la configuración historiográfica como discurso simbólico, específicamente utópico, puede iluminar muchos aspectos fundamentales del proyecto del Inca Garcilaso y de la composición del texto, aclarando contradicciones que no se han explicado sistemáticamente.

Refiriéndose a la forma particular en que Garcilaso narra el episodio de la traición de Cajamarca, dice Antonio Cornejo-Polar: "Discordantes con respecto al significado de otras crónicas los *Comentarios* imaginan la catástrofe como obra de la codicia y construyen un espacio en el que el diálogo (insisto, sin la interferencia de la letra) hubiera sido posible" (Cornejo-Polar 44). La diferencia que señala entre la narración de Garcilaso y la de otros cronistas peruanos como Guamán Poma o españoles como Betanzos, es fundamental y la explicación convincente. Es, en efecto, la necesidad de "abrir un espacio para el diálogo" la que organiza la narración de este episodio en la "gran voz disidente" de Garcilaso. La puntualización de Antonio Cornejo-Polar es fundamental para la lectura que propongo de los *Comentarios* porque, entre todos los episodios que se narran en sus dos partes, el de la traición de Cajamarca tiene una importancia absolutamente central. Es, tal como señala Susana Jakfalvi Leiva, "el centro hacia el cual y desde el cual deviene significativo el discurso de Garcilaso" (Jakfalvi Leiva 107-108). La imposibilidad del diálogo entre vencedores y vencidos es un hecho histórico comprobado en la conquista de América y en la realidad colonial. El diálogo se convierte, en el discurso del Inca Garcilaso, en la metáfora clave de neutralización de oposiciones históricas fundamentales. Entre pasado prehispánico y presente colonial; entre el vencido, a quien la ideología colonial define como figura de carencia —de historia, de lengua, de razón, de humanidad— y el vencedor, que se constituye dentro de esa misma ideología como sujeto histórico, figura de autoridad, de cultura y de poder. El diálogo indica, en ese juego de oposiciones, el lugar simbólico de resolución posible: el discurso, *locus* utópico por excelencia en el pensamiento utópico de Garcilaso

Ningún episodio adquiere en la memoria y en la conciencia colectiva de los vencidos la intensidad emblemática de esa traición. Simboliza la ruptura irreparable entre el pasado y el presente y compone una figura del trauma de la pérdida que contiene algunos de los elementos centrales que caracterizan el nuevo orden colonial: codicia, violencia, incomunicación, desconocimiento. La narración que hace el Inca Garcilaso de ese episodio revela, en la selección y organización de elementos, un proyecto de resolución que contiene las claves del proyecto utópico que articulan los *Comentarios*. Reducido a sus elementos mínimos, el episodio de Cajamarca narra una imposibilidad: el diálogo, e ilumina el inicio de una dinámica: violencia y desconocimiento. Marca también el origen simbólico de una historia y un orden social: el de la colonia. Este se levanta sobre una contradicción fundamental que, históricamente, se saldó con la destrucción del primero de sus términos — representado por Atahuallpa en el episodio— por el otro: Pizarro. Cornejo-Polar señala que la agresividad y los insultos simbolizan en el *wanka*[2] la incompatibilidad de los dos términos: "agresión en la que cada quien expulsa al otro de su mundo humano" y que revela la contradicción fundamental sobre la que se contruye todo el orden colonial: "la historia de Cajamarca es, en ese sentido, la historia de una contradicción" (Cornejo-Polar 88).

En la convergencia de los tres elementos fundamentales que articulan la figuración del episodio de Cajamarca en los *Comentarios*: imposibilidad del diálogo, dinámica desconocimiento-violencia e incompatibilidad de los dos términos de la oposición fundamental: indio/español, se define ya el proyecto utópico que configura la narración historiográfica de los *Comentarios*. Frente a la dinámica destructiva que se nutre de desconocimiento, a la imposibilidad de un diálogo cerrado por los invasores, y a la incompatibilidad que enfrenta a españoles con incas en la colonia, el pensamiento utópico del Inca articula un texto que propone la reapertura del diálogo, la neutralización de la violencia y la resolución simbólica de la oposición fundamental indio-español. El texto de los *Comentarios* se articula como discurso utópico en la medida en que configura un espacio simbólico de resolución de estos elementos, que para Garcilaso son los puntales fundamentales que sostienen y perpetúan los horrores del régimen colonial en un proceso histórico en el que se consuma la destrucción total de su pueblo. No es un espacio del deseo. Es un espacio alternativo: el único que le está abierto a un vencido expulsado del espacio histórico en el momento de una derrota que se vive en los términos que dramatiza el relato de la traición de Cajamarca. Garcilaso es consciente de esa substitución del acceso pleno al espacio histórico —el deseado— por la creación, a través de la escritura, de espacios de resolución simbólica. En el capítulo XIX explica brevemente lo que se propone narrar en los *Comentarios*, con el doble propósito de iluminar el pasado inca y de crear una base de equiparación entre el Perú prehispánico y la historia de Occidente, y concluye diciendo: "De mi parte sé que he hecho lo que he podido, no habiendo podido lo que he deseado" (*C.R.* I, 46). El acceso al espacio del deseo es imposible para Garcilaso y el texto se define, en esta admisión, como espacio simbólico de resolución de esa imposibilidad.

La representación de la historia del Incario como figuración del reino de la armonía se integra en el proyecto utópico de Garcilaso y contribuye a la configuración de los *Comentarios* como discurso utópico, pero desde una función subordinada. El proyecto utópico de neutralización de oposiciones y resolución simbólica de conflictos que formula su pensamiento utópico no se circunscribe a la figuración del Incario como modelo de orden ni a una propuesta de retorno al pasado o de reactualización del modelo en el presente.

Pero su figuración cumple una función muy importante dentro de ese proyecto. Por un lado, forma parte de una estrategia de legitimación de la alteridad del mundo inca, en general, y del narrador indio, en particular. Por el otro, configura una base simbólica de negociación, transformando implícitamente los términos históricamente incompatibles: Inca/Occidente, en compatibles. Éstas son dos de las funciones de los elementos que organizan la representación idealizada del Incario, aunque no son las únicas. La descripción detallada del esplendor de los templos, especialmente del templo del Sol, con su insistencia en la presencia casi cegadora del oro —símbolo de valor máximo entre los españoles— certifica la riqueza material y cultural de un mundo otro pero incuestionablemente civilizado (C.R. I, 163 y ss.). Lo mismo sucede con los capítulos I-IX del libro sexto (C.R. I, 9-97) que explican la organización social, sistemas de notación escrita y numérica, rituales y sistemas de comunicación. El paralelo entre procesos históricos en ambos mundos —conquistas paralelas— y la equiparación de misiones —civilización de pueblos bárbaros— sitúa a los dos bandos en una posición equivalente, destruyendo la identificación española de lo inca con lo Otro y de lo Otro con lo bárbaro. El reconocimiento de la inferioridad tecnológica y científica de los Incas —que "admirábanse de los efectos pero no procuraban buscar las causas"— se complementa con su superioridad en cuestiones de filosofía moral: "En el ejercicio de esta ciencia se desvelaron tanto que ningún encarecimiento llega a ponerla a punto" (C.R. I, 115 y 117). Sobre esta reivindicación precisamente se apoya una inversión que transforma sustancialmente la relación de calidad y superioridad de los dos términos de la oposición incas-españoles. Porque esa filosofía moral que es la piedra angular del orden modélico del reino de la armonía se ajusta mucho más exactamente a la ética cristiana occidental que la realidad del orden colonial, con la que contrasta siempre de forma implícita. Toda la justificación ideológica de la empresa comercial y política de la conquista se apoya sobre una filosofía moral. El que el Incario de la representación de Garcilaso se ajuste mucho mejor a los términos de esa filosofía civilizadora y evangelizadora que la colonia tiene el efecto ineludible de redefinir cualitativamente los dos términos, invirtiendo cualidades y neutralizando oposiciones. La figuración del reino de la armonía legitima la cultura prehispánica y a su portavoz —el Inca— transformando lo Otro en equivalente, el bárbaro en civilizado, y abriendo y autorizando implícitamente en el lugar del espacio cerrado para el diálogo de la oposición inicial un espacio de negociación posible. Esa es la función precisa con la que se inscribe la figuración utópica del Incario dentro del proyecto utópico del Inca Garcilaso en sus Comentarios: legitimación del sujeto, autorización del mensaje, creación de un espacio simbólico de negociación.

Pero, ¿cuáles son los elementos que entran en juego en esa negociación y qué es lo que se negocia? De nuevo el punto de partida simbólico está, claro, en el episodio de Cajamarca que contiene sus puntos centrales: reapertura del diálogo, neutralización de la violencia, resolución de la contradicción fundamental inca-español en esa historia que se ha convertido específicamente en "historia de la contradicción". En los *Comentarios*, el pensamiento utópico de Garcilaso elabora una propuesta utópica de resolución de estas tres cuestiones. Esta propuesta se apoya sobre tres formulaciones fundamentales: su teoría de la lengua, su teoría del conocimiento, y su creación de un nuevo sujeto para un orden utópico nuevo. La centralidad de la cuestión de la lengua en el proyecto del Inca es evidente desde el principio de los *Comentarios*. De la lengua trata la "Advertencia" al lector que precede el texto. Cualquier transmisión de conocimiento y cualquier negociación pasan necesariamente por la comunicación. En su "Advertencia" Garcilaso subraya el papel fundamental de la competencia lingüística para el establecimiento de la comunicación. "Para que se entienda mejor lo que con el favor divino hubiéremos de escribir", comienza el texto, y sigue con una serie de puntualizaciones que deben orientar al lector en relación con dos problemas. El primero es de simple inteligibilidad: "tiene tres maneras diversas para pronunciar algunas sílabas, muy diferentes de como las pronuncia la lengua española, en las cuales pronunciaciones consisten las diferentes significaciones de un mismo vocablo" (*C.R.* I, 7). El conocimiento imperfecto de las reglas de pronunciación imposibilita la comprensión del mensaje. El segundo tiene que ver con la posibilidad de caer, por incompetencia lingüística —desconocimiento de pronunciación o léxico— en interpretaciones erróneas o en malentendidos. Garcilaso adopta en esta primera advertencia el papel de traductor o intérprete sin problematizarlo. Pero, a lo largo de los *Comentarios*, va ampliando su discusión de la competencia lingüística, cuestionando una y otra vez la validez de la traducción para tender un puente lingüístico y epistemológico entre dos sistemas lingüísticos y culturales diferentes. En el capítulo V del libro I, por ejemplo, señala, hablando del nombre del Perú, que la existencia de un término no asegura la transferencia del concepto y que así sucede precisamente con el de *Perú*, que los indios "no toman ese nombre en la boca, como nombre nunca por ellos impuesto, y, aunque por la comunicación de los españoles entienden lo que quieren decir, ellos no usan de él porque en su lenguaje no tuvieron nombre genérico para nombrar en junto los reinos... Supieron nombrar cada provincia por su propio nombre... empero nombre propio que significase todo el reino junto no lo tuvieron" (*C.R.* I, 16). En el capítulo XVII del libro segundo avisa de la necesidad de conocer no sólo el equivalente morfológico y léxico sino el funcionamiento de toda la lengua para poder comprender la red de prácticas y asociaciones culturales en las que se genera el significado de cualquier vocablo: "El nombre Yupanqui fue nombre impuesto por sus virtudes y hazañas. Y para que se vean algunas maneras de hablar que los indios del Perú en su lengua general tuvieron, es de saber que esta dicción Yupanqui es verbo, y habla de la segunda persona del futuro imperfecto del indicativo modo, número singular, y quiere decir contarás, y con sólo el verbo, dicho así absolutamente, encierran y cifran todo lo que de un Príncipe se puede contar en buena parte, como decir contarás sus grandes hazañas, sus excelentes virtudes, su clemencia, su piedad y mansedumbre, etc., que es frasis y elegancia de la lengua decirlo así. La cual, como se ha dicho, es muy corta en vocablos pero muy significativa en ellos mismos" (*C.R.* I, 96). Y en el capítulo II del libro segundo reivindica la necesidad de una competencia verdaderamente bilingüe cuando corrige la interpretación que hace Cieza de León del término *Pachacámac*, demostrando que la simple búsqueda de términos literalmente equivalentes no libera el significado exacto: "*Pachacámac* quiere decir el que da ánima al mundo universo, y en toda su propia y extensa significación quiere decir el que hace con el universo lo que el ánima con el cuerpo. Pedro de Cieza, capítulo setenta y dos dice así: 'El nombre de este demonio quería decir hacedor del mundo porque Cama quiere decir hacedor y Pacha mundo'... etc. Por ser español no sabía la lengua tan bien como yo, que soy indio Inca" (*C.R.* I, 96). Algo parecido sucede con el capítulo V del libro 2 donde Garcilaso utiliza la larga discusión del término *Huaca* para iluminar el sentido múltiple de la palabra y la compleja red de relaciones lingüísticas y culturales dentro de las cuales se genera en cada instancia su significado.

El problema central que se plantea en todos estos ejemplos es el de la comunicación, pero, más específicamente, el de las condiciones de funcionamiento de una lengua como instrumento de diálogo. El telón de fondo es el estado caótico del panorama lingüístico de la colonia y el desbarajuste de la comunicación en la sociedad colonial:

> Los indios no saben de suyo o no osan dar relación de estas cosas con la propia significación y declaración de los vocablos, viendo que los cristianos españoles las abominan todas por cosas del demonio, y los españoles tampoco advierten en pedir noticia de ellas con llaneza, antes las confirman por cosas diabólicas como las imaginan. Y también lo causa el no saber de fundamento la lengua general de los Incas para ver y entender la deducción y composición y propia significación de las semejantes dicciones. Y por esto en sus historias dan otro nombre a Dios, que es Tici Viracocha, que yo no se qué signifique ni ellos tampoco ... Y así como aquellos indios no tuvieron atención a cosas especulativas, sino a cosas materiales, así estos sus verbos no significan enseñar cosas espirituales ni hacer obras grandiosas y divinas, como hacer el mundo, etc. sino que significan hacer y enseñar artes y oficios bajos y mecánicos, obras que pertenecen a los hombres y no a la divinidad. De toda cual materialidad está muy ajena la significación del nombre Pachacámac, que, como se ha dicho, quiere decir el que hace con el mundo universo lo que el alma con el cuerpo, que es darle vida, aumento y sustento, etc. Por lo cual consta claro la impropiedad de los nombres nuevamente compuesto (*C.R.* I, 63-4).

Para Garcilaso la causa de este estado de cosas es clara: "La causa principal de esto es la gran confusión de lenguas por la cual no se comunican unos con otros". Pero la discusión de la lengua tiene en los *Comentarios* una dimensión que sobrepasa la estrictamente lingüística. La lengua es en Garcilaso también una cifra de alteridad que inscribe reiteradamente en el discurso historiográfico de los *Comentarios* la complejidad y riqueza de la cultura del pasado Inca, una metáfora que recuerda insistentemente la existencia de otro mundo no fácilmente reductible, descifrable, o asimilable.

Es lo que demuestra, por ejemplo, la diferencia entre en conocimiento del vocablo *Huaca* y el del lugar que ocupa en un sistema religioso en el que se integra de forma precisa. La falta de conocimiento de la lengua, por otra parte, es metáfora de la confusión y desintegración del orden social. La larga cita que incluye Garcilaso del Padre Blas Valera en el capítulo III del libro 8 lo demuestra. La utilización de la lengua como metáfora de alteridad o de desintegración es complementaria y se relaciona con una de las creencias más firmes de Garcilaso. De nuevo se puede remontar el origen de esta idea al paradigma de la traición de Cajamarca. Es la idea de que la incompetencia lingüística cierra la comunicación abriendo simultáneamente el camino a la confusión y la violencia. En contraste con la realidad colonial, en la representación del Incario la competencia lingüística se convierte en metáfora de la armonía:

> Entre otras cosas que los Reyes Incas inventaron para buen gobierno del imperio, fue mandar que todos sus vasallos aprendiesen la lengua de su corte que es la que hoy llamamos lengua general, para cuya enseñanza pusieron en cada provincia maestros Incas de los de priviliegio; y es de saber que los Incas tuvieron otra lengua particular, que hablaban entre ellos, que no la entendían los demás indios ni les era lícito aprenderla, como lenguaje divino ... Mandaron aquellos reyes aprender la lengua general por dos respectos principales. El uno fue por no tener delante de sí tanta muchedumbre de intérpretes como fuera menester para entender y responder a tanta variedad de lenguas y naciones como había en su Imperio. Querían los Incas que sus vasallos se las hablasen boca a boca (a lo menos personalmente y no por terceros) y oyesen de la suya el despacho de sus negocios, porque alcanzaron cuánta más satisfacción y consuelo de una misma palabra dicha por el Príncipe, que no por el ministro. El otro respecto y más principal fue porque las naciones extrañas (las cuales, como atrás dijimos, por no entenderse unas a otras se tenían por enemigas y se hacían cruel guerra), hablándose y comunicándose lo interior de sus corazones, se amasen unos a otros como si fueran una familia y parentela y perdiesen la esquiveza que les causaba el no entenderse (*C.R.* I, 87).

La descripción de la política lingüística del Incario concluye con la reafirmación de sus efectos: "Con este artificio domesticaron y unieron los Incas tanta variedad de naciones diversas y contrarias en idolatría y costumbres como las que hallaron y sujetaron a su Imperio, y los trajeron mediante la lengua a tanta unión y amistad que se amaban como hermanos, por lo cual muchas provincias que no alcanzaron el Imperio de los Incas, aficionados y convencidos de este beneficio, han aprendido después acá la lengua general del Cuzco y la hablan y se entienden con ella muchas naciones de diferentes lenguas, y por ella sola se han hecho amigos y confederados donde solían ser enemigos capitales" (*C.R.* I, 87). En la narración de Garcilaso, la política lingüística se convierte en clave simbólica del reino de la armonía, substituyendo, en contraste inevitable con la colonia, la fuerza y la violencia por la comunicación y el entendimiento.

Pero, ¿cómo adapta y reformula Garcilaso en el contexto de su proyecto utópico de resolución de contradicciones centrales al orden colonial la política lingüística del Incario? La propuesta del Inca es inequívoca: se trata de crear una competencia bilingüe en indígenas y españoles que los eduque en el conocimiento de la lengua general y del español, de que "se les enseñe a los indígenas el español con la claridad y competencia necesarias para que no se superponga con la lengua general del Cuzco" (Jakfalvi Leiva 77). El telón de fondo de esta puntualización es la preocupación de Garcilaso por la corrupción, entendida como deformación progresiva de la herencia prehispánica, que se perdería sin remedio, en una asimilación ignorante por parte de los invasores sin que los amerindios tengan recursos para combatir unos mecanismos de reducción y transculturación que, sin un conocimiento sólido del español, les serían incomprensibles. Hay un incidente que ilumina toda esta problemática y su importancia central en la propuesta bilingüe del Inca Garcilaso:

> Uno de estos navíos subió más que los otros y ... vio un indio que a la boca de un río, de muchos que por toda aquella tierra entran en la mar, estaba pescando ... ... Le preguntaron por señas y por palabras qué tierra era aquella y cómo se llamaba. El indio, por los ademanes y meneos que con manos y rostro le hacían (como a un mudo) entendía que le preguntaban, mas no entendía lo que le preguntaban y a lo que entendió qué era el preguntarle, respondió a prisa (antes que le hiciesen algún mal) y nombró su propio nombre, diciendo Berú, y añadió otro y dijo Pelú. Quiso decir: "Si me preguntáis cómo me llamo yo me digo Berú, y si me preguntáis dónde estaba, digo que estaba en el río". Porque es de saber que el nombre Pelú en el lenguaje de aquella provincia es nombre apelativo y significa río ... Los cristianos entendieron conforme a su deseo, imaginando que el indio les había entendido y respondido a propósito, como si él y ellos hubieran hablado en castellano; y desde aquel tiempo, que fue el año de mil quinientos quince o dieciseis, llamaron Perú a aquel riquísimo y grande Imperio, corrompiendo ambos nombres, como corrompen los españoles casi todos los vocablos que toman del lenguaje de los indios de aquella tierra (C.R. I, 15-16).

La corrupción lingüística es, en el texto, la indicación exacta de un proceso mucho más amplio de corrupción de todo un sistema cultural y de un universo epistemológico que los conquistadores ignoran e instrumentalizan sin escrúpulos, dotándolos, como a la lengua, de los significados que más les convienen.

Las necesidad de enseñar a los nativos el uso del español se refuerza por la elección del propio Garcilaso. Su dominio extraordinario del español en todos sus registros demuestra hasta qué punto es consciente de que el acceso al espacio discursivo del poder sólo puede efectuarse a través de esta lengua. Pero la lucidez de esta elección, históricamente determinada, no equivale a ninguna propuesta asimilacionista. La reivindicación de la lengua general es la condición misma del retorno de la armonía a un orden colonial que se caracteriza sistemáticamente por la confusión, la desintegración y la anarquía. La competencia en español es sólo un arma de negociación con el poder, y una garantía de preservación de la propia herencia lingüística y cultural a través del conocimiento de los mecanismos y procesos mentales del invasor. Una garantía de la posibilidad de "organizar aquella libertad enajenada a través de la recuperación del lenguaje". Desde el punto de vista del proyecto utópico de Garcilaso la propuesta bilingüe equivale a "anular las oposiciones establecidas entre dos series cerradas e infecundas en su aislamiento" (Jakfalvi Leiva, 74 y 76), y proyecta la apertura de un diálogo que vuelve a ser posible en la neutralización utópica, a través de la lengua, de la oposición inca-español como universos contrarios e incompatibles.

La propuesta de Garcilaso en relación con la necesidad de una política bilingüe que recupere la lengua general y establezca firmemente el dominio del español se inscribe en su programa utópico doblemente. Como desbloqueo de la incomunicación, que inició la conquista, con la apertura de un diálogo múltiple que desplace el silencio del vencido cuestionando el monólogo del vencedor; y como condición necesaria para un entendimiento que sólo puede lograrse a través de la circulación del conocimiento indígena bloqueado por el poder colonial.

La recuperación de ese conocimiento y su difusión a través de la escritura es, obviamente, uno de los propósitos declarados de los *Comentarios*. Pero la integración de este propósito en el proyecto utópico de Garcilaso se apoya en una percepción particular: la que ve en la ignorancia la causa fundamental de la explotación y de la destrucción del mundo prehispánico. Ignorancia y armonía se encuentran, al igual que destrucción y conocimiento, en relación inversa. El conocimiento, la recuperación y la difusión del saber indígena se convierten, en el pensamiento utópico de Garcilaso, en la base misma de la reinstauración posible de la armonía en el Perú. No una armonía que duplique el pasado Inca, sino una armonía lograda en la negociación de poder y alteridad. La importancia central del conocimiento en la creación de todo orden y armonía se inscribe en la figuración utópica del Incario que articulan los *Comentarios*, desplazando la noción cronológica de la historia propia de occidente. Como ya ha sido señalado, el desarrollo del Incario se ordena primordialmente de acuerdo con el principio de génesis del saber y no de la temporalidad: "la génesis del saber, ubicado según la interpretación de la tradición que hace Garcilaso de la época de los primeros reyes, se dará luego como un desarrollo hacia el perfeccionamiento en el cual no hay en realidad un antes y después absolutos. ... Garcilaso formula las adquisiciones en relación con un paradigma moral que se mantiene inalterable a lo largo de la sucesión de los Reyes Incas" (Jakfalvi Leiva 96).

El punto de partida del proyecto historiográfico del Inca en los *Comentarios* es su compromiso con una realidad "antes destruida que conocida" (*C.R.* I, 46) Los *Comentarios* se proponen invertir esa relación, exorcizando la destrucción con el saber. En el recorrido que hace Garcilaso por la historia del saber prehispánico hay una descripción que proyecta con particular fuerza la presencia de un saber que ilumina el mundo intrincado y no asimilable de la civilización Inca: la descripción de la fortaleza de Cuzco.

> La obra mejor y más soberbia que mandaron hacer para mostrar su poder y majestad fue la fortaleza de Cuzco, cuyas grandezas son increíbles a quien no las ha visto, y al que las ha visto y mirado con atención le hacen imaginar y creer que son hechas por vías de encantamiento y que las hicieron demonios y no hombres; porque la multitud de las piedras, tantas y tan grandes como las que hay puestas en las tres cercas (que más son peñas que piedras) causa admiración... Pues pasar adelante con la imaginación y pensar cómo pudieron ajustar tanto unas piedras tan grandes que apenas pudieran meter la punta de un cuchillo por ellas, es nunca acabar... Muchas de ellas están tan ajustadas que apenas se aparece la juntura; para ajustarlas tanto era menester levantar y asentar la una piedra sobre la otra muchas veces, porque no tuvieron escuadra ni supieron valerse siquiera de una regla para asentarla encima de una piedra y ver por ella si estaba ajustada con la otra. ... Tengo para mi que no son sacadas de canteras, porque no tienen muestra de haber sido cortadas, sino que llevaban las pequeñas sueltas y desasidas (que los canteros llaman tornos) que por aquellas sierras hallaban, acomodadas para la obra; y como las hallaban así las asentaban, porque unas son cóncavas de un cabo y convexas de otro y sesgadas de otro, unas con puntas a las esquinas y otras sin ellas; las cuales faltas y demasías no las procuraban quitar ni emparejar ni añadir, sino que el vacío y cóncavo de una peña grandísima lo henchían con el lleno y convexo de otra peña tan grande y mayor, si mayor la podían hallar; y por el semejante el sesgo o derecho de una peña igualaban con el derecho o sesgo de otra; y la esquina que faltaba en una peña la suplían sacándola de otra, no en pieza chica que solamente hinchiese aquella falta, sino arrimando otra peña con una punta sacada de ella, que cumpliese la falta de la otra; de manera que la intención de aquellos indios parece que fue no poner en aquel muro piedras chicas, para suplir las faltas de las grandes sino que todas fuesen de admirable grandeza, y que unas a otras se abrazasen, favoreciéndose todas supliendo cada cual la falta de la otra, para mayor majestad del edificio (*C.R.* II, 142-144).

Las murallas del Cuzco se aparecen a los ojos de Garcilaso como un gigantesco rompecabezas. Un rompecabezas que combina, de forma magistral, fuerza, técnica, ingenio y perfección. En el texto esa perfecta forma desafía tanto la razón del comentarista —de ahí la referencia a los encantadores— como la comprensión desde una cultura tecnológicamente más avanzada, que tiene que suplir, al contemplarla, el conocimiento con la imaginación. Se erige como un enigma. Un enigma que simultáneamente convoca la presencia del mundo destruido a través de sus ruinas (ritual análogo al de Alva Ixtlilxochitl) y recuerda la imposibilidad de captar la complejidad del mundo prehispánico desde la cultura tecnológicamente más avanzada de los invasores. El ver en la descripción de la muralla de la fortaleza del Cuzco el símbolo mismo del Incario no es una imposición arbitraria. El propio Garcilaso hace explícita esa relación dentro del texto:

Los Incas, según lo manifiesta aquella su fábrica, parece que quisieron mostrar por ella la grandeza de su poder, como se ve en la inmensidad y majestad de su obra; la cual se hizo más para admirar que no para otro fin. También quisieron hacer muestra del ingenio de sus maestros y artífices, no sólo en la labor de la cantería pulida (que los españoles no acaban de encarecer), mas también en la obra de cantería tosca, en la cual no mostraron menos primor que en la otra. Pretendieron asimismo mostrarse hombres de guerra en la traza del edificio, dando a cada lugar lo necesario para defensa contra los enemigos (*C.R.* II, 143).

Fuerza, cultura y poder se proyectan en esa muralla, que el texto construye minuciosamente como símbolo del universo Inca, símbolo que simultáneamente convoca y defiende la integridad del pasado. La muralla es un enigma que contiene tanto los elementos que articulaban ese universo que la conquista clausuró —grandeza, cultura, fuerza y poder— como las claves de su orden perfecto. Unas claves que resultan ser igualmente relevantes para el proyecto utópico que Garcilaso va tejiendo en la narración de sus *Comentarios*. La muralla, símbolo de una cultura, constituye un todo en el que las partes encajan de forma tan perfecta y armoniosa que no queda ni resquicio para la punta de un cuchillo. Y esto a pesar de la heterogeneidad, desigualdad e irregularidad de las formas que lo integran. Lo fundamental en relación con el proyecto utópico de Garcilaso y su inscripción en la imagen de la muralla es el principio que rige la transformación de lo diverso, heterogéneo y fragmentario —las piedras— en una coherencia armoniosa y perfecta. Ese principio es el de negociación. Las piedras no se transforman ni mutilan cortándolas para darles a todas la misma forma —"las cuales faltas o demasías no las procuraban emparejar ni añadir"— sino que se van ensamblando y encajando manteniendo y respetando en todo momento su diversidad e integridad porque, concluye Garcilaso "la intención de aquellos indios fue ... que unas y otras se abrazasen, favoreciéndose todas, supliendo cada cual la falta de la otra, para mayor majestad del edificio". Ese es, en el texto de Garcilaso, el principio fundamental que subyace la armonía del pasado Inca que él reconstruye en sus *Comentarios*. Y es también el principio que subyace su proyecto utópico de armonización de contrarios y neutralización de oposiciones en la colonia. El único que permite la transformación de elementos dispares e irreductibles en su diferencia y particularidad —tan irreductibles como las piedras— en un todo armonioso en el que cada parte cumple su función en la creación de un orden perfecto: la muralla.

La actitud de Garcilaso hacia la realidad histórica —la conquista española— contra la que se recorta su proyecto utópico es inequívocamente crítica. Es un proceso de destrucción y de barbarización. La figura de la muralla ilumina la visión crítica que subyace la narración de Garcilaso, esta vez en el relato de la función que le asignan los españoles:

Los españoles, como envidiosos de sus admirables victorias, debiendo sustentar aquella fortaleza aunque fuera reparándola a su costa, para que

por ella vieran en siglos venideros cuán grandes habían sido las fuerzas y
el ánimo de los que la ganaron y fuera eterna memoria de sus hazañas, no
solamente no la sustentaron, más ellos propios la derribaron para edificar
sus casas particulares que hoy tienen en la ciudad del Cuzco, que, por
ahorrar la costa y la tardanza y pesadumbre con que los indios labraban
las piedras para los edificios, derribaron todo ... Las piedras mayores, que
servían de vigas en los soterraños sacaron para umbrales y portadas, y las
piedras menores para los cimientos y paredes; y para las gradas de las
escaleras buscaban hiladas de piedra del altor que les convenía y, habiéndola
hallado, derribaban todas las hiladas que había encima de la que habían
menester, aunque fuesen diez o doce hiladas o muchas más. De esta manera
echaron por tierra aquella gran majestad, indigna de tal estrago, que
eternamente hará lástima a los que la miren con atención de lo que fue
(*C.R.* II, 143).

El bastión simbólico del poderío Inca y la cifra de todo un saber se
convierte por la codicia e ignorancia de los conquistadores en simple piedra
útil, material burdo para la construcción de un orden diferente. El principio
de reducción rige la creación de todo este nuevo orden colonial, en un proceso
de transformación que corrompe y destruye el mundo que la muralla figura,
vaciándolo de significado, cortando sus lazos con el pasado y su historia,
imponiéndole un significado y una función ajenos.

Ese proceso de corrupción y destrucción del universo Inca, que se levanta
sobre la ignorancia, define para Garcilaso la esencia misma de la conquista, y
es en relación con él donde se define la importancia central del conocimiento
dentro de su pensamiento utópico. La destrucción de la fortaleza no es un
ejemplo aislado. Duplica la del templo de Viracocha (*C.R.* I, 260) y se prolonga
en la de las acequias del sistema de regadío prehispánico (*C.R.* I, 264). En
ambos casos — templo de Viracocha y fortaleza del Cuzco — la confrontación
simbólica entre el invasor y el mundo prehispánico subraya dos elementos:
la ininteligibilidad de ese mundo cuyas huellas trazan las enigmáticas piedras
de las murallas, y la ansiedad del conquistador frente a esa ininteligibilidad.
La envidia que Garcilaso les atribuye a los españoles socava la imagen oficial
de la superioridad occidental, inscribiendo en ella la carencia y la
vulnerabilidad. Para Garcilaso los dos episodios son ejemplos emblemáticos
de los términos de una confrontación: la del poder colonial con el mundo
prehispánico. En el plano histórico esa confrontación se había saldado desde
el momento de la derrota con la destrucción que se inicia en el encuentro de
Cajamarca. En la base misma de esa destrucción el Inca ve una causa
fundamental, y se aplica a citar autoridades indiscutibles en apoyo a su tesis,
desde Pedro de Cieza hasta José de Acosta. Dice Acosta;

Habiendo tratado lo que toca a la religión que usaban los indios pretendo
en este libro escribir sus costumbres y policía y gobierno para dos fines. El
uno, deshacer la falsa opinión que comúnmente se tiene de ellos como de
gente bruta y bestial y sin entendimiento, o tan corto que apenas merece
ese nombre; del cual engaño se sigue hacerles muchos y muy notables

agravios, sirviéndose de ellos poco menos que de animales y despreciando cualquiera género de respeto que se les tenga, que es tan vulgar y tan pernicioso engaño, como saben los que con algún celo y consideración han andado entre ellos y visto sus secretos y avisos, y juntamente el poco caso que de todos ellos hacen los que piensan que saben mucho, que son de ordinario los más necios y más confiados de sí. Es tan perjudicial esta opinión que no veo medio con que pueda mejor deshacerse que con dar a entender el orden y modo de proceder que estos tenían cuando vivían en su ley ... Mas como sin saber nada de esto entramos por la espada sin oirles ni entenderles, no nos parece que merecen reputación las cosas de los indios, sino como caza habida en el monte y traída para nuestro servicio y antojo. Los hombres más curiosos y sabios que han penetrado y alcanzado sus secretos, su estilo y gobierno antiguo, muy de otra suerte lo juzgan, maravillándose que hubiese tanta orden y razón entre ellos (*C.R.* I, 117-118).

Para Garcilaso, como para Acosta, la relación entre nuevo orden y pasado prehispánico se ha definido en la historia de la colonia como mutuamente excluyente. La exclusión se basa fundamentalmente en el desconocimiento y, en el pensamiento utópico del Inca, el conocimiento se convierte en tercer término imposible que neutraliza la oposición fundamental, indicando la salida de la serie histórica y abriendo un espacio simbólico para un futuro diferente.

Pasado Inca  -  Realidad colonial

Conocimiento

La función utópica de los *Comentarios* se relaciona, en este sentido, con su capacidad de hacer posible ese tercer término, de configurarse como el espacio válido y legítimo de la recuperación de la historia, de la producción del saber indígena y de la transmisión del conocimiento. Son esas tres funciones las que convierten este texto, en relación con la problemática del conocimiento, en discurso utópico, lugar simbólico de la transformación del vacío en significante y del desplazamiento de la destrucción por la negociación.

El último elemento central sobre el que se articula la propuesta utópica que formula Garcilaso en sus *Comentarios* es la construcción del sujeto.[3] La centralidad de la problemática de la identidad se subraya con claridad y frecuencia en los *Comentarios* tanto a nivel personal como colectivo. De hecho, uno de los contrastes más radicales que se establecen entre las conquistas del Incario, específicamente la de Manco Cápac, y la conquista española, se relaciona con esta cuestión. Los capítulos XXI-XXII-XXIII, y XXIV del libro I describen con todo detalle un complejo ritual que ilumina las múltiples formas en las que la conquista del primer Inca era, de manera fundamental, un acto simbólico que confería identidad a los nuevos súbditos. El ritual tenía, según la narración de Garcilaso, varias fases. Comenzaba con la enseñanza y la transmisión de valores y seguía con la concesión de divisas. La primera divisa es la trenza: "El primer privilegio que dió el Inca a sus vasallos fue mandarles que a imitación suya trajeran todos en común la trenza en la cabeza, empero que no fueran de todos los colores, como la que el Inca traía, sino de un color sólo y que fuese negro". La segunda es el peinado: "que anduviesen trasquilados, empero con diferencia de unos vasallos a otros y de todos ellos al Inca, porque no hubiera confusión en la división que mandaba". La tercera son las orejas: "pasados algunos meses y años les hizo otra merced, más favorable que las pasadas, y fue mandarles que se horadaran las orejas. Mas también con la limitación del tamaño del horado de la oreja, que no llegase a la mitad de como los traía el Inca, sino de medio atrás, y que trajesen cosas diferentes por orejeras, según la diferencia de los apellidos y provincias". Concluye Garcilaso puntualizando que "las diferencias que el Inca mandó que hubiese en las insignias, demás de que eran señales para que no se confundiesen las naciones y apellidos, dicen los mismos vasallos que tenían otra significación y era que los que más se asemejaban al rey esos eran de mayor favor y de más aceptación" (*C.R.* I, 50-51). Todo el proceso de concesión de insignias a los pueblos conquistados representa simbólicamente la creación de un orden en el que cada uno recibe, como máximo privilegio, una identidad que le confiere un lugar dentro del nuevo cosmos, precisando el lugar que ocupa tanto en relación con otros pueblos como en relación con la jerarquía que encabeza el Inca. El carácter sagrado y fundamental de este proceso de concesión de identidades se subraya en el texto de dos formas. En primer lugar, al reiterar el autor que la concesión de una identidad es el más alto *privilegio*, el que culmina la serie de beneficios que los conquistados han ido recibiendo ya de Manco Cápac. En segundo lugar a través de la reacción de los propios conquistados: "Entre sí unos con otros decían que el Inca, no contento de haberlos sacado de fieras trocándolos en hombres, ni satisfecho de los muchos beneficios que les había hecho en enseñarles las cosas necesarias para la vida humana y las leyes naturales para la vida moral y el conocimiento de su Dios el Sol, que bastaba para que fueran esclavos perpetuos, se había humanado a darlos sus insignias reales, y últimamente, en lugar de imponerles pechos y tributos, les había comunicado la majestad de su nombre" (*C.R.* I, 53). Las últimas tres líneas contienen un elemento más: la comparación entre una conquista benéfica y constructiva que eleva a los conquistados a la naturaleza del conquistador "humanándolos" con la comunicación del nombre real, y otra —la española— que se reduce a la explotación despiadada de sus nuevos súbditos, abrumándolos con pechos y tributos. Conquista inca y conquista española son procesos antitéticos. La primera humaniza al conquistado. La segunda lo deshumaniza reduciéndolo progresivamente a la categoría de bestia.

En Perú, como en México, uno de los efectos inmediatos del trauma radical de la conquista fue la pérdida del sentido de la propia identidad. Todas las crónicas indígenas de reconstrucción de antigüedades o antiguallas prehispánicas —es decir de recuperación del pasado— cumplen entre sus funciones fundamentales la de crear un marco simbólico nuevo de referencia histórica que llene el vacío creado por el trauma y la represión, y la de delinear un mapa posible para el trazado de las señas de una identidad perdida, devolviendo su legitimidad al vencido y restituyéndole un pasado, una historia y una cultura. Los *Comentarios* no son una excepción en ese sentido. Pero en ellos toda la problemática de la identidad, en su vertiente personal y colectiva, se integra —lado por lado— con la propuesta de enseñanza de lenguas y la de recuperación del saber indígena, en un proyecto utópico de gran coherencia y envergadura. El telón de fondo contra el cual se recorta la problemática de la identidad en los *Comentarios* es una realidad que es el reverso de la que describen las conquistas de Manco Cápac. Frente al proceso de creación de identidad, cultura y orden, la conquista española se define como proceso de desintegración de culturas y destrucción de identidades. A nivel colectivo esa desintegración se condensa en la oposición Inca-Español cuyos términos y resultado dramatiza en su origen el episodio paradigmático de Cajamarca. A nivel personal esa contradicción fundamental que da forma al Perú colonial y condiciona las opciones de todos sus súbditos se concreta en una escisión fundamental que reverbera, a lo largo de toda la obra de Garcilaso, en una serie de vacilaciones y oscilaciones que condicionan tanto sus sucesivas —y a veces conflictivas— autodefiniciones como los cambios de distancia con respecto a uno y otro bando y las historias y tradiciones que les corresponden.

La naturaleza de esa escisión se enuncia por primera vez en forma explícita no en la voz del narrador sino en la de su tío, que es quien representa para él la fuente misma de sabiduría y autoridad. Hablando en respuesta a las preguntas de su sobrino acerca de las hazañas del primer Inca, puntualiza el tío: "En este distrito mandó poblar *nuestro* Inca más de cien pueblos, los mayores de a cien casas y otros de a menos, según la capacidad de los sitios. Estos fueron los primeros principios que esta *nuestra* ciudad (Cuzco) tuvo para haberse fundado y poblado como la ves. Estos mismos fueron los que tuvo este nuestro grande y famoso imperio que *tu* padre y *sus* compañeros *nos* quitaron" (*C.R.* I, 41). El marco más amplio de definición de una identidad personal es, claro, la oposición Inca-Español. Pero éste se complica aún más con una segunda escisión: entre dos linajes incompatibles que convergen de forma imposible en su persona. Es esta incompatibilidad lo que indica la tensión entre el *tu* y el *nos*. Una tensión que no indica fusión ni síntesis sino falta de pertenencia al linaje primero —que se adscribe al padre del Inca— o al segundo, en la ambigüedad de un *nos* que, precedido por la presencia del padre invasor tampoco puede acabar de incluir a Garcilaso totalmente, dejándolo en una especie de limbo, suspendido entre dos linajes antagónicos de los que participa, pero a los cuales no puede pertenecer del todo legítimamente. Esta falta de legitimidad se complica todavía más con otro factor: la bastardía de Garcilaso, que lo hace doblemente ilegítimo de cara al orden colonial: como indio y como bastardo.

La construcción del sujeto en los *Comentarios* se integra en el proyecto utópico de Garcilaso en relación con la doble problemática identitaria — colectiva y personal— con una función muy definida: la de crear una figura de resolución simbólica que neutralice ambas contradicciones fundamentales: Indio-Español y légitimo-bastardo, transformando ilegitimidad en legitimidad y exclusión en participación. Una figura que no puede ser de síntesis —por no haber síntesis posible entre los términos de la oposición fundamental— sino de neutralización de la oposición misma.[4] Es decir, una figura utópica: el mediador. El texto se convierte en el lugar simbólico de creación y legitimación de esta figura que contiene las claves de la reinstauración de la armonía perdida. Por eso mismo la legitimación de la autoridad del autor de la narración y de la propuesta son fundamentales en los *Comentarios*. La complicada red de autodefiniciones que pone en juego Garcilaso en su texto no es simple expresión de una necesidad personal de legitimación o de un "desgarrón" de la conciencia del Inca, sino parte de una estrategia deliberada de autorización de la propuesta utópica.

Algunos estudios críticos ya han apuntado en esa dirección cuando puntualizan que "la validación de la escritura mestiza de Garcilaso, específicamente en los *Comentarios*, no tiene únicamente que ver con la duplicidad de sus fuentes ni siquiera con el esfuerzo por preservar las fidelidades que debe a uno y a otro de sus ancestros; se refiere, en lo esencial, a la construcción —o mejor a la autoconstrucción— del sujeto que habla en el texto y del espacio desde el cual lo hace" (Cornejo-Polar 93). La validación de ese sujeto es la condición necesaria de validación de la propuesta utópica, y el juego de múltiples posiciones discursivas que caracteriza al narrador de los *Comentarios* revela las estrategias de Garcilaso en la búsqueda del punto de enunciación exacto que legitime su pensamiento utópico y autorice su propuesta.[5]

El narrador de los *Comentarios* se define desde la *Advertencia* inicial como indio que escribe como indio: "Para atajar esta corrupción me sea lícito, pues soy indio, que en esta historia yo escriba como indio" (*C.R.* I, 7). La elección de la escritura se acota (es "para atajar corrupciones"), pero la filiación no. El "soy indio" es rotundo e inequívoco. Pero no estable. La afirmación rotunda y absoluta responde a la necesidad de autorizar más allá de cualquier duda, y frente a todos los cronistas españoles, su conocimiento único de la lengua, la cultura y el pasado indígenas. Es también condición necesaria de autorización de los dos puntos primeros de su propuesta utópica: educación bilingüe y transmisión del saber indígena. A lo largo del texto esa identidad esencial del indio se desdobla en toda una multiplicidad de funciones dictadas por los imperativos de legitimación del narrador y de recepción del texto, para eclipsarse en el último libro, donde cede el paso a una identidad de elección. Es la del sujeto utópico: el mestizo. Es el ser indio lo que le permite a Garcilaso autorizar —frente al peso de los cronistas oficiales— la superior exactitud de su texto. Valida su función de comentarista: "que mi intención no es contradecirles sino servirles de comento y glosa y de intérprete en muchos vocablos indios, que, como extranjeros en aquella lengua, interpretaron fuera de la propiedad de ella" (*C.R.* I, 6); de traductor, con acceso a fuentes más directas que, por razones lingüísticas, culturales, y sociales les están vedadas a los españoles: "Esta larga relación del origen de

sus Reyes me dio aquel Inca, tío de mi madre, a quien yo se la pedí, la cual yo
he procurado traducir fielmente de mi lengua materna, que es la del Inca, en
la ajena, que es la castellana ... Otras cosas semejantes, aunque pocas, me
dijo este Inca en las visitas y pláticas que en casa de mi madre se hacían, las
cuales pondré adelante en sus lugares, citando el autor, y pésame de no haberle
preguntado otras muchas para tener ahora la noticia de ellas, sacadas de tan
buen archivo, para escribirlas aquí" (*C.R.* I, 42); y de intérprete de palabras y
hechos, como el significado del Cuzco como ombligo (*C.R.* I, 83), o el de
Yupanqui como verbo, para comprender todo lo que debajo de tal verbo o
nombre se puede querer decir (*C.R.* I, 96). Finalmente es la autodefinición
inicial como indio lo que lo califica como historiador más competente que
cualquier español: "que como indio natural de aquella tierra, ampliamos y
extendemos con la propia relación lo que los historiadores españoles, como
extranjeros, acortaron por no saber la propiedad de la lengua ni haber mamado
en la leche aquestas fábulas y verdades como yo las mamé" (*C.R.* I, 83).

Las funciones múltiples que puntean en el texto las sucesivas
autodefiniciones del Inca cuestionan implícitamente la oposición radical
bárbaro/civilizado, pero hacen mucho más que esto. Inscriben en el texto
dos transformaciones fundamentales: la del que no sabe ni puede hablar (el
indio) — "que yo, como indio traduje en mi tosco romance" — en el que habla
mejor y con mayor precisión que los propios escritores españoles; y la del
que no tiene derecho a saber "porque las fuerzas de un indio no pueden
presumir tanto" en el que sabe más que nadie. Conjugadas, estas dos
transformaciones marcan el ingreso simbólico del indio, a través de la
escritura, en el ámbito del conocimiento y del discurso.

Pero, dentro del texto mismo, la función de traductor y transmisor que
reclama el narrador se problematiza. La traducción es un medio privilegiado
de acceso de lo marginal o periférico al espacio de circulación de conocimiento
y cultura (Jakfalvi Leiva 15). Del mismo modo que la pertenencia total al
sistema cultural que se intenta transmitir es condición necesaria de acceso al
conocimiento. Pero en el texto ni la traducción es capaz de trasponer fielmente
los signos de una cultura en los de otra, ni el conocimiento profundo que
sólo se adquiere con la leche materna puede garantizar la transmisión de un
universo cultural a otro. La discusión sobre la imposibilidad de armonizar
un término como *Tahuantinsuyo* con el concepto de reino del Perú, y la
ininteligibilidad de las piedras de la muralla de la fortaleza del Cuzco y del
templo de Viracocha — por citar sólo dos ejemplos— lo demuestran. Ningún
universo cultural es reducible a los términos de otro, ningún sistema cultural
puede ser perfectamente transpuesto en los signos de otro. Y esta
puntualización dentro del texto ilumina de manera inequívoca la
imposibilidad de cualquier síntesis de contrarios, a la vez que acota y aclara
los límites de la primera definición del sujeto —"soy indio"— y de sus
múltiples funciones. El indio letrado cumple una función fundamental: en
su figura se consuma simbólicamente el acceso del sujeto indio al ámbito del
poder discursivo e interpretativo. Pero no es, con su vaivén de oscilaciones y
vacilaciones, la figura utópica de resolución de la contradicción fundamental.

La figura utópica de resolución es, en el texto de Garcilaso, la del mestizo, identidad de elección que reclama "a boca llena" el Inca al final de sus *Comentarios*: "A los hijos de español y de india o de indio y española nos llaman mestizos, por decir que somos mezclados de ambas naciones; fue impuesto por los primeros españoles que tuvieron hijos en indias, y, por ser nombre impuesto por nuestros padres y por su significación, me lo llamo yo a boca llena y me honro con él" (*C.R.* II, 266). Pero, ¿cuál es la "significación" exacta de esa figura para Garcilaso? El uso del término "mezclados" es muy equívoco, porque el mestizo no es una figura de fusión o de síntesis imposible de contrarios. "Mezclado" indica en el pensamiento de Garcilaso una condición diferente que Antonio Cornejo-Polar recoge en otro término muy gráfico: entreverado. Hay entrelazamiento perpetuo e irreductible de elementos tan disímiles como lo son los universos culturales que indican. No hay mezcla que implique la disolución de ninguno de los términos en un proceso de fusión o asimilación.

El mestizo que proyecta la construcción del sujeto en los *Comentarios* es una figura de mediación. No ilumina un proyecto de asimilación ni de unión de contrarios sino de negociación entre los términos Inca-Español cuyos universos respectivos deben preservarse por igual. Desde el punto de vista de la problemática identitaria personal de Garcilaso, el mestizo es figura de resolución que transforma la marginalidad, en relación con ambos términos, en centralidad con respecto a los dos. Y, a nivel colectivo, el mestizo es el nuevo sujeto utópico, bicultural y bilingüe, que puede tender un puente para la negociación, neutralizando la contradicción histórica fundamental y abriendo el camino para la realización del Perú utópico. Un Perú que se sitúa no en el pasado —identificándose con el Incario— sino en el futuro, en la visión utópica de una sociedad justa que encarne por igual los valores incas y cristiano-occidentales, sólo incompatibles dentro de la realidad histórica corrompida y degradada de la colonia. El mestizo es la clave de realización de todo el proyecto utópico del Inca. Como es figura de neutralización de la oposición racial, cultural e histórica que enfrentaba a los dos términos de la contradicción, por ser figura de negociación permanente entre dos universos culturales de excelencia equivalente. Es el que garantiza la armonización de los contrarios frente a la imposibilidad demostrada —recuérdense los límites de traducción y explicación— de reducirlos a un común denominador, de englobarlos sintéticamente, o de homogeneizarlos reduciéndolos a los términos del Otro. Se ha subrayado ya la importancia capital de esta figura como apuesta la más alta del Inca a favor de la armonía: "Ahora entendido en términos de violencia y empobrecimiento, casi como mutilación de la completud de un ser que la conquista hizo pedazos, el mestizaje —que es la señal mayor y más alta de la apuesta Garcilacista a favor de la armonía de dos mundos— termina por reinstalarse —precisamente en el discurso que lo ensalza— en su condición equívoca y precaria, densamente ambigüa, que no convierte la unión en armonía sino —al revés— en convivencia forzosa, difícil, dolorosa y traumática" (Cornejo-Polar 99). Sólo que, reintegrando la construcción del nuevo sujeto mestizo al marco del pensamiento utópico, se puede argumentar que no es tanto que Garcilaso persiga infructuosamente una armonía hecha de unión. Lo que la figura del mestizo ilumina es más bien que, aunque unión y síntesis de contrarios son imposibles, el retorno de la armonía no lo es. Pero, al revés de lo que sucedería si la propuesta utópica se redujera a un retorno al Incario utópico donde toda contradicción cesaba, la armonía no puede instalarse en la historia más que a través de la neutralización de los contrarios. Una neutralización que sólo es posible para Garcilaso a través de una comunicación y un conocimiento que sienten las bases para el reconocimiento de la mutua alteridad y para la mediación y negociación permanente de sus diferencias. Es decir, que no es tanto que el Inca persiga la unidad y tropiece con la fragmentación irreductible sino que comprende con toda lucidez que la armonía no pasa por la unidad imposible —racial, cultural e históricamente— sino por la negociación de una heterogeneidad irreductible. Es precisamente esa visión — necesariamente utópica en un contexto histórico marcado por la contradicción fundamental Inca-Español, que la propuesta de Garcilaso neutraliza simbólicamente— la que unifica bajo el signo de la utopía la propuesta lingüística del Inca, su teoría del conocimiento y su construcción del mestizo como sujeto utópico del nuevo orden y agente del retorno de la armonía al mundo caótico de la colonia.

En la medida en que propugna la neutralización de la contradicción fundamental sobre la que se apoya y con la que se justifica ideológicamente todo el orden colonial, el discurso de Garcilaso en los *Comentarios* es un discurso disidente y subversivo. La recuperación de un pasado abolido por la fuerza, la transmisión legitimadora de un saber ignorado, y la reivindicación de una lengua silenciada por el invasor son condiciones no negociables dentro del discurso utópico del Inca. Como es parte ineludible del mismo la crítica radical de la conquista como proceso de destrucción de un mundo armonioso y de corrupción de los ideales cristianos occidentales. Pero eso no implica ni que su propuesta utópica se identifique con el retorno al pasado de la utopía andina ni que su discurso crítico sea exactamente un discurso de resistencia frente a la realidad del poder occidental. El discurso utópico de Garcilaso articula, con todos sus elementos, un proyecto que, más que alentar la resistencia, propone y busca la negociación y la resolución, en la neutralización de contrarios, como punto de partida para el advenimiento utópico de una armonía históricamente imposible.[6]

NOTAS

[1] En mis incursiones por el complicado universo Garcilasista me han servido de guía, de forma especial aunque no exclusiva, los trabajos de: José Durand, Alberto Flores Galindo, Max Hernández, Susana Jakfalvi-Leiva, E. Pupo Walker y Margarita Zamora.
[2] Tomo el término *wanka* del análisis que hace Cornejo-Polar de las representaciones de la tragedia de la muerte de Atahuallpa. En él se aclara que, según Lara "tragedia no es un equivalente exacto de Wanka, pero sí el más aproximado y no cabe otra forma de traducción" (56, nota 81).

[3] La lectura de los *Comentarios* en relación con la búsqueda de una identidad propia es uno de los temas que han despertado más interés entre los críticos de Garcilaso. No voy a intentar en modo alguno recapitular la producción crítica sobre el tema ni volver sobre lo ya dicho. Me propongo sólo mostrar la función que cumple la exploración de la problemática de la identidad dentro del proyecto utópico más amplio en el que se integra dentro de los *Comentarios*.

[4] Para quien sea lo bastante iluso como para acariciar la idea del mestizaje y ver al mestizo como figura de síntesis, Garcilaso clarifica en su propia persona que en el mestizo no sólo no se resuelven las escisiones y oposiciones sino que se multiplican. Las palabras del tío no dejan lugar a dudas a este respecto.

[5] No me parece que la necesidad de legitimación se vincule tanto a la disidencia del discurso (Cornejo-Polar 93) como a la urgencia de posibilitar la aceptación de una propuesta de neutralización de contrarios a través del aprendizaje de la lengua, la transmisión del saber y la recuperación de culturas de la que depende todo el futuro de su pueblo. Y a la aguda conciencia que tiene de su vulnerabilidad como enunciador de pensamiento y discurso.

[6] La primera versión de este ensayo se publicó en: Beatriz Pastor, *El jardín y el peregrino: ensayos sobre el pensamiento utópico latinoamericano,* (Amsterdam: Rodopi, 1995).

## BIBLIOGRAFÍA CITADA

Cornejo-Polar, Antonio. *Escribir en el aire: ensayo sobre la heterogeneidad socio-cultural en las literaturas andinas.* Lima: Editorial Horizonte, 1994.

Durand, José. *El Inca Garcilaso, clásico en América.* México 1976.

_____ "Garcilaso entre el mundo de los Incas y el de los conceptos renacentistas". *Diógenes* 43 (1963): 21-45.

_____ "El Inca Garcilaso historiador apasionado". *Cuadernos Americanos* LII/4 (1950): 153-168.

Flores Galindo, Alberto. *Buscando un inca: identidad y utopía en los Andes.* La Habana, Colección Premio Casa de las Américas, 1986.

Hernándes, Max. *Memoria del bien perdido: Conflicto, identidad y nostalgia en el Inca Garcilaso de la Vega.* Madrid: Encuentros, 1991.

Jakfalvi-Leiva, Susana. *Traducción, escritura y violencia colonizadora: un estudio de la obra del Inca Garcilaso.* Syracuse: Maxwell School, 1984.

Menéndez y Pelayo, Marcelino. *Orígenes de la novela.* Vol. I. Madrid, 1905. 392.

Mignolo, Walter. "La colonización del lenguaje y de la memoria: complicidad de la letra, el libro y la historia". *Discursos sobre la invención de América.* Iris Zavala, ed. Amsterdam: Rodopi, 1992. 208.

Pupo-Walker, Enrique. *Historia, creación y profecía en los textos del Inca Garcilaso de la Vega.* Madrid: Porrúa-Turanzas, 1982.

Vega, Garcilaso de la (el Inca). *Comentarios Reales.* Vol. I, Libro I. Aurelio Miró Quesada, ed. Caracas: Biblioteca Ayacucho, 1985. 39.

Zamora, Margarita. *Language, Authority and Indigenous History in the Comentarios Reales de los Incas.* Cambridge: Cambridge University Press, 1988.

Fronteras mudables:
un informe náhuatl de la Guerra Chichimeca, 1563[1]

Maureen Ahern
*The Ohio State University*

Durante las cinco décadas de violencia "a fuego y a sangre" conocida como La Guerra Chichimeca (1550-1600), una de las dimensiones menos entendidas de las tempranas interacciones entre españoles e indígenas en Nueva España es el rol jugado por los indios auxiliares. El uso de aliados hablantes de náhuatl, como tropas y colonizadores, fue un elemento primordial de la conquista y expansión española en Mesoamérica; sin embargo, sus declaraciones en lenguas indígenas son muy raras, ya que los académicos siempre han confiado, casi exclusivamente, en los documentos registrados en castellano o traducidos a través del filtro militar español que suprimía la presencia o la participación indígena.[2] En la década pasada, los estudios de Frances Karttunen, James Lockhart y Joanne Rappaport han demostrado la importancia de los documentos jurídicos para el estudio de la autorrepresentación indígena posterior a la conquista.[3] Este ensayo propone examinar un memorial náhautl que provee una rica muestra de la sociedad fronteriza en formación, así cómo la integración de elementos hispanos — cristianos y de estructuras náhuatl en un solo discurso que revela los cambios mediante los cuales se negociaban nuevos espacios sociales de habla, escritura e historia.

El *Memorial de los Indios de Nombre de Dios, Durango, acerca de sus servicios al Rey, 1563*, es un informe dictado y redactado en lengua náhuatl por los líderes de los auxiliares mexicanos y michoacanos que acompañaban a los capitanes españoles y sacerdotes franciscanos en sus campañas contra los ataques de los zacatecos y guachichiles a lo largo de la frontera minera de Nueva Vizcaya. Esta muestra del "literacy" o prácticas escriturarias náhuatl relativamente desconocida, transcrita y traducida por Robert H. Barlow y George Smisor en 1943, abre nuevas perspectivas sobre las prácticas de guerra fronteriza que existían paralelamente a los esfuerzos franciscanos de reducir a los diversos grupos étnicos en congregaciones. La transcripción alfabética de la memoria oral náhuatlde los eventos y proezas del pasado, *tlatolli*, dentro de un documento notarial, el cual integra elementos españoles de los formatos de "Méritos y Servicios" y de "Títulos primordiales" (legitimación del territorio a través de la medición de linderos), produce un discurso híbrido que constituye un fascinante ejemplo de lo que Walter Mignolo ha denominado "colonial semiosis —the conflicting interaction of alternative literacies in colonial situations" (265).

Contexto

Contrario a la creencia popular de que la Guerra de Mixtón (1541-42) constituyó "la última gran rebelión nativa" (Aiton 172), la violencia que había caracterizado aquella resistencia de los cazcanes cerca de Guadalajara en 1541 en realidad nunca había amainado, ya que los capitanes españoles y los mineros invadieron los territorios de los pames, guamares, zacatecas y guachichiles al norte de Nueva Galicia despúes del descubrimiento de una rica veta de plata en 1546 en Zacatecas. En 1560, la Audiencia de Nueva Galicia envió al capitán Pedro de Ahumada a sofocar la rebelión con una fuerza de cuatrocientos cazcanes, quienes habían sido subyugados por los mismos españoles veinte años antes. Después de una serie de emboscadas y escaramuzas con las tribus nomádicas, se quería fundar, como parte de una "solución" a largo plazo, un asiento "para atraer a los salteadores a la vida cristiana" (Barlow, xvii). Cuatro franciscanos escoltados por Francisco de Ibarra, futuro gobernador de Nueva Vizcaya, fundaron Nombre de Dios, Durango. Les acompañaban varias bandas de aliados o "tropas auxiliares" de mexicas, michoacanos y zacatecas que participaban en la empresa de someter a los chichimecas locales.

El documento denominado *Memorial* o Informe, constituye una rara muestra de agencia náhuatl generada por las voces de los indios auxiliares, cuyo rol fue omnipresente y significativo en la formación de la nueva sociedad. El *Memorial* nos ofrece una perspectiva interna de la sociedad fronteriza en formación, del sujeto colonizado asimilado y asimilándose.[4] Plantea complejos cuestionamientos sobre cómo las campañas militares construyeron y desconstruyeron identidades a medida que los grupos indígenas cambiaban de bando, adecuando sus opciones de sobrevivencia contra las simultáneas conquistas militares y misioneras. Estas prácticas asentaron un modelo para la futura penetración española más allá de Nueva Vizcaya, promulgado por las *"Nuevas Ordenanzas de 1573"*. También provocaron un agrio debate acerca de la moralidad de la guerra chichimeca y la necesidad de un clérigo nativo, el cual culminó en las reformas del Tercer Consejo Provincial Mexicano en 1585.[5]

El texto náhuatl: transcripciones y traducciones

No se sabe quién redactó en náhuatl el texto original del *Memorial* cerca de 1563. Pudo haber sido uno de los notarios locales, quien habría aprendido a escribir alfabéticamente de los franciscanos, el que copió el testimonio que le dictaron los capitanes mexicas y michoacanos de la expedición que había fundado el pueblo (Barlow, xxi). En las décadas inmediatamente posteriores a la conquista inicial, el náhuatl escrito era "the accepted genre of public legal discourse by Indians, even in areas outside central Mexico, where Nahuatl was observed as a lingua franca for government" (Karttunen 395). "By the end of the first half century of Spanish presence in Mesoamérica, every central Mexican commmunity of any size and importance had a native notary who kept records, generally in Nahuatl" (Lockhart, "Some Nahua Concepts" 400).

En realidad, el *Memorial* consiste de tres informes diferentes, compuestos y narrados por varios sujetos plurales que se identifican en el texto o cuya identidad nos la proveen los traductores al inglés. En 1845 Faustino Chimalpopoca Galicia,[6] abogado indígena, transcribió el manuscrito original que después se perdió. En su copia de trece folios de texto náhuatl, Chimalpopoca Galicia escribió entre líneas su traducción al español: "Expedición de la Nueva Vizcaya, 1563: Traducción al castellano de un manuscrito mexicano antiguo". Fue encuadernado en un volumen de documentos que posteriormente se denominó "Manuscrito Mexicano 93, Doc. Número 2 (MM93)" de la biblioteca Bancroft. Sin embargo, el texto se mantuvo inédito hasta 1943, momento en que dos académicos norteamericanos, Robert Barlow y George Smisor, decidieron publicar su transcripción y traducción directamente del náhuatl en una edición de circulación restringida en California, donde fue reimpresa en 1982. Ellos anexaron un segundo y breve "Acuerdo" náhuatl sobre la división de servicios en la villa de Nombre de Dios realizados por los mismos signatarios unos veinte años después, y agregaron también una transcripción de la relación en castellano de Pedro de Ahumada sobre la rebelión de 1561.

La traducción del *Memorial* de Barlow y Smisor está basada directamente en el texto náhuatl y corresponde, línea por línea, con el mismo. Las extensas, notas al pie de página identifican muchas de las oscuras referencias, personas y toponimias. Barlow señala que el cotejo interlineal entre el texto español y la copia en náhuatl revela descuidos y errores ocasionales en la traducción de las separaciones de palabras, en las cuales o bien Chimalpopoca fue incapaz de descifrar la escritura del documento original, o bien no habría entendido las referencias históricas y geográficas. Barlow y Smisor han dividido las palabras de acuerdo a las convenciones académicas, han colocado en bastardillas todas las palabras prestadas del español, y han reproducido el texto español de Chimalpopoca tan fehacientemente como les fue posible. Barlow detectó la adición de frases en español que no existían en la copia original del náhuatl (xxiii) y opina que la traducción de Chimalpopoca es poco confiable. Por todas estas razones, mi análisis se basa en la traducción al inglés de Smisor y Barlow la cual he cotejado con el microfilm del texto náhuatl.

La identificación explícita de para quién y por qué razón este documento fue escrito se perdió conjuntamente con las secciones inicial y final del informe. Quizá el *Memorial* fuera un informe sobre el servicio preparado para el Virrey o el Rey, debido a que, como Karttunen ha señalado, "Literacy now made it possible for Nahuatl speakers to manage their own affairs with a degree of autonomy during the colonial period ... Legal documentation was the single most vital genre of written Nahuatl" (412-413).[7] En el período colonial temprano, los líderes indígenas disfrutaron de privilegios especiales al tratar directamente con la Audiencia, los cuales bien podrían haber sido los destinatarios de este informe (Carrasco 183). Por otro lado, pudo haber pertenecido al género de "Títulos primordiales" que registraban los linderos de pueblos indígenas para establecer una base legal para los mismos.

## EL TESTIMONIO NARRATIVO

Los sucesos narrados ocurren por el año 1560, al finalizar el período del segundo virrey Don Luis de Velasco, y se ordenan por episodios que delimitan los horizontes de sus narradores en minuciosos detalles sobre espionaje, reclutamiento, emboscadas, repoblamientos, castigos, martirio, cautivos, servicio y protesta. Los diversos sujetos que dictaban y redactaban son sujetos náhuatl en su mayoría y su *locus* de enunciación es tanto visual como oral. De buenas a primeras nos arrojan *in media res* en el reclutamiento coercitivo de auxiliares por Juan Vázquez de Ulloa, segundo Alcalde Mayor, desde 1559 a 1562.

... *Itzcaqui ini quen-tla-mantli inic ticto-tla-tequi-panil-huilque, in tote dios ihuan in rey in ocay y sa marti iquac alcalde mayor jua[n] basques. (2)* ... Ved aquí el modo en el cual hemos servido a nuestro Dios y al Rey en el lugar llamado San Martín, siendo Juan Vázquez el Alcalde Mayor.

Así comienza El *Memorial*. En la escritura alfabética nahua, la expresión *iz catqui*, "Ved aquí o Aquí es", introduce cada segmento, ya sea acerca de una persona, de un terreno o de un tributo, como si se estuviera señalando una versión pictórica.[8] Los relatos prehispánicos en náhuatl habían sido recitaciones orales o *performances* acompañadas de un componente pictográfico, ya que el concepto de *tlatolli* (discurso-memoria o palabra-recuerdo) significaba "relatar" la memoria de las proezas de una unidad etnopolítica, el *altepetl*, a medida que era rememorada por medio de signos pictográficos.[9] Aquella unidad de *altepetl*, (traducido como estado-étnico, pueblo o villa) fue el principal modo náhuatlde organización social y epistemológica. Ante todo, los eventos del pasado fueron "vistos" y "relatados" desde y sobre un lugar: el pasado no era solamente temporal sino también espacial. Los náhuatl construyeron narrativas que se identificaban con el *altepetl* o con sus subunidades locales, el *calpulli*, ya que relataban la fundación de su espacio étnico imbricada con episodios temporales no-lineales. El *locus* de enunciación de la agencia náhuatl en el *Memorial* está organizado en torno a Nombre de Dios, Durango y en 1563, este *locus* aún es tanto visual como oral. "*Itz-caqui ini quen-tla-mantli/Ved aquí ... el modo*". Sin embargo, su dictado no necesariamente se basaba en cualquier figura pictográfica o "notas", ya que a mediados del siglo XVI, los líderes y notarios náhuatl todavía retenían la habilidad de recitar de memoria y con gran precisión, largos e intricados diálogos enunciados por múltiples hablantes (Lockhart, *Nahuas After the Conquest* 689).

La frase omnipresente *Izcatqui* ocurre al comienzo de cada episodio diferente a través de toda la narrativa. Por ejemplo, "*Ved aquí el quinto modo por el cual nosotros los mexicas y nosotros los michoacanos servimos a nuestro Dios y al Rey*" *Yn izcatqui yni macuilamatli ynic* ... (9) "*Ved aquí el sexto modo*

*Ynizcatqui yc chiquacetlamatli* ... (11). Parece que los relatores siguen los patrones organizacionales numéricos de las historias prehispánicas, tanto como las estructuras de las historias cartográficas aztecas donde los eventos temporales se ordenaban en torno a localidades, como recientemente ha analizado Elizabeth Boone.

Aunque el documento de Nombre de Dios no utiliza pictografías, su estructura organizacional utiliza el mismo antiguo patrón de registro de la historia de migraciones, ya que ordena los eventos en torno a una nueva migración de pueblos desde México central y en torno de la fundación de un nuevo *altepetl*, Nombre de Dios; es decir inscribe una frontera reconstruida sobre los ejes de anteriores culturas guerreras y migrantes. Si este documento se lee fuera del contexto social parece presentar una serie de viñetas sobre la fundación de Nombre de Dios y sus colonizadores. Sin embargo, si se lo lee dentro del espectro más amplio de las migraciones mesoamericanas y sus historias fundacionales, particularmente aquéllas de los toltecas-chichimecas,[10] el *Memorial* recodifica el movimiento hacia y desde la frontera norte como nuevo catalizador de la formación cultural en México. Aún así, el relato cristiano del Padre Tello sobre la fundación de Nombre de Dios nunca menciona la presencia de ningún participante indígena pues simplemente relata la acción de Francisco de Ybarra y de los franciscanos. En su representación, fue exclusivamente un evento español (Tello 538-584). La diferencia entre el modo en que los españoles veían la participación de los indígenas auxiliares y en cómo ésta se acomodó a la visión de los mexicas, es necesaria para nuestra comprensión del significado simbólico de la fundación de pueblos, ya que la representación histórica más amplia es muy diferente para cada cultura (Jeanette Sherbondy, comunicación personal). El *Memorial* resuelve la ausencia de agencia náhuatlal restaurar lo que habían omitido los registros escritos en castellano.

Cuando los zacatecas se rebelaron, el Alcalde Mayor llamó a los mexicas y les dijo: "Venid ahora, mexicas, ayudad al Rey; venced a los chichimecos en todas partes". Y luego dijo: "Si vosotros no deseáis ir, os multaré con cuarenta pesos que tendráis (3) que pagar porque vosotros sois súbditos del Rey". Y luego, los mexicas se reunieron y consultaron entre ellos y dijeron: "Hagamos y obedezcamos la voluntad de Dios y del Rey" (5).

El registro lingüístico es aquel del náhuatl vernáculo y pragmático, de uso diario, que caracteriza al vasto *corpus* de documentos municipales posteriores a la conquista.[11] El discurso consigna un segmento discreto para cada episodio o evento narrado, lo que parece seguir el principio de organización náhuatlseñalada por Lockhart, de segmentos autocontenidos usualmente en pares simétricos ("Some Nahua Concepts" 469).

El *Memorial* está compuesto casi enteramente de actos de habla en primera persona plural, lo que reproduce el discurso directo de los participantes. "Conversation was the lifeblood of Nahua society and traces of orality run through the whole corpus of Nahua documents. The normal Nahua way of presenting a detailed narration of anything whatever was to dramatize it, repeating the statement of each speaker in turn, in the first person and in the present tense, with all the niceties of a real speech situation ..." (Lockhart, *Nahuas and Spaniards* 7). También deberíamos ser conscientes del comprometedor poder de la oralidad en la cultura náhuatl, lo cual Lockhart notó en los testamentos. "In the old Nahua view, a strong statement of fact or recommendation under solemn circumstances, made before a non-demurring audience, had something like binding legal force, and this view continued to prevail among indigenous people in postconquest times" ("Some Nahua Concepts 475). En el *Memorial* la escritura alfabética inscribe lo que se dice, mientras que el *locus* visual de la agencia náhuatl y su modo dialógico de oralidad, simultáneamente comunican el *locus* espacial y la resonancia oral del habla. Su hibridez comprende tanto la *performance* como la escena.[12]

En la conclusión de este segmento, los chichimecas se valen de un espía para tender una emboscada feroz a la expedición de españoles y aliados, causándoles serias bajas. "Porque allá, en aquella tierra, nosotros los mexicas, también morimos, al entrar a este distrito para servir a nuestro Dios y al Rey". (9) Los segmentos quinto, sexto y séptimo explican en forma clara la gama de servicios que proveían los mexicas y los michoacanos. Ellos eran los guías y los intérpretes, cargadores y mensajeros que condujeron al Capitán Ahumada hacia los baluartes chichimecos en Malpais, Amcuix y Peñón Blanco para sofocar los levantamientos de 1561. "Nosotros también morimos allí" es el frecuente refrán que forja el lazo entre el motivo narrativo para los méritos y servicios de guerreros náhuatl y la declaración subsecuente de su "merecimiento" de la tierra. El octavo segmento representa al Capitán Pedro de Ahumada y sus salutaciones, "Venid ahora, mexicas, ayudad al Rey, porque no en vano vosotros merecéis mucho esta tierra. Vosotros sabéis que los Padres [sacerdotes] vendrán y se ubicarán aquí. Vosotros iréis a sus casas en esta tierra, *porque vosotros mucho merecéis esta tierra*" (énfasis mío). Esta exhortación del "merecimiento", importante categoría de la cultura náhuatl es recalcada por boca del capitán español. Lockhart ha observado en otros documentos de títulos, que el derecho al territorio de un pueblo se ganaba a través de "la guerra y la muerte": "It appears that having fought successfully for the land was a main source of legal right to it" ("Views of Corporate Self" 385-386). El lazo entre "nosotros también morimos allí" y su "merecimiento" explicaría por qué se ampliaban y detallaban los segmentos que tratan de las batallas puesto que sirven como justificación de la posesión indígena de Nombre de Dios. En términos culturales náhuatl, un destacado relato de guerra establecería la legitimidad y el fundamento de la posesión indígena, tan válidos como los que impugnaban los franciscanos y españoles. También explica la combinación de sucesos y formatos aparentemente distintos en una misma narrativa. Esta amalgama de prácticas narrativas parece responder a una lógica interna que naturalizaba formatos externos y mixtos según sus propias necesidades internas de reconocimientos o preservación.

Los aliados no solamente lucharon en las batallas sino que también construyeron asientos e iglesias para reducir a las tribus chichimecas recién conquistadas. "Nosotros comenzamos nuestro trabajo al construir los pueblos, trabajando diligentemente. Nosotros construimos la casa de Dios y de nuestros padres. Nosotros ayudamos a nuestros santos padres cuando ellos sirvieron en este pueblo" (25). Sin embargo, aquella participación era totalmente suprimida de la relación de Francisco Ibarra sobre la fundación de Nombre de Dios, como así también de la *Historia* de Obregón escrita en 1584. No es de extrañarse que los capitanes mexicas y michoacanos hayan querido registrar el testimonio propio de sus servicios,[13] particularmente de la construcción de la iglesia local, la cual venía a ser, "el símbolo central de la existencia del *altepetl*, como el templo principal lo había sido en los tiempos prehispanos" (Lockhart, "Some Nahua Concepts" 476).

INTERSECCIONES DE LAS PRÁCTICAS DE GUERRA FRONTERIZA

El segundo memorial, dictado por dos líderes distintos, anuncia la llegada de la guerra al pueblo mismo de Nombre de Dios. Los diálogos entre los capitanes españoles e indígenas revelan cómo la aparentemente similar práctica militar de tomar cautivos en la batalla ahondó las profundas diferencias entre las dos fuerzas militares. Cuando el Alcalde Fernando de Sosa arribó, su discurso se reproduce palabra por palabra: "Tú, Francisco Martín, líder mexica, debes darme veinte de tus mexicas. Tú, Pedro, líder michoacano, debes darme veinte más. Vosotros, nativos zacatecas, debeis darme veinte más. El pueblo suministrará sesenta hombres. Otros veinte vendrán de Atotoniclo. Yo os dirigiré a vosotros todos al campo de batalla y buscaremos a los chichimecas" (28). En este episodio sobre las relaciones entre los indígenas aliados y los capitanes y alcaldes españoles, los mexicas y los michoacanos negociaron sus respuestas a las demandas de Sosa.[14] Ellos comprenden mejor la defensa de su pueblo y piensan en ella primero. "Nosotros respondemos, nosotros los líderes que gobernamos este pueblo, nos reuniremos y hablaremos sobre el asunto" (29). Ellos deciden que no pueden enviar veinte hombres cada uno sino solamente doce, para no exponer al pueblo al ataque chichimeca. El proceso de toma de decisión todavía es una discusión del pueblo que se lleva a cabo en términos de su unidad étnica local, siendo claramente demarcadas las divisiones étnicas múltiples que conformaban la congregación.

Estos intercambios se refieren a tres y no a dos grupos étnicos aliados: los mexicas, los michoacanos y los zacatecas. La diferenciación que se señala entre los zacatecas y los chichimecas indica que aquéllos han sido sometidos, y que se han convertido en aliados contra el próximo grupo de "enemigos", probablemente los guachichiles. Esta era la estrategia principal de guerra de parte de los españoles para con el norte: incitar las rivalidades nativas o las enemistades antiguas entre los pueblos indígenas nomádicos y los sedentarios; someter a los grupos étnicos nativos e integrarlos a las fuerzas aliadas para usarlos contra la próxima nación hostil a medida que la frontera minera fuera avanzando (Powell 158). Finalmente, ellos enviaron a Sosa solamente doce hombres michoacanos y doce mexicas y repitieron sus razones en discurso directo. Sosa los amenazó, y luego declaró que encarcelaría a cualquiera que se negara a ir y los sometería a una multa de diez pesos, cien latigazos y desfile público. "De ese modo nos habló Francisco de Sosa". Luego Sosa dice: "Nosotros ahora vamos a la guerra. Todo aquel que capture a un chichimeca no tendrá que entregarlo, porque él será suyo. Lo mismo se mantendrá si captura dos o tres" (31).

Las tropas marcharon por cinco días y cuando avistaron a los chichimecas marcharon toda la noche. Los aliados reclaman a Sosa la promesa de cautivos.

Cuando todos nosotros vimos a los chichimecas y estábamos cerca del enemigo, llamamos al capitán Francisco de Sosa y le dijimos:

> Recuerda tu palabra, la que nos diste ante los líderes (31). Luego, Francisco de Sosa dijo: Así sea. Nadie les quitará a mis hijos, los mexicas o a cualquier otro guerrero, a los chichimecas que capturen, porque ellos pertenecen a quienes los capturan. El ataque comenzó, los guerreros se diseminaban y aparecían al frente. Comenzamos a luchar contra el enemigo al amanecer y concluímos al mediodía (33).[15]

Y al terminar la batalla, cuando a los aliados se les quitaron los cautivos, el *Memorial* registra su protesta:

> A medida que nosotros dirigíamos a los cautivos chichimecas hacia el rancho de Don Diego, los españoles nos pararon y nos dijeron: "Ahora traed aquí a los chichimecas que habeis capturado para que podamos contarlos". Pero cuando ellos los reunieron, los españoles se los dividieron entre ellos; y los mexicas, los michoacanos, nativos y todos los pueblos que fueron con ellos, no recibieron ni un solo cautivo. Durante aquel tiempo, nosotros servíamos diligentemente, aunque nunca nos dieron instrumentos de guerra y los hombres quedaban sin protección adecuada. Sólo nos proveyeron nuestra comida, nuestros caballos y nuestros instrumentos de guerra mientras les servíamos. Fue Francisco de Sosa mismo el que nos afligió y nos llevó a la guerra. Nosotros servimos a nuestro gran Señor. Nosotros, los líderes, fuimos testigos de este documento. FRANCISCO MARTÍN, MEXICANO Y YO, PEDRO HERNÁNDEZ (33).[16]

Si este segmento fuera leído únicamente en la traducción inglesa o solamente en términos de los protocolos de guerra españoles de su época, se podría conjeturar que era principalmente una queja contra Sosa por no mantener su palabra o por apropiarse de un botín de guerra valioso —que por supuesto que los cautivos lo eran. Sin embargo, hay una razón náhuatlmucho más profunda por lo que los sujetos magnifican la confiscación de sus cautivos como el punto principal de su *Memorial*. El arte de la guerra que era endémico en México central, aún jugaba un rol de gran importancia en la dinámica social (Lockhart, *The Nahuas After the Conquest* 111). A través de la guerra, un soldado podía convertirse en noble por mérito más que por nacimiento o en un *quauhpilli*.[17] A mediados del siglo XVI, cuando muchas de las estructuras sociales y culturales náhuatl todavía estaban intactas y aún vivía gente que recordaba las viejas concepciones del arte de la guerra, no sería improbable que todavía tuvieran vigencia entre las tropas mexicas.

Hassig ofrece un argumento convincente para la ampliación de esta queja en el memorial.

> Military success and advancement were achieved primarily by taking captives, for which there were both honors and material rewards. *Repeated failure ended an aspirant's career. Each captured enemy led to great honors and higher rank* until, after taking four captives, the soldier became a veteran warrior. For taking more than four captives, honors varied according to the ferocity of the captive. A successful soldier could become a captain and could even achieve the highest ranks of general and commanding general, just below the king, who was the commander in chief. Entry to the eagle and jaguar military orders composed of seasoned noble warriors was through capture in taking more than four captives in battle (142, énfasis mío).

Para la subjetividad náhuatl era importante registrar esa transgresión tan grave de su concepto de guerra: la apropiación de los cautivos, su fuente esencial de motivación y honores y factor aparentemente insospechado por los españoles. Su reacción era protestar al Rey puesto que a menudo las comunidades indígenas percibían al Rey o al Virrey como más compasivos con sus necesidades y con su defensa en contra de los españoles locales (Karttunen y Lockhart).

FRONTERAS INTERNAS

Aparecieron otras grietas en las lealtades políticas entre los grupos étnicos regionales a medida que los hombres de Nombre de Dios se unieron en la persecución de los chichimecas que habían matado al Padre Juan Cerrado, sacerdote del convento de Nombre de Dios. Cuando el capitán Rodrigo del Río envió a Don Diego, uno de los líderes aliados, a buscar a los chichimecas, éste regresó después de dos días con la siguiente noticia: "Nosotros no vimos a nadie, Señor. Probablemente, se han refugiado en la sierra". Pero del Río, viejo veterano de frontera, no aceptó esta respuesta y se enojó con los guías. Don Diego y sus compañeros confederados fueron encadenados para recibir el mismo castigo severo distribuido a los líderes chichimecas capturados: se les cortaban los pies y las gargantas o se los colgaba.

En otra salida los aliados capturaron a un grupo que ellos llamaban chichimecas-huachichiles e inmediatamente los ejecutaron, informando que dos eran "chichimecas huachiles" y uno de ellos era un "michoacano que se había vuelto chichimeca y que estaba con ellos". Así, en los segmentos finales, la narrativa se mueve dentro de las fronteras internas que construían y desconstruían las identidades étnicas y las lealtades militares. Los grupos indígenas contiguos cambiaban de bandos como mejor les convenía de acuerdo a sus intereses de sobrevivencia o a las fortunas de la guerra. El *Memorial* finaliza como comenzó, con el despliegue de espías entre los chichimecas, a lo largo de fronteras mudables de lealtad política entre los distintos grupos étnicos. De repente el manuscrito se interrumpe allí en el medio de una frase (MM 93).

La *Relación de Pedro de Ahumada*, que Barlow y Smisor adjuntaron a los documentos náhuatl, ofrece otras perspectivas. En esta narrativa en castellano de los mismos eventos, el Capitán Pedro Ahumada informó que algunos grupos no se le unieron hasta después de que él hubiera sometido a otros y que su victoria hubiera sido segura. Los trescientos zacatecas que estaban en la frontera con los cazcanes, aparentemente neutrales, primero le ofrecieron ayuda a Ahumada pero luego se excusaron.[18]

Sin embargo, es la subjetividad náhuatl la que traza las indeterminadas líneas de quién era "chichimeca" y quién no. Un día Don Diego era aliado de los mexicas y michoacanos. Al otro día fue acarreado y ejecutado por no proveer la suficiente información sobre los chichimecas enemigos. Los mexicas y los michoacanos montan guardia sobre los líderes chichimecas capturados, quienes luego son mutilados y colgados en su presencia. Para los mexicas los límites internos de su antiguo imperio y de sus territorios étnicos de *altepetl*, estaban claramente demarcados. Nunca lograron conquistar a los grupos nómadas del norte y se referían a ellos con los sentidos más negativos que denotaban la palabra "*chichimeca*" o "bárbaro". Hasta los diccionarios tradicionales perpetuaban el estereotipo negativo al hacer derivar dichas palabras de los términos "perros" o "harapos". Sin embargo, el *Analytical Dictionary of Nahuatl* de Karttunen nos dice que el término náhuatl *chichimeca* contiene sus propios límites semánticos internos ya que también denota: "un sentido de 'salvaje noble' que es positivo" —quizás como un elemento de admiración por su valentía guerrera.[19] Tanto positiva como negativamente, los chichimecas fueron los "otros" indígenas. Lo que Hers llama "la máscara genérica de chichimecas salvajes", de hecho constituye un denso bulto semántico que desembala tanto una designación temporal como una geográfica, o sea, no exclusivamente una de niveles culturales.[20] Para los michoacanos, los cazcanes y los zacatecas, que habían vivido por décadas en las fronteras geográficas que lindaban con los guachichiles, los límites políticos no eran tan claros. Algunos michoacanos y zacatecas se cruzaban de bandos, mediaban o jugaban ambos extremos unos contra otros. "... *hacían tracto doble y spiaban*", se quejaba Ahumada (59). A los ojos españoles, los cazcanes tampocos eran aliados confiables aunque los empleaban en las campañas. "No confíe en ellos" advertió Ahumada. "Se sospechó mal de ellos porque se mostraron soberbios ultramodo con los españoles y sacerdotes que los doctrinaban ... aunque llevé conmigo a los cazcanes, tube quento con ellos como con los enemigos hasta que me aseguré de todos" (56-57).

En esta zona de guerra donde las diferencias étnicas de color y raza pueden no haber sido distinguidas por los españoles, los chichimecas rápidamente desviaron esta ceguera étnica en un arma táctica importante: la traición. Sin embargo, los mexicas y los michoacanos que habían sido educados en las tradiciones del *calpulli* y del *altepetl* como marcadores de distinción étnicos, lingüísticos y territoriales, "vieron" y "escucharon" diferencias que no podían engañarlos. Es decir, la ubicuidad del término "chichimeca" era todavía tan fluida como los bandos que cambiaban según sus tácticas de guerrilla. Otro documento náhuatl incluido en el mismo volumen indica alguna de las fricciones que todavía existían entre los mexicas y los michoacanos: "los de Michoacán, que son como chichimecas que andan como simarrones ..." (66). Aquí se indica claramente el cambio en el uso de la palabra *chichimeca* como un término político (Williard Gingerich, comunicación personal). La empresa militar española había juntado casualmente grupos enemigos tradicionales. No obstante, las hendiduras vislumbradas en las viejas actitudes prehispánicas hacia otros grupos étnicos como "traicioneros" o "ignorantes", no habían cerrado.

El segmento final también atestigua cuán difícil era, aún para los mexicas y los michoacanos, la persecución de los guachichiles en sus baluartes y la superioridad de sus tácticas guerrilleras contra las tropas españolas. En realidad, Ahumada admite en su informe que los chichimecas eran los que controlaban la guerra, y los españoles sólo los que reaccionaban a ella. "Que tengan en su mano la paz e la guerra cada vez que querian como la han thenido y tienen demas de 10 años a esta parte" (63).

CONCLUSIONES

Este documento que enlaza el mérito y el servicio a la legitimidad territorial, dictado en náhuatl por los líderes mexicas y michoacanos de Nombre de Dios en 1563, articula la formación de identidades indígenas fronterizas a través de la alfabetización de su propia lengua y de sus propias categorías culturales. La distintiva perspectiva náhuatl — visual, dialógica y segmental— registra una riqueza de sucesos nunca informados ni aún insinuados en informes militares o eclesiásticos españoles de la época.

Más allá de las brechas discursivas detectadas de la interacción entre el náhuatl y el castellano, en las intersecciones de las prácticas de guerra se abren profundas fracturas. Aunque cada grupo en realidad pasó varios años luchando y poblando conjuntamente, permanecieron esencialmente interesados en sus propias visiones y en sus propios objetivos —aún sorprendidos por las transgresiones que cada uno cometía en contra de los otros. Lockhart presenta una hipótesis para estas interacciones culturales:

> The unspoken presumption of sameness showed itself above all in the way [that each culture] used its own categories in interpreting cultural phenomena of the other. Probably the same principle was at work, on both sides, with all the peoples the Spaniards encountered, but in this case, more perhaps than in any other, similarities between the two cultures reinforced the tendency. At the root of cultural interaction between Nahuas and Spaniards was a process I have called Double Mistaken Identity, whereby each side takes it that a given form or concept is essentially one already known to it, operating in much the same manner as in its own tradition, and hardly takes cognizance of the other side's interpretation. Each could view Indian town government, the monastery complexes, mural painting, land tenure, and many other phenomena of the postconquet Nahua world, as falling within its own frame reference (*Nahuas After the Conquest* 445-446).

Las híbridas prácticas escriturarias que articularon epistemes de *loci* náhuatl de conocer y narrar atestiguan las arriesgadas negociaciones de una frontera en llamas. La visión de la zona de guerra a través de la subjetividad náhuatl revela por qué los españoles finalmente decidieron que no podrían vencer en este largo conflicto y por qué se encendió un gran debate moral en el Tercer Consejo de la Iglesia Mexicana en 1585. Las medidas que ensayaron en contra de los guachichiles devinieron en precursoras de las políticas fronterizas al fin de siglo. Los líderes de las rebeliones fueron perseguidos y ejecutados por capitanes locales que avanzaron hacia nuevos territorios detrás de las amortiguaciones de los auxiliares, recientemente subyugados por las entradas de las tropas mexicas enviadas desde México central. Los franciscanos acompañaban a todas las expediciones militares a los nuevos grupos culturales que eran reducidos y reubicados en reducciones o poblados multiétnicos dirigidos por misioneros con la protección, la mano de obra, y sobre todo, la emulación de los mexicas y los michoacanos como modelos para los chichimecas. Al reconocer el poder de la escritura alfabética náhuatl para restaurar los eventos, contextos y significados borrados por los soldados y misioneros españoles, los líderes de los auxiliares dictaron una historia alternativa de la frontera que los destacó a sí mismos como los co-exploradores, co-fundadores y co-conquistadores del norte. Notamos su capacidad de indicar los rápidos cambios que tuvieron lugar a lo largo de las viejas fronteras étnicas y rituales donde la fundación de los pueblos se había convertido en sinónimo de repoblamiento misionero, otro proceso poderoso de borramiento. Los líderes indígenas y los notarios locales asentaron un testimonio paralelo de fundación territorial y por lo tanto de su legitimidad, registro que nos ofrece una perspectiva alternativa de aquellas complejas interacciones y conflictivas prácticas que funcionaban en la formación de las identidades fronterizas. Trazan las alianzas políticas emergentes de los mexicas, michoacanos, zacatecas y españoles en contra de los guachichiles, y a su vez los límites de antiguas enemistades étnicas. Como la guerra legitimaba los derechos territoriales, la documentación náhuatl recoge los relatos de batalla para asegurar sus títulos de propiedad. En la tradición náhuatl prehispánica, los líderes a cargo de las operaciones militares eran por su propio nombre de *tlatoani*, aquéllos que eran hábiles en el habla y en el recuerdo del 'discurso-memoria' de las proezas del pasado, *tlatollotl*. Por eso, no nos debería sorprender que en las mudables fronteras de la Nueva España de mediados del siglo XVI, los líderes militares de los auxiliares amerindios que regresaban al norte, ejercieran la escritura náhuatl para reclamar su lugar en la formación de la nueva sociedad fronteriza y para registrar las proezas que los validaran.

NOTAS

¹ La investigación en la que se basa este ensayo fue realizada gracias a las becas ortogadas por el *Center for Medieval and Renaissance Studies* y *The College of Humanities of The Ohio State University*. Deseo también agradecer a Jeanette Sherbondy, Molly

Olsen y Willard Gingerich por sus valiosos comentarios y a Ana del Sarto por su eficaz colaboración en la traducción de este texto al español.

[2] Para "guerra a fuego y a sangre" y el empleo de "indios auxiliares" o "indios amigos" ver Powell y Poole.

[3] Ver Karttunen, Lockhart, "Views of Corporate ..." y "Some NahuaConcepts ..." y Rappaport.

[4] Para una amplia discusión sobre la colonización del "imaginario" indígena de los pueblos de México central y su "passion for writing", ver Gruzinski en particular el capítulo 3, "The Primordial Titles or the Passion for Writing" trata de documentos que comparten características con el *Memorial*.

[5] A menudo llamado "El Trento Mexicano". Sobre estas problemáticas ver Poole, "War by Blood and Fire ..."y *Pedro de Moya* ....

[6] Chimalpopoca Galicia fue un descendiente directo de Chimalpopoca, tercer hijo de Moctezuma, y hablaba náhuatl desde niño, convirtiéndose así en hablante náhuatl de tercera generación, quien traduce un documento náhuatl de hablantes de segunda generación. Estudió en el colegio jesuita San Gregorio, donde la biblioteca poseía muchos documentos coloniales escritos en náhuatl. En 1845, el Rector Lic. Rodríguez Puebla, le asignó la tarea de copiar y traducir dos documentos sobre la fundación de Nombre de Dios, Durango, que fueron adquiridos posteriormente por José Fernando Ramírez, coleccionista de antigüedades. Desde 1849 a 1860, Chimalpopoca fue copista y traductor de importantes manuscritos, entre ellos *Anales de Cuatitlán* y la *Leyenda de los Soles*. Sin embargo, sus traducciones fueron muy criticadas por Ramírez y más tarde por Garibay y Barlow (ver *Catálogo de la Colección de Documentos Históricos ...,* 12). La copia fue encuadernada con otros documentos y comprada por Bancroft en una liquidación de la colección de Ramírez en Londres.

[7] "Colonial legal documentation had a function that kept it viable all over Mexico, not just within the remains of Mexica structures. Records were kept in Nahuatl because in case of litigation they could be sent all the way to Mexico City if necessary and they would be understood and respected as valid evidence." (Karttunen 410-411).

[8] Sigo la discusión de Lockhart sobre "Preconquest Modes in Alphabetic Texts" (*The Nahuas ...* 364-372).

[9] Miguel León-Portilla interpreta *tlatolli* como un término que significa "palabras, discurso o relación" y *tlatollotl* como el "discurso que preservaba la memoria de los eventos y proezas del pasado", traduciéndolo como "palabra-recuerdo" o "discurso-memoria" ("Cuícatl y ..." 13-107 y "El testimonio ..." 53-71).

[10] María Elena Bernal-García, "From Mountain to Toponym in the Historia Tolteca-Chichimeca", XII Simposio Internacional, Asociación de Literaturas Indígenas de Latinoamérica, ALILA/LAILA. Instituto de Investigación Antropológica, UNAM, 20 de junio de 1995.

[11] "After alphabetization was introduced, the Nahuatl spoken by the *macehualtin* ['commoners'] *macehuallatolli* or 'rustic, common speech' became the vernacular or notarial Nahuatl that was employed by low-ranking notaries in the course of local poltical administration" (Klor de Alva 143-162).

[12] Por eso el *Memorial* muestra una discrepancia significativa con lo que propone Mignolo acerca de la temprana alfabetización mexica: "Alphabetic writing allows for inscription of what is said but not for a description of the scene of speaking. Mexica writing, on the contrary, allowed for the inscription of the scene but not for what was said" (224).

[13] Una comparación con la "Carta de Fundación de Nombre de Dios", Apéndice III —escrita por el Virrey el 6 de octubre de 1553 en el "Memorial de los servicios que ha hecho el gobernador Francisco de Ybarra a Su Majestad" en Pacheco y Cárdenas, *Documentos Inéditos...* (14: 463-484) — revela que no hay mención de los mexicas, ni de

74 • Maureen Ahern

los michoacanos, ni aún de los nombres de los sacerdotes, solamente se refiere a un genérico "asiento de indios en paz". Su participación fue suprimida de ambos informes, tanto del relato del propio Ybarra como del escrito posteriormente por Obregón en su *Historia de los descubrimientos antiguos y modernos de la Nueva España escrita por el conquistador Baltasar Obregón, año de 1584*, con referencia a la fundación de "dos villas, Nombre de Dios y la otra de Durango" (Cuevas 468-470).

[14] Barlow comenta que Pedro [Hernández] y Francisco Martín fueron los autores de esta porción de la narrativa.

[15] Parece ser el plan de batalla usual de los náhuatl, el de los *albazos* o de los ataques al amanecer descritos en la logística de batallas prehispanas. Fueron las prácticas de guerra españolas, las que enviaban a los aliados primero como amortiguadores contra estos ataques sorpresivos.

[16] El término "mexicano" que aparece escrito en español en el texto náhuatl después del nombre y apellido, Francisco Martín, provoca una interesante problemática de identidad: "y yo, Pedro Hernández ..." [probablemente el líder que lo escribió o lo firmó por Martín] firma: *yhuan nehautl* Pedro Hernández, intérprete o escribano.

[17] "The Aztecs had a meritocratic system in which social advancement was possible through three occupations: priest, merchant, or soldiers. Of these, a military career was the avenue open to the majority of Aztecs. If a commoner succeeded as warrior, he could achieve the status of meritocratic noble and enjoy many rights of nobility, which became hereditary. This access to higher social standing was a great motivator for commoners to go to war and most probably was a magnet for the thousands of outsiders who migrated into the city [Mexico City]" (Hassig 137).

[18] Ver Karttunen y Lockhart.

[19] "Entravan algunos ... que son de nacion Cacatecas y an sido siempre amigos de los Spañoles: estos son trezientos yndios de guerra muy luzidos e valientes. Estaban al parascer neutrales e a la mira del subceso que ternían los demas, porque aviendose conbidado y obrescido para la guerra [conmigo] se scusaron della, y no vinieron hasta que vieron rrompidos los del Malpais y los de amanquez e Peñol Blanco, que entonces se juntaron y entraron conmigo mas de trezientos yndios de guerra en busca de los del Mezquital" (*Relación de Pedro de Ahumada*, Apén. I, Barlow 56).

[20] "*CHICHIMECATL pl. CHICCHIMECAH* —chichimeca, una persona de uno de los grupos indígenas del norte de México considerada como bárbara por los hablantes de náhuatl. Chichimeco de nación (C). Usado como modificador tiene tanto un sentido negativo de 'bárbaro' como un sentido positivo, 'salvaje noble'. Por el patrón de longitud de sus vocales es claro que no deriva de las palabras 'perro', ni de 'harapos', ni de 'parches' ni de 'amargo'. Posiblemente esté relacionado a CHICHI: 'lactar o amamantar'" (Karttunen 48).

[24] Por un lado, "chichimeca" se refiere a los pueblos originales al norte de México central —algunos agricultores, otros recolectores y cazadores que migraron al sur como toltecas chichimecas y que devinieron en los co-fundadores de Tula (Areti Hers 80). Por otro lado, en el momento en que el *Memorial* fue dictado, el término designaba a los colectores-cazadores de diferentes grupos étnicos: zacatecas, guachichiles, guamares, pames, etc., que habitaron el vasto territorio situado entre las ciudades actuales de Saltillo y Cuencamé al norte y las cuencas de los ríos Lerma y Grande al sur (López Luxán 88-89).

BIBLIOGRAFÍA CITADA

Aiton, Arthur Scott. *Antonio de Mendoza: First Viceroy of New Spain*. Durham, N.C.: Duke University Press, 1927.

Areti Hers, Marie. *Los toltecas en tierras chichimecas*. México, D.F.: Universidad NacionalAutónoma de México, 1989.

Barlow, Robert H. y George T. Smisor, eds. and trans. *Nombre de Dios, Durango: Two Documents in Nahuatl Concerning its Foundation*. Sacramento, CA.: The House of Tlaloc, 1942. rpnt. AMS Press, 1983.

Bernal-García, María Elena. "From Mountain to Toponym in the Historia Tolteca- Chichimeca". XII Simposio Internacional, Asociación de Literaturas Indígenas de Latinoamérica, ALILA/LAILA. Instituto de Investigación Antropológica, UNAM, 20 de junio de 1995.

Carrasco, Pedro. "La transformación de la cultura indígena durante la Colonia". *Historia Mexicana* 25 (1975): 175-203.

*Catálogo de la Colección de Documentos Históricos de Faustino Galicia Chimalpopoca*. México: Instituto Nacional de Antropología e Historia, 1992.

Gruzinski, Serge. *The Conquest of Mexico: The Incorporation of Indian Societies into the Western World, 16th-18th Centuries*. E. Corrigan, trans. Cambridge, Eng.: Polity Press, 1993.

Hassig, Ross. *War and Society in Ancient Mesoamerica*. Berkeley, Los Angeles, Oxford: University of California Press, 1991.

Karttunen, Frances. "Nahuatl Literacy". *The Inca and Aztec States: 1400-1800*. George A. Collier, Renato I. Rosaldo y John D. Wirth eds. New York: Academic Press, 1982. 395-417.

_____ y James Lockhart, *Nahuatl in the Middle Years: Language Contact Phenomena in Texts of the Colonial Period*. Los Angeles: University of California Publications in Linguistics, 85. University of California Press, 1976.

Klor de Alva, Jorge. "Languages, Politics and Translation: Colonial Discourse and Classic Nahuatl in New Spain". *The Art of Translation: Voices From the Field*. Rosanna Warren, ed. Boston: Northeastern University Press, 1989. 143-162.

León-Portilla, Miguel. "Cuícatl y tlatholli: las formas de expresión en Náhuatl". *Estudios de Cultural Náhuatl* 16 (1983): 13-107

_____ "El testimonio de la historia prehispánica en náhuatl". *Toltecayótl: aspectos de la cultura náhuatl*. México, D.F.: Fondo de Cultura Económica, 1980.

Lockhart, James. "Preconquest Modes in Alphabetic Texts". *The Nahuas After the Conquest: A Social and Cultural History of the Indians of Central Mexico, Sixteenth Through Eighteenth Centuries*. Stanford, CA: Stanford University Press, 1992.

_____ *Nahuas and Spaniards: Postconquest Central Mexican History and Philology*. Nahuatl Studies Series 2. Stanford, CA: Stanford University Press, UCLA Latin American Center Publications, 1991. 7.

_____ "Some Nahua Concepts in Postconquest Guise". *History of European Ideas* 6:4 (1985): 465-476.

_____ "Views of Corporate Self and History in Some Valley of Mexico Towns: Late Seventeenth and Eighteenth Centuries". *The Inca and Aztec States: 1400-1800*. George A. Collier, Renato I. Rosaldo y John D. Wirth eds. New York: Academic Press, 1982. 367-393.

López Luxán, Leonardo. *Nómadas y sedentarios: el pasado prehispánico de los Zacatecas*. México, D.F.: Instituto Nacional de Antropología e Historia, 1989. 88-89.

Mignolo, Walter. "Signs and Their Transmission: The Question of the Book in the New World". *Writing Without Words: Alternative Literacies in Mesoamérica and the Andes*. Elizabeth Boone y Walter Mignolo, eds. Durham y Londres: Duke University Press, 1994. 220-270.

Poole, Stafford. *Pedro de Moya de Contreras: Catholic Reform and Royal Power in New Spain, 1571-1591*. Berkeley y Londres: University of California Press, 1987.

_____ "War by Fire and Blood: The Church and the Chichimecas in 1585". *The Americas* 14 (July 1957): 115-137.

Powell, Philip W. *La Guerra Chichimeca*. México, D.F.: Fondo de Cultura Económica, 1997.

Rappaport, Joanne. "Object and Alphabet: Andean Indians and Documents in the Colonial Period". Elizabeth Booth y Walter Mignolo, eds. *Writing Without Words: Alternative Literacies in Mesoamérica and the Andes*. Durham y Londres: Duke University Press, 1994. 271-291.

Tello, Fray Antonio. *Libro Segundo de la Crónica Miscelánea de la Santa Provincia de Jalisco*. Guadalajara: Imprenta de "La República Literaria" de Cirio I. de Guevara, 1891. 538-84.

Indigenismos de ayer:
prototipos perdurables del discurso criollo

José Antonio Mazzotti
*Harvard University*

1. Introducción

Resulta inadecuado entender el indigenismo como una corriente monolítica de pensamiento y reducirlo a sus manifestaciones más visibles y artísticamente complejas del siglo XX. Si bien su estudio ha motivado desde la crítica literaria valiosas reflexiones sobre el problema de la identidad y la heterogeneidad de base de las regiones latinoamericanas con una fuerte presencia y dinamismo de las culturas indígenas, casi siempre se ha tomado el objeto de estudio como parte de una preocupación de sectores letrados que asumen el tema y las reivindicaciones consecuentes a partir de un programa modernizante de estirpe positivista o, a lo sumo, ilustrada.

Ahora me interesa plantear el problema dentro de la concepción braudeliana del fenómeno de larga duración (Braudel 60-106). Es decir, quitarle al tema el peso de su relación con los proyectos (frustrados o no) de modernización de los nacientes estados-nación del siglo XIX, y ponerlo más bien en las dinámicas que distintos agentes y sectores sociales desarrollaron durante el Siglo XVI y el Siglo XVII para incorporar, al menos discursivamente, al mayoritario sector indígena como parte de una totalidad "peruana" (caso del que me ocuparé principalmente), en el sentido que el patronímico tenía durante el periodo virreinal.

En las próximas páginas quiero sobre todo resaltar algunos rasgos de esa cultura criolla que se apropiaba de determinados elementos de la legislación indiana y el neotomismo supérstite, asumiéndose así como la legítima defensora del "bien común". Asimismo, y en relación con el discurso criollo, me importa encuadrar en su contexto legislativo el conjunto de reclamos de origen en autores pertenecientes a la "república de indios" o a sectores intersticiales, como el de los mestizos. Con estos elementos en juego, podremos finalmente arriesgar una hipótesis pasible de desarrollo, pero no por eso menos provocadora: la de la antecedencia de tópicos y focalizaciones que el discurso indigenista virreinal tiene con algunas de las configuraciones discursivas del fenómeno más conocido a partir del Siglo XIX.[1]

Aunque en este trabajo la preocupación central no consistirá en detallar la naturaleza y especificidad de la relación, sí consistirá en examinar algunos puntos de partida (los *beginnings*, en definición de Said) de un tipo de discurso que, por su carácter secuencial, constituye una forma de narración, aunque no siempre sin sobresaltos.[2] Tampoco se trata de establecer una continuidad natural o explicativa del presente en función del pasado. Importa más bien subrayar una serie de aspectos del discurso letrado criollo en los que la autodefinición como nación (en el sentido etnológico del término) sirve para colocarse en la cúspide de la escalera social, al frente —y encima— de otras naciones yuxtapuestas como integrantes de un reino más (aunque no el menos importante) de la Corona de Castilla.[3] La posición dirigente que reclamaban muchos letrados criollos, si bien obedecía a una agenda propia, no dejaba por ello de afirmar los rasgos propios a partir de un sistema de oposiciones cruzadas. Es decir que para erigirse como subjetividad consciente de sí misma, la "identidad relacional" (Cornejo-Polar 88-89) de cada grupo letrado (peninsular, criollo o mestizo) era crucial como herramienta de autodefinición. El universo constantemente aludido, el de la "república de indios", resultaba en los dos primeros casos un factor externo y ampliamente mayoritario. En el tercer caso, el de los mestizos reales (como el Inca Garcilaso) o culturales (como Waman Puma o Pachacuti Yamqui) se daba una relación interna en la que resaltaban sobre todo las diferencias regionales, de origen nobiliario y de poder o representatividad política. No entro por ahora en el vasto tema de las formulaciones indígenas de un imaginario local o macrorregional que pertenecen al ámbito de los circuitos orales de producción y consumo, es decir, a lo que paradójicamente podría llamarse un intra-indigenismo.

## 2. Algunas definiciones

Había señalado que la agencia criolla seguía sus propios intereses al protestar por el mal tratamiento del indio y al proponerse como sector llamado a la representatividad del clamor general, utilizando diversos géneros de escritura. Rama (12) ya había notado el punto y no creo que haga falta insistir demasiado sobre él. Lo que interesa saber es, sobre todo, cómo se acomodaban esos sectores proto-hegemónicos dentro del marco general de la legislación de Indias y, a partir de ésta, en fundamentos teológico-filosóficos de directa aplicación política, como ocurrió, por ejemplo, con la llamada alta escolástica o neotomismo desarrollado en España gracias al impulso contrarreformista de mediados del Siglo XVI.

Como es sabido, luego de la anulación total de la esclavitud indígena en 1530, aunque reformada en 1534 con la autorización para esclavizar sólo a los grupos específicos de los caribes, araucanos y mindanaos, la legislación indiana aceptó la situación general de la población nativa dentro de la categoría de súbditos libres de la Corona de Castilla. Como tales, su aceptación del poder temporal del Rey y del espiritual del Papa era condición básica para la constitución de la flamante categoría social en la que habían sido incorporados al nuevo orden político. Sin embargo, la misma legislación especificaba que esos numerosos súbditos libres debían ser "equiparados, jurídicamente, a los *rústicos* o *menores* del viejo derecho castellano; o sea, a aquellas personas necesitadas de tutela o protección personal" (Ots Capdequí 25). Sobra decir que el sentido oficial, al menos, de la traslación de la institución de la encomienda y más adelante, en la década de 1560, de la propagación de corregimientos a cargo de oficiales de la Corona, se amparaba en la concepción del indígena como alma potencialmente ganable y transformable.[4]  Es importante recordar, además, que las Ordenanzas de Granada de 1526 daban poder de consulta y decisión conjunta con el gobernador a los religiosos que lo acompañaban para la distribución y término de las encomiendas (ver Tibesar 75, n. 1; también Solórzano I, II, V, n. 4, que recuerda las Ordenanzas en 1648 y argumenta contra el servicio indígena).

El edificio social discursivamente trazado por los neoescolásticos del Siglo XVI permitía asimismo la apertura de un lugar claro para la incorporación de las masas indígenas dentro del gran proyecto universalizador de la Contrarreforma. Naturalmente, la distancia del derecho al hecho siempre fue enorme.  A pesar de los esfuerzos de los teólogos y filósofos políticos peninsulares como Francisco de Vitoria, Melchor Cano, Francisco Suárez y Juan de Mariana, entre otros, la idea de crear "un Estado nuevo, un mundo nuevo y un hombre nuevo" (Maravall, *Carlos V* 51) chocaba en Indias con la falta de control sobre las autoridades y con el poco conocimiento que se tenía de la población indígena en cuanto sujeto de tradiciones culturales y prácticas políticas propias y milenarias.

El principio del *pacto subjectionis* planteado por el jesuita Francisco Suárez, de gran influencia en el pensamiento político de la época, reclamaba el consentimiento mutuo de Rey y vasallos en la consecución de la felicidad universal. En su *De iuramento fidelitatis*, por ejemplo, Suárez afirmaba sus tesis sobre la necesidad de mantener de ambas partes el principio central de la soberanía monárquica siempre que no se transgrediera ese pacto y mientras el bienestar de los vasallos no se viera menoscabado por la actuación tiránica del Rey (v. esp. 42-50).[5]  Asimismo, el derecho que asistía a los vasallos a rebelarse contra el poder transgresor quedaba estipulado como alternativa final en caso de ser imposible un nuevo arreglo (Cap. 4, "Verdadera doctrina sobre el tiranicidio"). Ideas similares sustentaba el también jesuita Juan de Mariana en su *Del Rey y de la institución real*.[6]

Las tendencias políticas y filosóficas al interior de las diversas órdenes religiosas que llegaron al Perú no siempre concordaban enteramente con las iniciativas de los gobernadores y mandos político-militares ni de los funcionarios que cuidaban sobre todo el fortalecimiento del patronato real. Esto ocurría, en parte, porque durante la etapa de la conquista, la presencia de religiosos era parte de las instrucciones reales por establecer una política evangelizadora, manteniéndose un relativo equilibrio entre el poder temporal y el eclesiástico.[7]  Más tarde, en un intento por radicalizar la catequización en las zonas rurales e imponer su autoridad civil sobre las órdenes religiosas, el Virrey Francisco de Toledo quiso dar directivas a los sacerdotes jesuitas del Colegio de San Pablo para el establecimiento de doctrinas y misiones fuera del plan inicial de trabajo ordenado desde la jefatura de la Compañía en Roma (Martin, 12-31). Ya para la década de 1570 se empezaba a notar el declive de la influencia dominica, especialmente a partir de la muerte de fray Bartolomé de las Casas en 1566 y el fracaso de la contraoferta de compra de las encomiendas por los curacas andinos en 1560, apoyada por algunos dominicos como fray Domingo de Santo Tomás.  La propia Universidad de

San Marcos, alojada durante sus primeros años de vida en los claustros del convento de Santo Domingo, fue reubicada por Toledo y controlada directamente por el Estado a partir de su administración.[8]

A su vez, los jesuitas, a pesar de sus desencuentros con la autoridad civil, iniciaron desde su llegada en 1568 una dinámica labor de formación intelectual y religiosa entre la juventud limeña; labor que llegará a ser preponderante con el desarrollo de toda una estrategia evangelizadora de dimensiones macrorregionales y con su rol determinante en el Tercer Concilio Limense de 1582-83. Esto implicaba, precisamente, que la influencia de las doctrinas suarecistas de los jesuitas podían tener influencia sobre el pensamiento de las elites criollas y mestizas, especialmente a partir del acuerdo con las autoridades para hacer del jesuita Colegio de San Pablo una antesala obligada de los estudios posteriores en la Universidad de Lima o San Marcos (Martin 33).[9] En el plano legislativo, el suarecismo sobrevivió en la reformulación hecha por Diego de Avendaño en su *Thesaurus Indicus* de 1668 de las tesis sobre el pacto entre el monarca y sus súbditos, en este caso americanos.

Por su lado, agustinos y mercedarios ya actuaban desde tempranas décadas, habiendo establecido misiones en regiones alejadas de Lima, pero dentro de sus propios planes de labor catequizadora. Ver, por ejemplo, para el caso de los agustinos, Villarejo 79-133 y 213-238. Para los franciscanos existe información abundante (Córdoba y Salinas; Heras; Tibesar), aunque lo que verdaderamente interesa por ahora es el trasfondo teológico-jurídico de su doctrina misional. El escotismo, variante de la escolástica medieval, con su doctrina sobre la unidad del ser y su tendencia a no distinguir entre ley natural y bien común, parecería haber primado como basamento teológico de la orden (Peralta Ruiz 72; Bataillon 11).[10] A eso se añade el impulso reformador del cardenal Jiménez de Cisneros dentro de la orden franciscana y de la iglesia española en general desde principios del XVI, siguiendo los principios de la sencillez, el compromiso con la comunidad y la *philosophia Christi* (Bataillon, Cap. 1).

Si bien se conocía la antigua rivalidad entre jesuitas y franciscanos dentro del contexto peruano del XVIII, pocos habían señalado la relación directa entre algunos textos franciscanos de protesta y crítica a la administración virreinal y el género de las llamadas letras arbitristas o proyectistas (Peralta Ruiz 76-80). En la disputa entre órdenes, dos textos del XVIII, la *Exclamación reivindicacionista* (1750) de fray Antonio Garro y el *Planctus Indorum* (1750) de fray Isidoro de Cala mostraban la continuidad de una antigua línea de protesta representable en la figura de fray Buenaventura de Salinas, franciscano como los dos mencionados, que publicó su *Memorial de historias del Nuevo Mundo Pirú* en 1630. Como se ha señalado, los dos textos del XVIII en realidad se preocupan tanto por criticar la situación existente como por conseguir beneficios personales para sus autores y volver a dar prestigio a la orden frente a las autoridades en Lima luego de los penosos sucesos del Paraguay (1726), que determinarían más tarde la ejecución del gobernador José de Antequera, repudiado por los jesuitas y apoyado por los franciscanos.[11]

El género llamado arbitrista surge en España a mediados del siglo XVI;

inclusive se ha identificado el *Memorial* (1558) de Luis Ortiz como el primer texto arbistrista conocido (Almarza 18).[12] Sin embargo, la misma autora propone que el género tuvo una aparición tardía en Hispanoamérica (la primera muestra, de 1740, sería la *Lima inexpugnable o Tratado hercotectónico* de Pedro de Peralta) y que su difusión se explica en buena medida porque la confianza en la razón humana y la atención a los problemas prácticos (como los beneficios que aportaba el comercio), rasgos notorios de una ilustración en los dominios de Ultramar, iban acompañados de "la noción que va percibiendo el criollo de formar una entidad distinta de la peninsular, y de la urgencia de desarrollar política y económicamente sus sociedades" (Almarza 19). Sin embargo, los inicios de tal percepción, como veremos y han demostrado ya diversos historiadores (Pagden; Lavallé 105-127) data de muchos años antes. Asimismo, existe una recurrencia de autores franciscanos en textos de formato o cercanía arbitrista, hasta el punto de que el propio San Francisco fue llamado alguna vez por un miembro de la orden un "arbitrista" que sólo actuaba con "obras de amor" (Almarza 70).[13]

El concepto de arbitrismo está fuertemente ligado a la noción de un orden que debe ser enmendado y a la apelación a una autoridad máxima y legítima (el Rey), que debe encargarse, en su condición de tal y en ejercicio de sus funciones centrales, de la ejecución de la enmienda. En ese sentido, el formato atribuido al género de las letras arbitristas (por ejemplo, la enumeración de los males y remedios, la atribución al monarca de virtudes curativas —como médico universal—, la especificidad de la crítica y las propuestas, etc.) no es obstáculo para que la misma función perlocutiva pueda rastrearse en la dirección que organiza muchos escritos y sermones desde fray Antón de Montesinos y Bartolomé de las Casas hasta los ilustrados del XVIII. No es pues, solamente, la mención del universo indígena lo que caracterizaría a esa corriente que en un primer momento merece llamarse ya indigenista; se trata, sobre todo, de la focalización defensiva o apologética que obedece a circunstancias e ideologemas éticos y políticos precisos y que parte de lo que Villoro (13) llamó en un momento la "concepción del indio y la conciencia que lo expresa", asimilables, ambas, a su propia historicidad.

3. PRIMEROS CASOS

Hemos hecho la distinción inicial entre las formas discursivas de referencia indígena (a diferencia de, por ejemplo, Villoro, Cap. 1, que coloca paradójicamente a Hernán Cortés como el primer indigenista de la Nueva España) y aquellas formas que desde el influjo lascasiano (eminentemente escolástico, como corresponde a los dominicos del momento) asumen la tarea de modificar la situación de la población indígena, ciñéndose a lo que la legislación indiana y la propia interpretación de los evangelios demandaban. Así, podemos señalar en el caso peruano algunos ejemplos que preparan el terreno para la maduración de un discurso indigenista posterior en manos de las elites letradas criollas, principalmente eclesiásticas.

Conviene recordar que entre los llamados "cronistas primitivos" (denominación que utiliza Porras Barrenechea para referirse a los primeros autores de relaciones sobre la conquista, como Francisco de Xerez, Miguel de Estete o Pedro Sancho) las alusiones al mundo indígena se dan principalmente en función del protagonismo de Pizarro y sus capitanes, y por lo tanto no existe una intención visible de conocer la cultura de los vencidos, conservarla, y mucho menos abogar por sus derechos. Es lógico que así sea dada la orientación de los secretarios y soldados de Pizarro en una empresa de obvias dimensiones económicas, políticas y militares. Sin embargo, a diferencia de las tropas que acompañaron inicialmente a Pizarro y luego a Almagro y a Pedro de Alvarado en sucesivas oleadas conquistadoras, los primeros dominicos y franciscanos que llegaron al Tawantinsuyu se colocaron a la vanguardia de la crítica sobre los desmanes de la conquista y, en algunos casos, como el de Domingo de Santo Tomás, emprendieron el estudio serio de la lengua quechua y la representación judicial para trámites frente a la Corona.[14] Es dentro de esta modalidad discursiva de rasgos reivindicativos y apologéticos que cabe colocar los informes del franciscano Marcos de Niza, así como las cartas dirigidas desde el Cuzco en marzo de 1539 por el dominico Vicente de Valverde a Carlos V y los textos del también dominico Luis de Morales, el seglar Bartolomé de Segovia (antes concebido como Cristóbal de Molina, "el Almagrista"), y de otros frailes directamente abocados a la tarea del conocimiento y defensa de la sociedad indígena.

3.1. Aunque se ha sostenido que la relación de fray Marcos de Niza está llena de inexactitudes (para comenzar, su propia presencia en los acontecimientos de Cajamarca, desde la captura de Ataw Wallpa hasta su ejecución,[15]) lo cierto es que el autor de la fantasiosa y más tardía *Relación de la provincia de Cíbola* llegó a redactar por lo menos un informe detallado de las acciones de los conquistadores en tierras peruanas, algunos de cuyos fragmentos fueron introducidos por fray Bartolomé de las Casas en su *Brevísima relación de la destrucción de las Indias* de 1552 (escrita, como se sabe, diez años antes). El polémico franciscano es elogiado por el no menos polémico dominico, el cual cita el informe de fray Marcos como prueba de la verdad general de su argumentación en la *Brevísima*. En el capítulo dedicado al Perú, Niza describe a los andinos como "la gente más benívola [*sic*] que entre indios se ha visto, y allegada y amiga a los cristianos" (cit. en las Casas, 161).[16] Asimismo, se explaya en la generosidad de la población nativa, que regalaba a los españoles piezas de oro, joyas y comida a manos llenas y "nunca salieron de guerra, sino de paz" (*ibid.*). Frente a la uniformización de la inmanente bondad indígena, la socorrida rapacidad de los conquistadores no tiene nada que envidiar a las descripciones presentadas por las Casas en otros pasajes de la misma obra (lo que despertó las sospechas de Fabié, entre otros). La rebelión indígena se justifica en la visión de Niza, pues "según Dios y mi conciencia [...], no por otra causa sino por estos malos tractamientos, como parece claro a todos, se alzaron y levantaron los indios del Perú" (Casas 162). Por eso, al estilo de los memoriales de la época (como el paradigmático *Memorial de remedios* del propio las Casas), Niza propone al Rey poner fin a la situación impidiendo el paso de más soldados al Perú para así conservar una tierra "que podía dar buenamente de comer a toda Castilla" (Casas 163). Obviamente, las marcas del discurso lascasiano son visibles y los párrafos de Niza citados por el autor de la *Brevísima* resultan intercambiables con cualesquiera otros de la misma obra, vengan o no de la pluma de las Casas. Este igualamiento de la población indígena, su falta de matices internos − más allá del problema mismo de la autoría− puede suscitar dudas con respecto a lo que se ofrece como exploración por el universo cultural de los dominados. En ese sentido, la postura indigenista expresada en el testimonio de Niza tiene carácter eminentemente jurídico y teológico antes que etnográfico. Lo que subyace, sin embargo, es la tendencia a asumir la superioridad moral de la crítica y de la legitimidad de los reclamos franciscanos ante la autoridad real, así como la necesidad de enmendar la situación con medidas concretas.

3.2. No se aparta de esta línea la *Relación* escrita por el dominico fray Luis de Morales, quien estuvo en el Perú hasta 1541 y viajó a España al año siguiente, donde al parecer finalizó su informe sobre el estado calamitoso de la población indígena y el caos imperante en el territorio andino.[17] Morales se presenta como un crítico agudo de la decadencia sufrida por la población andina a partir del maltrato de la soldadesca española y del descuido que las autoridades civiles habían demostrado por su bienestar. Compuesta en una sucesión de 110 párrafos, la *Relación* contiene recomendaciones sobre, por ejemplo, la eliminación de los perros de caza que han sido usados por los conquistadores para ser cebados en los indios; sobre el control que debe ejercerse en los esclavos negros que utilizan indígenas para su servicio; sobre la eliminación de la práctica de herrar a los pobladores nativos en la cara "y no se compre ni venda indio alguno que se diga ser esclavo" (cit. en Carrillo 25); sobre el mejoramiento de la situación de los nobles incas sobrevivientes, que andan mendigando en el Cuzco; sobre la matanza indiscriminada de ganado; sobre la educación de los mestizos, que deben ser llevados a España para formarse hasta los veinte años, lo mismo que los principales curacas regionales; en fin, sobre muchos otros temas que otorgan al destinatario original de la *Relación*, el Emperador Carlos V, una imagen sangrienta y desoladora de los primeros años de la conquista del Perú. Es interesante comprobar cómo en Morales se da ya una propuesta de asimilación de las elites nativas locales y de los hijos mestizos de los conquistadores a fin de hacerlos agentes efectivos del proceso de evangelización. Asimismo, importa destacar cómo la mirada correctiva que aplica Morales a problemas específicos del contexto encuadra con un estilo legalístico, en el que cada uno de los párrafos se inicia con la fórmula "por cuanto ..." y desarrolla la exposición de un problema y su posible solución. En cada párrafo se hacen evidentes también las simpatías por la población vencida y la posibilidad de su incorporación como súbditos cristianos al edificio neotomista de aspiraciones universales, para mayor gloria de la Corona y de la Iglesia. No es, en ese sentido, un texto de oposición a la empresa colonizadora, sino de mejoramiento de las condiciones materiales y espirituales de la población nativa *dentro* de la misma inspiración eurocentrista de los altos funcionarios de la Corona y de otros amplios sectores de la Iglesia.

3.3. En una perspectiva semejante puede leerse la conocida *Conquista y población del Perú* (ca. 1552), tradicionalmente atribuida a Cristóbal de Molina "el Almagrista", aunque ya Thayer Ojeda y Porras han puesto en duda esa autoría y la han atribuido al seglar Bartolomé de Segovia, que fue también testigo de la expedición de Almagro a la Nueva Toledo (Thayer Ojeda; Porras 87-92). Se sabe que las Casas utilizó numerosos pasajes del texto en su *Apologética*, citándolos como provenientes de un "seglar", por lo que sólo hasta 1873 Barros Arana empezó a tener sospechas sobre la autoría de Molina en el prólogo a la primera edición española de la obra y Jiménez de la Espada lo siguió seis años después en la carta-prólogo a su célebre publicación de las *Tres relaciones de antigüedades peruanas* (Esteve XIX). Llamada también la *Destrucción del Perú*, por el final de su largo título, la crónica-relación de Segovia (o Molina, si se quiere) contiene noticias de la conquista desde los hechos de Cajamarca hasta los inicios de las contiendas entre Pizarro y Almagro. En el intermedio desfilan numerosas descripciones de la población nativa, de la cultura incaica y, principalmente, de los avatares de los españoles en sus campañas durante los primeros seis años de la conquista.

Es importante destacar que coincide el autor con las caracterizaciones ofrecidas por Niza y por Morales de los indígenas y su buena disposición a recibir pacíficamente a los españoles. Señala, por ejemplo, que a Pizarro "por las provincias de Puerto Viejo y Santa Elena y la Puná y Túmbez, [...] toda la tierra le salía de paz y le recibían con gran servicio, dándole de comer a él y a los suyos, muy abastadamente, allende de lo que ellos tomaban a los indios y de los daños que les hacían, que eran muchos" (Segovia 61).[18] La preocupación por el bienestar de los nativos se expresa incluso en términos numéricos, al hacer, lo mismo que Niza y Morales, un recuento de la despoblación ocasionada por la presencia de los conquistadores.[19] Asimismo, compara el orden prehispánico al de la conquista en términos de decadencia. La prostitución, así, comienza con el miedo y el mal ejemplo que imponen los españoles.[20] Y la eficiencia de los caminos, del sistema tributario, del servicio en mano de obra retribuida y de los depósitos se ha perdido definitivamente (68). Todo, sin duda, porque, como declaran las víctimas del capitán-encomendero Hernando de Galza (en un eficaz artificio retórico que coloca discursos en perfecto español y de tono lascasiano en boca de los indígenas), "estamos espantados de la manera que tenéis todos vosotros de asolar y destruir las tierras; todos, por do pasáis no parecéis sino tigres o leones que comen las gentes y las despedazan cuando están hambrientos" (65).

El texto no deja de tener sus largas digresiones destinadas a describir aspectos de la sociedad incaica en el plano de la religión y el orden civil. Este proceso de oposición intratextual (por un lado, los españoles destructores; por el otro, los incas arquitectos de una sociedad justa y ordenada, casi edénica, como señala Esteve XX), no resulta, sin embargo, del todo inocente ni frontal. Molina (o Segovia, si se quiere), a pesar de la crítica lapidaria a la poca nobleza y humanidad de los conquistadores, no deja de infiltrar sus propias caracterizaciones de los incas como gobernantes idólatras, al declarar, verbigracia, que los sacrificios en la fiesta de la cosecha (que el autor ejemplifica en la de abril de 1535) son "abominable y detestable cosa, por hacerse estas fiestas y adoraciones a la criatura [el Sol], dejando el Criador, a quien se habían de hacer las gracias debidas" (81). Las momias de los incas, sacadas durante las celebraciones para presidir los cantos y bailes de los nobles cuzqueños, son "bultos y reliquias pésimas" (82). Y las propias declaraciones de admiración por ese prototipo inicial del buen salvaje que resulta el poblador andino en el texto son relativizadas con una explicación paralela a la providencial para la victoria de los españoles en el cerco del Cuzco por Mankhu Inka: los soldados indígenas son "gente inconstante, desarmada y de poca industria" (89), con lo cual se admite implícitamente la superioridad cultural y técnica de los europeos. De esta manera, la relación cumple con desarrollar el metarrelato sobre la necesidad imperativa de transformar a la población indígena según los moldes culturales españoles, y de apostar para ello al mejor proyecto, el del control directo de la Corona y de la Iglesia en la empresa conquistadora. Gesto discursivo cuya funcionalidad actancial en el metarrelato mayor de la defensa general de la población andina asumirán poco a poco los frailes criollos de las primeras generaciones, con sus específicas reivindicaciones localistas, como pronto veremos.

4. La posta "baqueana" y la criolla

Como ha estudiado Lavallé (157-224), los conflictos internos de las órdenes religiosas en el Virreinato de Nueva Castilla empezaron a aflorar desde el siglo XVI dado el fenómeno del "espíritu criollo" (también Lafaye 43-44 para el caso mexicano) que separaba a los colonizadores antiguos de aquellos que llegaban años después de la península y ocupaban altos cargos sin justificación de mérito ni de servicio a la provincia eclesiástica. Los llamados españoles antiguos o baqueanos empezaron así a mostrar en todos los ámbitos de la vida social, y no sólo en la religiosa o conventual, su sentimiento de pertenencia a la tierra y de permanencia, que difería de los intereses temporales y de desapego que creían encontrar entre los chapetones o recién llegados. (Un estudio ya clásico del tema puede verse también en Durand 1953).

Dentro de la orden franciscana, los "hijos de la provincia", es decir, los españoles que se ordenaron en Lima, y los peninsulares que llegaban con los hábitos ya puestos mantuvieron una tensión constante durante la segunda mitad del XVI, que los llevó sin duda no sólo a disputarse los cargos más importantes (Lavallé 187-195), sino, como es de sospechar, la propia legitimidad en la interpretación de la labor misionera y evangelizadora con miras a lograr el bien común y la eficacia de los postulados básicos de la orden. Es cierto que el conflicto derivaría más tarde hacia los bandos de peninsulares en general versus criollos, una vez que éstos aumentaron en número y que en términos de cuerpo generacional podían formar ya un grupo coherente que compartía experiencias culturales y hasta genealógicas (familias asentadas en el Perú desde por lo menos una generación antes), con elementos que los separaban en su visión de la tierra y del indio de muchos de sus hermanos de orden españoles recién llegados al Perú o fuera de él.

Conviene desarrollar dentro de este desplazamiento de responsabilidades reivindicativas y discursivas con respecto a la población andina un análisis de tres textos de diverso formato que revelan muy bien la visión de un baqueano y paralelamente la de dos criollos en lo que va de fines del XVI hasta la tercera década del siglo siguiente, habiendo entre ellos más semejanzas que diferencias. Me refiero en primer lugar al *Tratado que contiene tres pareceres graves [...] sobre el servicio personal y repartimientos de indios* (1604), de fray Miguel de Agia, y en segundo término a los más frecuentados *Symbolo Catholico Indiano* (1598) de Luis Jerónimo de Oré y el *Memorial de historias del Nuevo Mundo Pirú* (1630) de fray Buenaventura de Salinas. En estos tres textos producidos por hijos de la seráfica orden veremos que existe una preocupación intensa por denunciar la situación y el mal tratamiento del indio (especialmente en Agia y Salinas) y por facilitar al mismo tiempo su conversión explorando desde la lengua quechua las posibilidades semánticas de la predicación a través de himnos y oraciones (como en Oré).

4.1. Entre los pocos datos biográficos que se conocen de fray Miguel de Agia es destacable el hecho de que llegó al Nuevo Mundo en 1563, es decir, cuarentaiún años antes de la publicación en Lima de su *Tratado* (Ayala XII-XIV). Aunque no es del todo claro si recibió los hábitos franciscanos en Valencia (su ciudad natal) o en Guatemala (donde vivió la mayor parte de su vida, Ayala XII), lo cierto es que luego de esa larga experiencia en la Nueva España tuvo un corto intermedio en la península, donde publicó en 1600 el *De exhibendis auxiliis*, sistemática reflexión sobre la administración de justicia en el virreinato mexicano y la participación de la Iglesia en asuntos de política civil. Ese mismo año pasó a tierras andinas como secretario del Comisario de la Orden en la Nueva Castilla. Así, se encontraba ya en Lima en 1600 y pudo comprobar personalmente el estado de la servidumbre indígena en el Perú, el escandaloso divorcio (nada distinto al de Guatemala) entre la ley y la práctica de encomenderos y corregidores, y conocer la Cédula Real que en 1601 emitió el Rey Felipe III sobre la eliminación del servicio personal en las encomiendas y sobre la regulación del tributo y del trabajo "compelido" (léase forzado) de los indios en las minas.[21]

El *Tratado* anuncia desde su título los tres "pareceres" u opiniones de Agia sobre la exacta aplicabilidad y alcances de la Cédula Real, así como sobre el "arbitrio" que debía ejercer el Virrey Luis de Velasco en el control de los encomenderos y autoridades civiles si quería no sólo hacer buen servicio a su Rey sino también salvar su propia alma de los infiernos a que se condenaban todos los transgresores de la ley natural, que coincidía, para Agia, con la ley divina cuando era justa y se encaminaba al "beneficio" (36) y "buen gobierno" (117) de todos y no sólo de la población indígena. Es interesante comprobar que Agia, más allá de una exclamatoria exposición sobre las injusticias cometidas contra los indios, se preocupa por fundamentar teológica y jurídicamente la justicia de la Cédula Real y de orientar al Virrey (en el mejor estilo arbitrista, sobre todo en el Tercer Parecer) sobre cómo aplicar la disposición. En ese sentido, su alegato difiere del lascasismo tradicional en que no oculta algunas críticas a la población indígena y se encarga de establecer las diferencias psicológicas entre españoles y andinos a partir de criterios de superioridad racial y de influencia ambiental.[22]

Más notoria aún es la preocupación de Agia por encontrar vías de solución al problema, pues dedica la tercera sección de su trabajo a recomendar algunas medidas "sobre el arbitrio que al Señor Virrey del Piru le queda sobre el cumplimiento y execucion desta Real Cedula" (115). Agia defiende la legitimidad del trabajo forzado en algunas minas y obras públicas mientras sea "en servicio de la república" (101), pues todo gobernante debe mirar primero por el cumplimiento del buen gobierno, que a su vez consiste en conservar las leyes justas, de alcance universal (117). De este modo, recomienda al Virrey anteponer sobre todo el temor de Dios cuando se trata de juzgar una ley que podría no ser justa, y de combatirla en aras del principio inalienable de la unidad entre ley natural (por definición justa) y ley divina. Por eso —continúa aconsejando— debe el Virrey convocar a un consejo de los más ancianos del reino para "consultar las dificultades de esta Real Cedula" (124) y para definir los pasos exactos a seguir una vez que se ha aceptado la conformidad entre ley natural (buen gobierno) y ley divina (la gloria externa de Dios en la tierra, según la inspiración escotista). Precisamente, el *Tratado* concluye con una recomendación directa sobre el cierre del "socabon grande de Guancavelica" (128) que Agia ha podido verificar como mortal para los indios. Nuevamente la preocupación por el despoblamiento del territorio andino y la eficacia de la producción minera asoma como búsqueda del difícil equilibrio que sólo un gobernante sabio puede mantener. Como en los autores anteriores, el indigenismo de Agia se inscribe dentro de un plan general de armonía deseada a partir de una escala de valores plenamente occidentales.

4.2. No es muy diferente de ese marco gnoseológico el *Symbolo Catholico Indiano* del criollo huamanguino Luis Jerónimo de Oré. Sin embargo, es inevitable señalar que, a pesar de la intención abiertamente evangelizadora del texto y de la aplicación clara de los acuerdos del Tercer Concilio Limense sobre la predicación y adoctrinamiento en lenguas indígenas, la obra logra ofrece numerosos pasajes de crítica a la situación social y de caracterizaciones de la población nativa que de alguna manera la apartan del mero formato inicial del manual catequizador. En efecto, el texto se organiza en dos partes claramente diferenciadas. Una primera sirve de introducción al futuro misionero sobre la historia y naturaleza del territorio andino, así como de explicación de algunos misterios de la fe. La segunda parte se compone de siete cánticos compuestos en quechua y destinados a su uso en la misa a fin de facilitar la comprensión de la doctrina cristiana por parte de la población andina.[23] De ambas partes me interesa especialmente la primera por lo que revela de la postura de Oré frente a la recapitulación del pasado indígena, por un lado, y a la capacidad del indio para formar plenamente parte del cuerpo místico de Cristo una vez que haya renegado de sus "idolatrías", por el otro.

En el Párrafo VI, por ejemplo, Oré denuncia la explotación indígena ("desdichados los naturales, infelice condicion seruil la de los indios", 119, f. 21), aunque se lamenta de que muchos religiosos que deberían defender con sus vidas el bienestar de la población nativa no lo hacen, con lo cual se impide aun más la salvación espiritual de los dominados. Esto, finalmente, determina la "grande disminucion desta nacion de los indios" (120, f. 21v), preocupación que se hace constante desde Morales y Segovia. Con miras a reforzar la expresión de este cataclismo social, Oré dedica los siguientes párrafos a detallar las condiciones físicas y humanas del territorio andino. El Perú resulta, así, el "reyno mas noble que todos los del mundo en riquezas de oro y plata" (129, f. 28), y Lima "parece competir con todas [las ciudades] de su tamaño en el mundo" (135, f. 29). Por otro lado, para nombrar las diferencias de esencia que explican la conducta emprendedora de los españoles y la pasiva de los indios, se echa mano del tópico de la flema indígena ("los Españoles son colericos y ellos [los indios] flematicos", 137, f. 30), y se establece una jerarquización de calidades culturales que avala el principio legislativo del indio como súbdito "rústico" o "menor":

> despues de las nobles naciones de Europa, conuiene a saber de los Españoles, Franceses, Italianos, Flamencos, y Alemanes, y otras que con el baptismo recibieron orden politico de viuir [...] puedo dezir que la nacion de los Indios Peruanos, y los de Chile, Tucuman, Paraguay, y los del nueuo reyno de Granada, y los de Mexico, es vna de las mas nobles, honradas y limpias que ay en todo el mundo vniuerso (152, f. 37v).

Como se ve, la inferioridad política (o vida "en policía", según se entendía en la época el orden civil más deseable) va de la mano con el conocimiento de los evangelios y la aceptación del ritual cristiano, componentes imprescindibles para el logro del bien común. En ese sentido, la capacidad de la población indígena peruana para su fácil conversión estaba asentada desde el descubrimiento que hizo el inca Capac Yupanqui de la existencia de un creador universal invisible (Pachakamaq o Pachayachachiq), comparable al Dios no conocido de Diógenes Laercio que encontró San Pablo durante su labor predicadora entre los atenienses (157ss.).[24] Sólo faltaba facilitar los medios para que esa población pudiera acceder al conocimiento exacto del Dios verdadero y se acercara, de este modo, a la superioridad cultural de las naciones europeas. Por eso, es fundamental según Oré reforzar la labor predicadora, pues los indios "son muy dados a borracheras y vicios y [...] hasta aora han sido muy inclinados a la idolatria de sus Guacas, y del sol, y de la luna", aunque reconoce que poco a poco "esto se va perdiendo y reyna solo el nombre de Cristo en toda esta tierra donde aura cien años y aun menos de ochenta que la tenia toda poseyda y tiranizada el demonio" (161-162, ff. 42-42v). La transposición de categorías políticas como "buen gobierno" y "tiranía" al plano de las creencias religiosas dice mucho de la concepción totalizante del proyecto evangelizador, que no pretendía limitarse únicamente a los asuntos espirituales.

4.3. Nadie mejor para ejemplificar esta actitud que el criollo franciscano Buenaventura de Salinas, miembro privilegiado de la sociedad limeña, quien nacido como Sancho de Salinas sirvió de paje al Virrey Marqués de Montesclaros desde 1610 y luego accedió a los archivos del gobierno como secretario de diversos virreyes, lo cual le permitió, sin duda, tener un conocimiento profundo de las condiciones legales de la administración española en el Perú y de su incumplimiento por parte de las autoridades civiles y eclesiásticas.[25] Si bien su *Memorial* de 1630 está destinado a lograr la canonización del patrón de la Orden, Francisco Solano, y para ello ofrece una larguísima exposición sobre las virtudes de las tierras peruanas así como de su población criolla (claro reflejo de las polémicas que planteaban una supuesta inferioridad de los criollos frente a los peninsulares), Salinas no escatima páginas para demostrar en el Discurso Tercero de su obra la ineficacia de la administración colonial y el calamitoso estado de la población nativa.[26] Así, hace cuerpo común con los indios y se propone a sí mismo como su representante ante el Rey, al cual reclama una conducta heroica (semejante a la de Eneas que cargó a su padre Anquises para salvarlo del incendio de Troya, *Memorial* 271) y recuerda que todo incumplimiento de la ley es una ofensa a la misma dignidad del Rey.[27]

No faltan para ello algunos de los estereotipos que ya habíamos visto en la pluma de autores anteriores. Los indios peruanos, dice Salinas, son "las mas humildes, dociles, faciles, tratables, sencillas, simples, quietas, obedientes, fieles, reconocidas, y gratas gentes, que tiene en si el vniuerso" ( 287). También "hombres son [...] nacidos para conocer, amar, y seruir a Dios en esta vida, y despues verle, y gozarle en la otra" (289). Por eso, no hay "ni ley natural, ni humana [que] les condene a tantas penas de penas, y á tantos daños de daños, como tienen, y an sufrido tantos años" (289). La enumeración de casos, ejemplos, lamentos y cuadros de horror podría hacerse interminable. Interesa, más bien, determinar que las características atribuidas a la personalidad indígena (humildad, bondad natural) se ven complementadas por los factores que han contribuido a hacer de su apariencia y conducta un ser triste y flemático. En este punto Salinas se aparta de la postura de Agia y otros que atribuyen la flema indígena a características innatas y esenciales, y no a circunstancias históricas y políticas específicas. La situación, por ello mismo, es corregible, si se quiere preservar la "honra de la Patria" y "la honra de Dios" (291), y para ello Salinas propone medidas como, por ejemplo, la eliminación de la mita en las minas de azogue, la reducción del tributo a un solo ducado (en vez de los cuatro a once que pagaban los indios), el control estricto de los setentaidós corregidores que en su mayoría abusaban de sus cargos y a quienes llama "verdugos" (307), la profundización de la evangelización, y otras que aliviarían no sólo el maltrato y deshonra de los indios sino, sobre todo, del reino entero (el Discurso Tercero, Caps. II y III). A pesar de sus exaltaciones de la Patria limeña, Salinas es muy claro en afirmar que las medidas correctivas están encaminadas a engrandecer el poderío de España y de la Iglesia en el mundo, y que no se pone en duda la caridad de los reyes, sino la negligencia y malicia de sus oficiales en las Indias.

## 5. Indigenismo criollo e indigenismo mestizo. Conclusiones

Hasta ahora me he ocupado sólo de algunos autores que podrían entroncarse dentro de una formación discursiva que bien cabe llamar "indigenismo criollo", no tanto por el origen geográfico y racial de sus autores (ya sabemos que algunos de los peninsulares baqueanos encajarían dentro de esta categoría, y que algunos criollos no dejaban de tener sangre indígena, razón por la cual eran objeto de sospecha y rechazo de parte de los peninsulares), sino, sobre todo, por la focalización oblicua que ejercen con respecto a la población indígena y al carácter monoglósico de su valiente defensa.[28]

Sin embargo, son más conocidos dentro del reciente canon literario las figuras de autores de origen indígena y mestizo, que aparecieron paralelamente a la maduración de las voces criollas conventuales que proclamaban su orgullo neomundano desde la letra impresa. En la mayoría de los autores andinos que tomaron la pluma para proponer su propia versión del pasado indígena o para protestar contra el abuso de los españoles es importante destacar que se cumple de manera mucho más nítida la condición heterogénea que los hace casos formalmente únicos dentro de la institución letrada. Aunque muchos de ellos no hayan sido conocidos hasta fines del siglo XIX o principios del XX, es saludable reconocer que ya estaban adaptando la escritura alfabética a sus propias tonalidades, campos semánticos y estructuras narrativas, sin que por eso, naturalmente, fueran ajenos a las formas discursivas europeas consagradas dentro de su época.

Por nombrar sólo algunos ejemplos, pensemos en la *Instrucción* (también llamada *Relación de la conquista del Perú*, 1570) de Titu Cusi Yupanqui, en que, a pesar de su formato de relación de servicios y alegato jurídico, la dicción oralizante (la *Instrucción* fue dictada en quechua) y la estructuración dialógica acercan el texto a formas discursivas nativas, sin mencionar que muchas de las categorías semánticas de tiempo, espacio y procedimiento enumerativo corresponden a la tradición cuzqueña (v., para un estudio de estos aspectos, Lienhard 235-241 y Mazzotti, "La heterogeneidad" 85-100). Ni qué decir del Manuscrito de Huarochirí, en que la escritura en quechua de Ávila y sus escribanos sirvió de entrada para muchas admoniciones extirpadoras, pero conservó sin duda numerosas estructuras narrativas y simbólicas nativas. Pensemos también en la *Nueva coronica y buen gobierno*, generalmente aceptada como de Waman Puma de Ayala (al menos mientras las pruebas sobre la autoría de Blas Valera no sean concluyentes), en que el título mismo conlleva un significado de corrección y búsqueda de ordenamiento universal en manos del Rey Felipe III, destinatario final de la obra. En sus páginas es también visible la veta arbitrista desde que se declara que fue concebida "para enmienda de vida para los cristianos y los infieles" ("Presentación" de la obra) y se hace un extenso listado de los abusos de corregidores, encomenderos, escribanos, curas doctrineros y todos aquellos representantes de la organización colonial que en la práctica distaban mucho de contribuir a la salvación material o espiritual de los pobladores nativos. Pero la obra (ca. 1615) de Waman Puma, pese a su inserción plena dentro del contexto de la extirpación de idolatrías y de reclamos arbitristas frecuentes en la época, y pese a sus influencias no siempre obvias de lecturas castellanas (Adorno), no deja de aportar muchos elementos de carácter lingüístico, iconográfico y estructural que la hacen un caso innegable de modificación de los patrones discursivos de su momento, sin mencionar, además, que su punto de enunciación es plenamente indigenista y regionalizante (no olvidemos sus diatribas contra la religión incaica y los reclamos de legitimidad para su grupo familiar). Pensemos, por último, en el caso paradigmático del Inca Garcilaso de la Vega, en cuyos *Comentarios reales* (1609 y 1617) son discernibles algunas formas de organización simbólica que despiertan resonancias cuzqueñas, así como determinados elementos de la narración sobre las conquistas de los incas que simulan una forma de autoridad nativa según su distribución prosódica en pares o dobletes sintáctico/semánticos, propios de algunas formas de composición poética andina (Mazzotti, *Casos mestizos*). Esto, sin duda, no elimina los rasgos cuzcocéntricos ni elitistas de tal discurso (un indigenismo discriminador, diríamos), ni significa que la abrumadora evidencia sobre las lecturas renacentistas del Inca deba ser soslayada, pero sí abre una puerta de escape al entrampamiento en que buena parte de la crítica garcilacista contemporánea se encuentra en relación con la definición del sujeto mestizo escritural de la obra, casi siempre reducido al proceso de una aculturación florida, pero aculturación al fin.

Son varios más los casos en que se puede hallar una interferencia del quechua y de las formas discursivas indígenas dentro de la escritura alfabética, lo que caracterizaría en parte a este indigenismo mestizo desde sus orígenes en el siglo XVI hasta la obra de autores modernos como el José María Arguedas tardío y la poesía de Gamaliel Churata, Alejandro Peralta y muchos más. No es éste, sin embargo, el tema del presente trabajo, y por eso conviene volver a nuestros autores criollos (o de "espíritu criollo"), para terminar de definir algunos de los prototipos discursivos que inauguraron con respecto a la población nativa. Algunos de ellos (sin pretender, por lo tanto, agotar la lista, y mucho menos explorar el universo de la conceptualización del componente femenino de la población indígena), serían:

a) *el indio bueno y generoso*, que proviene del discurso lascasiano, pero que sin duda fue enriquecido por las aspiraciones redentoristas del escotismo franciscano y la estructura jerarquizante del neotomismo jesuita. Entre muchos ejemplos de correspondencia moderna basta mencionar el de "los indios [que] tienen el corazón lleno de ternura y generosidad" en el bucólico ambiente del cuento "Malccoy", de Clorinda Matto de Turner;

b) *el indio flemático y triste*, que surgió inicialmente como imagen de un carácter inherente (frente a la cólera del español), aunque con Salinas adquirió su explicación contextual (la explotación desmesurada). Mencionaré sólo el pasaje sobre "las indias que todavía lloran la muerte de los incas, ocurrida en siglos remotos, pero reviviscente en la endecha de la raza humillada", en el cuento "El alfiler", de Ventura García Calderón;

c) *el indio vicioso, idólatra y degenerado,* que nace de su apego a sus costumbres antiguas (recordemos las descripciones de Oré), pero que en el discurso post-ilustrado debe su embrutecimiento y su estado de naturaleza a la falta de letras. Así puede verse, por ejemplo, en expresiones como "el embrutecimiento del pueblo es extremo [pero sólo] cuando los periódicos penetren hasta la choza del indio [...] adquiriréis [vosotros, los peruanos en general] las virtudes que os faltan", de *Peregrinaciones de una paria,* de Flora Tristán; también en la definición (claro que acusatoria) de Manuel González Prada, cuando proclama en su "Discurso en el Politeama" que "trescientos años ha que el indio rastrea en las capas inferiores de la civilización, siendo un híbrido con los vicios del bárbaro y sin las virtudes del europeo"; o en "la sonrisa idiota" de algunos personajes de "Ushanam-Jampi" de Enrique López Albújar; o, más recientemente, en los indios caníbales de *Lituma en los Andes,* de Mario Vargas Llosa;

d) *el indio mejorable,* que constituye un tema común a prácticamente todos los autores virreinales examinados, en la medida en que tiene una capacidad ingénita para lograr grandes avances civilizatorios, pero alejado de éstos — ya en el discurso indigenista criollo post-ilustrado — por su falta de modernidad en un mundo que exige una occidentalización plena. Me parece que citar ejemplos pertinentes resulta demasiado ocioso.

Como se ve, muchos de los esquemas conceptuales del discurso que trata del indio durante el periodo republicano mantienen una coherencia básica con el postulado inicial que determina la posición cultural y materialmente inferior de la población indígena. Si bien la observación es simple y evidente en sí misma, es importante subrayar que pese a sus afanes reivindicativos y justicieros, buena parte de lo que se ha llamado indigenismo en general focaliza sus tópicos siguiendo patrones discursivos de larga trayectoria histórica.[29] Por ese motivo, al forjarse la literatura nacional peruana a partir de una aspiración integracionista, la imagen del indio no puede sino resultar desmedida (o mal medida, sería mejor decir) en relación con los elementos básicos de una subjetividad dominante.[30]

No se trata de generalizar las observaciones anteriores a todo el discurso indigenista, que, como señalé al principio, no es de ninguna manera monolítico ni se reduce a las formas literarias más canónicas. El célebre juicio de Mariátegui en 1928 sobre el indigenismo como una literatura escrita por mestizos y no por indígenas resulta insuficiente en este fin de siglo en que ya se ha recopilado una larga tradición escrita en lenguas nativas (v., por ejemplo, el estudio de Noriega) y en que aún se dan prolongaciones de una preocupación por los pueblos indígenas que obedecen a formaciones discursivas netamente europeas o, en feliz expresión de Alejandro Lipschutz, europoides. El fortalecimiento de una identidad criolla, por lo tanto, es quizá el resultado más notorio de tan antigua práctica, que requiere de otros sistemas discursivos y de referentes ajenos para alcanzar una legitimidad mínima en términos contextuales. Entre las muchas lecciones que dejó vivas Antonio Cornejo-Polar, es quizá ésta una de las que más trascendencia tienen para la mejor comprensión y reformulación de tan importante sector del complejo imaginario latinoamericano.

NOTAS

[1] Morse (84) adelanta parcialmente la idea al relacionar las prácticas asumidas de la "razón de estado" durante el periodo barroco con las iniciativas de inspiración positivista por modelar la subjetividad indígena de acuerdo con principios modernizantes durante el XIX. En la misma dirección, nunca sobra recordar que algunos de los postulados ordenadores y proteccionistas del neoescolasticismo sustentaron, aunque conflictivamente, el andamiaje ideológico de la independencia, como sostiene Stoetzer.

[2] Claro que desde un sector de la teoría poscolonial "nación" y "narración" están indisolublemente ligadas. Aunque las definiciones de Bhabha (Introd.) se adecuarían al proceso de formación de algunos casos latinoamericanos del XIX, no sirven del todo para explicar en el contexto andino las representaciones icónicas y rituales de ascendencia indígena sobre un origen y una totalidad social imaginada. Sin embargo, es innegable que la agencia letrada criolla y su uso de la imprenta tienen en ese conflicto histórico-simbólico un papel preponderante (Anderson, Cap. 4) luego del paulatino aniquilamiento de las élites mestizas de aspiraciones neo-incas a partir de la Gran Rebelión de Tupaq Amaru II en 1780-81.

[3] Ver Pagden (91) para una sustentación del concepto de "nación criolla" en el sentido del XVII. También, para otros contextos de formaciones nacionales pre-ilustradas, ver Smith (Introd.)

[4] En México, como reacción temprana a los abusos de los encomenderos y al poder desmesurado que adquirieron (amenaza de un grupo social fuera del control directo de la aristocracia castellana) la Corona decidió establecer corregimientos desde la década de 1530 a fin de hacer entrar a los indígenas a vida "en policía" y constituyendo una "república", en el sentido urbano del término, como señala Mörner (7-24). El proceso sería ligeramente más tardío en el caso peruano, con las medidas del gobernador Lope García de Castro de enviar corregidores de indios a las zonas rurales desde 1565 (Millones, Cap. 2). Sobra decir que, en términos de abusos y transgresiones de las provisiones reales, los corregidores de indios no cumplieron mejor papel que los encomenderos, como bien atestiguan numerosas páginas de Buenaventura de Salinas, Waman Puma y muchos otros autores de principios del XVII.

[5] También, para una perspectiva filosófica sobre la actualidad y aplicabilidad de las ideas de Suárez en la llamada filosofía moderna cartesiana, así como en la búsqueda de un principio ontológico que sustentara la concordia social y la coherencia de contrarios, ver Ferrater Mora, especialmente 162-64.

[6] "Si el príncipe —dice Mariana— fuese tal o por derecho hereditario o por la voluntad del pueblo, creemos que ha de sufrírsele, a pesar de sus liviandades y sus vicios, mientras no desprecie esas mismas leyes que se le impusieron por condición cuando se le confió el poder supremo" (I, 110). Por eso, Mariana se pregunta en caso de que el Rey desprecie esas leyes y se convierta en tirano y cuando "estén puestas en peligro la santidad de la religión y la salud del reino, ¿quién habrá tan falto de razón que no confiese que es lícito sacudir la tiranía con la fuerza del derecho, con las leyes, con las

armas?" (I, 114).

[7] Señala Tibesar: "La participación de los religiosos en muchos aspectos administrativos que no fueran estrictamente eclesiásticos es malentendida por ciertos historiadores modernos peruanos, que piensan que los religiosos se inmiscuyeron en asuntos que no eran de su incumbencia. No obstante, [...] esta actividad de los religiosos estuvo en muchos casos conforme con las instrucciones de la Corona, por lo menos al comienzo de la Conquista. Más tarde iba a rectificarse el equilibrio entre la autoridad civil y religiosa. Lo que sucedería especialmente bajo el Virrey Toledo, 1569-1581, aunque no sin algunos malentendidos" (76, n. 3).

[8] Recuentos sobre las primeras décadas de la influencia dominica en la empresa aculturadora de la evangelización pueden verse en Medina 219-249 y Vargas Ugarte 1953, I, 199-210.

[9] Las preferencias de los incas sobrevivientes del Cuzco hacia los jesuitas se daba también por el papel que éstos asumieron frente a la condena a muerte de Tupaq Amaru I, oponiéndose tajantemente al Virrey Toledo, aunque sin resultados (ver Vargas Ugarte 1963-64, 147-48; también Lisi 29).

[10] En ese sentido, las doctrinas del franciscano Doctor Sutil (como también era conocido el teólogo inglés John Duns Scotus) planteaban que el verdadero fin de la ley era el bien común, y que, desarrollando a Aristóteles, la ley debía coincidir en cuatro causas: eficiente (el legislador), material (la ordenación razonable), formal (la voluntad que manda cumplirla) y final inmediata (el bien común), que era el medio adecuado para llegar a la sociedad feliz, a su vez el verdadero fin último y principal, es decir, la gloria externa de Dios (ver Zamayón 143; también Duns Scotus, 62, en que sostiene que todo ser depende en su creación de uno solo, el Dios cristiano, conclusión decimosexta que aplicada más tarde al caso americano permitía enfatizar la doctrina del amor como principio de la conducta divina que debía ser imitada. Para el tema del amor en Escoto, ver también Rivera de Ventosa). No debe olvidarse tampoco la veta joaquinita de muchos franciscanos que pasaron al Nuevo Mundo, con sus esquemas milenaristas de esperanza por una tercera edad (la del Espíritu, que sucedería a la del Padre y el Hijo), la cual habría de consumarse en el establecimiento de la sociedad feliz (ver sobre las ideas de Joaquín de Fiore y el joaquinismo en el Perú, Pease 93-94; sobre el milenarismo franciscano en general, ver Milhou). En la Nueva España, los proyectos de los pueblos-hospitales de Vasco de Quiroga y muchas de las disposiciones del también franciscano Arzobispo Zumárraga son muestra de este enérgico impulso de transformación redentorista en el Nuevo Mundo por parte de los llamados hijos de San Francisco.

[11] En la protesta ocurrida en Lima por la ejecución de Antequera, dos frailes franciscanos perdieron la vida al ponerse al frente de los grupos que reclamaban una amnistía para el gobernador. La guardia del Virrey Marqués de Castelfuerte disparó a mansalva con penosos resultados (ver también Vargas Ugarte 1963-64, vol. 4, 60-61; y Peralta Ruiz 77-78).

[12] Variantes de todo tipo, incluyendo pasquines y afiches con dibujos, cargados de crítica a la situación y eventualmente proponiendo soluciones en los más variados tonos se generalizan durante el siglo XVII en la península. Ver Maravall 1975, 55-127.

[13] Anterior a las recetas de reforma arquitectónica y civil de la *Lima inexpugnable*, podemos recordar otros textos, inclusive del mismo Peralta, como la *Imagen política...* de 1714 (ver bibliografía), en que el polifacético Doctor Océano no escatima recomendaciones para la protección del reino e inclusive del imperio español, aconsejándole al Rey Felipe V reducir las fronteras a fin de proteger mejor las repúblicas en su interior. Ya desde 1630 Buenaventura de Salinas ofrecía una visión semejante: "Lo mismo [que en los cuerpos físicos] sucede en los cuerpos místicos de las

Monarquías, que tienen desproporcionada longitud; que padecen mil trabajos, por ser forçoso llegarles tarde, ó nunca los socorros, que se esperan de su cabeça" (274).

[14] Actitud que, parcialmente, comparten dos de los cronistas mayores de la década de 1550, Juan Díez de Betanzos y Pedro de Cieza de León, aunque siempre es útil recordar las constantes declaraciones de ambos sobre las "bestialidades" y "niñerías" de los incas y la población indígena en general, creando para ello, por lo menos en el caso de Betanzos, una multiplicidad de focalizaciones y formas discursivas de carácter polifónico, como he estudiado en Mazzotti ("Betanzos"). La inicial simpatía y admiración de ambos cronistas hacia la población vencida tiene mucho que ver con el momento histórico (el triunfo de la Corona y su enviado, el pacificador la Gasca, sobre los encomenderos), pero no impide reafirmaciones frecuentes de un imaginario eurocentrista y de autoasumida superioridad.

[15] Así lo afirma Porras 1949, 197-202. Tibesar discute el concepto y da crédito a la posibilidad de que Niza hubiera estado una primera vez en el Perú entre 1531 y 1532, presenciado los acontecimientos iniciales de la conquista, aunque no necesariamente los de Cajamarca, y redactado su informe antes de su estancia en Quito en 1534 luego de regresar con las tropas de Pedro de Alvarado (ver también Vargas Ugarte 1953, 211-12, que sitúa la llegada de Niza poco después de la ejecución de Ataw Wallpa). Tibesar se basa en un testimonio jurado de Niza contenido en el Archivo General de Indias, Patronato, 2-2, 1/1, ramo 66, que Porras no considera (ver Tibesar 38, n. 42). Sobre la veracidad de Niza, ya desde el siglo XVI Juan de Castellanos, en sus *Elegías de varones ilustres de Indias*, esa prolongada exaltación de la empresa conquistadora y sus protagonistas españoles, matiza las críticas de Niza a los conquistadores-encomenderos con los testimonios más atemperados del fraile flamenco Jodoco Ricke: "[Supo las Casas] por relación de fray Marcos de Niza / informado de cosa que no vido / porque con Alvarado ya era ido; / pero su compañero fray Iodoco / toca con gran verdad lo que yo toco". Hay que anotar, sin embargo, las simpatías gonzalistas de fray Jodoco, que bien pudieron haber contrapesado la posición abiertamente anti-encomendera de fray Marcos (ver Tibesar 56, n. 4). También debe mencionarse el manuscrito atribuible a Niza redactado entre 1548 y 1550, y que difiere en estilo de los párrafos recogidos por las Casas. El texto de 1548 fue publicado inicialmente por Fabié (ver Bibliog., vol. 2), aunque el editor confirió la autoría plena al Obispo de Chiapas.

[16] Esta mención sobre la bondad y civilidad de los habitantes andinos no es un hecho aislado durante los primeros años de la conquista. Ya el 10 de octubre de 1533 el Licenciado Espinosa escribía al Emperador desde Panamá que "estos yndios destas prouincias del peru es la gente mas aparejada para servir españoles y que con mejor voluntad lo haran de quantos se an visto y avra poco trabajo en apremiallos para ello ansy porque es gente de capacidad e que tienen e viven en su Republica juntos" (citado en Porras ed., 73).

[17] Para datos biográficos y una descripción de la *Relación* de Morales ver Porras 1949, 231-235, y Carrillo 21-22. El texto fue publicado inicialmente en *La Iglesia de España en el Perú* (Sevilla, 1943, Monseñor D. Emilio Lisson Chávez, ed.) junto con otros documentos de la época y reproducido luego en Porras 1968, 687-734 y parcialmente en Carrillo 23-37. Se piensa que su redacción data de 1542, una vez que Morales había vuelto temporalmente a la península.

[18] Los ejemplos son numerosos. Atahualpa, así, nunca intentó resistir a Pizarro, sino sólo reclamarle verbalmente la devolución de lo robado y la reparación de sus abusos (63). Del mismo modo, la personalidad de la población nativa es retratada como "la más sujeta, humilde y disciplinada que creo yo se pudiese hallar en el mundo" (69). Etc., etc.

[19] En el valle de Pachacamac, verbigracia, había "más de 25 mil indios, y [ahora] está casi yerma, por la gran destruición, y tan continua" (67).

[20] "Entre estos indios era cosa aborrecible andar las mujeres públicamente en torpes y sucios actos, y de aquí se vino a usar entre ellos de haber malas mujeres públicas, y perdían el uso y costumbre que antes tenían de tomar maridos" (62).

[21] Ayala reproduce el texto completo de la Cédula Real de 1601 en su edición del *Tratado* de Agia. V. esp. XXIX-LII.

[22] Señala, por ejemplo, que algunas formas de repartimientos y de servicio (no personal, sino al Estado) deben ser obligadas, pues la servidumbre voluntaria nunca ha tenido buenos efectos: a los indios, aunque los "traten bien, aunque les paguen y repaguen [...] ni ellos estiman la paga, ni tienen por regalo sino el que tenían en su antigua gentilidad de sus borracheras, y de otros vicios torpissimos, y el entregarse a la ydolatria" (58). Esto, sin duda, se debía a causas de carácter esencial: "el indio de su naturaleza no tiene codicia, y el Español es codiciossisimo, el indio flematico, y el Español colerico, el indio humilde, el Español arrogante, el indio espacioso en todo lo que haze, el Español presuroso en todo lo que quiere [...]. Todo lo qual deue de nascer de las varias complesiones delos vnos y de los otros, causadas de los diferentes temples de tierra, y de los varios mantenimientos naturales con que los vnos y los otros se sustentan" (56). Años más tarde, fray Antonio de la Calancha utilizará los mismos argumentos para sostener que los criollos, por esa confluencia especial de complexión superior y medio ambiente templado y propicio, como es el de Lima, así como por la abundancia minerológica del territorio peruano, son los más dotados física e intelectualmente (inclusive frente a los peninsulares) dentro del Virreinato. Ver especialmente Calancha f. 68.

[23] Beyersdorff ya ha señalado la incorporación de dominios semánticos del quechua en lo aparentemente serían sólo traducciones de textos cristianos. Oré, de este modo, no sólo resulta ser el primer poeta impreso de la lengua quechua, sino también una "evidencia clara de que no toda la literatura virreinal fue en su totalidad una mera 'traducción' o imitación sobre la base de pautas y temas europeos" (233).

[24] El tema del descubrimiento intuitivo del dios cristiano por parte de los incas aparecerá también en la *Relación de las costumbres antiguas de los naturales del Piru* del Jesuita Anónimo (atribuida al mestizo Blas Valera) y en los *Comentarios Reales* (I, II, II) del Inca Garcilaso.

[25] Para más datos biográficos y de otros textos de Salinas son útiles los estudios de Valcárcel y Cook en la edición que hicieron del *Memorial* en 1957. Para una relación intermediada entre las fuentes históricas de Salinas y las de Waman Puma en lo referente a la historia pre-incaica, ver Duviols.

[26] Me he ocupado de la relación entre Salinas y sus fuentes indígenas en Mazzotti 1996a (175-179), explorando el uso de la historia indígena según la entiende el franciscano limeño para fines de autoafirmación étnica frente a los peninsulares, sobre todo en los Discursos Primero y Segundo del *Memorial*.

[27] Para el tema del componente indígena (un 20 a 40 % de mestizos en las dos primeras generaciones) dentro del grupo de los criollos autoasumidamente blancos, ver Schwartz y Kuznesof. Para los conflictos surgidos dentro de las órdenes religiosas a partir del argumento esgrimido por los frailes peninsulares sobre la impureza de sangre de los criollos, puede verse Lavallé 167-68.

[28] No pretendo resucitar la distinción entre indianismo e indigenismo a secas, en que el último término se define por el "conocimiento interno" o sensibilidad compartida y no exotista del autor con respecto al mundo indígena. El acercamiento gnoseológico no garantiza la posición, como bien demuestran José de Acosta, los tratados extirpadores de Ávila o Arriaga, el Padre Cobo y muchos otros. Creo que es más útil partir de las conformaciones textuales de las obras y de la focalización pro-indígena

como criterios extrabiográficos o extratemáticos. El indigenismo criollo puede tener el segundo elemento (la focalización), aunque generalmente no el primero. El indigenismo mestizo casi siempre cuenta con ambos. Naturalmente, esta línea divisoria no es siempre rígida ni excluyente, pero ofrece más rigor crítico y filológico que la definición a partir de la simple exploración etnográfica o referencial. Para el concepto de focalización narrativa, ver Bal.

[29] Refiriéndose a un contexto poscolonial distinto, Partha Chaterjee (9) ha delineado entre las formas e instituciones de la "soberanía interna" que un grupo proto-hegemónico elabora bajo el estado colonial, el fortalecimiento de instituciones educativas y universidades, que en el caso andino va de la mano con la creación de lo que Habermas llamó la "esfera pública" a través de publicaciones no necesariamente periódicas, como la *Gaceta de Lima* (1744-65), o de aspiraciones ensayísticas, como el *Mercurio Peruano* (1791-95). Ver también Anderson, Cap. 4 para el tema de la imprenta durante la Ilustración como factor de vigorización de una cultura letrada criolla. Así, Chaterjee propone la "regla de la diferencia colonial" para el estudio del estado moderno: "if a rule of colonial difference is part of a common strategy for the deployment of the modern forms of disciplinary power, then the history of the colonial state, far from being incidental, is of crucial interest to the study of the past, present and future of the modern state" (18). Con todo, como dice Thurner (154, n. 140), y a pesar de los diarios de viajes interregionales que Anderson rescata a manera de factor para la formación de una "comunidad imaginada", ninguna de estas explicaciones basta por sí sola para entender por qué un buen sector de los criollos peruanos decidieron mantenerse fieles a la Corona hasta prácticamente el último minuto antes de la entrada de San Martín y Bolívar.

BIBLIOGRAFÍA CITADA

Adorno, Rolena. "Las otras fuentes de Guamán Poma: sus lecturas castellanas". *Histórica* II/2 (1978): 137-158.
Agia, Fray Miguel de. *Servidumbres personales de indios* (edición moderna del *Tratado que contiene tres pareceres graves en derecho [...] sobre la verdadera inteligencia, declaración y justificación de vna Cedula Real de Su Magestad [...] del año passado de seycientos y vno, que trata del seruicio Personal, y repartimientos de Indios, que se vsan dar en los Reynos del Piru, Nueua españa, Tierra Firme y otras Prouincias de las Indias, para el seruicio de la Republica, y assientos de Minas, de Oro, Plata y Azogue.* En Lima: Por Antonio Ricardo, (1604). Sevilla: Escuela de Estudios Hispanoamericanos de Sevilla, 1946.
Almarza, Sara. *Pensamiento crítico hispanomericano: arbitristas del siglo XVIII.* Madrid: Pliegos, 1990.
Anderson, Benedict. *Imagined Communities. Reflections on the Origins and Spread of Nationalism.* Londres: Verso, 1983.
Ayala, Francisco Javier de. "Estudio preliminar". *Servidumbres personales de indios.* Fray Miguel de Agia (*v. supra*). XI-LII.
Bal, Mieke. *Narratology. Introduction to the Theory of Narrative.* Christine van Boheemen, trad. Toronto: University of Toronto Press, [1980] 1985.
Bataillon, Marcel. *Erasmo y España.* México: Fondo de Cultura Económica, [1937] 1996.
Beyersdorff, Margot. "Rito y verbo en la poesía de Fray Luis Jerónimo de Oré". Urbano, comp. (*v. infra*). 215-237.

98 • José Antonio Mazzotti

Bhabha, Homi K. "Introduction: Narrating the Nation". *Nation and Narration*. Homi K. Bhabha, editor. Londres y Nueva York: Routledge.

Braudel, Fernand. *La historia y las ciencias sociales*. Madrid: Alianza Editorial, 1986.

Calancha, Antonio de la. *Chronica Moralizada del Orden de San Agustín en el Perú con sucesos exemplares vistos en esta Monarchia*. Barcelona: Por Pedro de Lacavalleria, 1638. Ejemplar de la John Carter Brown Library.

Carrillo, Francisco. *Cronistas que describen la colonia*. Lima: Editorial Horizonte, 1990.

Casas, Bartolomé de las. *Brevísima relación de la destrucción de las Indias*. Madrid: Cátedra, [1552], 1987.

Córdoba y Salinas, Diego de. *Coronica de la Religiossisima Provincia de los Doze Apostoles del Peru. De la Orden de nuestro Serafico P. S. Francisco de la Regular Observancia; con relacion de las Provincias que della an salido, y son sus hijas*. Washington, DC: Academy of American Franciscan History, [1651] 1957. Ed. y notas de Lino E. Canedo, O. F. M.

Cornejo-Polar, Antonio. *Escribir en el aire. Ensayo sobre la heterogeneidad socio-cultural de las literaturas andinas*. Lima: Editorial Horizonte, 1994.

Chaterjee, Partha. *The Nation and its Fragments. Colonial and Postcolonial Histories*. Princeton: Princeton University Press, 1993.

Duns Scotus, John. *The De Primo Principio of John Duns Scotus. A Revised Text and a Translation*. Nueva York y Lovaina: The Franciscan Institute y E. Nauwelaerts, 1949.

Durand, José. *La transformación social del conquistador*. México: Porrúa y Obregón, 1953.

Duviols, Pierre. "Guamán Poma, historiador del Perú antiguo: una nueva pista". *Revista Andina* 1 (1983): 103-15.

Esteve Barba, Francisco. "Estudio preliminar. La historiografía peruana de interés indígena". En Esteve Barba, ed. (*v. infra*). V-XLV.

Esteve Barba, ed. *Crónicas peruanas de interés indígena*. Biblioteca de Autores Españoles, vol. 209. Madrid: Atlas, 1968.

Fabié, Antonio María. *Vida y escritos de Fray Bartolome de las Casas, obispo de Chiapas*. Madrid: Ginesta, 1879. 2 vols.

Ferrater Mora, José. "Suárez y la filosofía moderna". *Cuestiones disputadas*. Madrid: Revista de Occidente, 1955. 151-177.

Habermas, Jurgen. *Communication and the Evolution of Society*. Introd. y trad. de Thomas McCarthy. Boston: Beacon Press, 1979.

Heras, O. F. M., Julián. *Aportes de los franciscanos a la evangelización del Perú*. Lima: Editora Latina, 1992.

Kuznesof, Elizabeth Anne. "Ethnic and Gender Influences on 'Spanish' Creole Society in Colonial Spanish America". *Colonial Latin American Review* 4, 1 (1995): 153-176.

Lafaye, Jacques. *Quetzalcóatl y Guadalupe. La formación de la conciencia nacional en México*. México: Fondo de Cultura Económica, [1974] 1995.

Lavallé, Bernard. *Las promesas ambiguas. Ensayos sobre el criollismo colonial en los Andes*. Lima: Pontificia Universidad Católica del Perú, 1993.

Lienhard, Martin. *La voz y su huella. Escritura y conflicto étnico-social en América Latina (1492-1988)*. La Habana: Casa de las Américas, 1990.

Lisi, Francesco. *El Tercer Concilio Limense y la aculturación de los indígenas sudamericanos*. Salamanca: Universidad de Salamanca, 1990.

Maravall, José Antonio. *Carlos V y el pensamiento político del Renacimiento*. Madrid: Instituto de Estudios Políticos, 1960.

_____ *La cultura del barroco. Análisis de una estructura histórica*. Barcelona: Ariel, 1975.

Mariana, Juan de. *Del Rey y de la institución real*. Madrid: Publicaciones Españolas, [1599] 1961. 2 vols.

Martin, Luis. *The Intellectual Conquest of Peru. The Jesuit College of San Pablo, 1568-1767*. Nueva York: Fordham University Press, 1968.

Mazzotti, José Antonio. "Betanzos: de la 'épica' incaica a la escritura coral. Aportes para una formulación del sujeto colonial en la historiografía andina". *Revista de Crítica Literaria Latinoamericana* 40 (1994): 239-258.

_____ "La heterogeneidad colonial peruana y la construcción del discurso criollo en el siglo XVII". *Asedios a la heterogeneidad cultural. Libro de homenaje a Antonio Cornejo-Polar*. José Antonio Mazzotti and U. Juan Zevallos Aguilar, coordinadores. Filadelfia: Asociación Internacional de Peruanistas, 1996. 173-196.

_____ *Coros mestizos del Inca Garcilaso. Resonancias andinas*. Lima: Fondo de Cultura Económica, 1996.

Medina, O. P., Miguel Ángel. *Los dominicos en América. Presencia y actuación de los dominicos en la América colonial española de los siglos XVI-XIX*. Madrid: Editorial Mapfre, 1992.

Milhou, Alain. "El concepto de 'destrucción' en el evangelismo milenario franciscano". *Actas del II Congreso Internacional sobre los Franciscanos en el Nuevo Mundo (Siglo XVI)*. Madrid: Deimos, 1988. 297-316.

Millones, Luis. *Perú colonial*. Lima: Cofide, 1995.

Mörner, Magnus. *Estado, razas y cambio social en la Hispanomérica colonial*. México: Sepsetentas, 1974.

Morse, Richard M. *El espejo de Próspero. Un estudio de la dialéctica del Nuevo Mundo*. México: Siglo XXI, 1982.

Noriega, Julio. *Buscando una tradición poética quechua escrita en el Perú*. Miami: Centro Norte-Sur, 1995.

Oré, Luis Jerónimo de. *Symbolo Catholico Indiano, en el qual se declaran los misterios de la Fe contenidos en los tres Symbolos Catholicos, Apostolico, Niceno, y de S. Athanasio*. Lima: Australis, 1992. Edición facsimilar de la de Lima: Por Antonio Ricardo, 1598.

Ots Capdequí, José María. *El Estado español en las Indias*. México: Fondo de Cultura Económica, [1941] 1993.

Pagden, Anthony. "Identity Formation in Spanish America". *Colonial Identity in the Atlantic World, 1500-1800*. Nicholas Canny y Anthony Pagden, eds. Princeton: Princeton University Press, 1987. 51-93.

Peralta Ruiz, Víctor. "Tiranía o buen gobierno. Escolasticismo y criticismo en el Perú del siglo XVIII". Walker, comp. (*v. infra*). 67-88.

Peralta y Barnuevo, Pedro de. *Imagen Política del Gobierno del Excelentísimo Senor Don Diego Ladrón de Guevara* ... Lima: 1714.

Porras Barrenechea, Raúl. "Epílogo crítico-bibliográfico. Los dos Cristóbal de Molina". *Las crónicas de los Molinas*. Carlos A. Romero, editor. Lima: Lib. e Imp. D. Miranda, 1943. 85-98.

_____ "Crónicas perdidas, presuntas y olvidadas sobre la conquista del Perú". *Documenta* II, 1 (1949): 179-243.

_____ *Los cronistas del Perú*. Lima: Banco de Crédito, [1961] 1968.

Porras Barrenechea, Raúl, editor. *Cartas del Perú (1524-1543)*. *Colección de documentos inéditos para la historia del Perú, Vol. 3*. Lima: Sociedad de Bibliófilos Peruanos, 1959.

Rama, Ángel. *Transculturación narrativa en América Latina*. México: Siglo XXI, 1982.

Rivera de Ventosa, O. F. M., Enrique. "Hacia una fenomenología del amor en el pensamiento de J. Duns Escoto". En Varios (*v. infra*). 193-225.

Said, Edward. *Beginnings. Intention and Method*. Nueva York: Columbia University Press, 1985.

Salinas [y Córdoba], Buenaventura de. *Memorial de las Historias del Nuevo Mundo Pirú: Méritos y Excelencias de la Ciudad de Lima, Cabeça de sus Ricos, y Estendidos Reynos, y el estado presente en que se hallan. Para inclinar a la Magestad de su Catholico Monarca Don Felipe IV Rey Poderoso de España, y de las Indias, a que pida a Su Santidad la canonizacion de su Patron Solano*. Lima: Por Geronimo de Contreras, 1630. Microfilm en la Colección José Toribio Medina de la Biblioteca Rockefeller, Brown University, Providence.

_____ *Memorial de las Historias del Nuevo Mundo Pirú*. Lima: Universidad Nacional Mayor de San Marcos, [1630] 1957. Introducción de Luis E. Valcárcel y estudio biobibliográfico de Warren L. Cook.

Schwartz, Stuart. "Colonial Identities and *Sociedad de Castas*". *Colonial Latin American Review* 4, 1 (1995): 185-201.

Segovia, Bartolomé de. *Relación de muchas cosas acaecidas en el Perú* (atribuida también a Cristóbal de Molina, "el Almagrista" o "Chileno"). Esteve Barba, ed. (*v. supra*). 57-95.

Smith, Anthony D. *The Ethnic Origins of Nations*. Nueva York: Basil Blackwell Inc., [1986] 1987.

Solórzano Pereira, Juan de. *Política Indiana sacada en Lengua Castellana de los dos tomos del Derecho, i govierno municipal de las Indias Occidentales que mas copiosamente escribio en la latina en Doctor Ivan de Solorzano Pereira/Caballero del Orden de Santiago, del Consejo del Rey Nuestro Señor en los Supremos de Castilla, I de las Indias*. Madrid: Por Diego Diaz de la Carrera, 1648. Ejemplar de la John Carter Brown Library.

Stoetzer, Carlos. *The Scholastic Roots of the Spanish American Revolution*. Nueva York: Fordham University Press, 1979.

Suárez, Francisco. *De Iuramento Fidelitatis Regis Angliae*. Madrid: Consejo Superior de Investigaciones Científicas, 1978.

Thayer Ojeda, Tomás. "Los dos Cristóbal de Molina". *Revista Chilena de Historia y Geografía* XXXVI (1920): 1-46.

Thurner, Mark. *From Two Republics to One Divided. Contradictions of Postcolonial Nationmaking in Andean Peru*. Durham: Duke University Press, 1997.

Tibesar, O. F. M., Antonino. *Comienzos de los franciscanos en el Perú*. Iquitos: Centro de Estudios Teológicos de la Amazonía, [1953] 1991.

Urbano, Enrique, compilador. *Mito y simbolismo en los Andes. La figura y la palabra*. Cuzco: Centro de Estudios Regionales Andinos Bartolomé de las Casas, 1993.

Vargas Ugarte, S. J., Rubén. *Historia de la Iglesia en el Perú*. Lima: Imprenta Santa María, 1953. 5 vols.

_____ *Historia de la Compañía de Jesús en el Perú*. Madrid: Burgos, 1963-64. 4 vols.

Varios. *Duns Escoto y las corrientes filosóficas de su tiempo. Vol. 2*. Madrid: Instituto Luis Vives de Filosofía, 1968.

Villarejo, O. S. A., Avencio. *Los agustinos en el Perú y Bolivia*. Lima: Editorial Ausonia, 1965.

Villoro, Luis. *Los grandes momentos del indigenismo en México*. México: El Colegio de Mexico y Fondo de Cultura Económica, [1950] 1996.

Walker, Charles, compilador. *Entre la retórica y la insurgencia: las ideas y los movimientos sociales en los Andes, siglo XVIII*. Cuzco: Centro de Estudios Regionales Andinos Bartolomé de las Casas, 1995.

Zamayón, O. F. M., Pelayo de. "La ley natural en la filosofía de Escoto". Varios (*v. supra*). 141-175.

## II. INDIGENISMO Y NACIÓN

# Herencia colonial y secularización: Cultos marianos en el nacimiento de las repúblicas hispanoamericanas

Jesús Díaz-Caballero
*University of Pittsburgh*

De la lectura de la "Carta de Jamaica" (1815) y del "Discurso ante el Congreso de Angostura" (1819), textos fundamentales de la doctrina libertaria de Bolívar, se pueden destacar cuatro aspectos: 1) apropiación del pasado indígena, a través de una relectura del discurso restitutorio de Las Casas, para representar a los criollos como redentores de los "reyes americanos" Moctezuma y Atahualpa. 2) expropiación del poder a los peninsulares a través del reclamo de la "tiranía activa y doméstica" para los "americanos de nacimiento," es decir la transferencia del poder político de los españoles a los criollos. 3) reconocimiento de la heterogeneidad racial, cultural y patrimonial de la población americana que hace "imposible asignar a qué familia humana pertenecemos," porque "nacidos todos del seno de la misma madre, nuestros padres diferentes en origen y en sangre, son extranjeros, y todos difieren difícilmente en la epidermis," haciendo "nuestro caso... el más extraordinario y complicado." 4) herencia colonial de la metropoli española, la "desnaturalizada madrastra," que ha "uncido al pueblo americano al triple yugo de la ignorancia, de la tiranía y el vicio" (Bolívar).

Sobre la base de estos cuatro aspectos, Bolívar se constituye como sujeto criollo secular y republicano. Si para Hegel, Napoleón encarnaba el espíritu absoluto de una nueva época de la historia europea, el equivalente americano sería Bolívar, cuyo pensamiento se constituyó en el mayor grado de conciencia posible para la fundación de una nación secular, republicana e ilustrada en el continente sudamericano.[1] La voluntad de poder de Bolívar, como héroe secular, tenía como objetivo articular la diversidad racial y cultural de los americanos en una sociedad laica basada en el constitucionalismo republicano que permitiera el ejercicio pleno de la ciudadanía[2]. Sabemos que esta utopía secular fracasó por diversas razones, entre ellas el caudillismo de las patrias chicas y la pesada herencia colonial que ha continuado, de diversa manera, hasta nuestros días. Parte de esta herencia colonial la constituyen los cultos marianos que jugaron un papel importante en el proceso independentista y en la constitución de las identidades populares, más allá de la voluntad secular y laica de un sector de la elite criolla.

En este artículo nos proponemos hacer un estudio comparativo de dos cultos marianos pertenecientes a México y los Andes en donde encontramos un extraordinario ejemplo de transculturación y negociación de diferentes matrices culturales (indígenas y cristianas) y sociales (letradas y populares). En nuestra reciente disciplina de Estudios Culturales Latinoamericanos se realiza actualmente una gran reflexión teórica sobre la pertinencia de categorías como transculturación, hibridez y heterogeneidad. Este estudio

pretende ser un aporte también a este debate en el que no tomamos partido
por ninguna de ellas en forma exclusiva. Asumimos que la transculturación
y la heterogeneidad son parte constitutiva de las diferentes formaciones
nacionales latinoamericanas como las dos caras de una misma medalla. Los
cultos marianos son un buen ejemplo de la permanente dialéctica de estas
categorías en los que se dramatizan las diversas identidades de nuestro
continente mestizo.[3]

Antes de entrar propiamente al estudio de los cultos marianos vale la
pena mencionar, al paso, a un ícono sagrado de larga trayectoria transcultural
desde la conquista hasta nuestros días. Nos referimos a la imagen del Apóstol
Santiago —símbolo y blasón de la España de la Reconquista de la península,
así como de la conquista de América— representado usualmente montado
en su caballo blanco y con una mortífera espada. Como Patrón de España y
de la Indias este santo pasó de "Santiago Matamoros" a "Santiago Mataindios"
(Choy). Según muchos cronistas, Santiago como símbolo eclesiástico y
guerrero acompañó a Cortés, Alvarado y Pizarro en la conquista de México,
Guatemala y Perú respectivamente. Su nombre se usó en la fundación de
muchas ciudades o se agregó a la toponimia indígena. Así tenemos ciudades
como Santiago de los Caballeros de Guatemala, Santiago de León de Caracas,
Santiago Atitlán, Santiago Tlatelolco, etc. Se estima que hay más de 500 lugares
en toda América que llevan como nombre Santiago. También sobreviven
muchas fiestas folklóricas en homenaje a este santo que ha perdido su carácter
guerrero al ser incorporado a diferentes matrices culturales de origen indígena
(Valle, Silverblatt).

Muchos cronistas afirman que en muchas ocasiones Santiago aparecía
junto con la virgen María apoyando a los españoles en su lucha contra los
indios. Una de sus apariciones más espectaculares, narrada por muchos
cronistas, y luego contada por el Inca Garcilaso de la Vega (1539-1616) en la
segunda parte de sus *Comentarios reales* (1617), sucedió en 1536 cuando Manco
Inca sitió la ciudad del Cusco, ocupada por los españoles. Ante la superioridad
numérica de los indios, su intervención fue decisiva y milagrosa porque
atemorizó al enorme ejército de Manco Inca frente a un puñado de españoles
que luego de varios meses de ataques estaban a punto de sucumbir. En su
interpretación providencialista de la conquista, Garcilaso afirma que los indios
se rindieron ante la hermosa vista de la virgen para luego incorporarla como
una imagen divina de su nuevo imaginario religioso. Sobre el lugar de su
aparición, llamado Suntur Huasi, los españoles construyeron la catedral del
Cusco en 1538, colocándose en el altar mayor y la fachada figuras e
inscripciones sobre las apariciones milagrosas del apóstol Santiago y la virgen
María, llamada en este caso la virgen de la Descensión (Garcilaso,
*Historia*...178-180). Calderón de la Barca, bajo los parámetros del proyecto
cristiano desdemonizador y la estética barroca, fundió este episodio con la
aparición de un culto mariano posterior, cercano al lago Titicaca, en su auto
sacramental *La aurora de Copacabana* (1651). Posteriormente, dentro del mismo
espíritu celebratorio de la conquista, recrea este episodio Pedro Peralta y
Barnuevo en su libro *Lima fundada* (1732).

Este es tal vez el ejemplo canónico de un culto mariano impuesto oficialmente como ícono legitimador de la conquista. Sin embargo, a los pocos años de la llegada de los españoles, los propios indígenas ante la violenta extirpacion de idolatrías asumieron el culto a María como una imagen que les permitiera negociar su imaginario religioso entre deidades indígenas y católicas.[4] En este punto de encuentro de ambas tradiciones religiosas se va a fundar una de las vertientes más ricas del catolicismo popular de América Latina. Nos referimos a la aparición de los cultos marianos populares de la Virgen de Guadalupe en México y la Virgen de Copacabana en Bolivia.

En el caso de México el culto a la Virgen de Guadalupe se origina en el cerro del Tepeyac, santuario pre-hispánico en que los indígenas adoraban a la diosa-madre Tonantzin-Cihuacóatl. Precisamente en esta montaña apareció la virgen al indio Juan Diego en 1531. Sin embargo la masificación de su culto ocurre después de 1629, luego de una inundación que soportó la ciudad de México por cinco años, trasladándose el culto del Tepeyac a la capital mexicana. La devoción mariana de origen popular de la Virgen de Guadalupe logró articular un culto sincrético porque nos remite tanto a la diosa azteca Tonantzin como a la virgen María. Paralelamente a su culto popular fue apareciendo una larga tradición letrada, una especie de "teología guadalupana", dedicada a explicar su aparición milagrosa.

Le correspondió a Antonio Valeriano (?-1605), sabio indio del Colegio de Tlatelolco, escribir el texto más antiguo sobre el origen del culto a la Virgen de Guadalupe, llamado *Nican mopohua* (Historia de las apariciones). Este texto escrito en náhuatl, que se remonta a 1556, es un relato alegórico, a la manera de un auto sacramental, en el que para «restituir» a los indios aparece una Madre de Dios cristiana-criolla que los ampara y consuela. En este relato la virgen se revela al humilde indio Juan Diego como intermediario de su petición, a las autoridades de la iglesia, de un templo y culto en el cerro del Tepeyac (O'Gorman).

Sin embargo, le correspondió a Miguel Sánchez (1594-?) publicar el primer libro sobre este culto mariano, en 1648, con el título: *Imagen de la Virgen María Madre de Dios de Guadalupe celebrada en su historia con la profecía del capítulo doce del Apocalipsis*. En este texto la virgen está presentada como una "segunda Eva" y madre fundadora de un "nuevo paraíso", articulada a una razón teológica del descubrimiento y conquista de América, otorgado por un don divino y en la que España aparece como intermediaria para hacer de México una "nueva Jerusalén". De este modo no fueron los conquistadores sino la virgen quien ganó al país para instaurar un paraíso criollo, venciendo al dragón (Huitzilopochtli), rodeada de ángeles (los conquistadores), y cuyo fin es amar a los indios e indianos dándoles una patria en un nuevo paraíso (Blanco).

Además de Sánchez hay otros escritores que retomaron y exaltaron este culto mariano, desde una perspectiva criolla. Así Carlos de Sigüenza y Góngora (1645-1700) en su *Primavera indiana* (1668) identifica el Anáhuac con el paraíso terrestre. Para ello retoma el tópico barroco de la "rosa" y el "jardín edénico" para relacionarlos con la virgen y México respectivamente, articulándolos dentro de una conciencia criolla. La vieja tradición de idolatría, diabolismo y barbarie de los indios, ideología útil que legitimó la conquista, se había vuelto un obstáculo para los criollos. Al eliminarse del país toda huella demoníaca, con la "tempestad de flores" de Guadalupe, la tierra mexicana podía gobernarse a sí misma y por lo tanto ya no se necesitaba la autoridad de los peninsulares.

En el siglo XVII hay otra expropiación del pasado indígena que contribuye, junto al culto a la Virgen Guadalupe, a la consolidación de una conciencia criolla. Mezclando los mitos indígenas con la tradición cristiana se identificó al ápostol Santo Tomás con Quetzalcóatl, retomando la tesis de Fray Diego Durán del siglo XVI. Esta interpretación causó revuelo teológico, político, histórico e inquisitorial en los sectores letrados y órdenes religiosas. En realidad desde el punto de vista político no le convenía a la corona e iglesia española un apóstol anterior a la dominación americana, en la que Santo Tomás aparecía como un rival de Santiago, el apóstol de la conquista, ya que de esta manera se deslegitimaban sus méritos, su labor evangelizadora y su actual hegemonía sobre indios y criollos. Le correspondió tanto a Sigüenza y Góngora como a un conjunto de jesuitas la elaboración teórica de este nuevo instrumento ideológico de la emergente conciencia criolla.

Para fines del siglo XVIII la "acumulación originaria" del guadalupismo, como ideología letrada criollo-nacionalista, culminó con el sermón del predicador dominico Fray Servando Teresa de Mier (1763-1827), pronunciado el 12 de diciembre de 1794, ante el virrey y las autoridades eclesiásticas.[5] La audacia de Teresa de Mier fue unir en un solo relato la vieja tradición de Santo Tomás-Quetzalcóatl y la aparición de la virgen del Tepeyac. De este modo Fray Servando, usando la acumulación discursiva anterior de los dos grandes mitos criollos nacidos en el México colonial, desarrollada especialmente por los jesuitas, logra articular los arquetipos del viejo sabio y la diosa virgen como mitos fundadores de la nación mexicana. La audacia de Fray Servando consistió en afirmar que la manta de ayate que registra la aparición de la virgen de Guadalupe en el cerro del Tepeyac era la capa del apóstol Santo Tomás (o Quetzalcóatl) dejada a los indios mucho antes de la conquista. De este modo concluía que el culto a la virgen era anterior a la llegada de los españoles y que los indios ya conocían los dogmas fundamentales del cristianismo.

La operación ideológica de Fray Servando es una audaz manipulación discursiva de toda la tradición guadalupana anterior que articulaba la fase final de una conciencia criolla emergente, la que para consolidarse necesitaba apropiarse del pasado indígena a través de un proceso de desdemonización de la religión y los mitos indígenas. Así, deslegitimaba la conquista y la presencia de los peninsulares en América. Es decir, la virgen como primera evangelizadora trataba directamente con los novohispanos en continuas apariciones sin necesidad de la intermediación de la iglesia.

Respecto al aspecto iconográfico de la Virgen de Guadalupe, Fray Servando retoma las tesis de Miguel Sánchez sobre el carácter alegórico del relato fundacional de la aparición de la virgen como un "auto sacramental" comparable a la pasión de Cristo. Es decir, un acto eucarístico en donde María transforma su cuerpo en la tilma de ayate (lienzo de maguey) transustanciada en flores, ángeles y estrellas. Sánchez agrega el águila azteca y el nopal como elementos adicionales en la representación iconográfica de la virgen. Estos elementos sincréticos pagano-católicos serían la base para constituir a la Virgen de Guadalupe como estandarte y escudo nacional que enarbolaron Miguel Hidalgo y Morelos en la lucha por la independencia de México.

De este modo se logró una sólida articulación de masa popular y letrados criollos en torno a la Virgen de Guadalupe. Culminaba así la emergencia y hegemonía de una conciencia criolla que tenía ya una tradición de más de dos siglos de culto popular y acumulación discursiva letrada. Este mito mariano, de carácter transcultural, compartido por todas las clases y razas de la época le daría también una particular fisonomía al proceso independentista mexicano que no se presentó nítidamente como un proyecto secularizador que separaba iglesia y estado, como postulaban las versiones más avanzadas de la lucha contra el absolutismo monárquico y religioso en el viejo mundo. Fray Servando no enarboló las tesis convencionales de la época sobre los derechos del ciudadano en un estado secular ni tampoco atacó los principios religiosos del catolicismo. En su ideología independentista, frente a la tiranía y privilegio de los peninsulares, priorizó la recuperación del pasado indígena como parte de la nación mexicana y la legitimidad de los derechos de los criollos, indios y castas por haber nacido en América, a la ideología del republicanismo liberal que se enfatizó en otras zonas de América. El respeto a la iglesia, la religión católica y la monarquía no permitieron el nacimiento de un estado secular mexicano. No es casual que el inicio del proceso independentista fuera encabezado por el bajo clero. Tanto Hidalgo como Morelos, al mismo tiempo que enarbolaban el pendón de la Virgen de Guadalupe como símbolo de independencia, daban vivas al Rey de España. Posteriormente Iturbide se declaró emperador, tampoco atacó a la iglesia y suscribió que la religión católica era parte constitutiva de la nación mexicana (Brading).

Por su parte el culto mariano de la Virgen de Copacabana, nombre local de la Virgen de la Candelaria que el santoral católico celebra el 2 de febrero, también surgió en un santuario pre-hispánico, en un lugar cercano al lago Titicaca, que había sido utilizado antiguamente por los indios para ritos paganos. Alrededor de 1583, por iniciativa de los propios nativos de la zona en proceso de cristianización quisieron santificar este antiguo santuario indígena con una imagen de la virgen tallada por ellos mismos y encomendaron al indio de sangre noble Francisco Titu Yupanqui. Según los cronistas Ramos Gavilán y Calancha, en varias ocasiones las esculturas del indio Yupanqui fueron rechazadas por los sacerdotes del lugar, porque se las consideraba deformes y poco apropiadas para la virgen tratándose de un artesano indio al que se le calificó sucesivamente de "indio aprendiz," "escultor bisoño," "pintor ignorante" e "inculto indio", además de que se suponía que podía estar influenciado por cultos idolátricos y por el demonio.

Es decir, las esculturas de Yupanqui fueron vistas con la misma desconfianza que se escuchaban las primeras versiones del indio Juan Diego sobre la aparición de la virgen de Guadalupe. Pero la devoción y la perseverancia de Yupanqui lograron que hiciera una imagen aceptable para las autoridades religiosas. Sin embargo, su logro fue interpretado por los españoles como el deseo divino de Dios y la virgen que encontraron en las manos de este humilde indio un instrumento de esa manifestación.[6]

En realidad la mayoría de los cultos marianos oficiales nacían de imágenes traídas de España o talladas en América por artesanos escogidos por los propios sacerdotes. Pero en este caso se impuso la creación de un artesano indio, cuya imagen mariana se sincretizó con los anteriores cultos andinos a las montañas. Ramos Gavilán llamó a esta virgen la "madre de esta gente bárbara del Perú", pero en realidad el culto a esta virgen se superpuso al culto a la madre tierra — llamada *pachamama* por los indios — y a las montañas del lugar. La tradición oral atribuye que la virgen se apareció a Yupanqui en el cerro de Potosí, por ello hay varias manifestaciones iconográficas del perfil del cerro de las minas de Potosí como un gigantesco manto de la virgen, llamada también por esta razón la virgen-cerro o la virgen-piedra.[7]

A pesar del alto valor sincrético de este culto mariano, nacido también en un santuario pre-hispánico, no logró articularse como mito liberador de criollos, mestizos, indios y castas ni siquiera a nivel de la zona andina. El objetivo de Ramos Gavilán y Calancha era asegurar la consolidación de la evangelización de los indios, inventando una mezcla de los mitos indígenas con la tradición cristiana. Para ello extendieron la historia de la prédica cristiana a la época pre-hispánica a través de la supuesta llegada del apóstol Santo Tomás a tierras americanas. Sin embargo, mucho antes de las crónicas de Ramos Gavilán y Calancha, los cronistas indios Juan de Santa Cruz Pachacuti y Huamán Poma sí usaron el tópico de la prédica cristiana pre-hispánica del apóstol Santo Tomás en un sentido político para descalificar a la conquista española. Pero este tópico no fue desarrollado en ese sentido por cronistas posteriores, ni tampoco por los libertadores criollos. Este aspecto marca la diferencia por ejemplo entre Fray Servando Teresa de Mier y Bolívar en su ideología independentista en el nacimiento de las repúblicas de México y las andinas. En México sí se usó esta articulación indígena y cristiana para descalificar la conquista de América por los españoles a través de una fuerte tradición criolla letrada, llamada guadalupismo, además de la devoción popular que se universalizó en el área mexicana.

Otras razones adicionales que explican la diferencia entre el caso mexicano y sudamericano es la mayor extensión geográfica de la América del sur y la fundación de la capital del virreynato del Perú en la costa peruana y no en el Cusco, la antigua capital del imperio incaico, que determinó decisivamente una separación aún mayor entre indios y criollos. Por eso el culto mariano a Santa Rosa de Lima, tuvo una mayor inserción criollo-costeña que andina, a pesar que fue declarada patrona de las América y Filipinas en 1670. Otros cultos marianos de origen popular también tuvieron una difusión muy localizada como la virgen de Chiquinquirá en Colombia y la virgen de Luján en Argentina.[8] Es decir, los cultos marianos reprodujeron de alguna manera el localismo y el amor a la patria chica que ya caracterizaba a las colonias del sur mucho antes de la independencia. La labor desdemonizadora que cumplió la virgen de Guadalupe en México, en el sur le correspondió a la lectura de los *Comentarios reales* de Garcilaso que reinventó la historia de los incas como una sociedad civilizada y no la barbara como usualmente la representaron muchos cronistas españoles. A la utopía guadalupana de una madre liberadora, que caracterizó la independencia mexicana, le correspondió en el sur la utopía incaica y la reinvidicación genealógica de los Incas, articulada tanto a la lectura de los *Comentarios reales* como a la memoria popular del "retorno del Inca" (Flores Galindo, Burga). La edición de los *Comentarios Reales* de 1723 fue fundamental tanto en la reivindicación genealógica de las élites indígenas cusqueñas, que amenazaron peligrosamente el orden colonial con la rebelión de Túpac Amaru II en 1780, como en la ideología de la restitución de los libertadores criollos San Martín y Bolívar en su lucha contra los españoles peninsulares en los inicios del siglo XIX.

Precisamente Bolívar, en el imaginario andino de la época fue visto como un Inca libertador. Su paso por el Cusco y la fundación del estado boliviano marcan una etapa fundamental en el imaginario independentista de la época. El propio Bolívar era conciente de su posición ambigua de criollo que, como descendiente de los conquistadores, sentía ilegítimo apropiarse del pasado indígena. Pero el carácter redentor de la lucha emancipatoria articuló un imaginario letrado y popular que lo vinculó con la genealogía de los Incas desde Manco Cápac hasta Huayna Cápac (Olmedo). Por eso su llegada al Cusco, la arenga de Choquehuanca en Pucará y su ascención al cerro de las minas de Potosi marcan una fuerte articulación simbólica de la que se desprende una lectura andina de Bolívar todavía poco explorada.[9] Especialmente su ascención al mítico cerro de Potosí lo vincula al mito mariano de la Virgen de Copacabana. En el imaginario boliviano independentista esta ascención marca un hito fundacional que se ha manifestado en diversas representaciones iconográficas que juntan a este héroe secular e ilustrado con el mito mariano de la Virgen de Copacabana y los Apus o montañas tutelares de los indios. Es decir, se juntan tres tradiciones: la indígena (el cerro) la hispana católica (la virgen) y la ilustrada secularizadora (Bolívar).

Tanto el culto a la Virgen de Guadalupe como a la Virgen de Copacabana muestran cómo la herencia colonial siguió sobreviviendo durante el siglo XIX. Sin embargo, ambos cultos no tuvieron la misma articulación con la ideología secularizadora de los libertadores. Los historiadores han calificado a Fray Servando como el propiciador de una república confesional y no secularizada. Por contraste Bolívar, el principal ideólogo y héroe de la emancipacion de las repúblicas de América del Sur era propiciador de un republicanismo clásico y secularizado. Sin embargo, tanto Bolívar y Fray Servando comparten una franja común en su ideología independentista. Nos referimos al discurso de la restitución del territorio americano en que los criollos aparecen como los redentores de los indios, por eso en textos de ambos autores encontramos continuas referencias a la obra de Las Casas, además de Garcilaso en el caso de Bolívar. En su "Carta de Jamaica", Bolívar presenta a los criollos como vengadores de Moctezuma y Atahualpa. En esta operación ideológica tanto Fray Servando como Bolívar transferían la herencia de la subalternidad indígena a la subordinación actual de lo criollos. De este modo ya no sólo eran los indígenas o las castas los sujetos colonizados sino también los criollos. Esta operación de transferencia ideológica les permitió a ambos legitimar el discurso criollo independentista para arrebatar el poder político y económico a la burocracia peninsular, lo que Bolívar llamaba el libre ejercicio de la "tiranía activa y doméstica."

Bolívar en su "Carta de Jamaica" es conciente de la tradición letrada y popular del culto a la Virgen de Guadalupe. Respecto a la primera, que debate sobre el mito que relaciona Quetzacóatl con Santo Tomás, muestra cierto escepticismo, porque le encuentra poco útil como movilizador en el proceso emancipatorio. Respecto a la segunda muestra más entusiasmo por el fervor religioso con que se ha articulado con la causa independentista. Sin embargo, Bolívar privilegió una ideología más secular que religiosa en su práctica política pero sin atacar al catolicismo. Si Fray Servando era un republicano católico, Bolívar fue un héroe republicano y profeta secular. Luego de las guerras de independencia, Bolívar negoció con la Santa Sede para el reconocimiento del nuevo clero criollo (Filippi).

Otros libertadores también invocaron a los cultos marianos como patrocinadores de la emancipación. Así Belgrano, en 1822, al fundar la bandera argentina escogió los colores azul y blanco llevado por su devoción mariana a la Inmaculada. También en la víspera de la batalla de Tucumán solicitó los favores de la Virgen de las Mercedes y luego de la contienda la declaró Generala del ejército, reconociendo que bajo su protección se obtuvo el triunfo. Luego ordenó que se proveyera al ejército libertador escapularios de la virgen. Del mismo modo el libertador San Martín, antes de emprender su paso por los Andes eligió como Generala de su ejército a la Virgen del Carmen y le entregó su bastón de mando en una ceremonia religiosa antes y después de las batallas de Chacabuco y Maipú. Al volver de sus campañas en el Perú, el año de 1823, San Martín visitó el santuario de la Virgen de Luján y le dejó en ofrenda una de sus espadas (Vargas Ugarte).

En síntesis, a través de cultos populares u oficiales la virgen María estuvo presente en el imaginario independentista. Así como en la conquista legitimó la apropiación del territorio americano y la subordinación de sus habitantes nativos por los españoles, luego de trescientos años los criollos se habían apropiado de los cultos marianos para legitimar su independencia de la corona española, por eso no atacaron los principios religiosos del catolicismo. Aquí yace una de las grandes ambigüedades del proceso independentista que oscilaba, especialmente en la América del Sur, entre una ideología secularizadora y el respeto a los principios religiosos e incluso monárquicos. Por eso, tanto en México como en la América del Sur, así como se invocaba a los cultos marianos, también se buscaba un monarca o un Inca para que fundara las nuevas repúblicas.[10]

Tanto el espíritu de campanario de la patria chica de los caudillos que siguieron a Bolívar, como la carencia de un mito mestizo fundador, no permitieron en la América del sur la fundación de una nación panandina como en el caso mexicano. Sin embargo, tanto en México como en la América del sur la herencia colonial sobrevivió en la república. Es decir el proyecto letrado de secularización que era el horizonte ideológico para la creación de las naciones latinoamericanas no cuajó por la ambigüedades estructurales con que emergió el proyecto criollo independentista. Si la Virgen de Guadalupe en México se articuló como mito fundacional de una nación mestiza, no sucedió lo mismo en Bolivia y el resto de repúblicas andinas (especialmente Ecuador y Perú), cuya historia de los siglos XIX y XX nos muestra un proyecto de nación mucho más desarticulado. De alguna manera la superposición de la tradición indígena, la hispana y la secularizada del mito fundacional de la república boliviana que juntó a la Virgen de Copacabana con Bolívar constituyen una alegoría de tres tradiciones vivas e irresueltas. Esta es una muestra palpable de la heterogeneidad y la desarticulación de un proyecto de nación después de casi doscientos años de independencia. La débil y desigual amalgama de estos tres elementos (lo indígena, lo mariano y lo secular) constituyen la gran promesa de una nación panandina que haga justicia a la diversidad de sus tradiciones fundacionales.

Los cultos marianos estudiados son manifestaciones de las diversas articulaciones de la herencia colonial con la secularización modernizadora en el momento de la fundación de las repúblicas. Tanto el culto a la virgen de Guadalupe como a la virgen de Copacabana son una muestra de cómo la transculturación, en el primer caso, y la heterogeneidad, en el segundo caso, dramatizan las negociaciones de identidades en las diversas formaciones nacionales que caracterizan a América Latina.

Sin embargo, en contraparte a la manipulación criolla de los cultos marianos, las culturas indígenas de América han negociado su identidad religiosa y han incorporado estos cultos a sus diversas matrices, a través de un rico proceso de transculturación, y han fundado el catolicismo popular latinoamericano. Por eso los cultos marianos populares en Latinoamérica son el dramático reverso de los defectivos proyectos de nación que no pudieron incorporar a la ciudadanía moderna y secularizada a los sectores desfavorecidos por razones étnicas o económicas. En el caso de la Virgen de Guadalupe, sus devotos ya han traspasado las fronteras de Latinoamérica, como es el caso de los chicanos, que han hecho de su culto parte de su identidad y sus luchas en el suroeste de los Estados Unidos.[11] Los cultos marianos renacen periódicamente con los pobres de la tierra, los débiles, los desheredados, los oprimidos, los huérfanos, las mujeres, los indios y los negros.[12] La última articulación la constituye las masas que respaldan al Ejército Zapatista de Liberación Nacional que ha vuelto a retomar a la Virgen de Guadalupe como escudo de armas contra los nuevos gachupines de las siete leguas de la era de la globalización.

NOTAS

[1] Para una comparación de Bolívar con Napoleón, en el contexto de la filosofía hegeliana, véase Zea.

[2] Esta voluntad de poder de Bolívar se muestra en un discurso que dio en Caracas en 1812: "Si se opone la naturaleza a nuestros designios, lucharemos contra ella y la haremos que nos obedezca." (Vila 58)

[3] Para un panorama de las diversas perspectivas acerca de las categorías de heterogeneidad, mestizaje, hibridez y transculturación, veáse Mazzotti y Zevallos, especialmente los artículos de Raúl Bueno, Friedhelm Schmidt, Roberto Fernández Retamar, Martín Lienhard y Kemy Oyarzún.

[4] En referencia a este proceso de negociación de identidades religiosas indígenas y cristianas es muy ilustrativo un pasaje de la segunda parte de los *Comentarios Reales* (titulada *Historia General del Perú*) de Garcilaso en que se relata los equivalentes en la lengua quechua de la virgen María: "Dizen *Mamáchic*, que es señora y madre nuestra. *Coya*, Reina. *Ñusta*, princesa de sangre azul. *Cápay*, única. *Yúrac Amáncay*, acucena blanca. *Chasca*, luzero del alva. *Cítoc cóillur*, estrella resplancediente. *Huarcarpaña*, sin manzila. *Huc Hánac*, sin pecado. *Mana chancasca*, no tocada que es lo mismo que inviolata. *Tazque*, virgen pura. *Diospa Maman*, madre de Dios. También dizen *Pachacamacpa Mamam*, que es madre del hazedor y sustentador del Universo. Dizen Huacchacúyac, que es amadora y bienhechora de los pobres, por dezir madre de misericordia, abogada nuestra,..." (180).

[5] Lo que llamamos la "acumulación originaria" del guadalupismo dio como resultado uno de los mitos fundacionales de la nación mexicana. Su caso es excepcional a nivel latinoamericano. Los estudios del guadalupismo son innumerables, sin embargo resaltamos los de De la Maza, Brading, Lafaye, O'Gorman y Blanco. Tanto la poesía letrada barroca, los villancicos y la lírica popular de coplas, décimas y corridos se han ocupado de las alabanzas a la virgen de Guadalupe. De la acumulación de toda esta producción letrada y popular, que va del siglo XVII hasta nuestros días, podemos registrar los siguientes nombres con que ha sido aludida la virgen mexicana: Primavera Indiana, Fénix de las Indias, Asombro de estos reinos, Estrella del Norte de México, Maravilla Americana, Escudo de Armas de México, Cielo estrellado, Octava maravilla, Flor de milagros, Rosa Mexicana, Segunda Eva, María Santísima de Guadalupe, Virgen de Guadalupe, Virgen Morena de Guadalupe, Madre Nuestra, Patrona de México, Criolla Mexicana, La Guadalupana, Madre, Reina, Emperatriz, hasta llegar a los diminutivos populares de Criollita, Virgencita, Guadalupanita, Cielito lindo, o simplemente Lupita (Peñaloza). Para una visión panorámica de los principales textos del guadalupismo desde su orígenes hasta nuestros días véase la antología de De la Torre y Navarro.

[6] Es interesante establecer un paralelo entre el escultor indio Francisco Titu Yupanqui y el cronista mestizo Inca Garcilaso respecto a su origen racial y sus obras. Ambos fueron víctimas de los prejuicios raciales dominantes que no otorgaban legitimidad a la obra hecha por indios o mestizos. Si el escultor indio fue declarado "pintor ignorante," "inculto indio" y ligado con el demonio; por su parte Garcilaso a lo largo de su obra vive el síndrome de su indianidad con la que quiere legitimar su discurso, por ello para contrarestar su origen racial se autodenomina "indio cristiano católico." Si de Francisco Titu Yupanqui se duda de sus habilidades de escultor, Garcilaso teme que se dude de la autenticidad de su calidad de historiador fidedigno. En varios pasajes de los *Comentarios reales*, Garcilaso dramatiza su origen racial y sus posibilidades como historiador y dice por ejemplo: "las fuerzas de un indio [no] pueden presumir para tanto" (Libro primero, 9). Sin embargo, tanto el escultor indígena

como el escritor mestizo se impusieron al poder colonial y contribuyeron a la matriz fundacional y transcultural de la tradición andino-cristiana. Curiosamente Garcilaso no menciona el culto a la Virgen de Copacabana, aunque dedicó la segunda parte de sus *Comentarios reales* a la virgen María, de la que se declara "aunque indigno, su devoto indio" (*Historia general del Perú*, tomo 1, 7).

[7] En cuanto al carácter transcultural andino y católico que implicó el culto a la Virgen de Copacabana en las montañas cercanas al lago Titicaca, espacio sacralizado por la tradición indígena, son imprescindibles las crónicas de los agustinos Ramos Gavilán y Calancha. Valiosos estudios contemporáneos al respecto son los de Gisbert, Platt, Salles-Reese y Damian.

[8] Nuestro artículo se concentra en México y los Andes (especialmente Bolivia) por su representatividad transcultural e histórica. Sin embargo, casi todos los países latinoamericanos tienen un culto mariano reconocido a nivel nacional: Nuestra Señora de Antigua (Guatemala), Nuestra Señora de la Asunción (Paraguay), Virgen de Coromoto (Venezuela), Virgen de Luján (Argentina), entre otros.

[9] Importantes aproximaciones al respecto son las de Platt y Moraña.

[10] En la articulación entre independencia criolla y cultos marianos, además de los casos mexicano y andino, vale la pena mencionar el caso cubano. Aquí el culto mariano a la Virgen de la Caridad del Cobre se sincretizó con el culto a la orisha africana Ochún. Este culto sincrético sirvió como imagen articuladora de la lucha de los negros mambises y los criollos contra el imperio español durante el siglo XIX (Portuondo Zuñiga). Para una comparación de estos tres cultos marianos representativos de diferentes áreas culturales de la América mestiza, veáse Baéz-Jorge.

[11] Las luchas de los trabajadores agrícolas en los años sesenta, liderados por César Chávez, hicieron de la Virgen de Guadalupe un ícono de legitimación religiosa e identidad étnica y revolucionaria en el estado de California (Calvo Buezas). Actualmente la devoción guadalupana está muy difundida en el suroeste de los Estados Unidos y su representación iconográfica se ha enriquecido de acuerdo a nuevas circunstancias sociales, como lo demuestran algunos murales y la obra plástica de pintores como Yolanda López, Irene Cervantes y Ester Hernández, entre otros (Baéz-Jorge)

[12] Para una aproximación a la función de los cultos marianos en los últimos años, dentro del contexto de la emergencia de los nuevos movimientos sociales como el feminismo y la teología de la liberación, veáse Gebara y Bingemer, Moldstad, y Rodríguez.

BIBLIOGRAFÍA CITADA

Baé-Jorge, Félix. *La parentela de María. Cultos marianos, sincretismo e identidades nacionales en Latinoamérica*. México, Xalapa: Universidad Veracruzana, 1994.

Blanco, José Joaquín. *Esplendores y miserias de los criollos. La literatura en la Nueva España/2*. México: Cal y Arena, 1989.

Brading, David A. *Los orígenes del nacionalismo mexicano*. México: SepSetentas, 1973.

_____ *The First America: The Spanish Monarchy, Creole Patriots and the Liberal State, 1492-1867*. Cambridge (England): Cambridge University Press, 1991.

Bolívar, Simón. *Doctrina del libertador*. Caracas: Biblioteca Ayacucho, 1976.

Calancha, Antonio de la. *Crónica moralizadora del orden de San Agustín en el Perú* (1639 y 1653). Lima: Ignacio Prado Pastor ed., 1974.

Calvo Buezas, Tomás. *Los más pobres en el país más rico. Clase, raza y etnia en el movimiento campesino chicano.* Madrid: Encuentro Ediciones, 1981.

Choy, Emilio. *Antropología e historia.* Lima: UNMSM, 1979.

Filippi, Alberto. *Bolívar y la Santa Sede. Religión, Diplomacia, Utopía (1810-1983).* Caracas: Editorial Arte, 1996.

Garcilaso de la Vega, el Inca. *Comentarios reales de los Incas* [1609]. Tomo I. (Edición de Carlos Araníbar). México: Fondo de Cultura Económica, 1991.

_____ *Historia general del Perú. Segunda parte de los comentarios reales de los Incas* [1617]. Tomo I. (Edición al cuidado de Angel Rosenblat). Buenos Aires: Emecé Editores S.A., 1944.

Gebara, Ivone y María Clara L. Bingemer. *Maria mae de deus e mae dos pobres. Um ensaio a partir da mulher e da América Latina.* Petrópolis: Vozes, 1987.

Gisbert, Teresa. *Iconografía y mitos andinos en el arte.* La Paz: Gisbert y Cía, S.A., 1980.

La Maza, Francisco de. *El guadalupismo mexicano.* México, Porrúa y Obregón S.A., 1953.

Lafaye, Jacques. *Quetzacóaltl y Guadalupe. La formación de la conciencia nacional en México.* Prefacio de Octavio Paz. México: FCE, 1977.

Mazzotti, José Antonio y U. Juan Zevallos Aguilar (eds.). *Asedios a la heterogeneidad cultural. Libro de homenaje a Antonio Cornejo Polar.* Philadelphia: Asociación Internacional de Peruanistas, 1996.

Mier, Servando Teresa de. *Obras completas. (I-El heterodoxo guadalupano).* Estudio preliminar y selección de textos de Edmundo O'Gorman. México: UNAM, 1981.

Moldstad, Gro Mathilde. *"Guardiana de la fe". Oposición religiosa y negociación de identidad. Los nobles de Cuenca.* Quito: Ediciones Abya-Yala, 1996.

Moraña, Mabel. "Narrativas protonacionales: El discurso de los libertadores". *Políticas de la escritura en América Latina. De la Colonia a la Modernidad.* Caracas: Ediciones eXcultura, 1997. 65-82.

_____ "Ilustración y delirio en la construcción nacional, o las fronteras de la ciudad letrada". *Latin American Literary Review* (forthcoming).

Olmedo, José Joaquín. *Victoria de Junín. Canto a Bolívar* (1824).

O'Gorman, Edmundo. *Destierro de sombras. Luz en el origen de la imagen y culto de Nuestra Señora de Guadalupe del Tepeyac.* México: UNAM, 1986.

Peñalosa, Joaquín Antonio. *Flor y canto de poesía guadalupana.* México: Editorial Jus, 1985.

Portuondo Zuñiga, Olga. *La Virgen del la Caridad del Cobre: símbolo de cubanía.* Santiago de Cuba: Editorial de Oriente, 1995.

Platt, Tristan. "Simón Bolívar, the Sun of Justice and the Amerindian Virgin: Andean Conceptions of the Patria in Nineteenth-Century Potosí". *Journal of Latin American Studies* 25-I: 159-186.

Rama, Ángel. *La ciudad letrada.* Hanover: Ediciones del Norte, 1984.

Ramos Gavilán, Alonso. *Historia de Nuestra Señora de Copacabana* [1621]. La Paz: Academia Boliviana de Historia, 1976.

Rodríguez, Jeanette. *Our Lady of Guadalupe. Faith and Empowerment among Mexican American Women*. Foreword by Fr. Virgilio Elizondo. Austin: University of Texas Press, 1994.

Salles-Reese, Verónica. *From Wiracocha to the Virgin of Copacabana. Representation of the Sacred at Lake Titicaca*. Austin: University of Texas Press, 1997.

Sigüenza y Góngora, Carlos de. *Primavera indiana. Poema sacro histórico. Idea de María Santísima de Guadalupe de México* (1668). México: 1945.

Silverblatt, Irene. "Political memories and colonizing symbols". Jonathan D. Hill, ed. *Rethinking History and Myth: Indigenous South American Perspectives on the Past*. Urbana: University of Illinois Press, 1988.

Torre Villar, Ernesto de la y Ramiro Navarro de Anda, eds. *Testimonios históricos guadalupanos*. México: Fondo de Cultura Económica, 1983.

Valle, Rafael Heliodoro. *Santiago en América*. México: Editorial Santiago, 1946.

Vargas Ugarte, Rubén. *Historia del culto de María en Iberoamérica y de sus imágenes y santuarios más celebrados*. Buenos Aires: Editorial Huarpes S.A., 1947.

Vila, Marco-Aurelio. *Bolívar y la geografía*. Caracas: Corporación Venezolana de Fomento, 1973.

Zea, Leopoldo. *Simón Bolívar. Integración en la libertad*. México: Editorial Edicol, 1980.

El poder de las lágrimas:
sentimentalismo, género y nación en *Aves sin nido* de
Clorinda Matto de Turner

Ana Peluffo
*Universidad de California, Davis*

Repito que al someter mi obra al fallo del lector, hágolo con la esperanza de que ese fallo sea la idea de mejorar la condición de los pueblos chicos del Perú; y *aún cuando no fuese otra cosa que la simple conmiseración,* la autora de estas páginas habrá conseguido su propósito, *recordando que en el país existen hermanos que sufren, explotados en la noche de la ignorancia, martirizados en esas tinieblas que piden luz;* señalando puntos de no escasa importancia para los progresos nacionales; y haciendo a la vez literatura peruana (énfasis mío).[1]

A pesar de que *Aves sin nido (1889)* tiene hoy un status casi canónico[2] como novela inaugural del indigenismo y de que tuvo una difusión masiva en el siglo XIX, como lo prueban las tres ediciones simultáneas que se agotaron rápidamente y su casi inmediata traducción al inglés,[3] la publicación de esta novela generó una aguda controversia dentro de la república de las letras. Por un lado, el temprano éxito editorial de *Aves sin nido*, equiparable al de otras novelas sentimentales de la época como *María*, convirtió a Clorinda Matto, una escritora serrana hasta entonces desconocida, en una celebridad intelectual, debatida y comentada en todos los círculos literarios. Sin embargo, pese a esta popularidad y tal vez debido a ella, muy pronto los elogios fueron eclipsados por ataques, críticas y omisiones. A los comentarios favorables de Juana Manuela Gorriti, quien le rindió homenaje en una de sus veladas literarias poco después de su llegada a Lima,[4] y a las alabanzas que hizo de *Aves sin nido* el entonces presidente del Perú, Avelino Cáceres, siguieron las diatribas de Juan de Arona que en una carta satírica publicada en *El chispazo* acusó a Clorinda Matto de "ignorante", de "marimacho" y de "autora de mamarrachos".[5] Es sabido también que la novela fue quemada públicamente, y que la osadía de escribirla y publicarla le costó a Matto de Turner el saqueo de su imprenta, la excomunión y el exilio.[6]

Una vez en el siglo XX, Mariátegui excluyó a Clorinda Matto de Turner de sus *Siete ensayos de interpretación de la realidad peruana* y Riva Agüero y Ventura García Calderón expresaron comentarios sumamente negativos sobre una autora, que según ellos, no merecía ser incorporada a las literaturas nacionales. Se dijo entre otras cosas que era "una costurera literaria", que "carecía del arte de novelar" y que "poseía el genio de la vulgaridad". No es hasta 1934 que la novela comienza a ser aceptada y debatida en círculos indigenistas, en parte gracias a las reivindicaciones de Concha Meléndez y Aída Cometta Manzoni, quienes si bien no se ponen de acuerdo sobre si la novela es indianista o indigenista, son responsables de su incorporación al canon. Pero aún cuando se reconozca la importancia de la novela en el proceso de la formación de las literaturas nacionales, *Aves sin nido* va a continuar generando lecturas opuestas y apasionados desacuerdos. Si bien los puntos de debate son muchos y se refieren sobre todo a la calidad de su escritura (¿es su arte elaborado o deficiente?), a su inserción dentro del indigenismo (¿es la última novela indianista o la primera indigenista?) y a su postura frente a la modernidad (¿la alaba o la critica?) existe un consenso unánimamente negativo en el siglo XX sobre el carácter deficiente del sentimentalismo que permea su narrativa. Críticos como Carrillo, quien le dedica todo un libro a Matto de Turner, y quien opina que "pese a sus defectos la novela merece un puesto distinguido en la historia literaria del Perú" (56) encuentran sumamente objetable el "sentimentalismo exagerado y casi cursi" (49) de *Aves sin nido*, crítica que será retomada más tarde por Tamayo Vargas para quien lo más criticable de la obra de Matto de Turner es que "no logra evadir el lastre de un sentimentalismo construido artificiosamente" (699). Incluso Concha Meléndez, que como dije anteriormente contribuyó con sus reivindicaciones a que la novela entrara al curso mayor de la literatura hispanoamericana, afirma que la importancia de *Aves sin nido*, radica en ser una novela de transición, que va a posibilitar la apertura del género a un indigenismo anti-sentimental como el de *Raza de bronce*, novela que según esta autora sería superior o más "hermosa", porque en ella "la emoción social, el anhelo de reivindicación indígena se expresa sin sentimentalismo" (Meléndez 178).

Pero así como en el siglo XIX se critica a Matto de Turner por el carácter "varonil" de su narrativa y por haber transgredido el estrecho círculo de lo doméstico que se trazaba a su alrededor, lo que se ponía en evidencia en la carta de Juan de Arona en líneas como la siguiente: "Te has metido a marimacho con los hombres en refriega, ya te darán un cocacho" (Negri 176), en el siglo XX es principalmente el aspecto sentimental, doméstico y melodramático de su narrativa el que va a causar gran incomodidad y rechazo. Al mismo tiempo, si en el período de la construcción de las literaturas nacionales, se va a permitir que escritores como Martí, Mármol o Isaacs pasen a formar parte del canon, pese al uso de convenciones sentimentales, dotadas en el siglo XIX de gran prestigio cultural, en Matto de Turner y en las escritoras de su generación el sentimentalismo, el tono moralizante y la celebración de la domesticidad van a ser duramente criticados.

Con respecto a la problemática recepción de *Aves sin nido* en la ciudad letrada, si bien no deja de ser tentador relacionar la virulencia de los ataques a los que fue sometida Matto de Turner en el período posterior a la publicación de la novela con su éxito en el mercado, en este trabajo me interesa más que nada observar cómo la gran difusión de *Aves sin nido*, y su poder dentro de la esfera pública nacional (probado en parte por la ola de violencia que se desató contra su autora) dependió del uso por parte de Matto de Turner de aquellas estrategias sentimentales y lacrimógenas, tan frecuentemente mencionadas pero hasta ahora nunca estudiadas. Si como dice Jane Tompkins el sentimentalismo es un género eminentemente femenino que por su valorización de lo doméstico dio autoridad cultural a la mujer escritora, me interesa sugerir que lejos de ser un lastre o un defecto, la voz sentimental que asocia lo femenino con el ámbito de las emociones y de la moralidad cristiana es utilizada por Matto de Turner para autorizarse en un debate eminentemente político sobre la modernización de la nación-estado, del que estaba excluida por su marginalidad de género y su extracción serrana. La invocación de ciertos valores de la femineidad normativa como la caridad, la espiritualidad y la compasión, le sirven a Matto de Turner, no solamente para cuestionar ciertos preceptos de la ideología doméstica republicana (principalmente la exclusión del ángel del hogar del terreno de la política) sino también, como una estrategia retórica, para inculcar en los lectores un cierto modelo de nación en nombre de los grupos subalternos (indígenas-mujeres).

Partiendo de los postulados de Benedict Anderson y Homi Bhabha, para quienes la nación, producto inseparable de la modernidad, es un artefacto cultural creado parcialmente a través de la ficción y del periodismo, me interesa utilizar asimismo esta novela para reflexionar sobre la formación de la identidad nacional en el Perú republicano. ¿Emerge en este texto una idea de nación alternativa a la que se estaba produciendo textualmente desde la cúspide de la ciudad letrada? ¿Qué rol se asigna dentro de esta comunidad política imaginada a los grupos subalternos? ¿Le sirven a Matto de Turner las lágrimas para subvertir ideologías dominantes de género, raza y clase? Lo que sí esta claro es que si bien gran parte de las críticas a éste y a otros textos del *corpus* mattiano hacen hincapié en sus múltiples deficiencias retóricas, ortográficas y sintácticas,[7] *Aves sin nido* se construye, desde las primeras páginas del proemio, como un texto preocupado más por cuestiones éticas que estéticas. Matto de Turner apela en esta novela, no a un lectorado futuro, o a una posteridad en abstracto, sino a un lector contemporáneo, familiarizado con el gran debate sobre la construcción de las naciones que tuvo lugar en el siglo XIX.

Dado que *Aves sin nido* se escribe en un período de honda crisis, motivado en parte por la derrota del Perú en la guerra del Pacífico (1879-1883), trataré de ver también qué tipo de críticas se hacen desde la ficción a los proyectos modernizadores y qué alternativas se proponen para la regeneración nacional. Me interesa sugerir que, en parte como respuesta a ciertos proyectos liberales que buscaban homogeneizar y cohesionar una nación dividida en varias regiones culturales por medio de la implantación de un modelo de nación europeo (una lengua, una religión, una raza, etc.), Matto de Turner busca fomentar en esta novela una idea de nación alternativa que incorporara a la peruanidad no sólamente lo limeño y lo europeo sino también el legado de lo regional andino. Al igual que en otras obras de esta misma autora como *Hima-Sumac* o las *Tradiciones Cuzqueñas*, en *Aves sin nido* se perfilan los contornos de una nación anti-utópica o defectuosa que Matto quiere modificar y los de una nación "soñada" aunque en estado embrionario, que visualiza para el futuro. En esta "comunidad imaginada", que en condiciones ideales estaría regida de acuerdo a una ética de la protección y del cuidado asociada con el rol de las madres en el hogar más que con las leyes del mercado, los cuerpos de los indios dejarían de tener un valor de mercancía para adquirir un valor sentimental como miembros de una gran familia. Pese a que hasta ahora y con importantes excepciones como las de Susana Reisz, Francesca de Negri y Mary Berg la mayor parte de la crítica ha preferido priorizar la línea etnográfica dentro de la novela, trataré de demostrar que la vigencia que continúa teniendo *Aves sin nido* en el siglo XX radica en que en ella se entrecruzan no una sino varias líneas de heterogeneidad con respecto a la ideología de lo nacional.

En *Hard Facts* Philip Fisher afirma que en el texto sentimental cobra un papel central la victimación de grupos oprimidos o subalternos a los que por primera vez se les va a dar el privilegio de tener sentimientos y de merecer la compasión del lector imaginado. Si en la novela sentimental acceden a la representación literaria prisioneros, niños, animales y esclavos, en el caso de *Aves sin nido* el concepto de humanidad va a ser ampliado y extendido al ser aplicado a indios y a mujeres. Pese a que Matto deriva su autoridad del culto a la domesticidad en el que se rinde pleitesía a la pureza sexual de la mujer criolla, en su novela va a enfatizar por medio de eufemismos, el sufrimiento sexual y maternal de mujeres no solamente indígenas (Marcela) sino también "notables" (Petronila), o campesinas (Teodora) con las que pese a las diferencias de raza y clase el sujeto literario va a sentirse identificado. Al revelar el sufrimiento que padecen los grupos golpeados por los proyectos liberales (un acto que se asocia en la novela con el progreso) Matto intenta derribar las fronteras entre las distintas líneas de subalternidad del sujeto nacional, poniendo al mismo tiempo en evidencia los pecados colectivos de un modelo de nación deficiente o distópico que necesita ser modificado por el lector imaginado.

Una tendencia recurrente de la crítica ha sido leer *Aves sin nido* como una novelización de las ideas indigenistas de Manuel González Prada. El hecho de que la novela apareciera un año después de que González Prada diera su famoso discurso en el teatro Politeama (1888), un texto en el que se afirmaba la necesidad de "peruanizar" al indígena, y que la misma Matto le dedicara la primera edición de la novela, contribuyó a la creación de un paradigma crítico en el que Prada aparece como el Gran Maestro o Apóstol y Matto como su fiel seguidora o discípula. Poca atención se ha prestado a las diferencias que existen entre las propuestas de nación de estos dos autores o a las coincidencias temáticas y formales que pueden rastrearse entre los textos de Matto y los de una tradición literaria femenina, que gracias en parte a los agresivos comentarios de Riva Agüero y Ventura García Calderón, fueron más tarde olvidados y desprestigiados.[8] Matto tenía muy presente la existencia de una comunidad de escritoras, a juzgar por las numerosas veces que cita elogiosamente a algunas de ellas, por las biografías que de ellas escribe y por los esfuerzos que hace para conocer a escritoras y periodistas mujeres en sus viajes por Europa.[9]

Si bien González Prada y Matto de Turner coinciden en que el Perú es una nación enferma que hay que regenerar a través de la escritura, difieren en la manera en que este proyecto debía llevarse a cabo. A diferencia de

González Prada, Matto de Turner asigna al sujeto femenino republicano un rol protagónico en las tareas modernizadoras, algo que, junto con su revalorización del aporte mestizo y sus ambivalencias con respecto al avance de la modernidad, diferencian su forma de imaginar la nación de otras propuestas del liberalismo. Así por ejemplo, si en el discurso del "Politeama", Prada ponía la tarea de educar a los indígenas en manos de una elite letrada, juvenil y masculina, en *Aves sin nido* esta función es encargada a las mujeres que dentro de la clara anti-utopía que es Killac, son asociadas con la luz del progreso. Matto de Turner asigna el rol de incorporar a los indios a los proyectos nacionales, a Lucía Marín, heroína sentimental de la novela que, como lo indica su nombre, Lucía, en contigüidad semántica con luz, será la encargada de "iluminar" moral e intelectualmente a sus dos hijas adoptivas que tienen nombres de flores (Margarita/Rosa/lía). El protagonismo de Lucía en el proyecto pedagógico es explicitado por la propia Matto en el proemio de la novela cuando, en parte para demostrar cuán urgente es la necesidad de su influencia, enfatiza la oscuridad metafórica en que se hallan sumidos los indios quienes según la autora se hallan "explotados en la noche de la ignorancia, martirizados en unas tinieblas que piden luz" (28). Es importante destacar que, si bien en la novela se identifica al sujeto femenino republicano con el progreso, en ningún momento se excluye de este proyecto a un sujeto masculino, sentimental y letrado, que —representado por medio de personajes ilustrados como Fernando Marín o Manuel— se incluye en el proyecto cultural reformista por abrazar virtudes domésticas y públicas, y por estar altamente femineizado.

En lo que concierne al lugar asignado a los indios en sus respectivas comunidades imaginadas, tanto González Prada como Matto de Turner se muestran partidarios de fomentar la educación como una forma de cohesionar naciones que se percibían como desgarradas por su propia heterogeneidad. Sin embargo, la visión que tiene González Prada del indio, en el discurso del Politeama del que supuestamente esta novela sería un eco, es una visión más fuertemente impregnada de positivismo, ya que lo ve como un ser degradado que "rastrea en las capas inferiores de la civilización" (46) y que es un "híbrido con los vicios del bárbaro y ninguna de las virtudes del europeo" (46). La visión almibarada que da Matto del indio, en la que el positivismo se halla matizado y atenuado por los preceptos de la moralidad cristiana, debe ser leída entonces, no como un eco de las ideas de Prada, sino como una respuesta a un ensayo, en el que se culpaba a los indios de no haber sabido defender a la nación en la guerra del Pacífico. A diferencia de González Prada, Matto de Turner se esfuerza en *Aves sin nido* no sólamente por mostrarlo como capaz de heroísmo sino también por rescatarlo del estigma de barbarie. Así por ejemplo, si como dice Jane Tompkins, en la novela sentimental "la muerte es la suprema forma de heroísmo", afirmación un tanto controversial a la que recurre para explicar la muerte del tío Tom y de la pequeña Eva en *Uncle Tom's Cabin* de Harriet Beecher-Stowe, en *Aves sin nido* también se podría argüir que la muerte de Juan y Marcela, en la asonada a la casa de los Marín, es hecha para hacerlos ascender de la categoría de víctimas a la de héroes sentimentales que mueren dando la vida por sus protectores.

Al mismo tiempo, la muerte de esta pareja india, así como los numerosos pasajes de la novela en los que se afirma que la muerte es la única salvación posible para los indios, permiten hacer pensar que Matto de Turner imagina para los indios un tipo de utopía celestial cristiana en la que finalmente sus almas adquirirían un status de sujeto. De más está decir que la muerte real o simbólica de los indios dentro de la novela, así como también el blanqueamiento de Margarita, una de las dos "aves sin nido" de la primera parte de la novela, que al final resulta ser mestiza, podrían ser interpretados también como motivada por un impulso etnocéntrico o xenofóbico por parte de Matto de Turner, que pese a sus buenas intenciones, ve la desaparición de los indios como la única forma de homogeneizar y cohesionar una nación fracturada por conflictos raciales y de clase. En realidad, esta posible interpretación estaría problematizada, no solamente por el interés que Matto manifiesta en su vida pública por el quechua, al que llama en sus escritos "lengua nacional" o "lengua madre", sino también porque dentro de la novela, los indios son construidos a partir de una retórica de la igualdad con los criollos. La estrategia de Matto de Turner es domesticar al indio, asignándole atributos del culto republicano al ángel del hogar, con el objeto de reducir la amenaza que planteaba su alteridad.

Dado que el lento proceso de la modernización en el Perú coincidió con una ansiada castellanización, merece reflexionarse asimismo en *Aves sin nido* sobre la inclusión de palabras quechuas, que son a veces, pero no siempre, explicadas en un glosario. La diglosia lingüística que por momentos fractura el texto, haciéndolo más heterogéneo, es una instancia más de las reservas que tiene Matto con respecto a una visión estrictamente masculina de la nación, en la que no solamente se relegaba al sujeto femenino a los márgenes de una comunidad fraternal y horizontal, sino en la que también se proponía únicamente el castellano como vehículo de la identidad nacional. En este sentido, no solamente *Aves sin nido*, sino también otros textos de Matto de Turner, igualmente salpicados de palabras quechuas, se diferencian de otras obras fundacionales del siglo XIX, que giran casi siempre alrededor de la cita francesa. En el caso de Matto su interés por el quechua conforma un *leit-motiv* en su obra: hace varias traducciones al quechua de los evangelios, escribe poemas en este idioma y publica un estudio socio-histórico que incluye en *Leyendas y recortes* en el que clama por elevar el quechua a la categoría de "lengua nacional". Se separa en este aspecto de escritores como González Prada que no solamente no menciona para nada el quechua en sus estudios sobre las lenguas sino que en "Estudios sobre el idioma" aplica un esquema positivista al estudio de los idiomas, asociando ciertas lenguas que él estudia, como el alemán, el francés y el inglés con el progreso y otras como el catalán y el provenzal con el atraso.

Distanciándose al mismo tiempo de otros escritores del período nacional que enfatizaban la otredad racial de los indígenas y que los asociaban a estos con el indómito y masculino espacio del afuera, de los Andes o de las pampas (pienso aquí por ejemplo en textos como el *Facundo*, *La cautiva* o incluso el *Martín Fierro*), Matto de Turner se acerca a ellos desde una óptica íntima, doméstica y hogareña por la que busca establecer una relación deseada horizontal con los indios y verlos como miembros de una gran familia (una propuesta ciertamente radical que no estaba en los textos hegemónicos). Matto va a individualizar al indígena, lo va a separar del malón o de la masa con el objeto de reducir su amenaza, y de devolverle su humanidad.

Si bien la representación que hace Matto de los indígenas en las viñetas o *tableaux* de felicidad doméstica, donde aparecen como modelos de virtud republicana, pueden resultar inconvincentes o huecas para los lectores del siglo XX, es importante historizarlas y leerlas como respuesta a otra visión más positivista del indio que por ir a contracorriente de la tan añorada homogeneidad de la comunidad nacional, parecía justificar su eliminación y su masacre. Al mismo tiempo, me parece importante recordar que Matto neutraliza la diferencia étnica con claras intenciones políticas: sabe que diferencia implica distancia y que para que el lector pueda identificarse con el sufrimiento de los indios y derramar lágrimas por su suerte debe borrar su otredad. Paradójicamente, la única manera de mostrar a los indios como "buenos", inofensivos y asimilables a los proyectos nacionales, es neutralizando su diferencia y eliminando su alteridad.

En este sentido, es estratégica dentro del texto la alianza simbólica que se establece entre indígenas y mujeres, una alianza que no sólamente le sirve a Matto para contagiar al indígena de la superioridad moral del ángel del hogar sino también para infundir a la mujer criolla la valentía moral y física de la mujer indígena. Así como en algunos estudios sobre esta novela se enfatiza la agencia y el protagonismo de Lucía y Fernando Marín en la inmovilidad de las relaciones de clase andinas, me interesa destacar que es en realidad Marcela, la india que acude a Lucía a escondidas del esposo, la que inicia verdaderamente la acción de la novela, con un activismo que va a ser más tarde imitado por Lucía al tomar la resolución, también a espaldas de su marido, de enfrentar a las autoridades andinas para proteger a los indios. A través de los lazos de sororidad que se establecen entre estas dos mujeres, Matto de Turner consigue poner en acción un mecanismo por medio del cual se domestica y silencia a la mujer india para politizar y movilizar al ángel del hogar.

Es sabido que en la ideología doméstica propuesta por el liberalismo se asignó al sujeto femenino republicano un rol anti-intelectual, más cercano a la intuición y al sentimiento que a la razón. Dentro de los márgenes de la ciudad letrada, sin embargo, tal y como lo han demostrado Maritza Villavicencio y más recientemente Francesca de Negri en *El abanico y la cigarrera*, emerge en la década del setenta en el Perú, una generación femenina sumamente activa en el ámbito público, que contradice con su activismo periodístico, reformista y literario, el estereotipo del ángel del hogar. Este desencuentro, entre los discursos dominantes sobre la femineidad republicana, que desde la ley, la medicina y la literatura asignaban un rol doméstico o reproductivo para el sujeto femenino, y las actividades intelectuales emprendidas por esta generación de escritoras en la esfera pública, es una contradicción del discurso bipolar de las esferas que Matto en sus textos consigue consciente o inconscientemente revelar. Pese a que *Aves sin nido* es un texto público y político, y que Matto en algunas de sus biografías propone como modelos a emular mujeres que construían su identidad *fuera* del hogar, en la novela se reproduce por momentos una voz sentimental que celebra la domesticidad del sujeto femenino en las nuevas repúblicas. La naturaleza jánica y contradictoria del culto al ángel del hogar ha sido demostrada, dentro del campo historiográfico norteamericano, por Nancy Cott quien si bien reconoce que el discurso de la domesticidad actuó en la cultura decimonónica como un mecanismo segregador en beneficio del orden social, admite también que esta ideología dió poder a la mujer victoriana, al ponerla en el pedestal por su moralidad superior y por su delicada sensibilidad. Si en la economía liberal se afirmaba la necesidad de que las mujeres estuvieran recluidas en la esfera doméstica, en *Aves sin nido* este espacio es utilizado por el sujeto femenino republicano para establecer lazos de sororidad con mujeres de otras clases sociales, para construir una nueva identidad de género y para emprender actividades de reforma social contra los excesos provocados por el avance de una incipiente modernidad.

Por otro lado, Mary Kelley en *Private Woman, Public Stage* ha explorado, aunque desde un punto de vista biográfico y para otro contexto socio-cultural, las tensiones que surgen en el discurso de escritoras victorianas entre el ideal privado de la domesticidad y el rol público que asumen como escritoras al publicar por dinero y dirigir sus obras a una audiencia masiva. Si bien para Kelley este conflicto generaría una especie de obstáculo insuperable que las escritoras no conseguirían vencer, en este trabajo me interesa explorar la manera en que Matto consigue superar las limitaciones de un discurso cultural que enfatiza el rol reproductivo, doméstico y angelical del sujeto femenino en las nuevas repúblicas. En una cultura que le negaba el poder de la razón y la palabra Matto de Turner se construye una subjetividad sentimental y espiritual que no parece contradecir en apariencia los preceptos de la femineidad republicana. Así por ejemplo, en el proemio de *Aves sin nido* y pese al lugar destacado que Matto ocupa por entonces en la esfera pública como directora de periódicos, poseedora de una imprenta llamada "La equitativa" en la que sólo se empleaba a mujeres, y organizadora de tertulias literarias, Matto se asigna un lugar marginal y subalterno con respecto a la cultura. Se puede decir que todo el prólogo gira alrededor de una metáfora clave, la que asocia su herramienta de trabajo, no con una pluma, símbolo de autoridad del escritor romántico, sino con "el descolorido lápiz de una hermana". A partir de esta diferencia Matto se construye a sí misma como sujeto sentimental, que escribe avalado no por la razón o por el saber sino por la experiencia personal y los sentimientos. Cabe destacar el siguiente pasaje:

> Amo con amor de ternura a la raza indígena por lo mismo que he observado de cerca sus costumbres [...] Llevada por este cariño, he observado durante

quince años, multitud de episodios que, a realizarse en Suiza, la Provenza o la Saboya, tendrían su cantor, su novelista o su historiador que los inmortalizase con la lira o la pluma pero que en lo apartado de mi patria, apenas alcanzan el descolorido lápiz de una hermana (28).

Si escritores como González Prada, Ricardo Palma o Sarmiento, emprendían sus tareas civilizadoras armados de una pluma, que en algunos lemas del liberalismo se asocia con la virilidad de la espada, al autopresentarse a sí misma como poseedora de un lápiz Matto rechaza o finge rechazar por medio del *topos* de la modestia afectada el contexto heroico-masculino invocado por la pluma para situarse en el ámbito casero del hogar. Las palabras escritas con lápiz ocupan una posición intermedia entre la inmortalidad de la pluma y la oralidad de la palabra porque aunque están escritas se pueden borrar. Matto sabe que el carbón descolorido, por oposición a la tinta indeleble de la pluma, lleva al olvido. Algo que efectivamente sucedió con su obra, cuando después de un período turbulento, en el que la escritura de Matto y otras escritoras de su generación fue utilizada en las literaturas nacionales como una "escritura otra", contra la cual se constató la indiscutible superioridad de los grandes escritores (Sarmiento, González Prada, Palma), fue expulsada del canon, en parte por afirmar pautas y valores sentimentales asociados con la domesticidad. Como dije anteriormente, no es hasta 1934, con las reivindicaciones de Concha Meléndez, que se empieza a reconocer, aunque no sin titubeos y reservas, la importancia de esta autora y de esta novela en particular para el gran curso de la literatura latinoamericana.

En el proemio a *Aves sin nido* emerge también una idea moral y didáctica de la novela, que según Matto debía proponerse como objetivo moldear ciudadanos y determinar los valores que iban a conformar la identidad nacional. En una época de crisis, en la que la iglesia estaba corrupta y el aparato pedagógico estatal en estado rudimentario, novelas como *Aves sin nido* van a ser utilizadas como plataformas desde las que propagar valores, modelar conductas virtuosas y construir ciudadanos capaces de funcionar en las nuevas naciones.[10] Como evidencia del impulso pedagógico que se superpone en la novela al etnográfico, dice Matto que la novela ha de ser "copia" o "fotografía que estereotipe los vicios y virtudes de un pueblo con la consiguiente moraleja correctiva para aquellos y el homenaje de admiración para éstas" (27). En éstos y otros pasajes de la novela el acercamiento de Matto a la escritura está determinado por la ideología de la maternidad republicana, que si bien le negaba la ciudadanía al sujeto femenino le proponía una inserción política vicaria en la comunidad nacional, a través de la producción de futuros ciudadanos.[11] Al mismo tiempo, Matto no se limita simplemente a reproducir este discurso sino que lo amplía, lo modifica y lo cuestiona. Si por momentos la voz de Matto de Turner parece hacerse eco de las ideas de Sarmiento, quien en "De la educación de la mujer" argüía a favor de la educación femenina, aunque dentro de un marco conservador, porque vislumbraba la posibilidad de que esta educación las hiciera mejores madres y amas de casa; en Matto de Turner esta ideología es utilizada para ensanchar la esfera doméstica asignada, para adquirir independencia económica y para avanzar en una profesión intelectual, asumida con un sentido de misión religiosa. Si por medio de un órgano público como la novela Matto consigue educar sentimentalmente no ya a hijos sino a ciudadanos-lectores, dentro de la novela la ideología de la maternidad republicana también va a ser modificada al hacer que Lucía Marín la ejerza no sobre futuros ciudadanos pertenecientes al género masculino sino sobre sobre dos niñas huérfanas o "aves sin nido", excluídas de los proyectos pedagógicos dominantes por su triple marginalidad. Se empieza a perfilar así, aunque de forma incipiente, la idea de una nación ideal o alternativa en la que la maternidad no fuera sólo biológica sino social y en la que las madres extendieran sus funciones sentimentales hacia el estado. El maternalismo sentimental, que Matto propone como alternativa a una visión patriarcal de la nación, opera de dos formas: por un lado, se alaban las virtudes de una domesticidad burguesa ejemplar; y por otro, se utiliza el prestigio del que estaba dotado en el siglo XIX el discurso de la domesticidad, como máscara que legitima el rol público del sujeto femenino, con respecto a la política y al estado.

Pese a que en ciertos pasajes del prólogo, Matto de Turner expresa su adhesión a un tipo de novela fotográfica, o copia del natural, este propósito mimético es sin embargo contradicho en ciertos pasajes de la novela, en los que el sujeto literario se niega a narrar ciertos abusos a los que son sometidos los indios, adjuciendo que podrían horrorizar al lector. En estos pasajes se pone en duda, no sólamente la supuesta fidelidad de la copia, sino también la previa autorrepresentación sinecdóquica de Matto de Turner, en la que se describía por medio de un "descolorido lápiz". Dice: "Y si el indio esconde su única hacienda, si protesta y maldice, es sometido a torturas que la *pluma* se resiste a narrar" (37). Las frecuentes referencias a la veracidad de lo narrado y a la relación mimética entre discurso y referente revelan al mismo tiempo cierta ansiedad sobre el pretendido realismo de la novela, ya que en realidad Matto es consciente de que para que su discurso sea efectivo a nivel político, debe re-arreglar lo real, en este caso exagerar el sufrimiento de los grupos subalternos para adaptar la novela a la forma dominante del período, el sentimentalismo, que le permitiría apelar a una audiencia masiva y autorizarse como sujeto. Las escenas melodramáticas y sentimentales, en las que los indios aparecen llorando, prorrumpiendo en alaridos desesperados y de rodillas con las manos empalmadas hacia el cielo, no deben ser leídas, como se ha hecho, como un lastre o defecto, que va a contrapelo de la efectividad política de la novela, sino como un ingrediente fundamental de la visión que tiene Matto de la novela como órgano de reforma cultural. Si es por medio de la compasión que los débiles van a acceder a la representación literaria, Matto debe subrayar su sufrimiento para que el lector pueda identificarse con ellos, y para que sienta la necesidad de que sean incorporados a los proyectos nacionales.

Ya antes de empezar la novela Matto parece darse cuenta de que no solamente la elección del tema, la cuestión indígena, es tabú para el ángel del hogar sino también que le va a resultar difícil sostener una voz narrativa, que sea femenina y política al mismo tiempo. La pregunta clave que comienza a materializarse en este texto desde su proemio es la siguiente: ¿Puede el ángel del hogar tener un efecto en la construcción de la nación sin violar su lugar asignado? La obra de Matto debe leerse en relación a su rol como figura pública dentro de la república de las letras. Pese a su posición privilegiada de clase dentro de la comunidad nacional, podía ser sometida a todo tipo de ataques, a causa de su marginalidad de género y a su extracción serrana. Dado que Matto de Turner ocupa una posición fronteriza con respecto a las estructuras patriarcales de poder, estando tanto dentro como fuera de ellas, va a desarrollar una relación conflictiva con las ideologías hegemónicas. No deja de ser un dato interesante que sus primeras obras aparecieran bajo seudónimo, y que al tratar en la novela temas que eran tabú para la mujer criolla, como la victimización sexual de las indias en una época que se reverenciaba la pureza sexual femenina, tuviera que recurrir a eufemismos.[12] Tal vez al escribir le resonaran a Matto los consejos de Juana Manuela Gorriti, escritora a la que consideraba su "madre literaria" y a quien le rinde homenaje en muchos de sus textos. En una de las cartas que Gorriti le dirige a Mercedes Cabello de Carbonera dice: "[...] En las páginas que me mandas, que te aconsejo no publiques sin expurgar, te permites la exposición del mal sin producir el bien social. [...] El mal no debe presentarse con lodo sino con nieblas. El lodo hiede y ofende tanto al que lo maneja como a quien lo percibe. Además, se crea enemigos, si incómodos para un hombre, mortales para una mujer" (Gorriti, *Lo íntimo* 39). La estrategia de escribir de forma velada o bifronte es adoptada por Matto en casi todas las novelas y si bien no tuvo éxito con sus detractores ya fueran éstos Juan de Arona o la Iglesia, sí lo tuvo con una minoría de colegas que la aceptaron porque en su escritura se ponían en evidencia virtudes veneradas en el arquetipo del ángel del hogar como la humildad, la pasividad y la modestia. Dice Joaquín Lemoine en el prólogo a *Leyendas y recortes*:

> Ni una sola frase estudiada, ni una palabra altisonante, ni una sola reminiscencia literaria: nada, absolutamente nada que ostente a una mujer tan superior y mucho menos que recuerde ciertas chocantes pedanterías femeninas de aquellas que espían en la conversación la oportunidad de inundar el salón con nuevo diluvio de citas de autores y flores retóricas, aunque flores incoloras de trapo. ¡Y quizá su erudición prestada se reduce a un par de libros! (XV).

En *Subject to Others*, Moira Ferguson estudia cómo en los Estados Unidos al mismo tiempo que las mujeres defienden a los esclavos cuestionan la ideología de las esferas y se convierten en sujetos políticos, lo que según ella habría contribuido al surgimiento del feminismo a lo largo de doscientos años. Esta afirmación sobre el movimiento abolicionista norteamericano puede servir como modo de acercamiento a un texto en el que Matto trata de darle un status de sujeto político a la mujer criolla apropiándose de la voz del indio, y en el que la preocupación indigenista está entretejida con la cuestión del género. Si como dije anteriormente Matto cancela la diferencia indígena para facilitar en parte un proceso de identificación entre el indio y el lector, me interesa explorar la posibilidad de que este silenciamiento se produzca también en parte porque Matto proyecta en la figura muda del indio sus propias ansiedades sobre la falta de poder del sujeto femenino republicano en la comunidad nacional. Dentro de la novela, el hablar en nombre de un otro más marginal que ella resulta en un inevitable colonialismo, ya que el indio se convierte en un objeto sentimental de piedad, un otro colonial, que necesita ser protegido; pero al mismo tiempo hay que reconocer que el discurso sentimental y religioso sobre la subalternidad de los indios le sirve al sujeto femenino para adquirir una identidad política pública y para desafiar las estrictas definiciones republicanas sobre la naturaleza supuestamente doméstica y privada del sujeto femenino.

En el prólogo a *Aves sin nido* Matto de Turner había dicho que una de sus intenciones era despertar en el lector la conmiseración por el pueblo indígena. Algo que la autora no puede decir abiertamente pero que el lector debe deducir al terminar la novela es que hay similitudes en la sociedad patriarcal entre la opresión que sufren los indígenas y la explotación sexual a la que son sometidas las mujeres. Dentro de la nación anti-utópica o defectuosa que se perfila en Killac, tanto indígenas como mujeres comparten una posición de cuerpos a ser utilizados por las autoridades andinas. Así como de los cuerpos de las indias las autoridades eclesiásticas extraen un claro beneficio sexual, de los cuerpos de los indios derivan ganancias económicas. Al mismo tiempo, tanto indígenas como mujeres se diferencian por género o raza de la norma masculina criolla alrededor de la cual se construye la identidad paradigmática del sujeto republicano nacional. Ambos son percibidos como dependientes en una época en que se veneran la autonomía y el individualismo del sujeto y ambos son colocados del lado de la barbarie por su asociación con el ámbito sentimental de las emociones. La retórica feminista y la indigenista se fusionan dentro del texto por medio de un discurso sentimental que, enfatizando el sufrimiento común de indios y mujeres busca darles a ambos un status de sujeto. No solamente los indígenas se construyen dentro de la novela como víctimas sentimentales que sollozan, gritan y se arrodillan suplicantes; también doña Petronila, mujer que pese a su posición "notable" es violada por un cura y golpeada por su esposo el gobernador de Killac, estalla en sollozos y lamentos a lo largo de la novela, haciendose eco de los alaridos desesperados de los indios. Cabe destacar una de estas escenas en las que con gran patetismo doña Petronila resume de la siguiente manera la situación desesperada en la que se hallan las mujeres en esta comunidad andina: " —¡Pobres mujeres, debes decir, Manuelito! por felices que parezcamos, para nosotras nunca falta un gusano que corroa nuestra alma" (175).

Pero es más que nada la figura de un indio sufriente la que parece ocupar un puesto privilegiado en la novela desde el proemio y la que actúa como una justificación de la intervención de Matto de Turner en el debate sobre el lugar que debían ocupar los grupos subalternos en los proyectos modernizadores. Las escenas lacrimógenas de la novela, difíciles de digerir para un lector del siglo XX, acostumbrado a ver lo sentimental en oposición a lo literario, son una prueba de que Matto atribuye fuerza política a la retórica del sufrimiento y de las lágrimas porque las cree capaces de modificar y educar sentimentalmente al lector imaginado. En la nación soñada por Matto de Turner, que si bien trata de ser más humanitaria que patriótica no deja de ser jerárquica, los ricos y los poderosos asumirían responsabilidad por los más débiles y carenciados. El ingreso de las dos niñas huérfanas a la familia Marín, que como lo ha demostrado sagazmente Antonio Cornejo-Polar, funciona en la novela como una alegoría de una nación posible, se realiza gracias a la iniciativa de Lucía, que decide convertirse, a la muerte de los Yupanqui, en la madre social adoptiva de las dos hijas huérfanas de sus aliados indígenas. Es por medio de la dramatización del sufrimiento de estas dos niñas, en una novela que tiene mucho de sensacionalista, que Matto espera movilizar sentimentalmente a los lectores, no sólo para conmoverlos y hacerlos derramar lágrimas por su suerte sino para que imiten los sentimientos y las acciones virtuosas de Lucía que acoge en su hogar, microcosmos familiar que claramente remite al nacional, la diferencia india y mestiza, representadas por Rosalía y Margarita respectivamente.

Si bien en el proemio Matto anuncia que su deseo de develar el dolor físico y espiritual de los indígenas no tiene preferencias de género, dentro de la novela es principalmente el sufrimiento de las mujeres indias lo que parece justificar su protesta. En este sentido, Matto de Turner sigue los pasos de Juana Manuela Gorriti quien en *Si haces mal no esperes bien* también elige hacerse portavoz del sujeto femenino indígena triplemente excluído de la categoría de la ciudadanía por su identidad de género, clase y raza. Por medio de la revelación del dolor físico y espiritual de la mujer india Matto va a postular una alianza sentimental entre mujer criolla y mujer india, que si bien no va a ser completamente horizontal o igualitaria, le va a servir al sujeto literario para insertarse en debates sobre la construcción de la nación-estado y para desviar un texto, que supuestamente iba a ser solamente sobre raza, hacia la cuestión de género. Los estrechos lazos de sororidad que se establecen entre Lucía y Marcela, en *Aves sin nido*, reaparecen en *Herencia*, la poco conocida continuación de *Aves sin nido*, entre Lucía y una mujer obrera en situación desesperada. De la misma manera que antes lo había hecho con Marcela, aquí Lucía extiende su ayuda caritativa, invocando el discurso de la sororidad y de la beneficencia, con una frase que parece una traducción literal de uno de los lemas del movimiento antiesclavista anglosajón: "¿Somos hermanas, verdad?"[13] En las dos novelas se plantea la misma pregunta: ¿puede la identidad de género actuar como un puente que elimine diferencias raciales y de clase entre las mujeres? Pese a que Matto de Turner tiene claro que el sujeto femenino no es un ente compacto y homogéneo, y que se halla fracturado por lealtades de género, raza y clase, la identidad de género, apoyada en la experiencia común de la maternidad o de la sororidad es la que le interesa resaltar. Sin embargo, esta afirmación de sororidad, tan marcada en el resto de la novela, es conflictiva porque se puede decir que, al enfatizar lo que las mujeres tiene en común, se oscurecen las diferencias que fracturan esta supuesta homogeneidad de la esfera femenina. En la nación que Matto quiere que el lector imagine como posible, entre los resquicios de la clara distopía que es Killac, las lectoras tratarían a otras mujeres menos privilegiadas como "hermanas" al igual que lo hace Lucía con Marcela o con la mujer anónima de Herencia. Sin embargo, y sin dejar de tener en cuenta que por medio de esta retórica Matto estaría tratando de contrarrestar las representaciones hegemónicas de la esfera femenina como un espacio donde reina la rivalidad y la competencia entre las mujeres,[14] hay que reconocer al mismo tiempo que el modelo de hermandad propuesto en *Aves sin nido* y en *Herencia*, no es un modelo igualitario sino jerárquico, desigual y plagado de tensiones. La posibilidad que tienen la mujer criolla o el lector de sentir compasión por el sufrimiento de sus hermanas carenciadas, depende tanto de una retórica de la identificación basada en la experiencia del sufrimiento común, como de una retórica del contraste que hace una clara oposición entre la situación privilegiada y protegida del ángel del hogar y los suplicios que experimentan las mujeres que por raza o clase son excluidas de este modelo. Al mismo tiempo, Lucía ayuda a Marcela no solamente porque eso la hace sentir un cierto poder, sino también porque espera recibir de ella una recompensa. Por momentos la asociación que se establece entre Lucía y los indios, moldeada en la relación sentimental de la maternidad, raya en el servilismo, idea que aparece condensada no sólo en la visión de los indios como infantiles e incontaminados por los excesos de la civilización, sino también en viñetas de gran dramatismo como la siguiente: "Juan se arrodilló ante la señora Marín, y mandó a Rosalía besar las manos de sus salvadores" (71).

El diálogo entre Lucía y Marcela con el que se inaugura el texto debe ser visto como su motor narrativo, ya que es ésta la alianza más subversiva de la novela por medio de la cual entran en contacto, alegóricamente, las dos regiones culturales que conforman una nación múltiple como el Perú. La posibilidad de conseguir la tan añorada unidad nacional, por medio no de la guerra de razas sino del diálogo, es explorada también en otros textos decimonónicos sobre la cuestión indígena, como la *Excursión a los indios ranqueles* de Lucio V. Mansilla. A diferencia de Mansilla, sin embargo que establecía diálogos interraciales entre hombres, aquí el destino de la nación es debatido interracialmente entre mujeres. También a diferencia de Mansilla, que desde una marcada pespectiva eurocentrista, enfatizaba la otredad indígena y trataba de domesticarla por medio de la risa, en *Aves sin nido* se neutraliza la diferencia de Marcela, domesticándola y atribuyéndole virtudes que en los discursos hegemónicos eran patrimonio del ángel del hogar. Tanto Marcela como Lucía son descritas metonímicamente por medio de referencias a sus corazones, lo que alude indirectamente a una espiritualidad superior y a una gran capacidad afectiva. En las dos se enfatizan virtudes morales y en ambas la sexualidad del cuerpo es encubierta por medio de referencias a atuendos victorianos que no dejan ver ni una pizca de carne o cuerpo. Así como en la construcción de la diferencia étnica en la novela, Matto de Turner tiende a borrar la otredad y a enfatizar la igualdad del indio con las elites criollas y con el ángel del hogar en particular; en el caso del sujeto femenino, se defiende el derecho a la ciudadanía, por medio de una retórica que elige subrayar la diferencia de lo femenino con respecto a la norma masculina criolla. En uno de sus múltiples y valiosísimos estudios sobre esta novela, Antonio Cornejo-Polar reflexiona sobre la representación confictiva del indígena, fracturada por dos visiones opuestas: una imagen idealizada de tinte romántico, anclada en el mito rousseaniano del buen salvaje, y otra influída por el positivismo, que niega el primitivismo inicial, al defender la necesidad de que el indígena venza este estado de inocencia y bondad naturales por medio de la educación. Es interesante notar que algunas de estas mismas contradicciones y fracturas pueden detectarse en la construcción del sujeto femenino dentro de la novela. Si bien por un lado, el rol que Matto asigna en su comunidad imaginada al sujeto femenino depende de su moralidad superior, de su carácter sentimental, y de su espíritu caritativo, recurre al mismo tiempo al discurso de la igualdad, al plantear la necesidad de que también las mujeres, al igual que los indios, deben ser educadas. Así como se puede decir que la primera visión peca de un cierto esencialismo, porque se enfatiza lo que las mujeres tienen en común, fundamentalmente su capacidad de ser madres, la segunda propuesta cancela el esencialismo de la primera, al admitir que la identidad de género puede ser culturalmente modificada. En este sentido, pese a que *Aves sin nido* es un texto sumamente decimonónico o victoriano, sobre todo en la aparente exaltación que se hace del rol doméstico y hogareño del ángel del hogar, puede decirse que es un texto que se conecta con el siglo XX, no solamente por la manera en que se articulan en él distintas líneas de heterogeneidad con respecto a la identidad nacional, sino también por la manera en que se debaten, aunque de forma solapada, cuestiones sobre la igualdad o diferencia de los sexos.[15]

Notas

[1] *Aves sin nido* 28.
[2] Digo *casi* canónico y no canónico porque  pese a que en la crítica del siglo XX se reconoce el lugar destacado que Matto ocupa en el proceso de la literatura peruana, muchos críticos ponen en duda su indigenismo. En un artículo publicado en la *Revista de Crítica Literaria Latinoamericana*, Fernando Arribas García justifica la exclusión que hace Mariátegui de la obra de Matto. Dice: "[...] al tratar el tema de la literatura indigenista, el Amauta no tomó en cuenta la novela de CMT ni otras contemporáneas y similares, simplemente porque no las consideraba genuinamente indigenistas, reduciéndolas entonces implícitamente al campo del indianismo romántico-exotista". Esta afirmación sin embargo puede ser debatida citando al mismo Mariátegui, quien afirma  que una cosa es la literatura indígena y otra la indigenista. Dice en *Siete ensayos de realidad peruana*: "La literatura indigenista no puede darnos una versión

## 134 • Ana Peluffo

rigurosamente verista del indio. Tiene que idealizarlo y estilizarlo. Tampoco puede darnos su propia ánima. Es todavía una literatura de mestizos. Por eso se llama indigenista y no indígena" (292). La primera edición es de 1928. Ver también Arribas García.

[3] *Aves sin nido* se publicó dos veces en 1889, en Lima por la Imprenta del Universo de Carlos Prince y en Buenos Aires por la de Félix Lajouane Editor. Más tarde volvió a aparecer en Valencia por la Compañía Sampere. Todas las citas de este trabajo corresponen a esta última edición valenciana (1890?). La traducción al inglés titulada *Birds Without a Nest* es de 1904. Hay también una revisión reciente de la traducción original hecha por Naomi Lindstrom. *Birds without a Nest* Emended by Naomi Lindstrom (Austin: University of Texas Press, 1996).

[4] La velada en que se rindió homenaje a Clorinda Matto de Turner y a la que asistieron escritores como Ricardo Palma y Mercedes Cabello de Carbonera ocurrió el 28 de febrero de 1877. El programa de lecturas y los sucesos de la tertulia son descritos en detalle por Joaquín Lemoine en *Leyendas y recortes.* Ver Matto de Turner, *Leyendas y recortes,* XIII.

[5] Los ataques de Juan de Arona a Clorinda Matto aparecieron en el periódico *El Chispazo,* Lima, II, 22 de abril de 1893. La carta aparece citada en su totalidad en Negri, 176.

[6] Para algunos críticos la persecución intelectual que sufrió Clorinda Matto se debió a la publicación en *El Perú ilustrado,* revista de la que era directora, de un cuento titulado "Magdala" cuyo autor era Enrique Coelho Netto y en el que María Magadalena trataba de seducir a Cristo. Alberto Tauro en *Clorinda Matto de Turner y la novela indigenista,* señala acertadamente que este cuento ya había sido publicado con anterioridad en el periódico *La razón* de Lima en el número correspondiente al 19-VI-1890. Dice Tauro al respecto: "Y aún hoy invita a la reflexión el hecho de que "Magdala" hubiese pasado desapercibido en esa oportunidad, y en cambio se descargase las iras contra *El Perú Ilustrado* y su directora" (16). A lo que parece apuntar Tauro es que básicamente el episodio fue una excusa para atacar a Clorinda Matto cuyo anticlericalismo virulento se puso de relieve por medio de la publicación de *Aves sin nido.*

[7] Uno de los primeros estudios sobre *Aves sin nido,* publicado en 1889 es el de Gutiérrez de Quintanilla. Aquí ya se mencionan, pese a que se elogia la elección del tema, numerosos defectos compositivos entre los que cabe destacar: "la defectuosa ortografía", "las no bien logradas descripciones de personajes", "episodios sobrantes", etc. La postura de este crítico va a ser repetida e imitada por la crítica subsiguiente. Alberto Tauro, por ejemplo coincide con este autor en que sobran personajes como Teodora y el indio Champi, Francisco Carrillo llega a decir que sobra toda la segunda parte y que debería haber terminado con el arrepentimiento del cura. Incluso Antonio Cornejo-Polar sigue a Quintanilla cuando, pese a que la novela se escribe en un período de gran inestabilidad ortográfica, se siente urgido a corregir faltas sintácticas y ortográficas en su valiosa edición de la novela. Ver Gutierrez de Quintanilla.

[8] Una temprana excepción a este sobredimensionamiento de la influencia de Prada en Matto de Turner aparece en *The Andes Viewed From the City* de Efraín Kristal. Si bien en este texto Kristal no se detiene en las diferencias entre Matto y Prada, relaciona intertextualmente la novela de Matto de Turner con *Si haces mal no esperes bien* de Juana Manuela Gorriti, con la que presenta similitudes argumentales notables. También Francesca de Negri trata de romper con este cliché de la crítica al establecer un debate entre las novelas de Clorinda Matto y las de la primera generación de mujeres letradas en el Perú. Si bien el libro de De Negri es una importante contribución a la literatura crítica del siglo XIX, sobre todo en su intento de crear un canon alternativo, al hacerlo reproduce inconscientemente ciertas dicotomías como literatura alta/baja, culta/ sentimental, que contribuyeron a la exclusión de estas escritoras en el primer lugar.

Dentro de esta jerarquía De Negri ve a Matto como una escritora superior a sus hermanas literarias, es decir como el punto más alto de una tradición sentimental porque es la única que se atreve a "responder sin ambages al llamado que hiciese Prada de hacer una literatura varonil de propaganda y ataque" (16).

[9] Véase Matto de Turner, *Viaje de recreo.*

[10] Sobre la importancia que adquirió la literatura didáctica y de tono moralizante en la época de la modernización de las naciones y sobre cómo contribuyó a la creación de la identidad nacional véase el excelente ensayo de Beatriz González-Stephan en el que si bien se focaliza en el manual de buenos modales y costumbres de Carreño, hace importantes alusiones a la novela.

[11] Linda Kerber ha estudiado la ideología de la maternidad republicana en los Estados Unidos en el período post-revolucionario. El espacio limitado que se asignó a la mujer republicana burguesa en el período en que se estaba moldeando el concepto de la identidad nacional estuvo dominado por la idea de que la mujer ideal era una madre que servía a los intereses de la nación desde el ámbito sagrado del hogar. Según Linda Kerber no fue una ideología impuesta sino también creada por las mujeres. Dice lo siguiente sobre el rol de la madre republicana en la construcción nacional: "The Republican Mother integrated political values into her domestic life. Dedicated as she was to the nurture of public-spirited male citizens, she guaranteed the steady infusion of virtue into the Republic" (*Women* 11).

[12] Así por ejemplo, Marcela no le puede decir a Lucía directamente, que las indias que trabajaban para los curas eran frecuentemente objeto de violaciones, sino que se lo dice eufemísticamente, aludiendo a la vergüenza que sentían estas indias al salir de la casa parroquial. Dice Marcela: "Ahora tengo que entrar de *mita* a la casa parroquial, dejando mi choza y mis hijas, y mientras voy, ¿quién sabe si Juan delira y muere? ¡quién sabe también la suerte que a mí me espera, porque las mujeres que entran *de mita* salen...mirando al suelo! " (*Aves sin nido* 43).

[13] Me refiero aquí a la famosa frase de las hermanas Grimké, que consiguen a mediados del siglo XIX en los Estados Unidos dar discursos y conferencias sobre los horrores de la esclavitud ante audiencias mixtas. Al igual que Matto, y habría que agregar que Gorriti que también denuncia abusos sexuales cometidos contra las indias, Angelina Grimké utiliza la famosa frase "Am I not a Woman and a Sister?" para defender a las mujeres esclavas con quienes se siente identificada. Para un excelente estudio sobre las hermanas Grimké, ver Lerner. Ver también Matto de Turner 124.

[14] Pienso aquí por ejemplo en la novela de José Martí, *Lucía Jerez,* que además de utilizar recursos sentimentales presenta otras coincidencias con la de Matto de Turner. Al igual que la Lucía de Matto, la Lucía de Martí también "adopta" a una huérfana, pero en vez de protegerla y educarla como va a hacer la Lucía de *Aves sin nido* con Margarita, Martí va a privilegiar los sentimientos de odio y rivalidad entre ellas que compiten por el amor de un hombre. La situación tensa entre ellas culmina trágicamente cuando Lucía mata a esta mujer más joven percibida como rival. Otros puntos comunes son la relación incestuosa entre Lucía y Juan, un delito en el que casi incurren Manuel y Margarita al final de *Aves sin nido.* De más está decir que en *Aves sin nido,* la persona que impide que se cometa el incesto, revelando el secreto de la paternidad común de Manuel y Margarita en el momento apropiado, es Lucía.

[15] En este sentido Matto de Turner se estaría insertando oblicuamente en debates feministas que han marcado la historia de este movimiento desde sus orígenes. Con gran peligro de caer en simplificaciones desmedidas, se podrían distinguir en este debate, y siguiendo líneas muy generales, dos corrientes: por un lado, un feminismo liberal como el de Simone de Beauvoir o Virginia Woolf, que busca establecer una relación de igualdad con el hombre (Virginia Woolf decía por ejemplo que para escribir las mujeres tenían que "matar al ángel del hogar"); y por otro, un feminismo que

privilegia el discurso de la diferencia. Este último estaría representado por feministas francesas como Cixous, Witting, e Irigaray, y también por Carol Gilligan, quien en *In a Different Voice* afirma que las mujeres poseen una ética compartida, diferente a la masculina.

BIBLIOGRAFÍA CITADA

Anderson, Benedict. *Imagined Communities. Reflections on the Origins and Spread of Nationalism.* London: Verso, 1983.

Arribas García, Fernando. "Aves sin nido: ¿Novela indigenista?". *Revista de Crítica Literaria Latinoamericana* XVII/34 (Lima, 1991): 63-79.

Berg, Mary. "Writing For Her Life: The Essays of Clorinda Matto de Turner". *Reinterpreting The Spanish-American Essay: Women Writers of the Nineteenth and Twentieth Centuries.* Doris Meyer, ed. Austin: University of Texas Press, 1995.

Bhabha, Homi, editor. *Nation and Narration.* London/New York: Routledge, 1990.

Burns, Bradford E. and Thomas E. Skidmore. *Elites, Masses, and Modernization in Latin America, 1850-1930.* Austin: University of Texas Press, 1979.

Carrillo, Francisco. *Clorinda Matto de Turner y su indigenismo literario.* Lima: Ediciones de la Biblioteca Universitaria, 1967.

Castro-Klaren, Sara; Sylvia Molloy y Beatriz Sarlo, eds. *Women's Writing in Latin America.* Boulder, CO: Westview Press, 1991.

Cometta Manzoni, Aida. *El indio en la novela de América.* Buenos Aires: Editorial Futuro, 1960.

Cornejo Polar, Antonio. "Clorinda Matto de Turner: para una imagen de la novela peruana del siglo XIX". *Escritura* (Lima) 2, 3 (1977): 91-107.

_____ "Indios, notables y forasteros". *La novela peruana.* Lima: Editorial Horizonte, 1989.

_____ *Literatura y sociedad en el Perú: La novela indigenista.* Lima: Lasontay, 1980.

_____ "Prólogo" a *Aves sin nido* de Clorinda Matto de Turner. Havana: Casa de las Américas, 1974. vii-xxxv.

_____ *Clorinda Matto de Turner, novelista.* Estudios sobre *Aves sin nido, Indole* y *Herencia.* Lima: Lluvia editores, 1992.

Cott, Nancy F. *The Bonds of Womanhood: "Woman's Sphere" in New England, 1780-1835.* New Haven: Yale University Press, 1977.

Dubois, Ellen, Mari Jo Buhle, Temma Kaplan, Gerda Lerner and Carroll Smith-Rosenberg. "Politics and Culture in Women's History: a Symposium". *Feminist Studies,* VI, I (Spring 1980): 26-84.

Ferguson, Moira. *Subject to Others: British Women Writers and Colonial Slavery, 1670-1834.* New York: Routledge, 1992.

Fisher, Philip. *Hard Facts: Setting and Form in the American Novel.* New York: Oxford University Press, 1987.

Fox-Lockert, Lucía. "Clorinda Matto de Turner: *Aves sin nido* (1889)". *Women Novelists of Spain and Spanish America.* Metuchen, NJ: Scarecrow Press, 1979. 25-32.

González Prada, Manuel. *Páginas libres/Horas de lucha*. Caracas: Biblioteca Ayacucho, 1976.

González Stephan, Beatriz. *Historiografía del liberalismo hispanoamericano del siglo XIX*. La Habana: Ediciones Casa de las Américas, 1987.

_____Javier Lasarte, Graciela Montaldo y María Julia Daroqui (compiladores). "Modernización y disciplinamiento. La formación del ciudadano: Del espacio público y privado". *Esplendores y miserias del siglo XIX. Cultura y sociedad en América Latina*. Caracas: Monte Avila editores, 1994. 431-451.

Gorriti, Juana Manuela. *Lo íntimo*. Alicia Martorell, ed. Salta: Fundación del banco del Noroeste, 1991. 39.

_____*Narraciones*. Buenos Aires: Biblioteca de Clásicos Argentinos, volumen XX, 1958.

_____*Sueños y realidades*. Tomos I y II. Buenos Aires: Biblioteca de La Nación, 1907.

_____*Veladas literarias de Lima, 1876-1877*. Tomo primero, veladas de I a X. Buenos Aires: Imprenta Europea, 1892.

Kaplan, Fred. *Sacred Tears: Sentimentality in Victorian Fiction*. New Jersey: Princeton University Press, 1987.

Kelley, Mary. *Private Woman, Public Stage: Literary Domesticity in Nineteenth-Century America*. New York: Oxford University Press, 1984.

Kerber, Linda. "The Republican Mother: Women and the Enlightenment-An American Perspective". *American Quarterly*, XXVIII, (1976): 187-205.

_____*Women of the Republic*. New York, London: W.W. Norton and Company, 1986.

Kristal, Efrain. *The Andes Viewed From the City, Literary and Political Discourse on the Indian in Peru, 1848-1930*. New York: Peter Lang Publishing Inc., 1987.

Lerner, Gerda. *The Creation of Feminist Consciousness. From the Middle Ages to Eighteen-seventy*. New York: Oxford University Press, 1993.

_____*The Grimké Sisters from South Carolina. Pioneers for Woman's Rights and Abolition*. New york: Schocken Books, 1971.

Mansilla, Lucio. *Una excursión a los indios ranqueles*. Prólogo y notas de Saúl Sosnowski. Caracas: Biblioteca Ayacucho, 1984.

Mariátegui, José, *Siete ensayos de interpretación de la realidad peruana*. Lima: Amauta, 1963.

Martí, José. *Lucía Jerez. Obra literaria*. Prólogo, notas y cronología de Cintio Vitier. Caracas: Biblioteca Ayacucho, 1978. 107-173.

Masiello, Francine. *Between Civilization and Barbarism. Women, Nation and Literary Culture in Modern Argentina*. University of Nebraska Press, 1992.

Matto de Turner, Clorinda. *Bocetos al lápiz de americanos célebres*. Lima: Peter Bacigalupi y Ca. editores, 1889.

_____*Boreales, miniaturas y porcelanas*. Buenos Aires: Imprenta de Juan A. Alsina, 1902.

_____*Herencia*. Lima: Instituto Nacional de Cultura, 1974.

_____*Hima-Sumac*. Lima: Servicio de Publicaciones del Teatro Universitario, 1959.

_____ *Leyendas y recortes*. Lima: Imprenta "La equitativa", 1893.

_____ *Aves sin nido*. Valencia: Compañía Sampere, 1890.

_____ *Tradiciones cuzqueñas*. Arequipa: Imprenta de "La Bolsa", 1884.

_____ *Tradiciones cuzqueñas*. Vol. II. Lima: Imprenta de Torres Aguirre, 1886.

_____ *Viaje de recreo. España, Francia, Inglaterra, Italia, Suiza, Alemania*. Valencia: F. Sempere y Compañía, 1909.

Meléndez, Concha. "Aves sin nido, por Clorinda Matto de Turner". *La novela indianista en Hispanoamérica, 1832-1889*. Río Piedras: University of Puerto Rico, 1961. 177-184 (1era edición es de 1934).

Denegri, Francesca. *El abanico y la cigarrera: La primera generación de mujeres ilustradas en el Perú, 1860-1895*. Lima: Flora Tristán, 1996.

Pratt, Mary Louise. "Women, Literature and National Brotherhood". *Women, Culture, and Politics in Latin America, Seminar on Feminism and Culture in Latin America*. Berkeley: University of California Press, Berkeley, 1990.

Rama, Ángel. *La ciudad letrada*. Hanover, NH: Ediciones del Norte, 1984.

Reisz, Susana, "When Women Speak of Indians and Other Minor Themes ... Clorinda Matto's *Aves sin nido*: An Early Peruvian Feminist Voice". *Rennaissance and Modern Studies* 35 (University of Nottingham, 1992): 75-93.

Rowe William and Schelling, Vivian. *Memory and Modernity. Popular Culture in Latin America*. London: Verson, 1991.

Samuels, Shirley (editor). *The Culture of Sentiment. Race, Gender and Sentimentality in Nineteenth-Century America*. New York: Oxford University Press, 1992.

Sánchez-Eppler, Karen. *Touching Liberty: Abolition, Feminism and the Politics of the Body*. Berkeley: University of California Press, 1993.

Smith-Rosenberg, Carroll. "The Female World of Love and Ritual: Relations Between Women in Nineteenth Century America". *Signs*, 1 (Autumn 1975): 1-29.

_____ "Writing History: Language, Class and Gender". *Feminist Studies/ Critical Studies*. Teresa de Laurentis, ed. Bloomington: Indiana University Press, Bloomington, 1986. 31-55.

Stowe, Harriet Beecher. *Uncle Tom's Cabin or, Life Among the Lowly*. Ann Douglas, ed. New York: Penguin Books, 1981.

Tamayo Vargas, Augusto, *Literatura peruana*. Tomo II (Lima: J. Godard, 1967), 699.

Tauro, Alberto. *Clorinda Matto de Turner y la novela indigenista*. Lima: Universidad Nacional Mayor de San Marcos, 1976.

Tompkins, Jane. *Sensational Designs: The Cultural Work of American Fiction 1790-1860*. New York: Oxford University Press, 1985.

Todd, Janet. *Sensibility: An Introduction*. London: Methuen, 1986.

Villavitcencio, Maritza. *Breve historia de las vertientes del movimiento de mujeres en el Perú*. Documento de trabajo número 3, Lima: Centro de la mujer peruana Flora Tristán, 1990.

# Abelardo Gamarra: La poética del forastero

Guido A. Podestá
*University of Wisconsin-Madison*

La Casa de La Cultura de Arequipa organizó en 1965 el "Primer Encuentro de Narradores Peruanos", evento en el que se reunió a Ciro Alegría, José María Arguedas, Arturo D. Hernández, Francisco Izquierdo Ríos, Porfirio Meneses, Oswaldo Reynoso, Sebastián Salazar Bondy, Oscar Silva, Mario Vargas Llosa, Eleodoro Vargas Vicuña y Carlos Eduardo Zavaleta. El único ausente fue Julio Ramón Ribeyro. Como lo dijo Arguedas —según se menciona en la "Noticia" que hizo de prefacio en la publicación de las actas— fue un "milagro" que se los hubiese podido reunir. Cuatro de los nombrados habrían de fallecer en los próximos años: Alegría, Arguedas, Salazar Bondy y Silva. El instigador de tal "milagro" fue Antonio Cornejo-Polar, quien también realizó otros. Quizás el más espectacular haya sido aquél en el que convocó a los compositores de yaravíes para que se reuniesen en la Plaza de Armas de Arequipa, pero aquí me voy a referir a un pasaje relacionado únicamente con el primero de estos "milagros".[1]

En el encuentro se debatió arduamente sobre la profesionalización de los escritores —que algunos rechazaban— y sobre el Indigenismo —proyecto que algunos consideraban anacrónico. Hubo lecturas parciales de las novelas en las que se encontraban trabajando. También se relataron historias personales. La primera intervención correspondió a Ciro Alegría. Este se refirió al carácter autobiográfico de toda ficción y a la cultura "indo-hispánica", confesó que había "plagiado" de narradores populares, y describió la biblioteca de su casa. En cuanto a la biblioteca de su padre dijo que estaba habitada por libros de Víctor Hugo, Balzac, Pío Baroja y por "algunos narradores peruanos". De éstos sólo nombró a "El Tunante", Abelardo Gamarra (1850-1924), a quien le atribuyó el haberle convencido de que "el pueblo del Perú, podía ser un material de trabajo artístico" (*Primer encuentro de ...* 32-33).

Alegría calificó a Gamarra de escritor "honrado" y "valiente", aunque reconoció que su estilo era "un tanto desmañado" (*Primer encuentro de ...* 32-33). Que la escritura de Gamarra careciese de "industria", "destreza" o "habilidad" —sentidos que esta palabra ha mantenido desde que se publicara el *Diccionario de Autoridades*—, no impidió que Alegría gustase de ésta hasta el punto de ser el único escritor peruano que él identifica o recuerda de la biblioteca de su padre. La siguiente intervención que se publica en las actas es la de Arguedas, quien no se refirió ni a la biblioteca de su padre ni a Gamarra. Lo propio ocurrió en las intervenciones de los demás, de tal manera que lo dicho por Alegría quedó como un homenaje casual, o un desagravio pasajero, que no derivó en el redescubrimiento de Abelardo Gamarra ni en la reedición de alguno de sus libros.

Lo que me propongo hacer a continuación es revisar el lugar que ocupa Gamarra en la topografía literaria construida por José Carlos Mariátegui, Federico More y Luis Alberto Sánchez —tres de los defensores que tuvo Gamarra durante la segunda década de este siglo. Explicaré luego la búsqueda de lo que More llamaba el "sumo escritor", para centrarme principalmente en aquellos elementos que podrían definir la poética que construyó Abelardo Gamarra, poética a la que me estoy refiriendo como "poética del forastero". En relación a ésta discutiré problemas derivados del hecho de ser Gamarra un escritor "andino" aunque no indigenista, de ser el traductor de González Prada, de ser el restaurador indecoroso de las tradiciones, y de haber inventado un estilo sin ser el creador del mismo. En el examen de esta poética parto de estas ideas: la primera es que la República Aristocrática[2] fue el ambiente propicio para el tipo de escritura que desarrolló Gamarra; la segunda es que Lima estaba pasando por la "segunda prueba" a la que fue sometida como ciudad letrada (Rama 71-101); y la tercera es que Lima era entonces una "cultura de mezcla". Combinados, estos tres puntos me llevan a proponer que Lima cabe dentro de lo que Beatriz Sarlo llamó "modernidad periférica".[3]

Gamarra fue un escritor prolífico que trabajó principalmente como periodista, como muchos otros. Escribió crónicas (*Novenario de El Tunante, Rasgos de pluma, Artículos de costumbres, Unos cuantos barrios y unos cuantos tipos, Cien años de vida perdularia*), pero también dramas (*Somos libres, Ya vienen los chilenos, Ña Codeo*), libretos para ópera y zarzuela (*El yaraví, Una corrida de gala*), novelas (*Detrás de la cruz el diablo, Nubes de un cielo*) y testimonios. Algunos poemas suyos fueron incluidos en *Las voces múltiples*, la antología que publicara Abraham Valdelomar en 1916. Compuso canciones. Su primer libro fue publicado en 1876 (*En camisa de once varas*) y el último en 1923 (*Una faz de González Prada*). De especial interés para este trabajo son las crónicas que reunió en *Lima, unos cuantos barrios y unos cuantos tipos* (1907) y *Cien años de vida perdularia* (1921). En ambos, Gamarra revisó la manera como operaban la sociedad civil y las instituciones del estado, en un momento en el que el funcionamiento "democrático" de esas instituciones, así como la reaparición de una cierta prosperidad económica, daban la impresión de que finalmente Lima se había repuesto de la Guerra del Pacífico. *Cien años de vida perdularia* fue su respuesta al centenario de la independencia del Perú. Son colecciones de crónicas en las que se narra la República Aristocrática en Lima.

En el "Encuentro," Ciro Alegría señaló a José Carlos Mariátegui como "tal vez" el único que no había desestimado los escritos de Gamarra.[4] Puede aceptarse que fueron pocos los que se interesaron en los escritos de Abelardo Gamarra, pero no que Mariátegui fuese el único. Alegría se olvidó de nombrar a Clorinda Matto de Turner, Federico More y Luis Alberto Sánchez. Incluso podría decirse que el más destacado comentarista de Gamarra no fue Mariátegui sino Federico More, a quien Mariátegui aludió en más de una ocasión en sus *Siete ensayos de interpretación de la realidad peruana* (1928). En lo concerniente a Gamarra, puede decirse que lo que Mariátegui escribió en los *Siete ensayos* fue básicamente una respuesta a lo que More había escrito en "De un ensayo sobre la literatura del Perú" (1924), ensayo cuya fecha de publicación correspondió a la del fallecimiento de Gamarra.  En ese ensayo More hizo de Gamarra la figura central en la transformación de la literatura peruana.[5]

El ensayo de Federico More provocó una serie de reacciones amistosas pero polémicas entre las que se cuenta la de Mariátegui y la de Luis Alberto Sánchez.  Ese fue un intercambio que no trascendió.  Fue opacado por el debate que ocurrió en torno al Indigenismo, que involucró a los más destacados intelectuales de Cuzco, Puno y Lima.  Comparada con las ramificaciones del Indigenismo, la disputa que provocó el ensayo de More parecía limitarse a la lectura de un solo escritor, a la calidad de sus publicaciones, y a la aceptación o rechazo del pronóstico sugerido por More. Por otro lado, el debate More-Mariátegui nunca alcanzó el nivel de beligerancia o el grado de intensidad que le dieron quienes intervinieron en la definición del Indigenismo, especialmente en lo que respecta a Mariátegui y Sánchez. Finalmente, More no insistió en su posición, de tal manera que la tesis que planteó fue abandonada y nadie la recogió, ni siquiera el mismo Sánchez.

En su ensayo, More argumentaba que existían dos literaturas en el Perú, desarrolladas en base a "dos razas, dos tradiciones, de dos culturas, de dos actitudes históricas" ("Sincronismo de Abelardo ..." 85). More las denominó "iberafricana" e "indoespañola".  Ambas tradiciones habrían tenido un componente español en común, pero que en ningún caso habría sido éste hegemónico.  En la primera de esas literaturas, lo español habría estado subordinado a elementos culturales africanos y chinos, mientras que en la segunda habría sido "aclimatado" por lo "aborigen".  El clima era en este esquema uno de los factores que perjudicaba o favorecía la configuración de cada una de esas literaturas.  Quizás baste decir que el clima de la sierra fue calificado por More de "enérgicamente moderador" y el de Lima de "fatal". Los otros factores tenían que ver con la composición étnica del lugar y con la existencia o no de "tradiciones indígenas".  El último factor, de ninguna manera el menos importante, fue la aceptación de que incluso el Incaísmo "pensaba y hablaba en español" (87).

No obstante afirmar que los españoles habían sido "siempre amigos de lo urbano" y que los "andinos" eran, más bien, "rurales" (86-7), More también hizo una minuciosa descripción de la ciudad del Cuzco.  La describió como "condensador multisecular de la tradición", "área donde reposan las normas conductoras" y "fontana de la que fluyen los filtros vitales" (86).  Por el contrario, Lima era el prototipo de lo que More denominaba "colonismo". La inapropiada configuración de Lima se habría debido tanto a su emplazamiento geográfico como a "un concurso étnico deplorable y [a] la ausencia de tradiciones indígenas" (87). Bajo el "colonismo", More agrupaba a quienes se encontraban bajo la influencia de aquella "idiosincrasia iberafricana" para la que todo era "romántico y sensual".  Bajo "Incaísmo" agrupaba a aquellos para los que "la parte más bella y honda de la vida" se realizaba en las montañas y en los valles,  y para quienes todo estaba impregnado de "subjetividad indescifrada y sentido dramático".  El Incaísmo se basaba en el contacto ocurrido entre el "espíritu" aborigen y el "alma hispánica" y era, además, "un poco cristiano y un mucho occidental" (87).

No cabe duda de que Gamarra era, en el mapa literario construido por More, un escritor extraordinario, principalmente porque no pertenecía a ninguna de esas dos literaturas. "Quizás el mayor mérito de Gamarra consiste —escribía More— en haber hospedado, dentro de su alma activa y absolutamente peruana, panquechua, las corrientes de la cultura europea y el curso africano de la vida colonial" (93). Gamarra poseía —según More— "la gracia sensual y truhanesca de las tierras costeñas, y la mordiente acidez y el grave ritmo de la voz serrana" (90). También afirma que "Gamarra es uno de los más felices y encendidos precursores del panperuanismo integral" y que "El Perú empezará a conocerse a través de Gamarra" (94). Algo que More no reconoció explícitamente fue que en la escritura de Gamarra se "fundían" o "encontraban" las dos tradiciones. En otras palabras, no reconoció que en la escritura de Gamarra se superaba la dualidad que él había concebido.

More no fue el único que tuvo problemas al momento de tener que encontrar el lugar apropiado para Gamarra. Se podría decir lo mismo de Luis Alberto Sánchez, José Carlos Mariátegui y Raúl Porras Barrenechea. Quizás Jorge Basadre haya sido la única excepción. Hay una serie de coincidencias entre Mariátegui y More, particularmente en relación a la existencia de dos "tradiciones". Que hubiesen dos literaturas era un "concepto" que Mariátegui estuvo dispuesto a aceptar, no así las "conclusiones" a las que llegó More (*Siete ensayos de ...* 251). El desacuerdo mayor estuvo, aparentemente, en el rol que More le asignaba a Gamarra en la literatura peruana, y en la manera como More valoraba la escritura tanto de Ricardo Palma como de Manuel González Prada. Mariátegui pensaba que More estimaba en exceso a Gamarra y estimaba poco a Palma y González Prada.[6] En esto estaban completamente de acuerdo Sánchez y Mariátegui.

Mariátegui no creía que con la escritura de Gamarra empezase "un nuevo capítulo de nuestra literatura". Según Mariátegui ese "capítulo" había comenzado con González Prada, porque éste había marcado "la transición del españolismo puro a un europeísmo más o menos incipiente en su expresión pero decisivo en sus consecuencias" (252). Gamarra quedaba así en los *Siete ensayos* como el episodio curioso (de un "criollo de la sierra") que no prefiguraba ninguna escritura moderna. Fuera del presagio, More y Mariátegui coincidían, curiosamente, en otras áreas, y no sólo en la manera como leyeron las crónicas de Gamarra. En primer lugar, ambos pensaban que el Indigenismo —llamado "Incaísmo" por More— estaba todavía en gérmenes. En este sentido, ambos asumían que el Indigenismo/Incaísmo era por el momento solamente un programa que debería cumplirse. En segundo lugar, ambos caracterizaron de idéntica manera la literatura criolla de Lima cuestionando su peruanidad.

El punto de mayor separación entre More y Mariátegui estuvo en cómo manejaron las contradicciones del modelo que ambos fomentaban. Todo cuanto More había escrito de la ciudad del Cuzco y del "Incaísmo" no le impidió establecer la posibilidad de un tipo de literatura que habría de acabar o modificar esa dualidad. Se comprobaba así que dicha oposición no afectaba todo "orden de la vida peruana" (85). Gamarra era precisamente el "primer ejemplar" de un tipo de literatura que no era ni Indigenista ni "colonista" pero no era el "sumo escritor", es decir, "el artista redondo y facetado, limpio y fulgente, el cabal hombre de letras que se necesita[ba]" (90). El "sumo" escritor sería aquél que fundiese "alma, paisaje, historia, naturaleza, costumbrismo, tradiciones y anécdotas dentro de un estilo andino y al influjo bruñidor y armonizante de una sensibilidad intransferible y sin embargo universal" (89).[7]

Mariátegui mismo reconoció que una de las "conclusiones" a las que había llegado More, en su lectura de Gamarra, era que El Tunante no era el "sumo" escritor (*Siete ensayos de ...* 252). Al respecto, More despejó cualquier duda cuando precisó bien cuáles eran los problemas que él observaba en la escritura de Gamarra. Estos eran su regionalismo idiomático y su afán por fusionar "tendencias lingüísticas", que él consideraba irreconciliables — calificó esta posibilidad de "maridaje imposible, unión contranatura" ("Sincronismo de Abelardo ..." 90). More reconoció la existencia de dos zonas de contacto separadas, cada una de las cuales habría tenido su propia dinámica: el "avatar lingüístico a base del castellano sufrió [en la costa] la influencia del clima erótico y la de dos razas de tan alto potencial voluptuoso como negros y chinos. En la Sierra, el idioma va, siempre a base del castellano, acondicionándose bajo las voluntades e instintos de una raza casta y sobria y de un clima enérgicamente moderador. Además, en la sierra actúa el quechua, lengua noble y lírica, mientras que en la costa apenas suenan los monosílabos de las plebes de Pekín y las guturaciones de aquellos negros que fueron esclavos" (85). Como se observa, en ambos casos el castellano habría sido la base, aunque el haber estado expuesto al quechua en un caso, y a una especie de *pidgin* en el otro, habría determinado un protocolo lingüístico completamente dispar. More no cuestionó ni que el castellano fuese siempre la base, ni tampoco — como lo dije anteriormente — que el Incaísmo pensase y se expresase por medio del castellano.

Gamarra es uno de los escritores en base a los cuales Mariátegui "procesó" la literatura peruana (267-70). Discutió su lugar en la literatura peruana luego de haber revisado el caso de Mariano Melgar (1790-1815), un escritor despreciado por la "crítica limeña" que lo sintió —según Mariátegui— "demasiado popular" y "poco distinguido". Les mortificaba el encuentro en la poesía de Melgar de una "sintaxis un tanto callejera" y de "giros plebeyos" (266).[8] Mariátegui escribió de Melgar lo que podría haber dicho de Gamarra. A Gamarra también se le desdeñaba — según Mariátegui — por su "sintaxis" y por su "ortografía", pero sobre todo por su "espíritu" (269). Esta crítica a quienes menospreciaron los escritos de Melgar y Gamarra no le impidió a Mariátegui señalar los defectos (diferentes) que él mismo encontró en la escritura de Melgar y Gamarra. En la poesía de Melgar, Mariátegui criticó su "amaneramiento y retórica clásicos", mientras que en las crónicas de Gamarra criticó la ausencia de una "creación central". "La obra de Gamarra — escribió

Mariátegui— aparece como una colección dispersa de croquis y bocetos. No es una afinada modulación artística" (270). Lo que explicaba en ambos casos la existencia de tales defectos era, en el caso de Melgar, "la incipiencia de la literatura peruana de su época", y en el caso de Gamarra, "la incipiencia de la literatura que representa" (266-270).

Luis Alberto Sánchez publicó en la *Revista Semanal* un artículo titulado "El caso de El Tunante" (1927), en el que desarrolló lo que había publicado tres años antes, en la revista *Mundial*, a raíz del fallecimiento de Gamarra.[9] En "La muerte de El Tunante" (1924), Sánchez no vio contradicción alguna entre su presentación de Gamarra como "el criollo más auténtico" (Galarreta González 40), "netamente limeño" y "andino" (41). En "El caso de El Tunante", criticó la moda de la "vernaculidad" [sic] que distorsionaba el genuino interés que debería haber por los escritos de Gamarra.[10] En cuanto al aludido ensayo de More, lo consideró "oportuno" pero "desmedido en el concepto" (45). Señaló, asimismo, que a Gamarra no se le podía aplicar la acepción corriente de costumbrista o criollo, quizás porque había logrado mantener en Lima el "sello de la provincia nativa" (47). Finalmente, en su *Literatura peruana*, Sánchez remarcó que si bien Gamarra era el "más importante de los costumbristas" esto no se debía a su refinamiento artístico (49). "La expresión es, sin duda, sugestiva —dijo Sánchez—, pero sin técnica, desprovista de pulimento" (51).[11]

Sánchez argumentó también que el éxito de Palma había perjudicado a Gamarra. Cabe precisar que perjudicó su prestigio entre los letrados, no así su popularidad, de lo contrario no se podría explicar cómo se agotaron las ediciones de *Rasgos de costumbres* ni de *Cien años de vida perdularia*. En lo tocante a esa falta de prestigio, más importante que Palma fue el rol que desempeñaron aquellos que no lo ignoraron, así como el Indigenismo. Los que no lo ignoraron, excepción hecha de Clorinda Matto de Turner, insertaron en la recuperación de Gamarra la censura de su estilo, empleando casi las mismas palabras. El rol que le cupo al Indigenismo es más complejo, especialmente si se toma en cuenta la posibilidad de que el Indigenismo en Lima haya respondido, antes que nada, a los cambios demográficos que había experimentado la ciudad desde que fuera abolida la esclavitud. Ese ambiente favoreció la transformación del Indigenismo en una alegoría nacional hegemónica, hegemonía que llegó a ser cuestionada en la pintura, por ejemplo, pero no en la literatura.

Por otro lado, quienes se vieron retratados desfavorablemente en las crónicas de Gamarra, quienes se vieron convertidos como personajes en el objeto de la burla de los lectores de Gamarra, quienes vieron en las crónicas el vehículo a través del cual los forasteros se divertían a expensas de ellos, quienes veían su esfera privada invadida y expuesta, quienes vieron en sus crónicas esa "visión espectral" —la frase es de Alberto Tauro— que amenazaba la sociedad civil que los protegía y favorecía, usaron como justificación los malos modales lingüísticos de Gamarra para ignorarlo. En este sentido, es importante reconocer que Gamarra no es tanto el cronista de los callejones ocupados por los forasteros, sino el cronista de la ciudadela construida por las familias en las que se sustentaba la República Aristocrática.[12] En una época en la que el estado no les ofrecía a los forasteros ningún esparcimiento, Gamarra les dio la oportunidad de divertirse a expensas de los abuelos de Julius.

Aquello que criticaron More, Mariátegui y Sánchez, en los escritos de Gamarra, es lo que estoy denominando la "poética del forastero". Forasteros fueron aquéllos que durante la colonia pudieron separarse de las reducciones.[13] Se les permitió vivir y trabajar fuera del territorio que éstas ocupaban. Fueron exceptuados del servicio de la mita aunque permanecieron vinculados a las comunidades de origen. Negociaron una amplia gama de relaciones con las comunidades indígenas y con las instituciones que funcionaban fuera de éstas. Asumieron toda suerte de identidades y roles. Aquí me estoy refiriendo a los "forasteros", sin embargo, en un sentido más amplio, para nombrar a aquellos que abandonaron sus comunidades, dentro o fuera del Perú, para dirigirse hacia Lima. En este sentido, comprendo dentro de esta categoría a quienes africanizaron, cantonizaron y andinizaron Lima.

Abelardo Gamarra es el fundador de esta poética que tiene en la catacresis un componente básico. La popularidad de las crónicas de Gamarra se debía precisamente a esa catacresis. Quien estableció la norma a partir de la cual se definía dicha catacresis fue Ricardo Palma. No tanto cuando reconstruyó la colonia "con un realismo burlón y una fantasía irreverente y satírica" (245), sino cuando ejerció las funciones de "correspondiente", fundador y director de la Academia de Lengua. Gamarra abrió nuevas áreas de significación al sacar provecho artístico del protocolo lingüístico que los forasteros estaban construyendo. Nadie más opuesto a la poética del forastero que Palma. Nadie mejor dispuesto que Gamarra para legitimar la nueva sintaxis de aquellos que todavía se expresaban con "guturaciones" y "monosílabos". Cada cual, Palma y Gamarra, desempeñaron su oficio de filólogos. Palma lo hizo revisando archivos y construyendo etimologías. Gamarra lo hizo haciendo trabajo de campo en la ciudad de Lima y escribiendo tradiciones actuales, democráticamente, sobre las familias de la República Aristocrática y sobre los inquilinos de los callejones.

Las preferencias lingüísticas de Gamarra ilustran la táctica narrativa de quien no necesita inventar un mundo imaginario. Le bastó narrar los requiebros de la topografía cultural que se había formado en Lima desde mediados del siglo XIX. Gamarra no necesitó inventar un lenguaje. Le bastó hacer suyo el "talento al desgaire", el vocabulario desobediente y la sintaxis "desmañada" de quienes no habían podido ser contenidos ni fuera ni dentro de las murallas. Gamarra eligió una estrategia retórica que carecía de amaneramientos clásicos o románticos. Se apartó del protocolo que obsesionaba a Palma. Violentó el decoro lingüístico —el único que quedaba en Lima— cuando escribió como los forasteros hablaban. Se le acusó de falta de refinamiento cuando no se valoró que en el desplazamiento narrativo de sus crónicas se experimentaba con la apertura de una zona de contacto en la que se requerían nuevas negociaciones. No es que sacase imágenes e ideas de su espacio habitual, sino que forzó sobre sus lectores la percepción de imágenes y expresiones que, placenteramente o no, habían pasado a formar parte del glosario y la topografía cultural de Lima. Esta cita de Antonio Cornejo-Polar explica bastante bien el rol de Gamarra: "Desarrolló un estilo simple y vivaz, cargado de imaginación y de alusiones a la realidad cotidiana, y se preocupó especialmente por encontrar el punto de mejor comunicación con sus lectores. Su humor directo y crudo fue un instrumento eficaz para enfrentarse abiertamente, más con intuiciones que con conceptos, a los grandes problemas de la nación" (28-29).

Gamarra registró especialmente un lado de la modernidad, aquél que estaban creando quienes migraban desde las provincias andinas o costeñas hacia Lima, o aquél en el que se inscribían quienes habían puesto a los criollos de Lima en la obligación de construir "muros invisibles". Gamarra escribió sobre aquel lado de la modernidad creado por quienes habían llegado al Perú durante la segunda mitad del siglo XIX, no tanto desde Italia, Francia o Inglaterra, sino desde la China o los Andes. Descubrió que lo más moderno que entonces había en el Perú era la conflictiva topografía cultural que todo tipo de migrantes había creado por décadas nada menos que en Lima. En esa nueva topografía cultural se estaba construyendo un nuevo estilo y la sintaxis que Gamarra había asimilado.

Mariátegui vio a Gamarra como "el escritor que con más pureza traduce y expresa a las provincias" (1978:268). También lo acreditó como el traductor de las "catilinarias" de González Prada al lenguaje popular (269). Lo consideró un "ingenio popular" intuitivo y espontáneo (269). Cabe preguntarse cómo fue posible que estuviese calificado para ser traductor pero no cronista, pero aun esta reserva no le restaría nada al rol de "traductor" que Mariátegui acertadamente le atribuye a Gamarra y al hecho de reconocer que en Lima se necesitaban entonces traductores, que González Prada, por ejemplo, concretamente, necesitaba de un traductor. Puede decirse que Gamarra tradujo a González Prada para beneficio de los forasteros, pero también que tradujo el mundo de los forasteros para beneficio de quienes no aceptaban ni toleraban la nueva topografía cultural de Lima. La ironía está, no obstante, en que ser traductor, en una sociedad que necesitaba de éstos para comunicarse, no fue suficiente para probar la vocación ecuménica de Gamarra.

NOTAS

[1] Las actas fueron publicadas por la Casa de la Cultura del Perú en 1969 bajo el título de *Primer Encuentro de narradores peruanos*. Una segunda edición apareció en 1986. Las citas que hago corresponden a esta última edición.
[2] En su *Historia de la República del Perú*, Jorge Basadre propuso el término de República Aristocrática para un período que fue de 1895 a 1930, y que estuvo caracterizado por aparentar ser una sociedad políticamente liberal y democrática, cuando en realidad era un estado pre-constitucional. Había elecciones y el militarismo perdió todo prestigio. Por otro lado, muy pocas familias controlaban la economía y el proceso electoral.
[3] En lo concerniente a Lima como un caso de "modernidad periférica" remitiré al lector a *Las erratas de la modernidad en la literatura peruana*, todavía en preparación.

⁴ "En la literatura nacional—dice Alegría—se le ha desestimado siempre, salvo tal vez con la excepción de Mariátegui que al hacer su examen de la literatura peruana le da un lugar y lo señala como uno de los primeros escritores que trataron de trabajar con material popular" (*Primer encuentro de* 33).

⁵ Este ensayo fue publicado el mismo año por los periódicos *Diario de la Marina* (La Habana, Cuba) y *El Norte* (Trujillo, Perú). Ha vuelto a publicarse en *Andanzas de Federico More* (1989) bajo el título de "Sincronismo de Abelardo Gamarra, Manuel González Prada y Ricardo Palma. Los tres escritores que mejor condensan y expresan la literatura del Perú republicano" (85-94).

⁶ More ignoró casi completamente a Ricardo Palma en ese ensayo. De González Prada dijo lo siguiente: "Aunque el Perú integral debe estarle agradecido por los anhelos de sus pensamientos...por su excesivo amor a la retórica y por la inutilidad de su vida sin tacha, pertenece a Lima" ("Sincronismo de Abelardo" 89).

⁷ Mariátegui se refiere a Gamarra como "criollo de la Sierra" para distinguirlo lo más posible del criollismo limeño. Sin embargo, Gamarra no fue un transeúnte en Lima, y buena parte de lo que escribe estaba relacionado con Lima.

⁸ De no haber muerto Melgar prematuramente—dice Mariátegui—"habría producido un arte más purgado de retórica y amanerado clásicos y, por consiguiente, más nativo, más puro" (266).

⁹ Estos dos artículos—"La muerte de El Tunante" (1924) y "El caso de El Tunante" (1927)—, así como extractos provenientes de *La literatura peruana*, fueron republicados por Julio Galarreta González en *Homenaje a Abelardo Gamarra*.

¹⁰ El mismo año en el que Sánchez publicó "El caso de El Tunante," Roberto Mac Lean Estenós—prosecretario del presidente Leguía—publicó en la revista *Mundial* un artículo suyo sobre el mismo asunto de la "vernaculidad", titulado "El indio está de moda."

¹¹ Luis Alberto Sánchez publicó la primera edición de su *Literatura peruana* en tres volúmenes que fueron publicados sucesivamente en 1928, 1929 y 1936.

¹² Julio Ortega explica muy bien un aspecto importante tocado en las crónicas de Gamarra en relación a la calle como "espacio cultural formativo." Véase *Cultura y modernización en la Lima del 900.* También sería interesante poner a Gamarra en el contexto de lo que ha escrito Peter Elmore sobre la novela de principios de siglo en los primeros capítulos de *Los muros invisibles: Lima y la modernidad en la novela del siglo XX.*

¹³ Para una explicación más amplia, véase Wightman.

BIBLIOGRAFÍA CITADA

Basadre, Jorge. *Historia de la República del Perú.* Lima: Editorial Cultura Antártica, S.A., 1946.

Elmore, Peter. *Los muros invisibles: Lima y la modernidad en la novela del siglo XX.* Lima: Mosca Azul, 1993.

Gamarra, Abelardo. *Lima, unos cuantos barrios y unos cuanto tipos.* Lima: Litografía y Tipografía Nacional de Pedro Berrio, 1907.

_____ *Cien años de vida perdularia.* Lima: Tip. Abancay, 1921.

Mariátegui, José Carlos. *Siete ensayos de interpretación de la realidad peruana.* 30 ed. Lima: Empresa Editora Amauta, 1979.

More, Federico. "Sincronismo de Abelardo Gamarra, Manuel González Prada y Ricardo Palma. Los tres escritores que mejor condensan y expresan la literatura del Perú republicano". *Andanzas de Federico More.* Lima: Editorial Navarrete, 1989.

Ortega, Julio. *Cultura y modernización en la Lima del 900*. Lima: Cedep, 1986. 98-105.

Rama, Ángel. *La ciudad letrada*. Hanover, NH: Ediciones del Norte, 1984.

Sánchez, Luis Alberto. "La muerte de El Tunante", "El caso de El Tunante". *Homenaje a Abelardo Gamarra*. Julio Galarreta González, ed. Lima: Talleres Gráficos P.L. Villanueva, 1974.

\_\_\_\_\_ *Literatura peruana, derrotero para una historia cultural del Perú*. 5 vols. Lima: Ediventas, 1965-66.

Sarlo, Beatriz. *Modernidad periférica. Buenos Aires 1920 y 1930*. Buenos Aires: Ediciones Nueva Visión, 1988.

\_\_\_\_\_ *Primer encuentro de narradores peruanos*. Lima: Latinoamericana Editores, 1986.

Wightman, Ann M. *Indigenous Migrations and Social Change: The Forasteros of Cuzco*. Durham/London: Duke University Press, 1990.

# Ambigüedades, mestizaje y tensiones irresueltas en la narrativa indigenista de Enrique López Albújar

José Castro-Urioste
*Concordia College*

## INTRODUCCIÓN

En la escritura indigenista se instala el deseo de articular la modernidad y la tradición como claro reflejo de una sociedad multicultural. Este deseo se materializa en diversas propuestas textuales: desde integrar lo indígena como base de la nación pero dentro de los patrones de la modernidad, hasta el proyecto de construir una modernidad de raíz andina (Cornejo-Polar, *Escribir* 187-194). Tales diferencias permiten postular que el indigenismo no sería la producción literaria exclusiva de un determinado grupo social (Rama), —y esto más que una afirmación es una hipótesis—, sino que detrás de él habría tantos sectores sociales como formas hay de sentir, vivir y expresar las relaciones entre modernidad y tradición indígena. Evidentemente, esta hipótesis alcanza mayor sustento si se consideran las producciones textuales que han sido denominadas como neo-indigenistas, ya que éstas no sólo incorporan nuevas estrategias narrativas sino que incluyen como parte de su temática nuevos fenómenos sociales —pienso, por ejemplo, en la migración de los Andes a ciudades costeñas iniciada en el Perú en la década de los cincuenta a partir de lo cual se construirá un sujeto esquizofrénico. En todo caso, pese a estas diversas maneras de articular la modernidad y la tradición, el indigenismo no deja de ser una escritura en la que se organiza el saber sobre el otro para comunicarnos entre "nosotros mismos" y sobre "nuestra propia agenda", como también un fenómeno cultural que refleja la escindida estructura social de determinadas zonas de América Latina.

El caso del escritor peruano Enrique López Albújar no es ajeno a esas consideraciones generales. Aunque López Albújar es bien conocido por su creación indigenista, no toda su producción literaria puede clasificarse de igual manera. Su primera faceta (1895-1910) se encuentra dentro del modernismo que predominó en la época, y sólo muchos años después, con la publicación de *Cuentos andinos* (1920), López Albújar inicia una nueva etapa caracterizada por la representación del indio y del área andina.[1] Mi propósito es analizar en tres de los textos que pertenecen a esta segunda etapa — *Cuentos andinos, Nuevos cuentos andinos,* y *El hechizo de Tomaiquichua*— las relaciones multiculturales a partir de las cuales se contruye determinada representación del grupo indígena andino, con la finalidad de fortalecer la imagen de identidad nacional elaborada por el sector urbano. Esta representación no dejará de ser ambivalente, y estará compuesta por claros rasgos racistas así como también, en momentos esporádicos, por una atracción hacia lo andino que es asumido como base la identidad nacional.

SOBRE *CUENTOS ANDINOS*

Antes de argumentar mi hipótesis creo necesario dar cuenta de las diferentes lecturas que sobre *Cuentos andinos* se han elaborado, las cuales, en ciertos aspectos, resultan contradictorias entre sí. Luis Alberto Sánchez, por ejemplo, afirma que López Albújar presenta en sus relatos "casos humanos tal como desfilaban ante su gabinete de juez, durante el largo tiempo que anduvo ejerciendo el oficio en la serranía de Huánuco", y por consiguiente, el libro se convierte en "una sucesión de casos tristes, anormales algunos, todos en los linderos de la penalidad" (1176). Sin negar que casi todos sus cuentos están relacionados con acciones violentas, la mayoría de ellos no se vincula a asuntos de carácter penal y solamente dos relatos pueden considerarse como reelaboración de casos ante un juez (Escajadillo 71-72). Mario Vargas Llosa es quien critica con mayor severidad *Cuentos andinos* calificando al libro como "un impresionante catálogo de depravaciones sexuales y furores homicidias del indio, al que López Albújar (...) sólo parece haber visto desde el banquillo de los acusados" (139). En estos cuentos, sin embargo, no se relatan actos sexuales (Escajadillo 71) y, de otro lado, Vargas Llosa equivoca su enfoque porque asocia la visión del indio reflejada en *Cuentos andinos* a aquélla que expresa la obra de Ventura García Calderón, y a partir de esta relación, pretende vincular a López Albújar con el grupo aristocrático dirigido por Riva Agüero. Grave falacia: no sólo porque López Albújar fue un "provinciano mesocrático" (Castro Arenas 65) que mantuvo su independencia frente a los intelectuales liderados por Riva Agüero (Escajadillo 65), sino también porque la visión idealizada sobre el indio en la obra de García Calderón difiere de la que se elabora en *Cuentos Andinos*.

Mariátegui es el primer defensor de López Albújar. Para él sus relatos "... aprehenden, en sus secos y duros dibujos, emociones sustantivas de la vida de la sierra, y nos presentan algunos escorzos del alma del indio" (293). Para Basadre, por su parte, López Albújar es el forjador del cuento indígena debido a la confluencia de tres rasgos: 1) la maduración del realismo dentro del relato peruano; 2) conocimiento sobre lo que escribía; 3) el reflejo en sus narraciones de la toma de conciencia nacional que se operaba en el Perú (203). Tomás Escajadillo, a partir del pensamiento mariateguista y de las observaciones de Ciro Alegría, considera que López Albújar "es el iniciador del indigenismo peruano porque es el primero en retratar al indio de 'carne y hueso'" (99). Para Escajadillo el autor de *Cuentos andinos* resulta ser el descubridor del mundo indígena. Sin embargo, es necesario aclarar que este descubrimiento está dirigido para un sector de la sociedad peruana y, particularmente, para la clase media emergente a la que López Albújar pertenecía. Por otro lado, es cierto que frente a la literatura anterior *Cuentos andinos* puede calificarse como un libro que ofrece la visión de un indio de "'carne y hueso'", pero el problema se encuentra en qué tipo de imagen se refleja.

Me parece que *Cuentos andinos* no manifiesta una ideología aristocrática ni alcanza a expresar la verdadera vida del indio. Su visión es distinta y no implica un tránsito — entre García Calderón y Arguedas, por ejemplo —, sino la expresión de otro grupo social.[2] Para comprender tal visión es necesario, en primer lugar, analizar la contrucción del narrador y sus relaciones con el mundo representado. En efecto, López Albújar opta por un narrador en tercera persona que emplea las normas del castellano escrito, y que expresa una perspectiva desde "afuera" sobre el mundo andino:

> Lo que sí podemos objetar de *Cuentos andinos* es su visión demasiado exterior del indio. López Albújar es buen observador, pero ni intenta siquiera compenetrarse, contaminarse del mundo interior indígena. Él narra consciente y deliberadamente desde afuera (Escajadillo 5).

Esta visión desde "afuera" se revela, en primer lugar, en el modo en que se percibe el territorio: como un espacio totalmente ajeno al sujeto. No resulta extraño que el narrador se asombre ante el paisaje andino. Así lo demuestra, por ejemplo, en el relato "Los tres jircas", con la descripción de las cumbres que rodean la ciudad de Huánuco. En segundo lugar, por medio de una serie de expresiones se contruye una distinción racial entre la entidad que narra y los personajes andinos: "Y como Maille había ido al servicio militar sabiendo leer regularmente y con ese gran espíritu de curiosidad que vive latente en *su* raza ..." (81); "Sus ojos [los de un personaje indio] miraban firmemente, sin la esquivez ni el disimulo de los de la generalidad de *su* raza" (119, énfasis mío).

La propuesta ideológica de López Albújar también se sustenta en la representación de los personajes indígenas. En este sentido, en *Cuentos andinos* se distinguen dos tipos de personajes indígenas: por un lado, aquéllos que son capaces de reinvindicarse por sus propios medios; y por otro, las mayorías, que aparecen sumisos y humildes (Carrillo 48). El primero de estos tipos posee la capacidad de iniciativa y es configurado — con excepción de Ishaco en "Cachorro de tigre" — no sólo por rasgos indígenas sino también por otros, raciales o culturales, provenientes del grupo dominante. Así lo demuestra, por ejemplo, el illpaco Juan Jorge, que es un tirador de gran destreza y un mestizo, en el cuento "El campeón de la muerte"; o Aparicio Pomares (un aculturado porque perteneció al ejército) calificado como "bizarro y de mirada vivaz e inteligente" (64), y capaz de arengar y conducir a la lucha a un grupo de indígenas en "El hombre de la bandera"; o Juan Aponte, también un ex-miembro del ejército y semantizado como un personaje diferente y superior a los otros indios: "El dueño del fundo le miró [a Aponte] de alto a bajo y al ver a un mozo fuerte, de aire avisado y resuelto, muy distinto de los otros indios que le trabajaban la tierra (...) no tuvo reparo en aceptarlo ..." (83). Por consiguiente, el personaje indio que es valorado y admirado en *Cuentos andinos* posee tal valoración porque en él existen componentes — raciales o culturales— del grupo dominante.

El indio de las mayorías, sin embargo, es construido por medio de un conjunto de rasgos semánticos que expresan una imagen peroyativa. En primera instancia, se lo representa como una raza "dormida" (en contraste a la capacidad de iniciativa de los aculturados): "Había bastado la voz de un hombre para hacer vibrar el alma adormecida del indio ..." (70); "Y así fue enterrado el indio chupán Aparicio Pomares (...), que supo (...), sacudir el alma adormecida de la raza" (74). Ambas citas también connotan la posibilidad de un "despertar". Sin embargo, para López Albújar el "despertar" se produce cuando el indio asume y defiende causas que le pertenecen a los mistis: el ejemplo más claro se encuentra en "El hombre de la bandera" que relata la lucha de las comunidades indígenas no por sus propios intereses sino por los del grupo dominante.

En segundo lugar, en *Cuentos andinos* el grupo indígena es configurado como uno que no tiene la posibilidad de representarse a sí mismo. López Albújar construye una imagen del otro como una entidad que necesita ser dirigida por el sector mestizo o aculturado. Así lo ejemplifican el sacerdote que pelea por el pueblo en "La mula de taita Ramun"; o el indio Liberato Tucto en "El campeón de la muerte" que no puede vengarse por sí mismo y necesita que un mestizo lo haga por él; o las comunidades indígenas en "El hombre de la bandera" que son "despertadas" y lideradas por Pomares, un aculturado.

En tercer lugar, López Albújar asocia la cultura indígena con la imagen de lo "bárbaro". Tal construcción imaginaria se genera, en primer lugar, al negarle el uso del pensamiento racional y concebir las creencias del otro como supersticiones: "Y he aquí lo que me contó el indio más taimado, más supersticioso" (19); y en otro relato el narrador comenta:

> ... fué la superstición, todo ese cúmulo de irracionales creencias con que parece venir el indio al mundo y a las que el ejemplo, la fe de sus mayores, las leyendas de los ancianos, la bellaquería de los sortilegios y hechiceros, se encargan de alimentar desde la infancia (81).

Asimismo, la imagen de lo "bárbaro" se sustenta al construir al otro como una entidad que resuelve sus conflictos por medio de la violencia. El ejemplo más notorio es el cuento "Ushanan-jampi" en el se concibe la administración de justicia en el mundo andino como un acto cruel y sangriento. Creo que estos dos rasgos semánticos que elaboran la imagen de "barbarie" en *Cuentos andinos* —la violencia y la superstición—, se explican porque López Albújar valora e interpreta los hechos producidos en una cultura ajena a la suya bajo los patrones de la propia, con lo cual, distorsiona y deforma el significado que poseen en el mundo andino.[3]

## RECHAZOS Y SEDUCCIONES EN *NUEVOS CUENTOS ANDINOS*

*Nuevos cuentos andinos* es, en gran medida, una continuidad del primer libro de relatos de López Albújar. Detrás de cada historia se instala el deseo de dar a conocer al lector occidental los valores que gobiernan el mundo andino contrapuestos en ciertas ocasiones a aquéllos que provienen de la modernidad.

No sorprende que para López Albújar —juez de carrera— sea la justicia el valor que con mayor frecuencia se refleje en sus relatos. En cierto sentido, para este escritor indigenista un grupo cultural se define a partir de la manera en que administra justicia. Y en el caso de *Nuevos cuentos andinos*, hacer justicia se representa como un acto de violencia que en más una ocasión ingresa dentro de los linderos de la antropofagia. Por ejemplo, en el cuento "Huayna-Pishtanag", el protagonista indígena es asesinado por los perros de un terrateniente: "—¡Taita Miguel, taita Miguel!, tus perros han cogido a Aureliano allá abajo y se lo están comiendo" (59); o en el cuento "El blanco", se describen las prácticas de tiro sobre la cabeza de un delincuente muerto como un acto de justicia; o en el cuento "Como se hizo pishtaco Calixto", en el cual el Alcalde del pueblo ordena que exhiban la cabeza de un criminal en la plaza.

A diferencia de Ushanan-Jampi en *Cuentos andinos*, donde la violencia proviene de la comunidad indígena, en este segundo libro de relatos de López Albújar, la violencia es representada como un elemento que surge del ambiente andino pero que es llevada a cabo tanto por los indígenas como por los mistis. Es, en última instancia, el ambiente de la sierra y no el grupo étnico en sí lo que hace que el sujeto se transforme en "bárbaro". Asimismo, en el relato "El blanco" a partir de la representación de la antropofagia como parte del ejercicio de justicia, se ponen en claro contraste las normas del mundo andino con las de la ciudad: "—[...] Derecho ... ¡Qué ricos tipos esos maestritos de San Carlos! ¡Ya quisiera verlos por acá para que digan de qué les sirve su derecho!" (73). Como otros textos de la literatura latinoamericana —pienso en *Facundo* y *Doña Bárbara* por citar sólo dos de los casos más conocidos—, en este relato de López Albújar el mundo de la ciudad es gobernado por la ley, y el del campo por la violencia: "—[...] ¿Qué mejor derecho para defender por acá nuestro derecho que una buena carabina y un corazón resuelto y firme?" (73). Sobre esta dicotomía se instalan dos procedimientos de transmisión del "poder" y del "saber" que enfatizan la diferencia entre el "civilizado" y el "bárbaro": la ley es un texto escrito; las normas del campo se conocen por medio de la oralidad.

A su vez, en este conjunto de relatos subyace por momentos una atracción y admiración por lo andino. Así sucede en "Huayna-Pishtanag" a partir de el vínculo de simpatía que se establece entre el narrador y la joven pareja indígena que vive y lucha por un amor censurado por el terrateniente. López Albújar no sólo se identifica con los personajes indios en este cuento, sino que califica al misti de "bárbaro" ya que su egoísmo es capaz de conducirlo a actos de brutal violencia. En "El brindis de los yayas", se hace una distinción clara entre los indios ancianos descritos con distancia y como grupo maquiavélico, y el joven indio calificado como "justo", de quien se representa no sólo su exterior sino también sus conflictos internos, y cuyo proyecto es incorporar a la comunidad elementos del mundo moderno pero manteniendo el respeto por las tradiciones andinas. En el relato "El blanco", finalmente, se admira la fortaleza del hombre de la sierra: "... pero el cholo serrano es más duro de pelar que el cholo costeño y hasta tiene al frío en su favor" (72).

En todo caso, en *Nuevos cuentos andinos* se refleja constantemente un juicio de valor sobre lo narrado. No se establece un catálogo de buenas y malas conductas, pero los acontecimientos relatados son punto de partida para expresar rechazo o atracción ante las normas que gobiernan el mundo andino.

## Narrador y lenguaje en *El hechizo de Tomaiquichua*

A diferencia de la narrativa breve de López Albújar o de su novela *Matalaché, El hechizo de Tomaiquichua* no ha sido objeto de detenidos estudios por la crítica literaria. La novela narra dos historias de amor que representan el intento y fracaso de un proyecto populista. Como todo texto indigenista, es una novela relatada desde un perspectiva exterior al mundo andino. En ciertos pasajes, la visión del narrador se identifica con el protagonista, el doctor Quesada, quien explora las sierra peruana; en otros, se abandona esta identificación, pero se mantiene siempre la perspectiva exterior (curiosamente, este punto de vista es también utilizado cuando se describe, y con cierta debilidad, el mundo de la alta burguesía limeña). Pese a esta visión del narrador, el mundo andino se refleja no como una entidad homogénea sino con determinadas diferencias étnico-sociales. Así, Ferrer es representado como un pequeño hacendado que posee otros subordinados a su cargo; Miquita y Rosario, no son completamente indias sino mestizas; y la mujer que trabaja en un restaurante se configura como un personaje puramente indígena que rechaza el mestizaje como si fuera un acto diabólico: "Porque sabrá'sté que la Micucha no tiene el bueno de ser india pura como nosotras. [...]. Por eso es tan maligna" (20).

El narrador en *El hechizo de Tomayquichua* se construye como un entidad semiótica cuya función es elaborar un tejido en el que se van ordenando los diálogos. Por lo tanto, los parlamentos de los personajes quedan en primer plano, y la voz del narrador permanece como telón de fondo pero no por ello es menos autoritaria. Dentro de esta estrategia quisiera referirme a dos ejemplos. Uno de ellos es el diálogo entre Andraca (quien ha sido calificado de tener problemas de salud metal) y el doctor Quesada. A primera impresión la escena se elabora como si fuera la relación entre paciente-psiquiatra en la que éste se limita a escuchar o hacer breves preguntas, mientras la imagen de aquél se construye a partir de lo dicho. Pero es también una relación especular en la que el psiquiatra al conocer a Andraca empieza a descubrir en sí mismo cierta curiosidad por otra cultura. En efecto, al escucharlo reconoce (y admira) a un sujeto que ha quebrado las normas de su propia cultura y que revela e invita al culto de los valores del mundo andino. Claro, posteriormente se descubre que tanto la renuncia de Andraca a lo propio como la aceptación de la otredad son parciales y su relación con lo indígena encarna una contradicción irresuelta.

El otro diálogo al que quiero referirme está compuesto por el doctor Quesada y una mujer india. Este personaje, en primer lugar, se configura no tanto por lo narrado sino por la manera de narrar, con lo cual se enfatiza su verosimilitud, y en segundo lugar, sustenta su sabiduría en el saber oral: "dicen, por eso digo" (18). Se elaboran así, diversas texturas lingüísticas que conviven pero se excluyen mutuamente: tanto el lenguaje del doctor Quesada como el de la mujer india se basan en la coloquialidad pero son dos registros completamente distintos cuya puesta en práctica elabora sujetos diferentes que contrastan entre sí. Evidentemente, detrás de estas dos versiones de lo coloquial se instala la voz del narrador caracterizada por la escrituralidad y possedora del suficiente poder como para articular los parlamentos de los personajes.

ALEGORÍA, MESTIZAJE Y PROYECTO NACIONAL

El hechizo de Tomaiquichua se organiza y expresa la problemática de culturas en contacto a partir de dos historias amorosas. La primera de ellas, narra la relación entre Andraca y Miquita; la segunda, entre el doctor Quesada y Rosaura. En ambas, los personajes masculinos son jóvenes profesionales educados en Lima, mientras los femeninos tienen sus raíces en la sociedad andina. Asimismo, Andraca y Miquita — la primera pareja— se caracterizan por ser sujetos periféricos en sus respectivos grupos. Aquél rechaza y desprecia la vida limeña que califica de superficial, y a su vez, su familia y su grupo social lo considera como un sujeto que ha perdido la cordura por haber abandonado las comodidades de la capital por las costumbres andinas. Miquita, por su parte, es una marginal dentro de la sociedad andina ya que no es india sino mestiza, y esta característica étnica de impureza racial hace que ella sea —desde la perspectiva de los personajes indígenas— un sujeto que bordea lo diabólico. La marginalidad de ambos personajes permite que ellos se conozcan y construyan un mundo hermético y aislado de sus sociedades. Asimismo, ser convivientes y no tener ningún interés en legalizar su relación a través del matrimonio, es uno de los rasgos que enfatiza su opción por no integrarse ni al mundo occidental ni tampoco a la sociedad andina.

La segunda historia amorosa nace a partir de la influencia de Andraca sobre su amigo, el doctor Quesada, y del vínculo de hermandad entre Miquita y Rosaura. Si por un lado, esta relación no llega a producirse en el terreno sexual, por otro, la de Andraca y Miquita carece de hijos, es infecunda.

Detrás estas relaciones amorosas se instala otro nivel semántico: ambas representan una división de la elite capitalina que busca construir un proyecto de identidad nacional cuya amplia base se encuentra en el mundo andino.[4] Tal articulación de los grupos indígenas por cierto sector de la nueva elite profesional de la capital, implica un proceso de "nivelación" del sector popular a través de la instrucción y educación impuestas por las capas urbanas (esta característica se ve claramente reflejada en la relación entre Andraca y Miquita). En este sentido, el futuro sujeto nacional, el futuro ciudadano, estaría construido a partir de una síntesis armoniosa de ambas razas, aunque educado dentro de los modelos citadinos. Visto así, las características de frivolidad y superficialidad de la mujer limeña hacen que ésta sea incapaz (o infecunda) para crear al nuevo ciudadano. La mujer andina, en cambio, representa el espacio que debe ser fecundado y de allí la abundacia de comparaciones en la novela entre el cuerpo femenino y la naturaleza de la sierra.

Sin embargo, este proyecto de síntesis entre ambas culturas está condenado al fracaso. Tal frustración se refleja en el destino de las dos relaciones amorosas que se narran en la novela. Por un lado, Andraca y Miquita nunca llegan a casarse (su vínculo queda en los límites de la ilegalidad) y no tienen la posibilidad de tener hijos. Por otro lado, la relación entre el psiquiatra y Rosario también termina en el fracaso. Y no sólo eso, Rosario reconoce determinadas cualidades en Ferrer (un antiguo pretendiente del pueblo) y opta por quedarse con él, rechazando al doctor capitalino que ha regresado a la sierra con el propósito de proponerle matrimonio. Definitivamente, este cambio de actitud de Rosario refleja tanto el rechazo de los grupos populares a un proyecto de nación conducido por cierto sector de elite capitalina, como también la necesidad y preferencia por dirigir su propio destino.

A manera de conclusión es posible afirmar que la ambigüedad ante lo andino reflejada en la narrativa indigenista de López Albújar expresa el deseo de construir una imagen de nación donde se fusionen las diferentes sociedades que coexisten en el Perú, pero sobre todo, expresa la falta de viabilidad y fracaso de tal proyecto, lo cual, y de manera inevitable, acentúa e intensifica las diferencias ante la otredad. Es precisamente esta imposibilidad de alcanzar una síntesis utópica que deja al descubierto el mutuo rechazo de dos mundos culturales, lo que permite afirmar que la narrativa indigenista de López Albújar expresa con certeza las irreconciliables escisiones y fracturas en la estructura social peruana.

NOTAS

[1] Al respecto coinciden Escobar, Nuñez y Oviedo.
[2] Para Cornejo-Polar, el sistema ideológico que preside la elaboración de *Cuentos andinos* y *Nuevos cuentos andinos* no es fácil de determinar, pero en todo caso, la obra de López Albújar difiere del indigenismo que se construye a partir de *Amauta* (1980: 52-53).
[3] Sobre este fenómeno cultural en América Latina, véase Rama.
[4] Definitivamente, parto de la tesis de Doris Sommer sobre la novela latinoamericana del siglo XIX. Sommer propone que en buena parte de esta narrativa se representan las relaciones amorosas heterosexuales como una alegoría de la nación.

BIBLIOGRAFÍA CITADA

Basadre, Jorge. *Historia de la República del Perú*. Tomo XV. Lima: Editorial Universitaria, 1968.
Carrillo, Francisco. "Los aciertos indigenistas de Enrique López Albjúar". *Revista Peruana de Cultura* 11-12 (1967): 147-158.
Castro Arenas, Mario. *La novela peruana y la evolución social*. Lima: José Gocdard editor, s/f.

Cornejo-Polar, Antonio. *Escribir en el aire. Ensayo sobre la heterogeneidad socio-cultural en las literaturas andinas.* Lima: Editorial Horizonte, 1994.

_____ *Literatura y sociedad en el Perú: la novela indigenista.* Lima: Editora Lasontay, 1980.

Escajadillo, Tomás. *La narrativa de Enrique López Albújar.* Lima: CONUP, 1972.

Escobar, Alberto. *La narración en el Perú.* Lima: Editorial Juan Mejía Baca, 1960.

López Albújar, Enrique. *Cuentos andinos.* Lima: Editorial Juan Mejía Baca, 1950.

_____ *El hechizo de Tomaiquichua.* Lima: Ediciones "Peruanidad", 1943.

_____ *Nuevos cuentos andinos.* Santiago de Chile: Ediciones Ercilla, 1937.

Mariátegui, José Carlos. *Siete ensayos de interpretación de la realidad peruana.* Lima: Biblioteca Amauta, 1964.

Nuñez, Estuardo. *La literatura peruana en el siglo XX (1900-1965).* México: Editorial Pomarca, 1965.

Oviedo, José Miguel. *Narradores peruanos.* Caracas: Monte Ávila, s/f.

Rama, Ángel. "El área cultural andina (hispanismo, mesticismo, indigenismo)". *Cuadernos Americanos* (1974): 136-73.

Sánchez, Luis Alberto. *La literatura peruana, derrotero para una historia cultural del Perú.* Tomo 5. Lima: Editorial Juan Mejía Baca, 1981.

Sommer, Doris. *Foundational Fictions. The National Romances of Latin America.* Berkeley and Los Angeles: University of California, 1991.

Vargas Llosa, Mario. "José María Arguedas y el indio". *Casa de las Américas* 26 (1964).

# Mariátegui y las colaboradoras de *Amauta*

Eugenio Chang-Rodríguez
*Queens College-Graduate School,*
*City University of New York*

José Carlos Mariátegui (1894-1930), tuvo un constante interés en el papel intelectual y artístico desempeñado por la mujer en la transformación social. Un buen número de sus escritos muestra su preocupación por el tema así como la evolución de sus ideas sobre el mismo. En efecto, el discurrir de Mariátegui sobre la mujer en la lucha social colocan al autor en un puesto de avanzada dentro de la época. Que este interés surgió muy temprano lo comprueba "La semana de Dios" (8 de julio de 1912), una de sus primeras crónicas, donde sostuvo:

> La tiranía irresistible de su vanidad, las ha obligado a hermanar, en las ceremonias religiosas, el culto sagrado de las cosas divinas, con el culto de la moda [...] Las damas limeñas, muestran claramente su psicología de pecadoras creyentes en esta exteriorización de sus sentimientos religiosos [...] De la evolución femenina, que cada día mayores triunfos conquista, no tendremos aquí seguramente, el afán de las mujeres por obtener el derecho de votar, ni la fiebre por dedicarse a profesiones liberales. Las mujeres limeñas, serán siempre, deliciosamente inútiles y frívolas. Y así también, serán siempre adorables (*Escritos juveniles: La edad de piedra*, 2: *Crónicas*, 14-15).

Manifiesta semejante parecer casi dos años después en "Contigo lectora". Seducido por "tener que escribir para el público femenino", Mariátegui menciona el "tópico tan profundo como antipático del feminismo que quiere robar a las mujeres el natural encanto de su frivolidad y de su gracia y tornarlas en austeras tenedoras de libros o en grandílocuas oradoras de plazuela", para luego continuar:

> A veces, amable lectora, se nos ocurre, y no sin razón que la inventora de las más antipáticas de estas teorías, debe haber sido alguna 'nurssy' fea que jamás saboreó el halago de un requiebro, o alguna cuarentona calabaceada [...] Si no existiesen mujeres bellas y graciosas no se habría producido la guerra titánica de Troya y no tendríamos, en consecuencia, la epopeya de Homero; Dante, sin Beatriz, se habría dedicado seguramente a catedrático de astrología o de latín, y ni Cervantes habría escrito el Quijote porque le habría faltado Dulcinea (2:38).

De esta percepción de la mujer tan generalizada en su medio, el escritor desarrollará, después del primer año de residir en Europa, una clara empatía al papel femenino en la sociedad moderna. En esta primera etapa le rinde homenaje a Delmira Agustini el 9 de julio de 1914, con motivo de su trágica muerte en el Uruguay, tierra natal de "este elevado exponente" de la "intelectualidad femenina" (2:152). Su aproximación ambivalente al tema continúa por varios años. Se ocupa con gran simpatía de artistas como Sarah Bernard ("El ocaso de una gloria" del 24 de febrero de 1915, 2:41-43) y Tórtola Valencia (9 de diciembre de 1916, 2:132-34), de las pacifistas (2 de mayo de 1915, 2:241-42), de las gitanas (23 de febrero de 1917, 2:135-38), así como de la concesión de derechos políticos a las uruguayas (4 de julio de 1914, 2:165-66). El joven Mariátegui escribía para una sociedad donde la mayoría de las mujeres admitía poca simpatía por el feminismo. Si bien aceptaban el lento mejoramiento de la condición de la mujer, por lo general las ideas feministas más avanzadas las asustaban.

Como los primeros artículos periodísticos del joven Mariátegui se caracterizan por su sencillez y claridad derivada de los períodos cortos, al escribir sobre la mujer durante esta etapa de su desarrollo, no pudo evitar la frivolidad en las frases coloridas, llenas de gracia, ingenio y humor sutil. El periodista derrocha observaciones impresionistas sobre acontecimientos inusitados y raros, aun cuando la adjetivación romántica la temple con imágenes auditivas, los sustantivos sean calificados por varios adjetivos y las oraciones cortas se enlacen armoniosamente. Según admisión propia, en esta primera etapa periodística, sus crónicas adolecían de frivolidad, snobismo, exotismo y nostálgica evocación del pasado.

Empero las primeras crónicas sobre la mujer escritas por Mariátegui en el viejo continente todavía conservan rasgos ambivalentes. Así lo revela al ocuparse de las mujeres del primer país europeo que visitó: "Abundan en la literatura francesa, como ... en las demás literaturas, las manifestaciones de ese diletantismo femenino que favorecido por los privilegios del sexo, se desmanda a su antojo en la revista y aun en el libro ..." (Publicado el 23 de agosto de 1920, *Cartas de Italia*, 1969:179). En otro artículo de esa época escribe con ironía:

> La mujer no ha nacido para juez. Ha nacido, en todo caso, para abogado. Sus aptitudes para el casuismo, para el enredo, para lachicanería, son extrordinarias ... yo no creo que las mujeres tengan mucho interés en ser jueces ... El sufragio femenino dará generalmente su voto por los hombres. Y, aunque los hombres somos ordinariamente poco cuerdos, no se nos antojará dar nuestro voto por las mujeres (Publicado el 3 de setiembre de 1920, *Cartas de Italia*, 1969:182-83).

Al informar sobre "Las mujeres de letras de Italia", tras insistir en el "diletantismo femenino", hacen un deslinde entre "poeta" y "poetisa" para aceptar que a Ada Negri se la califique con el primer adjetivo, el preferido hoy día por la crítica (publicado el 12 de octubre de 1920, *Cartas de Italia*, 1969:192). En este artículo y en otros remitidos de Europa, comenta la información periodística con sagacidad y buen sentido de humor, y firma con su seudónimo favorito: Juan Croniqueur.

Al retornar de su periplo europeo de casi cuatro años, Mariátegui define claramente su posición frente a las artes y la mujer. Para entonces ya había ubicado a la literatura en el mismo sitial que la había puesto Marx: al nivel de los otros quehaceres humanos, puesto que ella se alimenta y se apoya en la sociedad de donde emana: la literatura no es independiente de las demás categorías de la historia (*7 ensayos*, 1976: 210). A la nueva orientación estética le sigue de manera paralela un cambio estilístico y una nueva visión ante la mujer. Cultivador de la poesía, Mariátegui enriquece ahora la prosa con metáforas e imágenes impactantes para subrayar su intención revolucionaria; y, para ser mejor entendido, se inclina a la antítesis. Desde entonces Mariátegui dejó que la política orientara su quehacer artístico, cuidándose, sin embargo, que algunas de sus coordenadas estéticas y sentimentales permanecieran con él para temperar su ideología. Es entonces cuando su empatía al feminismo se manifiesta definitivamente en "La mujer y la política" (*Variedades*, 15 de marzo de 1924). En este breve ensayo, distanciado de su antigua aproximación al tema, el escritor luce una postura ideológica diversa:

> Uno de los acontecimientos sustantivos del siglo veinte es la adquisición por la mujer de los derechos políticos del hombre. Gradualmente hemos llegado a la igualdad política y jurídica de ambos sexos ... Su participación en los negocios públicos ha dejado de ser excepcional y extraordinaria (*Mariátegui total*, 1:398).

Reafirma su pensamiento en escritos posteriores, particularmente en "Las reivindicaciones feministas" (*Mundial*, 19 de diciembre de 1924). En éste reconoce que en el Perú laten las primeras inquietudes feministas al establecerse algunas células promotoras de este movimiento y explica que "El feminismo, como idea pura, es esencialmente revolucionario (*Mariátegui total* 1:400-401). Este reconocimiento lo conducirá a dedicar muchas páginas de *Amauta* (1926-30) a temas feministas. La presencia de la mujer en forma de escritos por ellas o sobre ellas, y en expresiones de su estética, ya literaria ya artística, evidencian cómo el tema femenino constituía una preocupación importante dentro de los múltiples intereses de Mariátegui. La revista reprodujo dibujos, fotos, grabados y cuadros de mujeres y de obras plásticas de artistas famosas o por distinguirse. *Amauta* publicó poemas de, entre otras, Magda Portal, Blanca Luz Brum, María Wiesse, Blanca del Prado y Juana de Ibarbourou.[1] Una breve explicación de los ideales que estas autoras compartían con Mariátegui ayuda a apreciar su presencia en *Amauta*.

Premiada en los juegos florales de la Universidad de San Marcos (1923), Magda Portal (1903-89) colaboró con poemas y cuentos a partir del segundo número de la revista (2:20); también asistió con frecuencia a las tertulias literarias en la casa del director situada en la calle Washington Izquierda, ahora convertida en Museo del Instituto Nacional de Cultura. Mariátegui la ayudó en la edición del poemario *Una esperanza y el mar* (1927) poco después que la policía la capturara y deportara, junto con otros acusados de participar en un "complot comunista", pese a su decidida militancia aprista. Para ayudarla a aliviar el destierro, Mariátegui le escribió al cubano Emilio Roig de Leuchsenring el 24 de junio de 1927:

> Los poetas Serafín del Mar y Magda Portal, que tienen toda mi estima personal y artística, le llevan mi saludo y el de los redactores de *Amauta*. Son nuestro mensaje vivo. No tienen otra credencial que su obra. Acójanlos Uds. como auténticos representantes de la vanguardia del Perú que vive su hora de más duro combate (*Correspondencia* 1:292).

En contraste con quienes encontraron en sus versos la "ternura" de Gabriela Mistral, el "lirismo" de Juana de Ibarbourou y el tormento de Alfonsina Storni, adjetivos tradicionales para caracterizar la poesía compuesta por mujeres, Mariátegui opinó en 1926:

> Magda Portal es ya otro valor-signo en el proceso de nuestra literatura. Con su advenimiento le ha nacido al Perú su primera poetisa [...] Conviene entenderse sobre el término. En nuestra época, las mujeres ponen al fin en su poesía su propia carne y su propio espíritu. La poetisa es ahora aquella que crea una poesía femenina [...] La poesía, un poco envejecida en el hombre, renace rejuvenecida en la mujer (*Mariátegui total* 1:144-45).

Otra colaboradora de *Amauta* fue Blanca Luz Brum (n. 1907), poeta uruguaya, esposa del vate postmodernista peruano Juan Parra del Riego (1894-1925), de larga residencia en Montevideo. Ella y César Alfredo Miró Quesada [César Miró] dirigieron la revista de poesía *Guerrilla*. Dos poemas de esta autodenominada "intelectual revolucionaria" (*Correspondencia* 2:688), "La noche" y "Lo que son", fueron reproducidos en el segundo número de *Amauta* (2:16), ilustrados con sendos dibujos, uno de la autora, firmado por un pintor de apellido Vallejo, y otro, de una mujer semi desnuda en el bosque, trazado por Henri Matisse. En una carta de Santiago de Chile (1º de febrero de 1928), la viuda de Parra del Riego le contó a Mariátegui algo de lo que ocurría por entonces en esa capital y le envío un poema dedicado a Nicaragua (*Correspondencia* 2:346-47). *Amauta* publicó el poema "Nicaragua" el 13 de marzo de 1928 (13:18). Poco después, ya desde Buenos Aires, otra carta de la poeta al ensayista revela más claramente el grado de estimación que le tenía: "Seoane, Miró Quesada, Cisneros[2] y yo, aquí todos los días hablamos de Ud. con todo el respeto y la idolatría que le tenemos... Reviviremos nuestros días jubilosos del Perú" (*Correspondencia* 2:494). En otra carta, esta vez remitida desde México, le confirma que trata de reivindicarse de su vida de "intelectual revolucionaria" para ir a trabajar en una fábrica (*Correspondencia* 2:688).

Entre las autoras de buen número de trabajos cortos y largos, se encuentra María Wiesse (1893-1964), esposa de José Sabogal (1888-1956), pintor que sugirió el nombre *Amauta* y diseñó sus carátulas. Esta importante escritora peruana de la primera mitad del siglo XX, es autora de *Mariátegui: etapas de su vida* (1945). A "San Francisco de Asís y nuestro siglo" (2: Sección "Libros y Revistas", 3), su primer trabajo en la revista, le siguieron varios más. Otra colaboradora fue Blanca del Prado (1903-80), poeta arequipeña, esposa del pintor argentino José Malanca,[3] a quien conoció en la casa de Washington Izquierda. Cuandó ésta viajó a Santiago, llevó consigo cartas de Mariátegui a las chilenas Julia García Games y Sara Hubner; en una de estas misivas el amigo peruano la llama "embajadora de *Amauta*". En otra misiva suya, dirigida a la amiga ya establecida temporalmente en Santiago de Chile, le dice: "El último número de la revista trae un poema de Ud. Que no nos falte su colaboración". Se refería a sus "Poemas Caima" (*Amauta* 28:18-19) (*Correspondencia* 1:700). De Carmen Saco (1882-1948), enviada a Europa por el Presidente Augusto B. Leguía a perfeccionarse en escultura, pero más tarde activa en el "Socorro Rojo", la revista publicó sus artículos de viaje, óleos y grabados. En el asalto policial a la casa de Washington Izquierda en 1929, Carmen Saco cayó presa en compañía de José Diez Canseco y otros artistas e intelectuales (*Correspondencia* 2:672). Angela Ramos (1896-1988), periodista peruana, activa en las décadas de los años veinte y treinta como luchadora social, escribió reseñas y comentarios sobre diversos *temas*.

Entre los poemas con temas femeninos publicados por *Amauta* se encuentran los de Juan Parra del Riego, Carlos Oquendo de Amat, Alejandro Peralta y Guillermo Mercado,[4] tres conocidas figuras literarias peruanas del período de entre guerras. La revista también publicó cuentos o fragmentos de cuentos de María Wiesse, Magda Portal, Angela Ramos y otras escritoras.[5] A petición de Mariátegui o por iniciativa propia, escribieron sobre literatura peruana o extranjera: María Wiesse, Blanca Luz Brum, Magda Portal, Angela Ramos, Carmen Saco y Emile Vandervelde.[6] Igualmente, aparecieron colaboraciones de Magda Portal y Carmen Saco[7] sobre la orientación y características generales de las artes plásticas. La revista acogió contribuciones de María Wiesse dedicadas a la música, al cine y a la educación.[8] También insertó crónicas de viajes[9] y artículos sobre temas pedagógicos y escritos por mujeres.[10]

Entre las intelectuales vinculadas a *Amauta* destaca Dora Mayer, autora de cinco artículos extensos, varias cartas y de la documentación del boletín de protesta indígena "El Proceso del Indigenismo", publicado al final de la revista a partir del número cinco. El espacio de sus artículos en *Amauta* añadidos al de otros dos aparecidos en *Labor*, publicación considerada como extensión de *Amauta*, abarcan un total de 16 páginas, más que el espacio dedicado a Marx.

Como se sabe, Dora Mayer (1868-1957) era oriunda de Hamburgo y llegó al puerto de El Callao a la edad de cinco años (Lostaunau 1994). Fue hija de Anatol Mayer, un alemán radicado en el Perú. En El Callao su madrastra la ayudó a ampliar su educación formal y al mismo tiempo orientó su temprana vocación de escritora racionalista. En su ciudad natal Dora Mayer publicó su primer libro: *A Life Contrast* (1895), novela en dos tomos escrita en inglés y firmada anagramáticamente con el nombre de Aroda Reym.

Desde 1900, Dora Mayer comenzó a publicar artículos en *El Comercio*, diario del cual su padre era corresponsal en El Callao. La favorable recepción de sus contribuciones le abrió las puertas de *La Prensa*, *La Crónica*, *El Tiempo* y otros periódicos y revistas de la capital peruana. Unos años después de la muerte de su padre (1902), colaboró con Pedro S. Zulen y Joaquín Capello en la fundación y dirección de la Asociación Pro-Indígena (1909-15), defensora de los mineros y campesinos empleados por empresas nacionales y extranjeras.[11] Con ellos editó desde 1912 el boletín *El Deber Pro-Indígena*, vocero mensual doctrinario de la Asociación.[12] Después de la muerte prematura de Zulen (27 de enero de 1925), Dora Mayer añadió el apellido de su amado al propio y se interesó en la sinología, lo cual la orientó a escribir a menudo en *Oriental*, revista mensual fundada en Lima en 1931.[13]

Esta peruana por adopción se entregó apasionadamente al indigenismo, al feminismo, a la fraternidad universal, a la paz internacional y a la ecología. En defensa de estas causas asistió a congresos internacionales y visitó Santiago de Chile, Buenos Aires, Londres, Roma, París, México y Panamá. Pese a su avanzada edad, la escritora se resistió a menudo a usar lentes, pues prefería vivir con un mínimo de lo que ella consideraba instrumentos artificiales de auxilio.[14]

Entre las muchas obras de Dora Mayer se encuentran: *La China silenciosa y elocuente* (1924); *La poesía de Zulen. In Memoriam* (1927); y *El indígena y su derecho* (1929).[15] Además, editó independientemente[16] varios opúsculos breves, folletos y artículos de pocas páginas y reimprimió *El Deber Pro-Indígena*.[17] Invitada por Mariátegui, colaboró en el primer número de *Amauta* con "Lo que ha significado la Pro-Indígena" (1:20-22), artículo sobre la asociación que fundó con Pedro S. Zulen. Este estudio ofrece su versión de los seis años de labor de esa organización nacional. Otro trabajo indigenista suyo, "La idea del castigo" (3:35-36), establece un paralelo entre el asesinato del abusivo comisario Dittman por el pueblo de Oroya, y la muerte del comendador a mano de los villanos recogida por Lope de Vega en *Fuente Ovejuna*. Como los villanos del drama áureo, los oroyanos fueron empujados a esa actuación por las arbitrariedades y la perversidad del comisario. La escritora explica que Dittman era un alcohólico causante de dos muertes; y añade que debía haber sido destituido de su puesto en la Peruvian Copper Corporation, empresa norteamericana para la cual trabajaba. Según la autora, Dittmann fue responsable de su propia muerte, porque cuando la sociedad es cómplice de los delitos que se cometen, "no tiene derecho a castigar acciones en cuya gestación ha participado" (3:36).

En "Frente al imperialismo" (6:2-3), Dora Mayer se opuso rotundamente al proyecto de crear un protectorado yanqui sobre las provincias de Tacna y Arica y el establecimiento en la zona de una base naval del Tío Sam, "nuestro avariento protector" (6:2). Con profunda convicción, declaró: "antes que los norteamericanos, los sudamericanos" (6:3). Asimismo advirtió: "El protectorado es el primer y disimulado avance que dan las potencias hábiles", deseosas de "apropiarse de los pueblos pequeños y confiados" (6:3). En "América para la humanidad" (9:14-16), la autora declaró que en lugar del monroísmo propuesto por los Estados Unidos, ella favorecía el lema de Mitre recogido en el título de su artículo. El interés en la paz la llevó a escribir "La fórmula Kellog" (5:9-10) acerca de una propuesta de los Estados Unidos para solucionar el conflicto chileno-peruano desde la Guerra del Pacífico (1879-83).

En "El problema religioso en Hispano América [sic]" (10:59-62) trató de las reformas que en México guíaban la labor de los misioneros laicos. Aunque favorece la nacionalización de la Iglesia, la autora se pronunció a favor del "sentido de adaptación de la Iglesia Católica". Luego advirtió contra la expansión del protestantismo que podía ser aprovechada por el imperialismo yanqui: "La Iglesia Católica es nuestro baluarte, celemos esta fortaleza, perfeccionémosla, aprovechemos toda piedra para enmendar sus desperfectos ... El Creer es la única fuerza capaz de ser fuerza constructora" (10:62).

*Amauta* publicó dos cartas dirigidas a Dora Mayer de Zulen. En la primera (2:39-40), remitida desde Quito, el sociólogo ecuatoriano Angel M. Paredes sostiene que cada raza tiende al desarrollo de ciertos aspectos de la cultura total aunque el papel cumplido por cada una sea tan respetable como el de las demás. En su misiva de respuesta al ecuatoriano (2:40), Dora Mayer refuta suavemente algunos de los conceptos del ecuatoriano, se declara asianófila y antiyanqui y le anuncia una nueva remesa de su libro sobre la China [*China silenciosa y elocuente*]. Su decidida posición antinorteamericana la llevó a recoger aquí la equivocada creencia del beneficio que Latinoamérica podría derivar de la rivalidad yanqui-nipona. La segunda carta, de Ernesto Quesada (5:42-43), comenta las ideas expresadas por la escritora en su opúsculo *Tacna y Arica*.

Como se ha notado, José Carlos Mariátegui también publicó dos artículos de Dora Mayer de Zulen en *Labor* (1928-29), quincenario de ocho páginas editado como complemento de *Amauta*, cuyos diez números contienen crónicas de ideas en acción más que sucesos. En el primero, "El Júpiter de América" (*Labor* 4:5-6), la autora expresa su oposición al imperialismo norteamericano, promotor del arbitraje del diferendo chileno-peruano y de la internacionalización de Arica. En uno de sus párrafos, la articulista aconseja: "No nos indignemos con Yanquilandia cuando nos gana la partida; indignémonos con nosotros mismos por no haber sabido poner en jaque a tan respetable jugador". Frente a la propuesta norteamericana, la escritora ofrece la suya a peruanos, chilenos y bolivianos: a) teniendo en cuenta la honra propia y de sus héroes, los tres países deben reconciliarse; b) Chile debe devolver Tacna y Arica al Perú porque le costaría menos que ser tributaria de Yanquilandia; 3) se debe organizar la Confederación de las Cinco Repúblicas del Pacífico. Tras expresar pesimismo sobre el acatamiento de estas recomendaciones, la autora resalta la importancia del retorno de Arica al Perú, como siglos atrás Calais fue devuelto a Francia ya que "Elocuente es el lamento de una madre por el hijo de sus entrañas, pero no lo es la lágrima de una gitana por una criatura que tiene secuestrada" (*Labor* 4:6). El segundo artículo es "Matrimonio, desposorio y enlace" (*Labor* 7:2). Después de discutir las diferentes acepciones de los dos primeros términos, la autora concluye que ninguno de ellos es aplicable a su "unión" con Pedro S. Zulen. Como no se realizó el casamiento ni tampoco se había desposado con él, Dora Mayer acepta el término "enlace".

Otra colaboradora de *Amauta* fue Isabel Sánchez Concha de Pinilla (1889-1977), autora y actriz principal en la primera película cinematográfica peruana, *Del matrimonio al manicomio* (1913). El tercer número de *Amauta* incluye su ensayo "La Pascua del Sol: Intip Raymi" (3:30-31), acompañado de dos ilustraciones de Elena Izcue, pintora indigenista, discípula de Daniel Hernández (3:30-31). Al final de ese mismo número, Angela Ramos contribuyó con su reseña de *Religión de amor y de belleza* (Sao Paulo, 1926), de María Lacerda de Moura (3: "Libros y Revistas": 3). Después publicará otros trabajos, como su análisis de *Hombres y máquinas*, de Larisa Reissner (27:83-86), una crónica de revistas (3, "Crónicas y Revistas": 4), el artículo "El poeta de los ojos dorados" (4:33), la nota informativa "El viaje de Blanca Luz a México" (25:92-93) y su reminiscencia "La sonrisa de José Carlos" (30:34-35).

Para Mariátegui, la dinámica entre literatura y sociedad genera una interdependencia enraizada en la función ética propia de las dos: ésta permitía convertir a la literatura en vehículo de la ideología revolucionaria. Por eso vio a las letras como un arma de combate, como un instrumento extremadamente efectivo en la lucha social. En particular cuando se unificaban e integraban perspectivas diferentes para condicionarlas a su propio credo y así lograr los objetivos trazados, tal y como hizo con las colaboraciones solicitadas o remitidas espontáneamente a *Amauta*. Las escritoras comprometidas con el cambio social, cuyas contribuciones hemos comentado, recalcaron en sus escritos la herencia cultural peruana y expresaron sus puntos de vista sobre el feminismo y el indigenismo. Aunque sobrestimó las posibilidades del surrealismo, el director de *Amauta* se mantuvo fiel a una estética amplia, abierta a las múltiples corrientes literarias y artísticas de la época, priorizando, por supuesto, su preferencia socialista. La apertura de *Amauta* al feminismo y al indigenismo coadyuvó al esfuerzo hercúleo de conseguir los objetivos trazados en el primer editorial de la revista. Tal como Mariátegui lo sintió y ejecutó: la Revolución en el Perú y el Frente Unico en la cultura requieren el aporte de los pensadores, creadores, escritores y artistas de ambos sexos.

NOTAS

[1] Ponemos en paréntesis los números de *Amauta* y de las páginas donde aparecieron los poemas de Magda Portal (2:20, 9:33, 25:18-23), Blanca Luz Brum (2:16, 5:34-35. 6:26 y 28, 7:32, 9:19, 10:58, 11:19, 13:18, 15:19, 16:27, 17:83-84, 18:76, 25:36), María Wiesse (15:29), María Rosa González (4:16), Blanca del Prado (23:17-20, 25:27, 26:13, 27:56, 28:18-19, Juana de Ibarbourou (20:37), Edgarda Cadenazzi (15:23), Graciela Garbalosa (10:58), María Monvel (12:25), María Elena Muñoz (16:30-31) y Giselda Zani (22:16).

[2] Se refiere a Manuel Seoane, César Miró, y Fernán Cisneros, hijo del poeta Luis Fernán Cisneros (1883-1954).

[3] José Malanca (1897-1972) fue uno de los principales fotógrafos de José Carlos Mariátegui. Colaborador de *Amauta*, sus obras fueron comentadas en la revista.

[4] Juan Parra del Riego (6:25), Carlos Oquendo de Amat (20:56) Alejandro Peralta (4:9) y Guillermo Mercado (12:11).

[5] María Wiesse (10:35-36, 14:17-21, 15:29, 16:28, 23:40-47, 26:13-16), Magda Portal (1:33), Angela Ramos (4:33) y Amanda Labarca (20:63-72).

[6] María Wiesse (4:11-12, 13:42, 14:43, 16:43, 18:98, 19:102-103, 20:100, 21:41-42, 22:99-100, 24:103, 25:100 y 102, 28:103-104, 29:101-102), Blanca Luz Brum (23:104), Magda Portal (7:28, 11:41, 23:100-102), Angela Ramos (3:43-44, 25:92-93), Carmen Saco (15:27) y Emile Vandervelde (18:6).

[7] Magda Portal (5:12) y Carmen Saco (9:24, 27:17-20).

[8] A la música (8:12-13, 19:74-75, 20:99-100, 22:99-100, 26:98-99, 29:102-103), al cine (12:24-25, 23:104) y a la educación (5:33-34).

[9] Como las de Larisa Reissner (25:1-11) y Carmen Saco (10:35, 11:31-33, 13:27-28).

[10] Como los escritos de Gabriela Mistral (10:4-5, 12:32), Miguelina Acosta Cárdenas (11:99-100, 12:38-39) y María Judith Arias (23:23-24, 24:65-74).

[11] Para una buena contribución al conocimiento de esa organización, cf. Wilfredo Kapsoli (1980).

[12] En los 51 números que Dora Mayer dirigió de 1912 a 1917, además de sus notas editoriales y comentarios, publicó algunos trabajos suyos, como "El drama de la selva" (1916-17) y "La historia de las sublevaciones indígenas en Puno" (1917).

[13] *Oriental* publicó muchos artículos de Dora Mayer de Zulen desde 1931 hasta poco antes de que la autora falleciera. Durante una década la visité y mantuve correspondencia con ella. En varias oportunidades me obsequió libros y opúsculos suyos y de Pedro S. Zulen, con generosas dedicatorias.

[14] Murió a los 91 años de edad en Bellavista, Callao, el 7 de enero de 1957. Cuatro de sus amigas cargaron su féretro: Angela Ramos, Irene Silva de Santolalla, Catalina Recavarren y Consuelo Bauer hasta la fosa C-12 del Tercer Sector, en el Cementerio Británico de Bellavista (Zanutelli 1994).

[15] Su extensa bibliografía incluye *Estudios sociológicos* (1907); *The Conduct of the Cerro de Pasco Mining Company* (1913), cuya versión castellana apareció al año siguiente; *Dos lustros de vida internacional* (2 vols, 1913); *El indígena peruano, a los cien años de república libre e independiente* (1921); *Una contribución al entendimiento del universo – Introducción a la teoría de las tres facultades mentales* (1925); *Zulen y yo* (1925); *Exposición de la teoría de las tres facultades mentales* (1926); el drama *Tacna y Arica, el Juez* (1926); *Los aspectos racionales del problema sexual* (1926) *El oncenio de Leguía* (1932); *La intangibilidad de las comunidades indígenas* (1936); *Temas actuales del Perú y el mundo* (3 vols, 1937-38); *El indígena y los congresos panamericanos* (1938); *Pro paz de Sudamérica* (1938); *El indigenismo* (1939); *América libre* (1941) y *Estudios sociológicos de actualidad* (1950).

[16] *Por la paz del mundo* (Callao: edición de la autora, 1950), 7 pp., publicada por la Empresa Editora *La Crónica* y *Variedades*, donde también se imprimieron las 9 pp. de *Por la paz del mundo: visión de un mundo mejor*, No. 2 (Callao, 1951), y *Los orígenes desapercibidos de las guerras: serie pro paz* (Bellavista, Callao, 1950), 4 pp. no numeradas. Asimismo, Dora Mayer editó otros dos folletos: 1) *En busca de paz. Publicación eventual de actualidad*, y 2) *El objeto de la legislación. Trabajo presentado al 4o. Congreso Científico, 1er Pan Americano*.

[17] Desde su primer número, de octubre de 1912, hasta el último, de diciembre de 1917 (Lima: ed. de Dora Mayer, 1921), 2 tomos, pp. 1-184 y 185-322, seguidas del "Indice del tomo de enero a junio de 1916 y de julio a diciembre de 1917 ( 7-10), y "Anales de *El Deber Pro-Indígena. Sección C: leyes y decretos relativos á* [sic] *la causa*. No. 1, Lima, 1914 (1-35).

BIBLIOGRAFÍA CITADA

Adolph, José B. *Dora: novela*. Lima: Peisa, 1989.

Kapsoli, Wilfredo. *El pensamiento de la Asociación Pro Indígena*. Cusco: Centro de Estudios Rurales Andinos "Bartolomé de las Casas", 1980.

L[ostaunau], A[lejandro]. "Mayer, Dora". Carlos Milla Batres, ed. *Enciclopedia biográfica e histórica del Perú. Siglos XIX y XX*. Lima: Editorial Milla Batres S. A., 1994. 6:228-31.

Mariátegui, Javier. "Una locura de amor: el 'caso' de Dora Mayer de Zulen". *Dominical de El Comercio* (Lima, 7 de febrero de 1993): 17-18.

_____ *Correspondencia*. Lima: Amauta. 1984. 2 ts.

_____ *Mariátegui total*. Lima: Amauta, 1994. 2 ts.

Mayer de Zulen, Dora. "El drama de la selva". *El Deber Pro-Indígena* 4.40 (1916):198-200; 4.41 (1916):235-36; 4.42 (1916):243-44; 4.44 (1916):259-60; 4.46 (1917):275-76; 4.47 (1917):283-84; 4.50 (1917):306-10; 4.51 (1917):312-22.

_____ *Exposición de la teoría de las tres facultades mentales*. Callao: Tipografía Lux, 1926.

_____ "La historia de las sublevaciones indígenas en Puno". *El Deber Pro-Indígena* 4.48:285-94; 4.49:295-302;

_____ *La intangibilidad de las comunidades indígenas*. Bellavista: ed. de la autora, 1936.

_____ 1927. *La poesía de Zulen. In Memoriam*. Lima: Imp. Lux, 1932.

Mayer de Zulen, Dora, ed. *El Deber Pro-Indígena*. Lima: ed. de Dora Mayer, 1921. 2 ts.

Zanutelli Rosas, Manuel. "Mayer, Dora". Carlos Milla Batres, ed. *Enciclopedia biográfica e histórica del Perú. Siglos XIX y XX*. Lima: Editorial Milla Batres S. A., 1994. 5:231.

# La poesía y la lengua quechuas como un espacio andino de narración nacional: José María Arguedas, Javier Sologuren y la subjetividad artística

Luis Rebaza-Soraluz
*King's College London, University of London*

Este ensayo es parte de un estudio más amplio que explora la obra ensayística, poética y visual de un grupo excepcional de escritores y artistas peruanos que se dieron a conocer entre mediados de la década del treinta y del cuarenta, y han mantenido desde entonces lazos de amistad y trabajo que forman un interesantísimo tejido de ideas que articulan la conciencia de un quehacer artístico moderno (de alto nivel de elaboración estética) a una reflexión sociocultural que replantea conceptos acerca de la nacionalidad, la situación histórico-política, y el mundo precolombino. Las páginas que siguen se enfocan en el trabajo de dos de ellos, y muestran cómo, mediante un proceso de análisis y síntesis, estos intelectuales llegan a delinear una subjetividad andina prehispánica definiendo las técnicas artísticas en la construcción de una voz en estado de aislamiento. La importancia de esta subjetividad, construida a partir de una lectura estética de la cultura andina, puede apreciarse mejor al revisar las bases sobre las que se ha venido hablando en los últimos cincuenta años de un "hombre andino" sujeto y protagonista de los discursos descriptivos y narrativos de las ciencias sociales y de las artes.

## 1. UNA NARRATIVA ARTÍSTICA

Las investigaciones académicas entre 1940 y 1970 desempolvan en el Perú documentos coloniales y objetos artísticos precolombinos, que recopilan literatura oral contemporánea en lenguas nativas, y promueven la traducción y el análisis de patrones lingüísticos y literarios en textos quechuas. También activan un discurso multidisciplinario, *cultural*, acerca del mundo andino, en cuya producción intervienen tanto "estudiosos" del folklore como intelectuales y artistas. Parte de este discurso toma un orden narrativo —de escenarios, personajes y acciones— mas no necesariamente histórico, hecho de una red bastante elaborada de relaciones de contigüidad y continuidad que vinculan los "restos" prehispánicos, la historia nacional y la necesidad moderna de "integrar" a la población andina a las expectativas sociopolíticas de la segunda mitad de este siglo.

El tipo de atención que se le presta al mundo andino a partir de los años cuarenta es visto, unas décadas más tarde, por algunos de estos intelectuales y artistas —con experiencia práctica en las artes y relativa especialización académica—, como parcialmente vinculado a un impulso externo, "extranjero", que se acerca al Perú desde Occidente y que es parte, así lo reconoce Sebastián Salazar Bondy (1924-1965) en su ensayo "Patrimonio artístico y cultura", de un interés más vasto:

Hasta hace muy poco tiempo, el rastacuerismo burgués despreciaba decididamente todo lo que era obra o recuerdo de la cultura indígena. ... Salvo muy contadas personas, a nadie se le ocurría poner en un estante un inmemorial huaco de belleza insólita o un bello ceramio de artesanía popular. Aun hoy la presencia de un retablo ayacuchano, un tejido cusqueño o un torito de Pucará suscita las sonrisas desconcertadas de quienes buenamente creen que la belleza sólo procede de Europa. ... Fueron —seamos justos— los extranjeros los que nos dieron el ejemplo al adoptar creaciones antiguas y actuales de arte indígena en la decoración moderna (*Una voz libre* 137-138).

Entre esas *contadas personas* a las que Salazar Bondy se refiere en los años sesenta se encuentra José María Arguedas (1911-1969), quien, a pesar de haberse dedicado a escribir sobre el folklore andino ya desde los años treinta, cree también oportuno mencionar aquel interés externo que él ve dirigirse no sólo a objetos sino también a canciones, piezas musicales y bailes andinos. En su ensayo "Notas sobre el folklore peruano", escribe:

Fue el interés mundial por las manifestaciones del arte popular, de las artes indígenas, los centenares de hermosos libros, admirablemente ilustrados sobre estas artes y sobre la de los pueblos llamados también en Europa "primitivos", lo que despertó en Estados Unidos y luego en América Latina y en el Perú un interés y una inquietud verdaderos por considerar seriamente y tratar de apreciar el arte, principalmente la música y danza indígenas (*Señores e indios* 211).

Ambos escritores reconocen un lado estético en aquel interés por el mundo andino y se ven participando de la versión local de esta inquietud por el arte. Sin embargo, según dice el pintor Fernando de Szyszlo al hablar de los años cuarenta (en una serie de entrevistas publicada en 1975), los intelectuales y artistas más jóvenes —grupo en donde se encuentra Salazar Bondy— ven una significativa distancia entre los intereses de las promociones previas y los suyos:

La Peña [Pancho Fierro] fue importante además porque nos puso en contacto con el Perú. La presencia de José María Arguedas y su interés por el problema peruano gravitó mucho ... El interés por el arte prehispánico era mucho más fuerte entre la gente de mi generación que entre las personas mayores que formaban el núcleo de la Peña Pancho Fierro. Ellos estaban demasiado metidos en el presente del Perú y en lo etnológico. A ellos les interesaba mucho más la artesanía, lo que se hacía en ese mismo momento, y ponían el acento en el aspecto histórico del asunto, mientras que nosotros enfatizábamos el artístico (Lauer 22-23).

Si bien Szyszlo pone en claro que su interés está en un mundo andino del pasado más que en uno del presente, lo que deja sin explicar es cómo se concibe el pasado sin acentuar el *aspecto histórico del asunto*. Quizá porque lo que les interesa a estos jóvenes artistas no es la tarea documental en sí del historiador o el etnólogo, sino la posibilidad de elaborar una *narrativa* nacional a partir de la tradición andina. Personalmente, Szyszlo encuentra dos razones que dan lugar a su interés en el arte precolombino: "la posibilidad ... de reconocer una tradición plástica autónoma en esta parte del mundo", y "el reconocimiento de que igual como hemos estudiado la manera como componen Rembrandt o Tiziano, todas las diversas vertientes del arte occidental, las formas que nos llegan desde nuestro propio pasado también deben ser tema de estudio cuidadoso" (Lauer 24). De lo que Szyszlo está hablando es de su interés en la construcción y apropiación *analítica* de una narrativa *artística original* que entre en competencia con el prestigio de discursos occidentales semejantes. A esto habría también que agregarle un lado pragmático: el hacerse de modelos para, en palabras de Salazar Bondy, la adopción de *creaciones antiguas* en un espacio estético *moderno*.

El interés estético de esta promoción no se reduce a las artes plásticas y visuales precolombinas, incluye también las canciones y representaciones de las que habla Arguedas, y otras prácticas textuales que podrían considerarse literarias. En el área específica de la poesía, el interés se centra en la observación sistemática de los recursos usados por el compositor o poeta quechua, y en la abstracción, a partir de éstos, de una perspectiva artística y vital que pudiera ser proyectada al pasado, de un *punto de enunciación* de origen nativo. El manejo de este punto de vista va a dar lugar al perfil de una *subjetividad*, de un individuo virtual o —dicho de otra manera— a la construcción de un protagonista andino dentro del discurso narrativo que toma forma en los años sesenta. El ejemplo más interesante de este proceso literario puede seguirse en el trabajo de Javier Sologuren, quien después de casi diez años de residencia en el extranjero (1947-1957) regresa al Perú e inicia en 1959 las "Ediciones de La Rama Florida", serie de breves cuadernos de poesía, de corto tiraje, que imprime en su casa valiéndose de una imprenta manual (inicialmente estas ediciones tienen por objeto, según Sologuren, difundir literatura precolombina en Europa).[1] El segundo de los títulos publicados es un poema quechua en traducción de Arguedas al español: *Canción quechua anónima: Ijmacha* [La viuda] (1959).[2]

## 2. LA PROPIEDAD POÉTICA QUECHUA Y EL PUNTO DE ORIGEN

En 1960 Sologuren publica su ensayo "Poesía quechua del Perú", uno de los contados textos analíticos dedicados a la literatura andina difundida en esos años. El texto es cronológicamente anterior a la publicación de las antologías de poesía quechua editadas por Salazar Bondy (en 1964), por Arguedas (en 1966) y por Francisco Carrillo (en 1967); y posterior tanto al énfasis etnológico y folklórico de los estudios de lírica quechua de Manuel Suárez-Miraval, Adolfo Vienrich, Jorge Lira, Jesús Lara y Sergio Quijada Jara, publicados de 1941 a 1959; como al literario y cultural del trabajo de Arguedas publicado en 1938 (*Canto kechwa*).

Este ensayo resume ajustadamente las observaciones genéricas y estilísticas de estudios previos; yuxtapone además las áreas histórica, lingüística, antropológica y religiosa; y, diferenciándose de las otras aproximaciones literarias, pone en júego ciertos conceptos de Poesía y Lengua. El ensayo se abre con una secuencia regresiva de instancias temporales andinas puestas en relación causal: "La poesía quechua tuvo su nacimiento en el Imperio de los Incas; el Incario mismo, a su vez, no halla otra partida de nacimiento que no sea el mito. Sus raíces se nutren en la poesía" (Sologuren, "Poesía quechua ..." 194). Una época representada por el Mito produce otra de organización política "imperial" que, a su vez, da origen a un momento de especialización artística en lengua quechua.[3] Esta secuencia se muerde la cola pues su última instancia (la de la Poesía en lengua quechua) se conecta (arraigándose) con el período inicial: *Mito > Imperio de los Incas > Poesía quechua > Mito*.

Con esta operación discursiva de circularidad secuencial Sologuren establece dos maneras de entender "Poesía": una que abarca formas artísticas convencionales, producto de operaciones estéticas y culturales; y otra que es una propiedad lingüístico-poética. La operación textual quedaría extendida, entonces, a la siguiente fórmula: *[propiedad poética quechua >] Mito > Imperio de los Incas > Poesía Quechua [propiedad poética quechua] > (Mito)*.

La presentación y explicación que hace Sologuren de la poesía quechua en el Perú se formula en términos de una "búsqueda" del origen de la literatura local en la esfera de las propiedades poéticas de un idioma concreto; traza para ello un movimiento regresivo a través de lo que Szyszlo llama "formas [artísticas] que nos llegan desde nuestro propio pasado" (Lauer 24); es decir, relata un proceso sobre bases nativas poéticas y míticas de una tradición americana que se distingue de aquélla de origen europeo. La lengua quechua se concibe de esta manera como un espacio andino de narración nacional que es, por un lado, escenario dramático y, por el otro, distancia entre los puntos extremos de una secuencia estética descriptivo-narrativa.

## 3. El quechua como espacio de la naturaleza peruana

Detrás de la idea de una "propiedad poética quechua" como punto de origen de sus formas literarias y principio de un relato artístico, yacen ciertos conceptos acerca de las lenguas en general y el quechua en particular. La manera en que Sologuren los entiende se basa en observaciones hechas por Jesús Lara y José María Arguedas poco más de veinte años antes. Sologuren escribe:

> Todos los tratadistas convienen en destacar el vigor expresivo del quechua. Como lengua no alfabeta, dicen, posee una capacidad sugerente cuya acción se deja sentir por entero en las inflexiones de la voz propias de la expresión oral. Pone, pues, en juego los más variados recursos de la entonación, sus diminutivos y palabras de honda ternura, su procedimiento aglutinante capaz de hacer de un solo verbo el vehículo de diversos y delicados matices afectivos (así el equivalente de ámame, *munáway*, que se siente duro y descortés, se vuelve insinuante en *munakúway*, dulce en *munaríway*, muy tierno en *munarikúway*, hasta llegar en sucesivas combinaciones a un total de nueve formas) y, aún más, la mágica fuerza evocadora de sus onomatopeyas (*Gravitaciones* 194).

Las líneas anteriores resumen algunas páginas de *La poesía quechua: ensayo y antología* de Jesús Lara.[4] En ellas, Lara afirma:

> El conjunto de cualidades que posee el runasimi le presenta como una admirable interpretación de la naturaleza andina. Cada palabra es una imagen estilizada, en cada frase hay una música esencial, y el color se halla dosificado en él como en los valles floridos. Es plástico y vigoroso como las montañas, flúido [sic] como los ríos, sonoro como el viento y ancho y suntuoso como el Tawantinsuyu (*La literatura de los quechuas* 15).

Este tipo de descripciones del quechua son frecuentes en la década que sigue a la publicación del libro de Lara. Dos buenos ejemplos de esto se encuentran en el *Canto de amor* de Jorge A. Lira,[5] y en *Canciones del ganado y pastores* de Sergio Quijada Jara.[6] Sologuren recoge estas opiniones y analiza los aspectos lingüísticos, carga de poder significativo la complejidad de lo sonoro en la constitución de un idioma y usa ese aspecto como argumento para definir las propiedades poéticas del quechua. Con esto subraya una posible calidad sucedánea en la lengua, una cualidad "mimética", de "trasunto", capaz de contener, reproducir, o reemplazar parcialmente elementos acústicos de otro ente sonoro: el "sonido" de la naturaleza. Sologuren escribe: "En el runasimi —lengua del hombre— tal como se la llamaba en el Imperio, resuena la íntegra naturaleza física, vegetal, animal y humana de los Andes —lengua del microcosmos, ciertamente en ajustado trasunto estético" (*Gravitaciones* 194).

Para el Sologuren de esos años, en la "naturaleza física" existe un sonido que se reproduce en las cualidades sonoras de la lengua. Él entiende en el quechua una lengua de microcosmos que (estéticamente) "trasunta" otra sonoridad, a la que, por analogía, le otorga cualidades de "otra lengua" (una de "macrocosmos") que se repite o copia. La lengua quechua se concibe así como espacio donde se virtualiza el sonido y ritmo de la naturaleza andina en su relación con el cosmos.

En la introducción a su volumen de 1947, *La poesía quechua: ensayo y antología*, Jesús Lara se refiere a las opiniones que escribiera hacia 1745 el viajero y científico francés Charles Marie de la Condamine,[7] acerca de las limitaciones del quechua en la expresión de "ideas abstractas y generales", citadas y repetidas extensamente, para luego contradecirlas con algunos ejemplos léxicos (*La literatura de los quechuas* 12). Siguiendo a Lara, Sologuren insiste en defender la posibilidad abstracta del quechua con el afán de presentar todas las lenguas como equivalentes e igualmente ricas: "Si bien escasea en términos que designan la abstracción, ésta no se halla ausente ya que mediante *kay* se alude a una calidad esencial o abstracta (v.g. *runa* hombre + *kay* = humanidad)" (*Gravitaciones* 194). El ensayo de Sologuren alude a la posibilidad no tanto de que el quechua acceda a las abstracciones occidentales, sino más bien a las posibilidades que tiene una mentalidad estructurada en lengua europea de absorber, traducir o internalizar, con profundidad, el universo quechua. Es decir, de qué manera el español, en su contacto constante, puede hacerse de los mecanismos en que esta otra lengua pone en práctica su propiedad poética y adoptar así estructuras textuales antiguas en un espacio distinto:

174 • Luis Rebaza-Soraluz

Si ya el hecho de traducir de una lengua europea a otra del mismo género implica fatalmente cierta adulteración, cierta pérdida, ¿qué no habrá de producirse con una lengua primaria, embebida de sentimiento cósmico propio, dotada de una presteza receptiva que relampaguea en sus puras onomatopeyas? Si "éstas contienen casi en materia la belleza del mundo andino", afirma José María Arguedas, hondo y seguro traductor de esta lírica, "en cambio, la mayor fluidez del castellano, su ilimitada riqueza, ha podido equivaler en muchos puntos a esa virtud difusa y penetrante de las lenguas primarias" (194-195).

Siguiendo las afirmaciones de Arguedas, Sologuren entiende en el quechua un carácter "primario". De acuerdo a estas premisas el quechua, en su "primariedad", estaría más cerca de su fuente materna, su etimología guardaría mayor proximidad con su discurso mitólogico y con la naturaleza que nombra y ordena, a diferencia de la posición "secundaria" del español entre las lenguas romances. La aparente desventaja en una lengua de carácter primario, el poseer posibilidades poco obvias de "abstracción", es presentada como ventaja puesto que posee mayor carga de "materialidad" —o concreción—: el valor rítmico (en el sonido) y el poder instantáneo que éste tiene para evocar imágenes sensoriales. Sologuren explica su accionar con una imagen de luz, sonido y movimiento: "relampagueo de onomatopeyas". Estas afirmaciones de Arguedas, que Sologuren recoge, son las de un artista pionero en el estudio contemporáneo del quechua y de la cultura andina y en su obra previa a los años sesenta existen numerosos ejemplos de esta hipótesis en formas tanto metafóricas[8] como expresas (del tipo citado por Sologuren). Uno que incluye casos de semántica y fonología se presenta en el ensayo "Acerca del intenso significado de dos voces quechuas":

La terminación quechua *illu* es una onomatopeya. *Illu* representa en una de sus formas la música que producen las pequeñas aves en vuelo; música inexplicable que surge del movimiento de objetos leves. Esta voz tiene semejanza con otra más importante: *illa*. *Illa* nombra a los monstruos que nacen heridos por los rayos de la luna. *Illa* es un niño de dos cabezas o un becerro que nace decapitado; o un peñasco gigante todo negro y lúcido cuya superficie apareciera cruzada por una vena ancha de roca blanca, de opaca luz ... Esta voz *illa* tiene algún parentesco fonético y una interna comunidad de sentido con la terminación *yllu*. [...]
La determinación *yllu* significa la propagación de esta clase de música; y la palabra *illa* nombra la propagación de la luz astral nocturna.
Como la música que nombra *yllu*, *illa* denomina la luz que causa efectos trastornadores en los seres. Ambas palabras son vastas, de una vastedad que sólo es posible en idiomas como el quechua; en realidad estas voces tienen un contenido ilimitado. Nombran y explican. *Pinkuyllu* no sólo nombra el instrumento: define los efectos que causa y el origen de su poder; *tankayllu* no es únicamente el nombre del pequeño insecto volador, sino que contiene una explicación suficiente de las causas de la naturaleza rara del insecto, de su misteriosa figura y costumbres, de la música de sus alas, de la mágica virtud de la miel que lleva en su aguijón. Y *killa* no sólo nombra a la luna, contiene toda la esencia del astro, su relación con el mundo y con el ser

humano, su hermosura, su cambiante aparición en el cielo (*Indios, mestizos y señores* 147-149).

Como intelectual, Arguedas sigue los resultados del estudio de la lengua sin ser un especialista.[9] La lingüística quechua llega a un punto decisivo y tiene un desarrollo notable luego de 1960 (Cerrón Palomino 223).[10] Las opiniones que Sologuren toma e interpreta dicen más sobre Arguedas,[11] sobre sí, y sobre la imagen que elaboraban los escritores y artistas, que sobre el quechua mismo; y son valiosas, pese a sus inexactitudes, porque permiten apreciar la construcción imaginaria, metódica y consciente, de una sensibilidad andina contemporánea en proceso de fusión.

Citando la autoridad de un bilingüe como José María Arguedas, Sologuren acude a una fuente que a su vez es modelo, ya que la maestría de Arguedas se extiende a la forma artística del castellano. Arguedas "autoridad" opina y confirma la posibilidad de "traducción" de lo andino, de absorción de lo quechua por el español,[12] y de la adopción de sus patrones artísticos y de su "naturaleza" en un espacio estético contemporáneo.

**4. La Poesía y el Poeta quechuas como expresión de la cosmología y del ser humano andinos**

Parcialmente apoyado en las coincidencias de opinión que conceden a las características sonoras del quechua el poder evocador de un "espacio natural andino", Sologuren elabora con más detalle las capacidades poéticas de esa lengua; lo hace a través de una lectura/interpretación donde entiende la "lengua-naturaleza" como un escenario de dramas artísticos: sean las representaciones mismas (como géneros con espacios, personajes y eventos) o sea el proceso imaginario de ver la tradición como un desarrollo de patrones poéticos en el tiempo. Enfatizando la calidad ágrafa del quechua y la transmisión oral de convenciones artísticas que responden, en buena parte, a eventos sociales relacionados con la naturaleza y la producción agropecuaria, Sologuren escribe: "Mitos y leyendas, fábulas y cuentos, cantos de amor y de guerra, máximas de conducta y poemas corales que exaltaban la faena colectiva circulaban con profundo latido musical por la fabulosa memoria de la raza, nocturno cielo que resplandecía con el doble sistema enigmático del universo y del hombre" (*Gravitaciones* 195).

Sologuren coloca las prácticas textuales quechuas precolombinas como parte *sonora* de representaciones tradicionales que también se componen de *luz* y *movimiento* coreográfico. Ve estos tres aspectos organizados musicalmente en un ritmo bimembre de "palpitación" que pasa del centro "corporal" de una colectividad al movimiento de los astros, y viceversa: los impulsos "cordiales" (diástole-sístole / expansión-contracción) de la coreografía son, simultáneamente, los de la circulación de sus contenidos rítmicos y textuales por el ámbito "cósmico" ("nocturno cielo")[13] de la memoria colectiva. De sus imágenes se desprende una idea de *performance* como manera andina de entender y relacionarse con el universo, y otra de estructura lingüístico-literaria que analoga el quechua a la naturaleza andina y su cosmología al quehacer y sentir humanos.

En cuanto a las páginas dedicadas a las formas poéticas quechuas específicas, un análisis de sus principales observaciones revela que la atención de Sologuren se enfoca primero en las maneras de construir relaciones analógicas cosmos-humanidad en los géneros y textos concretos —presentes en el *jailli*,[14] por ejemplo, entre la actividad agrícola y el erotismo—y en el aislamiento de ciertos modos afectivos, intensos o extremos, como resultado estético de fenómenos de reducción, contracción o selectividad expresiva (basados o no en los mecanismos de la tradición oral y/o las circunstancias históricas) —el caso del *arawi* [Yaraví], por ejemplo, como forma reducida a "la sola expresión del sentimiento amoroso transido de melancolía y ternura"[15] (197)— para luego centrarse en los mecanismos poéticos quechuas que construyen subjetividades y en las maneras en que la conciencia del Poeta (*Aravico*) manipula sus posibilidades artístico expresivas. Sologuren explora estos dos últimos aspectos describiendo y analizando el *huayno*.

Como con el *jailli* y el *arawi*, Sologuren entiende el *huayno* como poema que permite establecer analogías "esclarecedoras" entre lo humano y la Naturaleza:

Baile ... Música que viene desde los tiempos del Imperio. Y poema en que hombre y naturaleza se van esclareciendo recíprocamente en profundas perspectivas emocionales y estéticas:

*Qué solo me veo*
*sin nadie, sin nadie;*
*como la flor de la estepa,*
*apenas ella y su sombra triste.*

La aguda, perturbadora evocación de un paisaje vivido a fondo por el indígena, dimensiones puras de una sobrecogedora naturaleza:

*Cristalino río*
*de los lambras,*
*lágrimas*
*de los peces de oro,*
*llanto de los grandes precipicios.*

*.... Desde la cumbre te vi llorar*
*águila del cielo.*
*Llorabas sola.*
*En tu soledad llorabas,*
*águila del cielo.*
*(¡Ay, ser águila y llorar a solas!)*

*Desde el frente del río te vi llorar,*
*patito.*
*Llorabas solo en la orilla del río.*
*Hacía frío y llorabas,*
*patito,*
*en la otra orilla del río.*

Por el fragmento se percibe cómo su tema esencial es soledad vista y sentida en dos niveles opuestos (material: cumbre y orilla; viviente: águila y patito; afectiva: fuerza altiva e indefensa ternura) por la gemela soledad del poeta (198).

Se trata de una interacción donde lo humano y la naturaleza intercambian las posiciones de punto de vista y de foco de observación. En las imágenes de un *esclarecimiento en profundas perspectivas emocionales y estéticas* y unas *dimensiones puras de una sobrecogedora naturaleza vividas a fondo por el indígena*, se muestra la dinámica de este intercambio: el lugar de enunciación se ubica tanto en la "interioridad" —u hondura emocional del ser humano— como en la "exterioridad" —vastedad cósmica expresada en el despliegue de magnitudes— de acuerdo a un ritmo de contracción y expansión. Sologuren identifica la soledad como eje de ese desplazamiento, y hace un esquema de las técnicas paralelísticas usadas para darle forma: una relación vertical y bidireccional [arriba-abajo] entre dos espacios naturales, representados por la imagen polarizada de la "cumbre" y la "orilla", que se duplica en la esfera superior debido a los contenidos semánticos de "águila" y "patito", dos seres aéreos; a éstas se le suman calificaciones del tipo "fuerza altiva" e "indefensa ternura" que desencadenan nuevas relaciones espaciales y semánticas que se expanden a otros elementos tácitos y expresos del poema.

Sin necesidad de un desarrollo mayor de esta estructura por parte de Sologuren, se pueden desplegar por translación, a partir de la relación vertical entre la pareja [*cielo-río*], tres series semánticas análogas: [*cielo-tierra*], [*viento-río*], [*aire-agua*], y apreciar así un tipo de naturaleza construida mediante planos paralelos de refracción y movimiento que, estrechamente unidos a una aparente perspectiva estática del observador ("Desde ... te vi"), voz poética, o subjetividad que discurre, van matizando su posición y perfilándolo como posible "protagonista" o sujeto del estado o evento.

La "animación" de los seres *vivientes* en los niveles *materiales* del espacio natural proyecta las analogías de sus contenidos semánticos *afectivos* —del tipo: [*fuerza*-(debilidad)], [(defendido)-*indefenso*], [(defendido por su) *fuerza-indefenso* (por su debilidad)], o, también: [(alto)-(hondo)], [*altivez*-(humildad)], [(dureza)-*ternura*]— a todo el escenario, y revelan así, en temporalidad existencial y en interacción de supervivencia, una probable situación dramática: [fuerte-débil], [cazador-presa], [victimario-víctima]. La imagen también puede entenderse en términos de [soledad del victimador-soledad de la víctima], [del carnívoro-del herbívoro], formas bimembres polarizadas de una posición ubicua que sugiere interna y externamente aislamiento, alienación y desamparo

La lectura de la poesía quechua que Sologuren emprende opera también como la construcción de una conciencia andina que organiza un universo virtualizando la naturaleza en planos espaciales y en movimientos interrelacionados análogamente; es a la vez un proceso de síntesis que partiendo de la voz poética colectiva (que construye un mundo a partir de un lugar de predicación íntima) llega a la configuración de un *yo* que responde a la idea moderna de una subjetividad enunciadora. Las observaciones y análisis de

Sologuren, efectuados a partir de lo dicho por Arguedas y otros comentaristas, si bien no hacen uso de un lenguaje especializado son todavía pertinentes al hablar de lírica quechua, como lo corroboran algunos estudios hechos en los últimos cinco años sobre el tema de las estructuras paralelas —se habla hoy en día de *dobletes semánticos* (Husson 65) o *macro-ritmo binario* (Lienhard, "La cosmología poética" 89) — [16] usadas en la expresión de dimensiones cosmogónicas en la poesía prehispánica.

Con respecto a las maneras en que la cosmología y los mecanismos líricos andinos se encuentran presentes en la construcción contemporánea de un personaje "individuo" colectivo, es importante aquí recordar las observaciones que Martín Lienhard hace en 1993 acerca de algunos *waynos* [*huaynos*] tradicionales:

> En los *waynos* tradicionales, el hombre andino se piensa, en efecto, en términos de "hijo" de la comunidad. No aparece nunca como individuo autónomo y autosuficiente. Cuando surge, el *status* de "individuo" aparece como resultado de una pérdida o ruptura, no como opción social. Producto de una situación adversa, el "individuo" no es sino un huérfano, un *waqcha*. En buena medida, los *waynos* se dedican a mostrar al "hijo" amenazado de orfandad, o al "huérfano" soñando con la recuperación de su *status* de hijo. Su tema fundamental sería, por lo tanto, la "crisis" en la relación entre el hombre y la sociedad (y el cosmos). Lo que anhela el yo poético es el restablecimiento de esta relación ("La cosmología poética" 97).

En este estudio realizado a principios de la década del noventa, Lienhard prefiere referirse al huérfano contruido por la "narración" del *wayno* como a un "individuo" entre comillas, puesto que representa un yo plural. Un concepto cuyo alcance puede no coincidir con el sentido del término en lengua española o en la tradición occidental. Por ello, una página más adelante, agrega:

> Abandonado por la pareja padre/madre y "rechazado" también por las fieras, el yo poético se halla como expulsado del (de su) mundo y expuesto a la soledad y al desarraigo más completos y trágicos. No se trata, ciertamente, de una soledad y un desarraigo individuales. El "suceso" que aquí se narra no lleva, en efecto, rasgos de anécdota concreta e individual. Igual que las parejas padre/madre y león/tigre, el yo no remite a ninguna categoría individual (ni sexual): es un yo plural (98).

Escribiendo a partir de información que tiene a la mano en 1960, Javier Sologuren se vale de un esquema limitado de relaciones para imaginar un poeta precolombino que le da forma a una subjetividad, y establecer así un sujeto enunciador en la tradición quechua. Para Sologuren, la soledad expresada es el producto del *cómo* un individuo maneja artísticamente su manera de entender una mecánica universal. Esta última consta del tipo de relaciones espaciales y afectivas que determinan su posición de sujeto, y que son a su vez operaciones de una lengua que organiza el universo "poéticamente". Sologuren "encuentra" en la tradición andina ciertos patrones estéticos nativos que se ajustan a los principios de su propia poética (a su "Obra en marcha" reunida en un volumen único titulado *Vida continua*), basada en la progresiva construcción arquitectónica y dinámica de un universo imaginario personal. La tradición poética andina consta de textos transmitidos oralmente, muchos de los cuales han quedado en calidad de fragmentos. Como ocurre en otras culturas milenarias, estos fragmentos repiten variantes de un limitado número de estructuras literarias originales. En su ensayo, Sologuren reconoce en lo quechua fenómenos presentes en literaturas como la grecorromana (la supervivencia fragmentada de algunos textos) o la popular española (en la que los pareados versifican sintetizando información almacenada en tópicos tradicionales). Cuando Sologuren escribe lo siguiente: "Estos huaynos pertenecen al folklore indio. Rica veta en la que, según Ventura García Calderón, 'se adivinan vestigios de metáforas y modismos que vienen del fondo de los siglos'" (*Gravitaciones y ...* 198-199), está pensando en el *huayno* como una unidad artística que contiene "vestigios" de metáforas y modismos, basados quizás en tópicos usados en determinadas facturas métricas que llevan lo que Sologuren reconoce en la lengua quechua como "propiedad poética". El término *vestigio* asociado a la fragmentación y a la realización artística será tomado de García Calderón para luego ser elaborado como parte de su teoría poética en ideas que vinculan la pintura contemporánea (de un artista de corte abstracto como Szyszlo) y lo poético precolombino (en poemas quechuas y mitos como el de "Inkarrí"). Los "restos" de los objetos artísticos del pasado son vistos como "estéticamente fragmentarios", y son adoptados de esa manera en el espacio de la composición moderna.

5. EL ARTISTA ANDINO CONTEMPORÁNEO Y LAS PRÁCTICAS CULTURALES DE ORIGEN OCCIDENTAL: UN MOVIMIENTO DE LO "INTERNO NATIVO" A LO "EXTERNO FORÁNEO"

Sologuren busca en lo artístico quechua estructuras sobre las que se ha construido cierta individualidad, esa estructura es un modelo posible a usar en la configuración poética de una identidad artística contemporánea que pueda reconocerse en patrones de la tradición andina. Para ello, Sologuren necesita articular sus observaciones y análisis de la lengua quechua, su poesía y sus poetas, con ideas acerca de la *conciencia* y de la participación de ésta en la labor del artista.

Esta individualidad, perceptible merced a determinadas herramientas literarias, instrumentos al alcance del poeta contemporáneo, puede percibirse como un mero "yo enunciador" o como un personaje protagonista de la acción de poetizar: "un Poeta". En las últimas dos páginas del ensayo, Sologuren establece una secuencia cronológica de evolución literaria que pasa brevemente por la poesía quechua de la Colonia para detenerse a analizar el *yo enunciador-poeta quechua* contemporáneo. Para Sologuren, el quechua es una lengua que pasa de sus capacidades poéticas comunales o colectivas (en su oralidad) a sus virtudes en la configuración de una conciencia individual (en la escritura de un artista), y que es usada por escritores andinos contemporáneos, por individuos autores, que como hablantes nativos se suman a la tradición y la reconforman:

> Prueba de las excelentes y seductoras posibilidades del quechua como lengua poética e individual al servicio de un escritor mestizo de nuestros días la tenemos en Killku Waraka (seudónimo de Andrés Alencastre). En "Taki Parwa" se escucha, a decir de José María Arguedas, "la confluencia de las tres corrientes que en el lenguaje de estos libros se han confundido: la poesía erudita colonial, la poesía catequista y la poesía folklórica". Pero hay algo más significativo aún: esta obra es testimonio de un hecho de incalculable trascendencia pues, ahora, "de la composición folklórica el mestizo avanza a la composición poética individual, sustentada por la cultura escolar". Alencastre, que ha nacido y vivido en un medio cultural quechua, que ha compuesto huaynos y toca el charango, llega a participar del saber universitario y, con él, de los bienes de la cultura occidental (*Gravitaciones* 199-200).

Gracias a la existencia de escritores mestizos que poseen la escritura, artistas vistos bajo la generalidad de la mezcla de dos lenguas y culturas, existe un producto en donde Sologuren observa lo siguiente: a) Una tradición literaria en lengua quechua que continúa por el camino del mestizaje y de la escritura. b) Tradición vista de manera contemporánea, y en lengua europea, en marcos históricos, segmentada cronológicamente y categorizada en términos académicos por la "cultura escolar", como la llama Arguedas. c) El escritor mestizo del siglo XX en lengua quechua le da a ésta la posibilidad de mostrarse como lengua poética viva y vehículo de su tradición, cuyas fuentes míticas acarrean consigo estructuras formales que se configuran en aspectos como la *melancolía* que puede reconocerse presente en los fragmentos y "vestigios" poéticos. d) La posibilidad de ver sincrónicamente presentes, en las realizaciones de los poetas del XX (y para confirmarlo se vale de la autoridad de Arguedas), tres líneas en la tradición mencionada y reconocida históricamente: (1) poesía erudita lejana del pueblo y posterior a la conversión religiosa del quechuahablante; (2) poesía erudita y compuesta por sacerdotes con fines de catequismo y originada en los modelos de textos recogidos por los "extirpadores de idolatrías"; y (3) poesía folklórica vinculada a motivos religiosos y laicos. Estos últimos motivos serían restos de tradiciones que se mantienen presentes en las composiciones que conservan parte de sus orígenes en su realización oral, son recreaciones o preservaciones de tópicos y formas ancestrales. Lo tradicional de los motivos permite verlos ajenos a lo religioso cristiano o a lo erudito escolarizado de occidente.

A todo esto, Sologuren le suma el paso histórico de la propiedad poética con cualidad oral comunitaria a la propiedad poética con cualidad escrita individual; es decir, esto último como la propiedad poética quechua mestiza con soporte o refuerzo escolar en su configuración, con la educación universitaria y, así, con la inmersión en la cultura occidental. Sologuren observa la posibilidad de "la propiedad poética quechua" en dos sentidos: por un lado, como objeto de estudio y reflexión, destino, meta o porvenir del movimiento que realiza el artista en lengua europea; por el otro, en sentido contrario, como origen de un impulso que, luego de brotar de la lengua quechua, realiza un movimiento de apropiación de lo occidental en el trabajo del artista mestizo como individuo en un contexto contemporáneo. Por el camino de la traducción (una de las vías "escolarizadas"), la lengua española accede al quechua. Como producto del encuentro, el quechua se hace de lo europeo a través del bilingüismo.

Ello explica la importancia que tuvo la figura del escritor José María Arguedas para la promoción de Salazar Bondy, Szyszlo y Sologuren, entre quienes se establece un vínculo de amistad[17] y de intereses artísticos comunes. En el ensayo de Sologuren que analizo y en otros posteriores, el trabajo de Arguedas es el punto obligado para mostrar el estado de la literatura quechua de ese momento. Esta colaboración profesional también fue posible en la medida en que ambos escritores trabajaban durante esos años en la Universidad Nacional Agraria en Lima, local donde Arguedas se quitaría la vida en 1969.

Como artista mestizo y bilingüe, Arguedas explicó su circunstancia en términos de haber crecido, por desentendimiento de su madrastra, al cuidado de los sirvientes quechuahablantes de su familia;[18] según él, en el seno de un gran pueblo acorralado, dentro de un "muro aislante y opresor". "A mí me echaron por encima de ese muro, un tiempo, cuando era niño; me lanzaron en esa morada donde la ternura es más intensa que el odio y donde, por eso mismo, el odio no es perturbador sino fuego que impulsa." (*Recopilación de textos sobre José María Arguedas* 431-432), dice en "No soy un aculturado", discurso escrito en 1968. En este texto, Arguedas distingue entre el quechuahablante bilingüe vehículo de dos culturas, y el "aculturado" que suprime la suya:

> Contagiado para siempre de los cantos y los mitos, llevado por la fortuna hasta la Universidad de San Marcos, hablando por vida el quechua, bien incorporado al mundo de los cercadores, visitante feliz de grandes ciudades extranjeras, intenté convertir en lenguaje escrito lo que era como individuo: un vínculo vivo, fuerte, capaz de universalizarse, de la gran nación cercada y la parte generosa, humana, de los opresores. El vínculo podía universalizarse, extenderse; se mostraba un ejemplo concreto actuante. El cerco podía y debía ser destruido; el caudal de las dos naciones se podía y debía unir. Y el camino no tenía por qué ser, ni era posible que fuera únicamente el que se exigía con imperio de vencedores expoliadores, o sea: que la nación vencida renunciase a su alma, aunque no sea sino en la apariencia, formalmente, y tome la de los vencedores, es decir que se aculture. Yo no soy un aculturado; yo soy un peruano que orgullosamente, como un demonio feliz, habla en cristiano y en indio, en español y en quechua. Deseaba convertir esa realidad en lenguaje artístico y tal parece, según cierto consenso más o menos general, que lo he conseguido. Por eso recibo el premio Inca Garcilaso de la Vega con regocijo (432).

En este movimiento de lo andino a lo europeo, Sologuren reconoce y elabora una relación bidireccional entre los *orígenes* y los *porvenires* culturales apoyándose en el trabajo de Arguedas. Este último traza una trayectoria cultural que, desde el quechua vivo, recoge la propiedad poética como forma de entender el universo —y en éste un "modo lírico", la relación entre lo infantil y lo natural en el caso de una novela como *Los ríos profundos* (Cornejo-Polar, *Los universos narrativos* 109-110)—, para luego acceder, en su trabajo profesional como antropólogo en contacto con la escolaridad occidental —sus vínculos con lo universitario, a textos recuperados por los académicos en su estudio del pasado, historia, cultura, etnología y arqueología andinos. Entre el origen y la meta de este movimiento, Arguedas pasa por la inclusión en su prosa de estructuras poéticas ya existentes en la lengua quechua, y la recopilación de lo folklórico en su literatura —sobre todo en sus cuentos y novelas.

En un período de cerca de diez años, entre los años finales de los cincuenta y toda la década de los sesenta, se editan importantes documentos relacionados con los extirpadores de idolatrías de la Colonia. Un buen número de ellos incluyen recopilaciones de textos quechuas de índole religiosa. Después del mundo construido por la corriente indigenista, estos documentos contribuyen a la reformulación imaginaria del mundo andino. El material se incrementa con el trabajo de antropólogos y etnohistoriadores extranjeros. La carta que le escribe Arguedas a John Murra en Lima (el 10 de febrero de 1967) es un testimonio del proceso del que el propio Javier Sologuren es parte.

Las relaciones amistosa y profesional, y su trabajo como antropólogo y escritor en español, llevan a Arguedas a la traducción de las recopilaciones de Francisco de Ávila (*Dioses y Hombres de Huarochirí*), le permiten además distinguir y analizar el fenómeno del mito de "Inkarrí" y también recoger una gama de sus versiones con fines de estudio, rescate y difusión. El caso de Arguedas como escritor, bilingüe y mestizo, muestra la posibilidad de un conocimiento de lo andino, de una configuración imaginaria de la identidad de un individuo (de una parte de la identidad peruana) o de maneras de entenderla y definirla, gracias a un testimonio que, según opina Emilio Adolfo Westphalen, surge "desde adentro" (Westphalen 1). A esta perspectiva coetánea de Westphalen, la promoción más joven le superpone una secuencia de las formas artísticas que "les llegan desde el pasado".

El movimiento que parte de lo andino y va hacia lo europeo puede verse también como una interacción de estructuras organizativas del universo. Explorando evidencias de este fenómeno, investigadores como Ángel Rama han estudiado el concepto de "transculturación". Las configuraciones artísticas en lenguas distintas son yuxtapuestas conscientemente por los individuos relativizando en su dinámica la visión de una cultura dominante. Esta mecánica puede verse en esos años tanto en el plano cultural como también político. A principios de los sesenta, como parte de la discusión que se desató acerca del papel de los artistas e intelectuales para con la situación social, polémica que muchos encontraron de necesidad imperiosa ante las movilizaciones campesinas, la fuerte injerencia de intereses norteamericanos en el Perú, los intentos de repetir el ejemplo de la revolución cubana, la guerra de Vietnam, y la actividad guerrillera en la selva peruana, se presenta el caso del dirigente político campesino Hugo Blanco (Cuzco, 1934).

A nivel político, dentro del discurso revolucionario marxista para la liberación de las masas nacionales (que incluían a los quechuahablantes andinos), las actividades de Blanco y su situación de individuo se percibieron como una alternativa a las dos tendencias de la época: la oposición organizada alrededor del partido Comunista y dentro de las frágiles vías democráticas, y la rebelión armada mediante la creación de "focos" guerrilleros. Como en el caso de José María Arguedas, Hugo Blanco, también mestizo, quechuahablante, hijo de un abogado, había hecho estudios universitarios. Su alternativa al cambio social y la lucha de liberación era percibida también como un movimiento "desde adentro", y por ello ofrecía la posibilidad de otro conocimiento de lo andino. A nivel ideológico, como miembro de un partido trostskista, Blanco tiene una fomación "escolarizada" (europea dentro de la politización) en el marxismo y en un partido de proyección "internacionalista", es decir, occidental. Y como en el caso de Arguedas, la universalización (como *porvenir*) le permite acceder a un conocimiento sistemático del mundo andino (que había sido *origen*). La configuración imaginaria de un "Poeta quechua peruano contemporáneo" no deja de lado estos modelos dinámicos entre uno y otro espacio cultural. Ese personaje, protagonista de las interpretaciones de Salazar Bondy y de Sologuren (alrededor de la poesía quechua), se desplaza entre varios niveles de lo "interno" y lo "externo": su interioridad y el cosmos, lo nativo y lo foráneo, y el pasado y el presente, merced a la posibilidad de preservar la tradición.

No ajeno a las demandas de las circunstancias que motivaron aquella polémica, en las últimas líneas de su ensayo "Poesía quechua del Perú", Sologuren lleva las luchas populares a la abstracción de la lengua y a la metáfora vertical del "brote" desde el subsuelo como una narración artístico nacional:

> La granítica ciudadela de Machu-Picchu, situada en una altura casi inaccesible, fue ganada en el curso de los siglos por una terca y ávida vegetación. Sólo en nuestro siglo, en 1911, sería descubierta por el explorador norteamericano Hiram Bingham, mostrándose en toda su áspera grandeza, en toda su pulida piedra arquitectónica. Parejo destino podría verse en el quechua, lengua de un pueblo vencido, sin alfabeto y no oficial, que sigue un difícil curso marginal, amenazado y encubierto, para, de pronto, brotar en canto noble, perdurable (*Gravitaciones* 200-201).

6. UN PROTAGONISTA MESTIZO ANDINO A TRAVÉS DE LA LÍRICA

Los comentaristas de la obra de José María Arguedas reconocen un sustrato lírico en su narrativa, presente ya desde los primeros relatos. La mayoría coincide en la importancia de este sustrato en *Los ríos profundos*. Se consideran como aspectos líricos de esta novela: el uso de un narrador en primera persona, la función de la memoria como el principal elemento unificador de la trama fragmentada, la afectividad de un lenguaje pleno de imágenes y metáforas, y la predominancia estructural de una descripción subjetiva que evita la linealidad convencional de la narración (Cornejo-Polar, *Los universos narrativos*; Rowe).

En lo que respecta al resto de la obra de Arguedas, las opiniones coinciden en una abundancia de elementos propiamente poéticos en la construcción general de su prosa. Pocos críticos han ido más lejos en el rastreo de lo lírico arguediano, y quienes lo han hecho han llegado a comentar los poemas que se recopilaron póstumamente en el volumen *Katatay y otros poemas* [Katatay Ituc Jayllicunapas] —cuya segunda edición, *Katatay* [temblar], amplía el número inicial de 6 textos a 7.

En 1976, Antonio Cornejo-Polar publica "Arguedas, poeta indígena", uno de los contados, y más difundidos, comentarios críticos a estos poemas. Diferenciándolos de otros textos poéticos arguedianos que no se ciñen explícitamente al "condicionamiento de un género" (*Recopilación de textos* 169), Cornejo-Polar los llama "poesía-poesía". Al revisar la bibliografía crítica sobre la obra de Arguedas, Cornejo-Polar opina que la poca atención prestada a la poesía de este escritor (paradójica, una vez aceptada la calidad "poética" de su obra narrativa) se debe tanto a la poca o ninguna difusión de los poemas hasta mediados de los setenta, como a la dimensión disminuida de su presencia al lado de la "vigorosa, sutil y compleja significación que propone [su narrativa]" (169); sin embargo, el principal problema lo encuentra en el "lenguaje", puesto que los poemas están escritos en quechua.

La mayoría de los especialistas en la obra de Arguedas no conoce en profundidad (como es mi propio caso) el idioma quechua, por lo que la lectura de sus poemas tiene que valerse de traducciones al español hechas sobre todo por el propio Arguedas. Distanciados de aquella lengua, los críticos, entre ellos Cornejo-Polar, son conscientes de que el estudio de un texto en traducción les ofrece los riesgos de la observación de un objeto inestable, cuyas numerosas facetas estarían hechas de cada posible versión a realizarse a partir del original. Esto, a mi parecer, ha desanimado análisis exhaustivos del lenguaje poético usado por Arguedas en sus poemas. Las circunstancias de tener acceso simultáneo al trabajo original y a las traducciones de ese trabajo hechas por el mismo autor, sumadas a las dificultades del manejo de la lengua quechua y la escasez de herramientas para aproximarse al género de la poesía, han hecho que la crítica especializada haya determinado para el quechua arguediano un espacio misterioso y le haya concedido, asimismo, posibilidades comunicativas que parecen imposibles de ser descritas e interpretadas mediante un análisis académico. Para un lector especializado que la percibe sensorialmente y le encuentra posibilidades comunicativas limitadas e inestables, la poesía arguediana en quechua queda así en un estado muy cercano del ideal moderno de una poesía desverbalizada, cuyo misterio podría ser revelado en el hipotético caso de presentarse un lector analítico de alta competencia en el análisis poético y en las complejidades literarias de la lengua quechua.

En el conocido ensayo que cité líneas arriba, un crítico de la rigurosidad de Cornejo-Polar hace básicamente un análisis de temas y motivos sin llegar a explorar en la práctica las tensiones lingüísticas ni su función poética. Esta tendencia continúa hasta nuestros días. El siguiente trabajo de importancia sobre este tema lo publica en 1988 Miguel Ángel Huamán. El volumen *Poesía quechua y utopía andina* está dedicado en su totalidad al tema de lo poético en

Arguedas, pero su aproximación es sobre todo una extensión detallada de los postulados de Cornejo-Polar. A partir de la idea de "Una poesía hímnica: contra la destrucción y la muerte", último apartado del ensayo de Cornejo-Polar (*Recopilación de textos* 173), Huamán se sirve de limitados análisis semióticos para enfocarse en la presencia, a diferentes niveles, del motivo de la *utopía andina*. Así como hace Cornejo-Polar, Huamán también le da importancia a la relación poesía y lengua, y a este problema le dedica el apartado "Problemática de la lengua en la poesía de Arguedas" (Huamán 52), donde se pregunta y responde por la perspectiva a tomar en la interpretación: "¿Dónde se encuentra Arguedas? Como veremos, ni en la versión española ni en la versión quechua; en una tercera posición que hemos llamado utópica, pero que es la posición adecuada para la comprensión de ambos textos" (53).

Parafraseando a Huamán, me atrevo a decir que la falta de atención crítica ha dejado a la poesía de Arguedas (y, por extensión, también a su manera de entender lo poético y su lenguaje) en una "tercera posición" que no coincide con la de ninguno de los textos concretos. El mensaje poético arguediano se separa de sus palabras en quechua y en castellano, se desverbaliza, y deja tanto originales como traducciones en situación de *versiones* de un texto inexistente o desaparecido. La poesía de Arguedas es así un "supra poema" del que sólo quedan las explicaciones testimoniales del autor, sus declaraciones de la manera en que entiende su propia poesía. El texto que predica cómo es su poesía, que la refleja, o rodea delimitando su cuerpo concreto, es el texto formado por sus enunciados poetológicos, el de su *ars poetica*. Una poética que el propio Arguedas ve formulándose íntimamente ligada a su manera de entender *el lenguaje*, a su manera de entender su referente conceptual de lo que el lenguaje es, o, dicho de otro modo, a su manera de entender *la matriz lingüística quechua*, y en ese sentido integrada a sus opiniones acerca de la poesía quechua precolombina.

La manera en que Cornejo-Polar ve este problema está resumida en el apartado "La virtud poética del quechua" de su ensayo de 1976; allí, más que dedicarse a analizar el quechua, Cornejo-Polar analiza la manera en que Arguedas entiende esta lengua en relación a su propia idea de la poesía:

> Por consiguiente, si el lenguaje alcanza calidad poética en la medida en que asume radicalmente la "materia" del hombre y del mundo, y si el quechua logra habitualmente esa virtud, y la realiza de manera "incomparable", entonces —para Arguedas— el quechua resulta ser una especie de idioma privilegiadamente poético. El uso que hace Arguedas de esta lengua para su obra poética es, desde tal perspectiva, natural ("Arguedas, poeta indígena" 172).

Investigaciones más recientes, como las que publica Martín Lienhard en la edición revisada y aumentada de *La voz y su huella*, además de ver todavía la necesidad en esta década de "una atención crítica adecuada" para la poesía arguediana, agrega una razón más al silencio que la rodea: "la dificultad de situarlos [los poemas] en el panorama de la producción poética peruana y latinoamericana (escrita)" (228), poniendo sobre la mesa el problema de una cultura oral con un producto escrito .

No está entre las metas de mi estudio realizar ese necesario trabajo exhaustivo acerca de la poética arguediana, pero sí está explorarla y describirla dentro del marco de los escritores y artistas de los que me ocupo. Con ese fin, cotejo las observaciones acerca de la poesía y la lengua quechua (hechas por Cornejo-Polar, Huamán, Lienhard) con otras que subrayan el alto grado de conciencia técnica demostrado por Arguedas en su manejo del quechua y del español (Rowe),[19] conciencia que se refleja en la complejidad formal tanto de su narrativa como de su poesía (Lienhard, *La voz y su huella* 227-228, 232); y vinculo éstas con las observaciones de Westphalen sobre lo poético en Arguedas (*Recopilación de textos* 352) y el análisis de "la propiedad poética quechua", concepto que tomo del intercambio cultural entre Arguedas y Sologuren.

En diciembre del mismo año en que aparece el trabajo de Antonio Cornejo-Polar sobre la poesía de Arguedas, Javier Sologuren publica el ensayo "El lucero grande de José María". El texto también toma como centro la visión poética de Arguedas, y puede verse como complemento ignorado de un diálogo de época. Luego de la muerte de Arguedas, este texto en homenaje es una reflexión que aporta una perspectiva importante para el estudio de la poética de los escritores y artistas del grupo cercano y generacionalmente posterior a él. El texto de Sologuren se abre con un pasaje de *Los ríos profundos* del que cito las siguientes líneas:

> Cuando cayó la luz en la quebrada, las hojas de los lambras brillaron como la nieve; los árboles y las yerbas parecían témpanos rígidos; el aire mismo adquirió una especie de sólida transparencia. Mi corazón latía como dentro de una cavidad luminosa. Con luz desconocida, la estrella siguió creciendo; el camino de tierra blanca ya no era visible sino a lo lejos (Citado en Sologuren, *Gravitaciones* 266).

En la prosa de Arguedas, Sologuren encuentra un testimonio y representación de una Naturaleza experimentada hacia adentro. Los elementos naturales se presentan vinculados, en contrapunto, al espacio interno de un sujeto, y en dirección a éste. La internalización produce un movimiento complementario, una expansión cualitativa: a la contracción de lo entrañado le acompaña una plenitud, en dinámica que se repite y circula: "Tal pasaje no sólo nos atestigua acerca de la entrañada vivencia del mundo natural (en la que éste se da en toda su grandeza originaria) sino que, además se torna una suerte de emblema mítico: el incesante prodigio de alumbramiento, de la creación" (*Gravitaciones* 266).

A diferencia del lenguaje de Cornejo-Polar, el de Sologuren es condensado y metafórico. Sus observaciones no dejan por ello de ser precisas y de llamar la atención sobre la estructura del lenguaje arguediano. Lo poético en la prosa de Arguedas, según Sologuren, está en esta posibilidad de representar en pequeña escala un suceso cósmico cíclico: el origen, en la imagen luminosa y dinámica del *alumbramiento*. La representación genérica de lo lírico puede reconocerse en la estructura de su prosa y en textos literarios formal y técnicamente líricos:

Pero la visión poética de Arguedas no queda confinada únicamente a *Los ríos profundos*. Está presente en toda su obra narrativa, ya desprendiéndose del seno de esta, porque la informa; ya desde una perspectiva formal y técnica, como *huaynos, jarahuis, jayllis*: las canciones que dejan oír los acentos de la desolación más amarga y el gozoso arrebato de los personajes (*Gravitaciones* 266).

La "desolación" y el "gozo" son características que en los años sesenta ya se reconocían como rasgos marcados de la poesía quechua, tanto de la prehispánica sobreviviente como de la contemporánea folklórica oral y la escrita por autores mestizos.

Estos textos quechuas injertados dentro de la prosa castellana tienen una calidad fragmentaria, evocan un *corpus* mayor de donde han sido seleccionados y del cual llevan consigo, desde una lógica conceptual para con la lengua quechua a la que se adscribió Sologuren en los años sesenta, el elemento "supra poético" que los relaciona a una mitología. El contenido mítico que se asume en la literatura quechua, y se teje en la prosa en castellano, se refuerza con las piezas orales que Arguedas incluye en su obra narrativa. Los poemas tienen un carácter análogo al que se le reconoce a la pieza arqueológica, son restos con los que se puede inferir modos de vida. Estos "fragmentos" de una tradición tienen aún otras cualidades: se presentan como "folklóricos" (àsomando desde el pasado como sobrevivientes de la destrucción) y parecen mantener vivos la estructura de un universo y sus patrones de adaptación en el tiempo al realizarse continuamente en el presente. La "forma" y la "técnica" folklóricas son configuraciones que toma la perspectiva andina. El análisis de ésta y su permanencia debido a la repetición son maneras de acceso posibles para los escritores en castellano. Arguedas expone estructuras de lo que llamo "lírico quechua" en los fragmentos quechuas que incluye en sus textos y en la técnica que internaliza en la construcción de su prosa, perceptible en términos temáticos en la expresión de un mensaje en tensión complementaria: dolor y alegría en antítesis permanente.

Líneas más adelante, Sologuren habla de la obra poética en quechua escrita por Arguedas y reunida en *Katatay*:

El runasimi le proporcionó acceso seguro y directo al pueblo indio, a su índole, problemas y mitos. Y aún más, su tejido sonoro le sirvió a la perfección para recobrar el mundo andino en su dimensión real y profunda. Arguedas fue conciente de tales poderes y así lo expuso en diversas ocasiones: "Palabras del quechua contienen con una densidad y vida incomparables la materia del hombre y de la naturaleza y el vínculo intenso que por fortuna aún existe entre lo uno y lo otro. El indígena peruano está abrigado, consolado, iluminado, bendecido por la naturaleza: su odio y su amor, cuando son desencadenados se precipitan por eso, con toda esa materia, y también su lenguaje". En nuestro caso, a falta de conocimiento del quechua, solo puede autorizarnos al comentario de estos poemas la circunstancia feliz de estar traducidos al castellano, cuatro de ellos, por el mismo Arguedas. Y aunque la pérdida de ciertos valores originales (aquéllos que destaca el poeta) es irreparable, también es cosa de estimar el hecho de que tales menoscabos quedan reducidos a sus más estrictos límites (*Gravitaciones* 267).

Arguedas es, desde este punto de vista, un mestizo que *se apropia*, que "accede" a un mundo ajeno (o externo) gracias al *runasimi* [la lengua del hombre] (quechua). Considerando que su trabajo narrativo se da sobre todo en la manipulación de la lengua europea, me animo a decir que la escritura le permite tener un manejo lingüístico más amplio en lengua española que en lengua quechua. Tanto en este ensayo, como en "La poesía quechua", Sologuren señala nuevamente en esta lengua su "tejido sonoro" (concepto de texto que le sirve luego para analogar posibilidades ofrecidas por la escritura con las de la textilería prehispánica), la posibilidad "material" (también señalada por Cornejo-Polar), onomatopéyica, de alcanzar y hacer virtual el mundo andino en la Naturaleza. Y ve una ruta marcada por la subjetividad del artista mestizo que dirige uno de sus sentidos al mundo hispanohablante a través de la traducción. Ésta permite la recuperación del mundo andino (lo cual asume que el artista peruano, "occidentalizado" o no, posee tácitamente la cultura andina) y su accesibilidad para un lector de lengua castellana. Estas operaciones conseguirían contemporaneizar la tradición andina y hacerla simultánea a la tradición europea en el Perú. A través de las traducciones del quechua, que el propio Arguedas (en este caso) hace de sus poemas, se accedería a las constantes que, desde la tradición, forman la subjetividad del mestizo. La traducción es también un medio, en la praxis poética de Sologuren, para "recuperar" y apropiarse de las literaturas occidental (su otro legado) y oriental (legado al alcance de la humanidad), como puede apreciarse en sus traducciones de la literatura europea, la china y la japonesa.[20] Con la conciencia, que esta práctica trae, de la pérdida de "valores originales".

En las líneas finales de su artículo, Sologuren asevera la existencia de un principio poético: "En los mejores poemas de Arguedas parece confirmarse, una vez más, que toda honda poesía baña sus raíces en el origen, encuentra su suelo en lo sagrado. Un lucero grande, luz central de toda inmensidad, toda lumbre y revelación: su verbo poético" (268-269).

Dieciséis años después de su primer ensayo acerca de la poesía quechua en el Perú, Sologuren retoma el modelo dinámico circular que le sirve para construir un espacio, un "drama" y un personaje, y que también le permite "narrar" en términos nativos, lingüística y literariamente, la acción de poetizar, una trayectoria artístico-nacional donde "la propiedad poética quechua" es origen y destino. La imagen fitomórfica de sus últimas líneas: "toda honda poesía baña sus raíces en el origen", que presenta la poesía como planta con "raíces", señala un movimiento bidireccional: el crecimiento va en sentido vertical ascendente y simultáneamente "baña" sus raíces en dirección opuesta. Estas direcciones verticales, ascendente y descendente, comparten un mismo espacio con centro de emisión, original y final, en lo subterráneo. La imagen resume el *relato artístico nativo*, y es asimismo un modelo conceptual para entender la naturaleza de la poesía misma (una *poética*).

El lado pragmático de esta labor de construcción imaginaria de una poesía y un poeta andinos puede verse también en la propia práctica artística de Sologuren. En 1964 Sologuren publica la primera edición de *Vida continua*, "libro único" que reúne regularmente su "Obra en marcha" ordenada en términos dinámico-constructivos que muestran una secuencia no causal de patrones estéticos, una suerte de "tradición poética personal". La segunda edición de *Vida continua*, va a incluir el poema-poética *Recinto*,[21] texto que resume un buen número de técnicas y conceptos poéticos explorados a todo lo largo de la producción anterior. Entre éstos, la aplicación de un complejo movimiento bidireccional cuyo primer sentido, en el recurso de *medias res* con que se inicia el texto, señala una dirección descendente que va también hacia un centro y hacia un pasado: las voces y acciones de un excavador arqueológico, de un saqueador de tumbas y de un yo que se pregunta por el origen de la poesía se confunden y hacen una sola conforme llegan a su destino o meta. Al final de ese triple desplazamiento se encuentra el principio de una dinámica expansiva. La idea es muy semejante a la que se expresa metafóricamente en la oración final del artículo de Sologuren examinado en esta sección: luz que es *original* o que está, como forma perceptible, en el *origen*, revelación del "verbo poético", que Sologuren entiende como manejo consciente del lenguaje y labor de construcción estética, operaciones intelectuales que marcan la individualidad artística moderna y contemporánea de Arguedas, y lo reúnen con Westphalen, Salazar Bondy, Sologuren, y otros; sobre todo porque presentan la tradición de poetizar como un proceso progresivo y la lengua quechua como una continua fuente de origen para los artistas peruanos hispanohablantes.

Notas

[1] A propósito de esto, dice Sologuren en la entrevista "Una minerva en retiro": "... en Suecia, en los años 50 se despertó nuevamente ese deseo. Compré una maquinita, una Minerva accionada por palanca ... no era nada caro, la tuve allí sin usar porque, en realidad, en Suecia una empresa de esa índole era lo menos indicado. No solamente por el problema del idioma y el de conseguir traductores de poesía precolombina, que es lo que yo quería difundir allá: quería difundir la poesía quechua, la aymara, la guaraní, la azteca. Tenía algunos textos y no faltó una traducción de un *Canto a Netzahualcoyotl* hecha por un nahuatlista sueco" (73).

[2] Poema publicado inicialmente en un cancionero popular del Cuzco en 1880. Años después, y también en La Rama Florida, Sologuren le imprime a Arguedas un texto original, su *Oda al Jet*. Ambos poemas son recogidos por este último en el volumen *Poesía quechua*, editado en Buenos Aires en 1966.

[3] Con respecto a un punto de vista reciente en la discusión alrededor de la existencia o no del género poético en el Perú prehispánico, véase el ensayo de Jean-Philippe Husson.

[4] Editada luego, con correcciones y extensiones que agregan textos en prosa, bajo el título de *La literatura de los quechuas: ensayo y antología*.

[5] Escribe Lira: "Sin embargo, se mira esta poesía como una muy pobre y monótona repetición de sentimentalismo gemebundo. Andan profundamente equivocados quienes no ven en estas creaciones indias la arrolladora corriente de inspiración e imágenes, lo subido del pensamiento que se multiplica copiando los atavíos del mundo

y la naturaleza. El peso y la fuerza casi telúrica de los sonidos y el lenguaje, la musicalidad cadenciosa de su rítmica, desmiente el pesimismo prejuicista de quienes mal enjuician esta literatura" (11).

[6] Refiriéndose a la festividad de *Santiago* que se celebra cada 25 de julio en la sierra central del Perú, dice Quijada Jara: "En esta forma exprimen las dolorosas gotas de sus sentimientos a través de las letras de los cantos que el ingenio de sus mentes creadoras han tejido con exquisita sensibilidad, recogiendo el maravilloso encanto de bello colorido poético, el eco de la misma naturaleza que convertidos en emotivos poemas sirven de solaz a sus almas nobles y puras como las aguas de sus puquiales" (17).

[7] Se refiere al texto del *Viaje a la América Meridional*, que en 1745 fue leído por La Condamine como *Relación abreviada* en la "Académie Royale des Ciencies" de París. Cito parte del párrafo en cuestión tomándolo de una traducción de 1941: "Todas las lenguas de la América Meridional de las que tengo alguna noción son muy pobres; muchas son enérgicas y susceptibles de elegancia, singularmente la antigua lengua del Perú; pero a todas les falta vocablos para expresar las ideas abstractas y universales, prueba evidente del poco progreso realizado por el espíritu de estos pueblos. *Tiempo, duración, espacio, ser, substancia, materia, cuerpo,* todas estas palabras y muchas más no tienen equivalentes en sus lenguas; no solamente los nombres de los seres metafísicos, sino los de los seres morales, no pueden expresarse entre ellos más que imperfectamente y por largas perífrasis. No tienen palabras propias que correspondan exactamente a las de *virtud, justicia, libertad, agradecimiento, ingratitud*" (40-41).

[8] Un par de ejemplos referidos a la lírica quechua contemporánea se encuentran en los ensayos "Ritos de la siembra" y "Ritos de la cosecha", ambos de 1941: "En los meses de siembra, por las noches, un canto lúgubre y agudo se oye desde todas las chacras. En la oscuridad o en la luz de la luna, ese canto parece salir de dentro de la tierra, o bajar del cielo frío y hundirse en lo más hondo, en lo más duro del suelo. ... A distancia, todo el canto parece sólo un alarido, un grito sostenido y lúgubre que alcanzara la más honda entraña del cielo y de la tierra; pero ya junto al coro y con algún esfuerzo se percibe la letra kechwa del canto" ("Ritos de la siembra" 86). "O acaso este canto no requiere palabras, no las necesita; porque su fuerza, su expresión está en la voz del hombre, en la indecible emoción que siente el indio al cosechar, al recibir el fruto de la tierra; no es un canto, en el sentido que tiene la canción en todas las lenguas del mundo; como los cantos nocturnos de la siembra, es un alarido que lleva la vibración de la sangre, el regocijo casi primitivo del hombre cuando cosecha directamente de la tierra; por eso este canto sale como brotado de la entraña misma de los campos, el aire lo lleva al cielo, lo arrastra por las sombras, lo mezcla con las nubes, lo reproduce con extraña fuerza en los roquedales y bajo la fronda de los grandes eucaliptos...." ("Ritos de la cosecha" 102).

[9] A lo largo de su carrera de escritor, Arguedas produce un número considerable (no sólo por su cantidad sino por la agudeza de sus observaciones) de ensayos acerca de las posibilidades expresivas y de la proyección artística del quechua, lengua a la que se acerca como usuario de alta competencia. Sobre esto, señala Alberto Escobar: "Arguedas no fue ni pretendió aparecer como un lingüista, es decir como un estudioso preparado para el examen, descripción y análisis de los componentes y estructuras de las lenguas en abstracto y de una u otra lengua en particular. Pero sí fue un enamorado del quechua, un gozador de su riqueza expresiva, un ser dotado con una sensibilidad muy fina para los matices del habla ...." (69).

[10] En su *Lingüística quechua*, Rodolfo Cerrón-Palomino traza una línea en el estudio lingüístico del quechua a inicios de los años sesenta: "los estudios verdaderamente científicos en materia de lingüística histórica quechua, con un enfoque global, sólo se inician con los trabajos cimentadores de Parker (1963) y Torero (1964)" (223). "Coincide esta época con la aparición de los primeros esbozos y monografías sobre algunos

dialectos quechuas (Parker 1965, Solá 1967, Lastra 1968) que hasta entonces o no habían sido jamás descritos o, a lo sumo, habían sido objeto de tratamientos superficiales e incompletos" (95). Estos son trabajos comparativos de reconstrucción de una protolengua que permiten clasificaciones y descripciones más rigurosas. Para el tema de las onomatopeyas y el significado de las palabras, Cerrón-Palomino dice en su introducción: "Como podrá apreciarse, los puntos tratados no agotan ciertamente la vastedad de los temas comprendidos, directa o indirectamente, dentro de la quechuística. No han sido abordados, por ejemplo, tópicos relacionados con la sintaxis diacrónica ni los referidos al campo de la léxico-semántica y la sociología de la lengua, aspectos que acusan todavía un estado incipiente de desarrollo" (14).

[11] La crítica, como señala Alberto Escobar, se ha ido mostrando cada vez "menos confiada respecto de las aseveraciones del propio Arguedas, acerca de su escritura" (136). Ya que mi trabajo no se dedica al quechua como objetivo, comparto la siguiente opinión de Escobar: "Hay que decirlo, sí, que Arguedas no fue un estilista en el sentido que se le suele asignar a esta palabra comúnmente, pero también hay que recordar que nunca pretendió serlo. Y también hay que saber que nunca fue tan inocente como para no darse cuenta de lo que podría haber logrado, si sólo se ceñía a una magra tradición literaria, automatizada por las reglas modernistas y clausurada por los excesos del indigenismo; y, para no percibir además, que no era la lengua por la lengua, lo que le importaba, sino por aquello que quería decir y de la manera en que se adaptara a cómo quería decirlo. Para lograrlo tuvo que producir un instrumento vigoroso y vibrante" (137-138).

[12] En su "Introducción" al volumen *Poesía quechua*, donde incluye un buen número de traducciones de José María Arguedas, Sebastián Salazar Bondy escribe: "Como es lógico, una lengua sumamente plástica, de variados sonidos guturales y consonantes dobles, cuya conjugación verbal se consuma por prefijos y sufijos, de sintaxis inflexible pero capaz de crear fácilmente nuevas voces, no admite la fiel traducción de su poesía plena de aliteraciones y síncopas, ligada a una singular música pentafónica y sin modulación, pero los que se han dedicado a salvaguardar este tesoro literario y a trasegarlo a la lengua oficial del Perú han procurado mantener, con mayor o menor acierto, la más próxima equivalencia entre el original y su traslación" (12).

[13] El aspecto sonoro del quechua, y su proyeccción cósmica, son áreas todavía no clarificadas en los estudios andinos. Un investigador como Martin Lienhard, treinta años después de este ensayo, hace algunas observaciones acerca de una "Cosmología poética" en las composiciones líricas quechuas conocidas como *waynos*; éste señala como características poéticas andinas la construcción paralela (o "bimembre"), la perspectiva de un "yo" individual/plural que descansa en la "narración" o presentación secuencial de imágenes que desembocan en cierto tipo de "acción" no convencional a los ojos de prácticas culturales con origen en Occidente ("La cosmología poética..." 95). Refiriéndose al encuentro entre cosmología y narración, escribe: "Como lo han ido subrayando varios trabajos recientes sobre las prácticas simbólicas andinas, la expresión de lo 'cosmológico' no es privilegio exclusivo de ninguno de los numerosos 'discursos' (paralelos, superpuestos o imbricados) que componen, en los Andes centrales, una *performance* ritual y/o musical. En este sentido, se ha atribuido relevancia cósmica al empleo de determinados instrumentos y voces, la calidad de los sonidos producidos, la melodía y el ritmo (códigos 'musicales'); al despliegue de los actores en el espacio, la coreografía y la gestualidad, las máscaras, el vestuario y el decorado (códigos escénicos); a la inscripción de la *performance* en el calendario ritual y su desarrollo en el tiempo (códigos 'temporales'). Desde luego, las concepciones cosmológicas se incrustan, también, en el discurso 'narrativo' (códigos dramáticos y verbales) que actualizan las prácticas rituales, los cantos, etc." (87).

192 • Luis Rebaza-Soraluz

[14] La imagen previa de un ritmo de palpitaciones se superpone a una dinámica seminal, de concepción y germinación: "[*Jaillis* l]os había también heroicos y agrícolas — himnos del transporte cordial, de la fruición del triunfo— cómo éste en que mutuamente se exaltan mujeres y hombres, tierra y semilla, fecundidad y fuerza:

[....]*Los hombres:*

*¡Ea, el triunfo! ¡Ea, el triunfo!*
*¿Do está la infanta, la hermosa?*
*¿Do la semilla y el triunfo?*

*Las mujeres:*

*¡Hurra, la simiente, hurra!"* (*Gravitaciones y...* 196).

[15] A esta frase le siguen las líneas siguientes: "[ternura], invocación de hiriente dulcedumbre a la mujer amada (*urpi*) dilectísima:

*Estallar quiere mi seno henchido de amargo llanto*
*Por ti, paloma.*
*Cuán dolororso había·sido vivir errante*
*Lejos de ti.*

Hay quienes sostienen que este género decía también de la alegría y felicidad en el amor antes, claro está, del violento traumatismo de la Conquista, con la muerte de Atahualpa y la ruina del Imperio. ... La muerte del Inca estrujó dolorosamente el corazón del pueblo, y su congoja cuajó en desesperada y hermosa elegía, resplandeciente lágrima filial" (197).

[16] Hablando de los *dobletes semánticos*, encontrados en la poesía quechua por Philippe Husson, y de los "paralelismos gramaticales" que él mismo observa, Martin Lienhard propone la hipótesis siguiente: "En muchas construcciones paralelas, la dimensión cosmológica (básicamente la oposición arriba/abajo) se cifra menos en la calidad de los conceptos opuestos que en la propia forma binaria. Proponemos, pues, la hipótesis siguiente: en el discurso poético, los paralelismos construidos en base a alguna de las oposiciones cosmológicas primordiales 'arrastran' otras oposiciones que se tiñen, contextualmente, del 'color' de la oposición principal. Si algunas de las variables sin significación cosmológica precisa pueden al menos connotarlas, otras, en cambio, sólo las adquieren en el contexto poético" ("La cosmología poética" 94).

[17] Arguedas y Sologuren llegan a ser vecinos durante algunos años mientras viven en el antiguo hotel "Los Angeles" en el distrito de Chaclacayo, en Lima.

[18] Una de las primeras versiones de este relato autobiográfico fue recogido por Blanca Varela (escritora de la promoción de Salazar Bondy, Sologuren y Szyszlo) en el ensayo "José María Arguedas está entre los grandes autores de América", publicado en el diario *La Prensa* de Lima, en octubre de 1962.

[19] Como dice William Rowe en el capítulo "El lenguaje literario de Arguedas", de su libro *Mito e ideología en la obra de José María Arguedas* "Consciente de sus propias limitaciones, Arguedas tiende a caer en el mito del artista inconsciente" (42), y a adoptar: "una actitud defensiva con respecto a su falta de apreciación teórica sobre las técnicas narrativas. Dos razones básicas explican esa actitud hacia el aspecto técnico de la escritura: por un lado, el deficiente acceso a la información sistemática durante sus años formativos, incluyendo el hecho de que leyera muy poco hasta que llegó a Lima a la edad de 19 años; y, por otro lado, el hecho que los problemas que trataba de solucionar se expresaban principalmente en términos de lenguaje, mientras que los problemas de la construcción narrativa y la presentación ocupaban un papel secundario. Este segundo factor es el más importante porque probablemente Arguedas habría resuelto el problema de las restricciones técnicas de su ficción, si hubiera sentido la necesidad de hacerlo. Su habilidad para adoptar nuevas técnicas está demostrada en el caso de 'Orovilca' o *El zorro...*" (42-43).

[20] Su inicial *Antología de la poesía sueca contemporánea* (1959) es luego recogida con traducciones del italiano y francés en *Las uvas del racimo* (1989). En cuanto a la poesía en francés, Sologuren es traductor y editor de la antología *Razón ardiente: poesía francesa de Apollinaire a nuestros días* (1988). También tradujo del portugués, en colaboración, y publicó, entre 1977 y 1985, a través del Centro de Estudios Brasileños de Lima: *Tres modernistas brasileños: Mario / Oswald / Cassiano*. (1977), *Poemas. Cassiano Ricardo* (1979), *Poemas. Cruz e Sousa*. (1980), *Receta de mujer. Vinicius de Moraes*. (1982), *Tres poetas románticos. Gonçalves Dias, Castro Alves, Sousândrade*. (1984) y *Poemas. Ribeiro Couto*. (1985). Tradujo una breve muestra de poesía china a partir de versiones al francés y a otras lenguas romances. En 1967 publicó *Poesía Japonesa Haikais, Haikus y Tankas* en La Rama Florida. Luego, entre 1981 y 1991, tradujo, en colaboración, a Hideki Isomura, Yasunari Kawabata, Seami Motokiyo, Ihara Saikaku, Junichiro Tanizaki. En 1993, la Universidad Católica del Perú, publicó su antología general de literatura japonesa *El rumor del origen*.

[21] Muchas de las ideas elaboradas en este ensayo, sea en forma pragmático-expositiva o en forma de imágenes metafóricas, son reelaboradas luego por Sologuren, y formuladas a manera de enunciados poetológicos tanto en poemas como en nuevos ensayos. El caso más interesante se presenta en textos que son tanto poema como *ars poetica*. Así ocurre en "Recinto", escrito en 1967, siete años después del ensayo sobre poesía quechua. En este "poema-poética", estas imágenes se reelaboran en diversas y complicadas variantes que retoman elementos como la "contracción", el "latido", lo "cordial" y "sanguíneo", el "cielo", el "resplandor" y la "memoria".

BIBLIOGRAFÍA CITADA

Arguedas, José María. "Acerca del intenso significado de dos voces quechuas". *Indios, mestizos y señores*. Lima: Editorial Horizonte, 1989: 147-149.

_____ *Canción quechua anónima. Ijmacha*. Lima: Ediciones de La Rama Florida, 1959.

_____ *Canto kechwa: con un ensayo sobre la capacidad de creación artística del pueblo indio y mestizo*. Lima: Club del Libro Peruano, 1938.

_____ "Carta de José María Arguedas a John Murra". Cuzco: *Allpanchis* 17-18 (1981): 164-166.

_____ *Katatay*. (1972) Lima: Editorial Horizonte, 1984.

_____ "No soy un aculturado". *Recopilación de textos sobre José María Arguedas* Juan Larco, ed.: 431-433.

_____ *Oda al Jet*. Lima: Ediciones de La Rama Florida, 1965.

_____ *Poesía quechua*. Buenos Aires: Editorial Universitaria de Buenos Aires, 1965 (mayo 1966 en el colofón).

_____ *Los ríos profundos*. Buenos Aires: Losada, 1958.

_____ "Ritos de la siembra", "Ritos de la cosecha", "Notas sobre el folklore peruano". *Señores e indios*. Selección y prólogo de Ángel Rama. Buenos Aires: Arca/Calicanto, 1976: 85-88, 100-106, 209-214.

Ávila, Francisco de. *Dioses y hombres de Huarochirí* [1598]. (Traducción de José María Arguedas) Lima: Instituto de Estudios Peruanos, 1966.

Carrillo, Francisco, ed. *Poesía y prosa quechua*. Traducciones y prólogo de José María Arguedas. Lima: Ediciones de la Biblioteca Universitaria, 1967.

194 • Luis Rebaza-Soraluz

Cerrón Palomino, Rodolfo. *Lingüística quechua*. Cuzco: Centro de Estudios Rurales Andinos "Bartolomé de Las Casas", 1987.

Cornejo-Polar, Antonio. "Arguedas, poeta indígena". *Recopilación de textos sobre José María Arguedas* Juan Larco, ed.: 169-176.

\_\_\_\_\_ *Los universos narrativos de José María Arguedas*. Buenos Aires: Losada, 1973.

Escobar, Alberto. *Arguedas o la utopía de la lengua*. Lima: Instituto de Estudios Peruanos, 1984.

Huamán, Miguel Ángel. *Poesía y utopía andina*. Lima: Desco, 1988.

Husson, Jean-Philippe. "La poesía quechua prehispánica. Sus reglas - sus categorías - sus temas, a través de los poemas transcritos por Waman Puma de Ayala". Lima: *Revista de Crítica Literaria Latinoamericana* 37 (1993): 63-85.

La Condamine, Charles Marie de. *Viaje a la América meridional*. Madrid: Espasa-Calpe, 1941.

Lara, Jesús, ed. *Poesía popular quechua*. La Paz, Bolivia: Editorial Canata, 1947.

\_\_\_\_\_ ed. *La literatura de los quechuas: ensayo y antología*. (1969) La Paz, Bolivia: Librería y editorial "Juventud", 1985.

\_\_\_\_\_ ed. *La poesía quechua: ensayo y antología*. Cochabamba, Bolivia: Universidad Mayor de San Simón, 1947.

Larco, Juan, ed. *Recopilación de textos sobre José María Arguedas*. La Habana: Casa de las Américas, Serie Valoración Múltiple, 1976.

Lauer, Mirko. *Szyszlo: indagación y collage*. Lima: Mosca Azul, 1975.

Lienhard, Martín. "La cosmología poética en los waynos quechuas tradicionales". Lima: *Revista de Crítica Literaria Latinoamericana* 37 (1993): 87-103.

\_\_\_\_\_ *La voz y su huella*. Lima: Editorial horizonte, 1992.

Lira, Jorge, ed. *Canto de amor*. Cuzco, Perú: 1956.

Quijada Jara, Sergio, ed. *Canciones del ganado y pastores: 200 cantos quechua-español*. Huancayo: 1957.

Rama, Ángel. *Transculturación narrativa en América latina*. México: Siglo Veintiuno Editores, 1982.

Rowe, William. *Mito e ideología en la obra de José María Arguedas*. Lima: Instituto Nacional de Cultura, 1979.

Salazar Bondy, Sebastián. *Poesía quechua*. México: Universidad Nacional Autónoma, 1964.

\_\_\_\_\_ *Una voz libre en el caos. Ensayo y crítica de arte*. Lima: Jaime Campodónico, 1990.

Sologuren, Javier. *Gravitaciones y tangencias*. (Ensayos reunidos) Lima: Editorial Colmillo Blanco, 1988.

\_\_\_\_\_ "El lucero grande de José María". *La Imagen*, 26 diciembre 1976. *Gravitaciones y tangencias*: 266-269.

\_\_\_\_\_ "Poesía quechua del Perú". *Boletín Cultural Peruano* 6, abril-junio 1960. *Gravitaciones y tangencias*: 194-197.

_____ "Recinto". *Amaru* 4, octubre-diciembre 1967: 24-26.

_____ *Recinto*. Lima: La Rama Florida, 1968.

_____ "Una minerva en retiro". (Entrevista) *Hueso Húmero* 25, abril 1989: 73-87.

_____ *Vida continua : Obra poética [1939-1989]*. Lima: Editorial Colmillo Blanco, 1989.

Suárez-Miraval, Manuel. *La poesía en el Perú*. Lima: Editorial Tawantinsuyu, 1959.

Varela, Blanca. "José María Arguedas está entre los grandes autores de América". *La Prensa* de Lima, 14 octubre 1962: 23.

Vienrich, Adolfo, ed. *Azucenas quechuas: Nuna-Shimi Chihuanhuai*. Tarma: Consejo Provincial, 1959.

Westphalen, Emilio Adolfo. "José María Arguedas (1911-1969)". *Amaru* 11, diciembre 1969: 1-2.

La danza de las tijeras de José María Arguedas.
¿Construcción de la cultura quechua?*

Juan Zevallos-Aguilar
*Temple University*

La danza de las tijeras (*Danzaks* en quechua) es un baile masculino en el que dos bailarines acompañados por sus respectivas orquestas de violín y arpa danzan en turnos manipulando en una de sus manos dos piezas sueltas de tijeras que producen sonidos parecidos a los de una campana pequeña. Esta danza se ha ejecutado por cientos de años en los espacios rurales de la región central del Perú. Alrededor de los años cincuenta, en un proceso sociocultural que ha sido denominado indigenización de la sociedad peruana, los migrantes indígenas introdujeron la danza a los espacios urbanos de la costa. En un principio las presentaciones de los danzantes de tijeras estaban circunscritas a fiestas patronales y espectáculos de los migrantes andinos. Más adelante, la danza de las tijeras entró en un proceso de comercialización y se constituyó en un número imprescindible de espectáculos folklóricos diseñados para el consumo del público costeño urbano y los turistas extranjeros.[1] No podía ser de otra manera: los vistosos trajes de los danzantes que ejecutan acrobacias y acciones que desafían el dolor cautivaron con facilidad a su nuevo público.

La clara articulación de la danza con cultos indígenas quechuas llevó a que su ejecución fuera prohibida hasta principios de este siglo en los espacios rurales. Las autoridades civiles de los pueblos andinos impidieron su práctica. Desde su perspectiva la danza estaba relacionada con cultos diabólicos y supercherías indias que "pugnan con la civilización actual y las buenas costumbres" (citado por Montoya, *Los danzaq*, II). A fines de los años sesenta la danza se convirtió en un "símbolo artístico" y "patrimonio cultural del Perú". Sobre todo durante el gobierno populista del general Juan Velasco Alvarado (1968-1974) la danza alcanzó su mayor prestigio y consagración. El gobierno de Velasco convirtió a una manifestación cultural local en una expresión significativa de la cultura nacional. Este fue el resultado de una política cultural que ayudó a su difusión con el financiamiento de su presentación en pueblos y ciudades de la república del Perú y en las principales ciudades del mundo entero. A partir de los años ochenta, la danza fue concebida en los círculos académicos como una práctica que establece una continuidad con expresiones culturales de resistencia indígena del siglo XVI (Lienhard, *Cultura popular* 132; Castro-Klarén 420; Núñez 34-35). Parte de la responsabilidad en el reconocimiento y valoración de la danza de las tijeras ha estado en manos de artistas e intelectuales indigenistas cuyos acercamientos se pueden rastrear sucesivamente en el periodismo, la literatura, la etnografía y por último en los medios audiovisuales.

198 • Juan Zevallos-Aguilar

La lectura de la documentación sobre la danza demuestra que José María Arguedas fue el escritor que —en su doble posición de literato y antropólogo— contribuyó más a su conocimiento y a su constitución como uno de los elementos más expresivos de la cultura andina.[2] Arguedas, antes de convertirse en etnólogo profesional en 1946, ya escribía sobre el universo cultural indígena tal como lo atestiguan sus obras. Decidió convertirse en etnólogo con el propósito de utilizar el prestigio y la autoridad de esta ciencia para respaldar sus ideales de defensa y divulgación de la cultura indígena (Murra, "José María Arguedas ..."; Pinilla 78). La contribución de Arguedas al conocimiento de la danza se debe al consenso que existe sobre la aceptación de que hay una transparente interrelación entre su vida y su obra (Díaz). En efecto, se reconoce que su familiaridad adquirida en la niñez sobre los códigos culturales de los quechuas de la sierra central y sur del Perú y sus particulares modalidades de recoger información etnográfica hicieron posible su representación de los danzantes de tijeras.[3] De otra parte, Arguedas tenía un interés muy personal en la danza. Las manifestaciones de su interés por esta práctica cultural se pueden ver en el gran papel que tuvo en su difusión en los medios masivos de comunicación,[4] las referencias a los danzantes de tijeras en la novela *Yawar Fiesta* (1941), la novela *Los ríos profundos* (1958), el cuento "La agonía de Rasuñiti" (1962) y la novela póstuma *El zorro de arriba y el zorro de abajo* (1971).[5] Finalmente, tan grande era su predilección por esta danza que "pidió en una carta que en su propio sepelio, [su amigo] el violinista Máximo Damián tocara la agonía acompañado por el arpista Luciano Chiara, y como danzantes Gerardo y Zacarías Chiara" (Núñez 13).

Las referencias sobre la danza en la obra de José María Arguedas se han constituido en una fuente de información indispensable y constantemente citada por los estudios literarios y las recientes aproximaciones antropológicas que se han llevado a cabo (Núñez; Bigenho). Su indispensabilidad radica en que el mismo Arguedas y sus lectores, coincidentes en una perspectiva realista de la literatura, conciben, primero, que sus obras literarias, con la excepción de *El zorro de arriba y el zorro de abajo*, registran la práctica de la danza que Arguedas niño presenció mientras convivía con los indígenas en varios pueblos de la sierra central del Perú durante los años veinte.[6] Segundo, las observaciones de Arguedas constituyen la única descripción autorizada del baile en el contexto rural, a diferencia de las observaciones etnográficas que describen su ejecución en el contexto urbano. En este conjunto de referencias, Arguedas dedica el cuento completo "La agonía de Rasuñiti" a la danza y relata con minuciosidad la práctica de un ritual de muerte relacionado con otro ritual de iniciación. La escritura del cuento se ubica en una etapa bien definida de la trayectoria intelectual y artística de Arguedas. Arguedas es testigo de movimientos indígenas que reclamaban sus derechos a la posesión de la tierra durante los primeros años de los sesenta. Sobre estas movilizaciones que fueron consideradas como el "inicio de una revolución" (Kapsoli 101-124) y que terminan con masacres y apresamientos masivos de indígenas y sus líderes, Arguedas toma una posición definida ya que: "El novelista y el poeta son los únicos que pueden expresar este tiempo de convulsión" (citado por Pinilla 118). De esta manera, en una posición que sostiene la existencia de una cultura india que resiste otro embate del proceso de modernización capitalista decide publicar "La agonía de Rasuñiti" – cuento que, según el mismo Arguedas: "lo venía madurando desde hace unos ocho años y lo escribí en dos días" (Murra y López 66)– publica su poesía en quechua y escribe el poema a "Tupac Amaru" cuya decisión para publicarlo ocasionó aprehensión a su autor.[7] Arguedas, en una carta del 12 de Noviembre de 1962 dirigida a John Murra escribe:

> El poema a 'Tupac Amaru', lo escribí en los tristes días en que se mataba comuneros. No estoy decidido a difundirlo. Te ruego que, si te es posible, me pongas unas líneas dándome tu opinión acerca de si podría ser interpretado como un llamado a la rebelión (...) No deseo ser en mi patria un 'apestado comunista'. Soy un hombre libre; tengo discrepancias irremediables con los comunistas y, por otra parte estoy en la lista negra de la Embajada de los Estados Unidos (Murra y López 84).

En esta oportunidad voy a explorar cómo Arguedas en el cuento "La agonía de Rasuñiti" utiliza un ritual asociado a la danza de las tijeras para remarcar la especificidad y proponer la supervivencia de la cultura quechua. En esta exploración enfatizo el análisis del uso de un conjunto de dispositivos retóricos propios de la literatura indigenista y la antropología. Aunque Arguedas había insistido muchas veces en sus escritos que no había una cultura india pura, en este cuento lleva a cabo la esencialización de una cultura quechua con el propósito de defenderla en un coyuntura social y política adversa.[8] En mi exploración desarrollo una línea de investigación propuesta por William Rowe quien señalaba:

> ... tengo entendido que (...) los danzantes de tijeras incluyen una serie de elementos cristianos, sin embargo, en el cuento "La agonía de Rasuñiti" esos elementos no aparecen; Arguedas los excluye. Lo cual parecería señalar que Arguedas, en este cuento está construyendo la posibilidad de una cultura andina autónoma, no dependiente; tal vez de un modo utópico (25).

Esta construcción de la cultura indígena es tan coherente y persuasiva que, por un lado, en el mismo año de su publicación tuvo gran acogida. Arguedas en una carta del 3 de Julio de 1962 dirigida a su psiquiatra, Lola Hoffman señala que "la divulgación de 'La agonía de Rasu-Ñiti' ha creado un gran entusiasmo entre los jóvenes y críticos" (Murra y López 79) y, segundo, veintitrés años después de ser publicado el cuento se grabó su versión en video titulada *La agonía de Rasuñiti. Un cuento de José María Arguedas* (1985) con el propósito de demostrar, a un público extranjero, la especificidad y existencia de una cultura indígena quechua durante los ochenta.[9] Aunque el video de 1985 indica que es una versión audiovisual del cuento de Arguedas, la rápida comparación que llevaré a cabo en la última parte del trabajo demostrará que el video constituye una visión diferente del ritual y la cultura quechuas.

En "La agonía de Rasuñiti" Arguedas relata el ritual de muerte de Rasuñiti (nombre quechua que quiere decir "el que aplasta la nieve") quien baila hasta morir la danza de las tijeras en el interior de su domicilio. Cuando Rasuñiti muere, su discípulo Atok'sayku (nombre quechua que quiere decir "el que cansa al zorro") toma las tijeras de las manos de su maestro y continúa la danza.[10] Es difícil de probar si el ritual de muerte que narra Arguedas es ficticio o real. Arguedas fue el único testigo que pudo dejar un testimonio escrito sobre la cultura quechua de la primera mitad del siglo XX. La carencia de otra versión que pueda corroborar la existencia de este ritual en el que un maestro y su discípulo terminan el proceso de enseñanza y aprendizaje de la danza con la muerte del maestro, hace parecer al cuento de Arguedas como el único testimonio de prácticas culturales desaparecidas escrito por el último sobreviviente de un grupo étnico.[11]

La descripción del ritual de muerte le sirve a José María Arguedas para demostrar a sus lectores urbanos que todavía existe una cultura india viva y autónoma con sus propias formas de reproducción sociocultural y su peculiar sistema de valores que determina el estatus económico y social en las zonas rurales.[12] En este sentido, Arguedas es explícito en señalar que su cuento trata de una historia de "indios". En el primer párrafo del cuento el narrador indica al lector que la vivienda de Rasu-Ñiti pertenece a un indio próspero: "La habitación era ancha para ser vivienda de un indio" (203). Más tarde, en otra referencia que indica el estatus que tienen los danzantes en las poblaciones indígenas, señala el nombre propio de Rasuñiti: "... fulguraba en la sombra del tugurio que era la casa del indio Pedro Huancayre, el gran danzak' 'Rasu-Ñiti'" (204).

José María Arguedas como etnólogo profesional era consciente de que para autorizar su relato tenía que darle un carácter de objetividad utilizando el presente etnográfico y tratando de evitar los juicios de valor. Para ello utiliza la voz de un narrador en tercera persona que hace una presentación de hechos observados en un trabajo de campo. Los pasos de la danza que son marcados por la música,[13] las creencias de los personajes y el registro de sus diálogos y acciones son descritos por este narrador. Del mismo modo hace una traducción de elementos culturales indígenas utilizando, como puntos de referencia, elementos análogos de la europeizada cultura urbana peruana en el mismo texto y escribe notas a pie de página para dar explicaciones sobre el significado de los vocablos quechuas que utiliza en el texto.[14]

Intercaladamente en el cuento se utiliza una voz en primera persona que le sirve a Arguedas para complementar la información que está ofreciendo la voz en tercera persona. Interviene esta voz relatando sus experiencias en relación a la danza de las tijeras y haciendo observaciones desde una posición bicultural para autorizar la "observación participante" que narra la voz en tercera persona. De este modo, la primera persona que ve la práctica de la danza recuerda una parte importante de su autobiografía, pero también, en un nivel de persuasión retórica, indica la verdad de una experiencia vivida. Así, el señalamiento de la verdad y la construcción de la cultura indígena están combinadas en la afirmación de la observación de primera mano. La especificidad de la cultura quechua es confirmada como verdadera porque ha sido vista por el narrador. Por ejemplo, en el siguiente pasaje Arguedas pasa sin ninguna transición de la primera persona a la tercera persona para persuadir al lector:

> [Las tijeras] son hojas de acero sueltas. Las engarza el danzak' por los ojos, en sus dedos y las hace chocar. Cada bailarín puede producir en sus manos con ese instrumento una música leve, como de agua pequeña, hasta fuego: depende del ritmo, de la orquesta y del 'espíritu' que protege al danzak'. Bailan solos o en competencia. Las proezas que realizan y el hervor de su sangre durante las figuras de la danza dependen de quién está asentado en su cabeza y su corazón, mientras él baila o levanta y lanza barretas con los dientes, se atraviesa las carnes con leznas o camina en el aire por una cuerda tendida desde la cima de un árbol a la torre del pueblo. Yo *vi* [énfasis mío] al gran padre 'Untu', trajeado de negro y rojo, cubierto de espejos, danzar sobre una soga movediza en el cielo, tocando sus tijeras. El canto del acero se oía más fuerte que la voz del violín y del arpa que tocaban a mi lado, junto a *mí* [énfasis mío]. Fue en la madrugada. El padre 'Untu' aparecía negro bajo la luz incierta y tierna; su figura se mecía contra la sombra de la gran montaña. La voz de sus tijeras *nos rendía,* [énfasis mío] iba del cielo al mundo, a los ojos y al latido de los millares de indios y mestizos que lo veíamos avanzar desde el inmenso eucalipto a la torre (206).

La presencia del narrador en primera persona llevó a Martin Lienhard a señalar que "La agonía de Rasuñiti" "está hecho como un cuento popular quechua" ya que "el narrador representaría, entonces, al conjunto de indios y/o de los mestizos de un pueblo, a los miembros de una comunidad que piensa el cosmos en términos de animismo" y "la mitad del texto, aproximadamente, se apoya directamente en la sucesión de ritmos musicales del ritual de los danzantes para alcanzar su propio ritmo narrativo" ("La función del ..." 154). La copresencia de los dos narradores que ya habían sido identificados por Cornejo-Polar (181) lleva a Martin Lienhard a la siguiente conclusión sobre las posibilidades de lectura que tiene el texto:

> *La agonía de Rasuñiti,* por su enfoque y su escritura es un cuento indígena (...) su redacción en español presupone en un principio a un lector no indígena. Este modo de producción ambiguo —entre indígena e indigenista— posibilita dos lecturas divergentes. Para el lector 'indigenista' (es decir, no indígena), se trata de un cuento 'mágico' que narra acontecimientos imaginarios, reales sólo para el conjunto de los protagonistas del cuento. Para un lector quechua alfabetizado en español, por el contrario, "La agonía de Rasuñiti" es expresión de un mundo absolutamente real, verosímil y además conocido ("La función del" 155).

En otros términos, tal como Mary Louise Pratt (7-8) ha señalado sobre Guaman Poma de Ayala, Arguedas en este cuento en particular y en su obra literaria en general redacta una "autoetnografía" en el sentido de que primero escribe sobre hechos del presente en español utilizando formas escriturales antropológicas y puntos de referencia de la cultura europea, y segundo, comunica sus conocimientos de primera mano sobre la cultura de los indios adquiridos en su convivencia con ellos durante sus primeros quince años de vida.[15]

Para Arguedas, después de dejar establecido que existe una cultura indígena viva en el cuento, la segunda tarea que le quedaba pendiente era el señalamiento de elementos específicos y propios de esta cultura. Estos elementos le permitían a Arguedas concebir una cultura india con su propia especificidad, diferente de otras culturas. Al mismo tiempo, estas creencias y costumbres indicadas como propias de la cultura quechua fueron incorporadas al ritual con el propósito de demostrar su gran complejidad y sofisticación. Por esta razón, Arguedas narra un ritual donde se compenetran simultáneamente múltiples aspectos de la cultura indígena y aprovecha su condición de biculturalidad que le ha permitido conocer las especificidades de la cultura indígena. Julián Ayuque Cusipuma descifra las siguientes creencias de la cultura indígena que Arguedas incorpora en su cuento. Estas incorporaciones serían entendidas por sus lectores biculturales como signos que marcan la muerte inevitable de Rasuñiti. Cuando Rasuñiti ordena a su esposa que baje las mazorcas de maíz que luego serán depositadas como ofrenda en el lugar en que se lleva a cabo el último baile, se entiende que está pidiendo un alimento sagrado que lo acompañará en su viaje al más allá.[16]

También la "chiririnka" o el silbido del cuy macho anuncian la muerte.[17] Según Ayuque "[Rasuñiti] tuvo que adelantarse a la llegada de esa mosca, para que en una danza ritual su dios protector, el Wamani, transmigrara al cuerpo de su discípulo" (202). Finalmente cuando la hija de Rasuñiti se daña un dedo del pie,[18] Arguedas está aludiendo a otra creencia: "caer dañándose una de las extremidades inferiores, para la gente campesina, significa que uno de sus familiares más cercanos pronto morirá" (Ayuque 204).

Asimismo, junto a la descripción y explicación de estas especificidades, la otra preocupación de Arguedas era demostrar que la cultura indígena tiene sus propias formas de registrar sus experiencias del pasado, enfrentar el presente y proyectarse hacia el futuro. Esta preocupación la resuelve otorgando al ritual de muerte propiedades que definen y posibilitan la reproducción cultural y social de los indígenas. En la siguiente parte de este artículo, voy a analizar cómo Arguedas desarrolla su confianza en el futuro de la cultura indígena cuando le otorga como rasgos específicos su organización social comunitaria que se despliega en la creencia en el Wamani. Dicho sea de paso, Arguedas junto a otros escritores indigenistas rescataban y sobredimensionaban los rasgos comunitarios de la población indígena para presentarlos como un modelo para la organización de la nación peruana.

Para Arguedas uno de los elementos esenciales de la cultura indígena es la creencia en el Wamani. De nuevo, utiliza dos estrategias narrativas para que no quede duda alguna en el lector sobre su existencia. Por un lado, ensaya una explicación etnográfica en una nota a pie de página que define al Wamani como "Dios montaña que se presenta en figura de cóndor" (204). Luego de su definición del Wamani, párrafos más adelante, señala que los bailarines no son personas comunes sino que han sido poseídos por entidades de la naturaleza convirtiéndose en intermediarios entre los hombres y la naturaleza. De esa manera dependerá mucho de quién ha poseído al danzak' para determinar así sus habilidades o estilo de baile.

> El genio de un danzak' depende de quién vive en él: – ¿el 'espíritu' de una montaña (Wamani); de un precipicio cuyo silencio es transparente; de una cueva de la que salen toros de oro y 'condenados' en andas de fuego? O la cascada de un río que se precipita de todo lo alto de una cordillera; o quizás sólo un pájaro, o un insecto volador que conoce el sentido de abismos, árboles, hormigas y el secreto de lo nocturno; alguno de esos pájaros 'malditos' o 'extraños', el hakakllo, el chusek o el San Jorge, negro insecto de alas rojas que devora tarántulas (206).

En el caso de Rasuñiti ha sido poseído por un Wamani que luego de haber permanecido en el cuerpo del danzak' decide el día de la muerte de su recipiente dejarlo y poseer a otro bailarín: "'Rasuñiti' era hijo de un Wamani grande de una montaña con nieve eterna. Él, a esa hora, le había enviado ya su 'espíritu': un cóndor gris cuya espalda blanca estaba vibrando" (206). Segundo, utiliza a sus personajes para ilustrar que la creencia en el Wamani determina comportamientos de los indígenas. Rasuñiti empieza su ritual de muerte vistiéndose con el disfraz de danzak' y tocando las tijeras porque ha recibido el mensaje del Wamani para morir: "–El corazón está listo. El mundo avisa. Estoy oyendo la cascada de Saño. ¡Estoy listo! – dijo el danzak' 'Rasuñiti'" (203) o "¡Wamani está hablando! – dijo él–. Tú no puedes oír. Me habla directo al pecho" (204). Cuando los personajes adultos escuchan el sonido de las tijeras de Rasuñiti tienen perfecto conocimiento de que ha empezado su ritual de muerte, todos ellos esperaban el momento oportuno para celebrar el ritual.[19] En cambio, las dos hijas jóvenes de Rasuñiti no entienden bien de qué trata el ritual. Un detalle que ilustra con claridad los distintos niveles de conocimiento que tienen dos generaciones de indígenas sobre el ritual es que al principio del cuento las hijas no pueden ver al Wamani que según los adultos está revoloteando encima de la cabeza de su padre. Sin embargo a medida que va avanzando el ritual las hijas van recibiendo explicaciones de los adultos sobre el Wamani. Así ellas se enteran de quién es el Wamani y de sus poderes, entre ellos el de poseer a Rasuñiti. La madre explica a su hija: "–¿Oyes, hija? Las tijeras no son manejadas por los dedos de tu padre. El Wamani las hace chocar. Tu padre sólo está obedeciendo" (205). En este mismo sentido finaliza el cuento con la escena en que el arpista Lurucha le dice a la hija mayor de Rasuñiti: "¡Cóndor necesita paloma! ¡Paloma, pues, necesita cóndor! ¡Danzak' no muerte! – le dijo" (209) con la idea de que todo tiene un lugar y está relacionado en la cosmogonía indígena y que sigue fluyendo la vida.

Para que tenga mayor efectividad la enseñanza de la realidad del Wamani, su existencia es asociada a una experiencia de la vida de la hija mayor. Según Rasuñiti, el poderoso Wamani está enterado de todo lo que ocurre a sus creyentes, de los abusos de que son víctimas, entre ellos el atropello sufrido por la hija mayor por parte del patrón. Señala también que el Wamani está oyendo la rearticulación de Inkarrí. Según un mito indígena Inkarrí vengará la injusticia y explotación que sufren los indígenas cuando se unan las partes de su cuerpo que ahora están separadas. Cuando se juntan las partes del cuerpo el orden económico, político y social que rige en los Andes se invertirá. Los indígenas ya no serán pobres sino ricos y gozarán de prestigio en vez de humillación.[20] Así queda abierta la posibilidad de que la hija mayor de Rasuñiti sea reivindicada.

También ocurre un proceso de aprendizaje con Atok'sayku, el discípulo de Rasuñiti, quien al principio del ritual no ve bien al Wamani. A medida que va progresando el ritual lo ve con mayor nitidez y siente que lo está poseyendo: "¡El Wamani aquí! ¡En mi cabeza! ¡En mi pecho, aleteando! — dijo el nuevo danzak'" (209). Finalmente cuando muere Rasuñiti, los jóvenes indios (las hijas de Rasuñiti y Atok'sayku) ven al Wamani. El hecho de comprender y ver quien es el Wamani le hace exclamar a la hija menor de Rasuñiti que el Wamani no muere sino que ha dejado el cuerpo de su padre y se ha trasladado a otro: "[Rasuñiti] No muerto. ¡Ajajayllas! —exclamó la hija menor—. No muerto. ¡El mismo! ¡Bailando!" (209).

El hecho de ver al Wamani durante el ritual es una metáfora que indica la reproducción cultural de la cultura indígena con la enseñanza de conocimientos de una generación a otra, asegurándose así el futuro de la cultura indígena. La nueva generación representada por las hijas de Rasuñiti y por Atok'sayku no sólo va a seguir creyendo en el Wamani sino que también va a continuar las prácticas culturales indígenas. Desde esta perspectiva, el rito de muerte de Rasuñiti es también uno de iniciación del nuevo danzante de tijeras Atok'sayku que continuará la práctica de una danza que tiene cientos de años.

El otro elemento específico de la cultura indígena que le interesa remarcar a Arguedas es su carácter comunitario. El ritual de muerte de Rasuñiti es un catalizador que refuerza los vínculos de la comunidad. Rasuñiti tiene fama y prestigio no sólo dentro de su aldea sino en toda la región. En el cuento se indica que la presencia de Rasuñiti "se esperaba, casi se temía, y era luz de las fiestas de centenares de pueblos" (204). Su muerte es un acto público y no se circunscribe al ámbito familiar privado. Su esposa, sus dos hijas, su discípulo Atok'sayku, los músicos Lurucha y Pascual y un grupo de personas que en una oportunidad es referido como "un pequeño grupo" (204), y en dos oportunidades como "pequeño público" participan en el ritual como observadores. Se sobrentiende que este grupo de personas también está aprendiendo las claves de la cultura quechua en el caso de que sean jóvenes o reforzándolas en el caso de que sean adultos.

En 1986 se empezó a divulgar en el extranjero el video basado en el cuento de Arguedas. *The Project for International Communication Studies* (PICS) de la Universidad de Iowa con financiamiento de *The Annenberg CPB Project* se encargó de la difusión de este video producido por un equipo de videastas, bailarines de tijeras y que tuvo el asesoramiento de antropólogos andinistas. El PICS se encargó de la difusión del video porque constituye un "material

auténtico de televisión en lengua extranjera y estudios internacionales".[21]
Definitivamente, el medio audiovisual registra de mejor manera y facilita la
representación de los aspectos no-verbales del ritual que son difíciles de
representar con la escritura, como la música de la banda sonora del video.
Sin embargo, luego de hacer una comparación entre el cuento y el video,
vemos que se cambian varios elementos esenciales del cuento y no se registran
los aspectos de la cultura quechua que a José María Arguedas le interesaba
potenciar. Las descripciones que hace Arguedas en su cuento con el uso del
narrador en tercera persona son reemplazadas con tomas de una cámara
objetiva que registra los espacios, paisajes y animales. Tratan de representar
al Wamani físicamente en la pantalla como la sombra de un pequeño cóndor
que revolotea encima de la cabeza de Rasuñiti. Increíblemente, no se utiliza
una voz en *off* que podría reemplazar a la voz en primera persona que otorga
detallada información sobre la cultura indígena en el cuento de Arguedas.
Esta información la comunica Rasuñiti en el video. Ciertas frases de
Atok'sayku son dichas por un personaje que se inventa en el video. Las
frases que pronuncia la hija menor en el cuento se le atribuyen a la hija mayor
en la versión audiovisual. La presencia de la hija menor es apenas perceptible,
debilitándose el papel importante que los niños quechuas tienen ejerciendo
varias responsabilidades familiares y comunitarias.

Las modificaciones hechas en el video llevan a que la historia se
empobrezca y tome otro rumbo. En primer lugar se elimina la idea de que se
está produciendo un ritual de reproducción cultural entre dos generaciones
de indígenas. La trama del video queda reducida a una familia nuclear que
observa cómo el padre ejecuta un exótico ritual de muerte en el que participa
un pequeño número de personajes adultos. De esta manera se debilita la
idea de que los jóvenes están aprendiendo y heredando mediante el ritual la
cultura de sus mayores. Por otra parte, también existe otra traición al texto
arguediano. En el cuento se insiste varias veces que un grupo de pueblerinos
participan como observadores del ritual. Por el contrario, en el video se
reduce el número de personajes secundarios. Aparte de la familia nuclear y
Atok'sayku, los únicos personajes secundarios que participan en el ritual
son los dos músicos y otro personaje adulto inventado. Hablo de traición
porque a Arguedas lo que le interesaba remarcar eran los rasgos comunitarios
de la cultura indígena. Por esa razón había insistido hasta en tres
oportunidades que un grupo viene a presenciar la agonía de Rasuñiti. En
cambio en el video, que trata de enfatizar la tragedia familiar con tomas de
los rostros adoloridos de la esposa y la hija mayor, se está manejando una
noción de familia nuclear.

Estos cambios expresan una visión y fijan una posición distinta a la de
Arguedas sobre la cultura indígena. No se representa el carácter comunitario
de la cultura indígena y se enfatiza con exotismo la representación de creencias
de una religión indígena diferente. Sorprende que ocurran estos cambios.
La realización del video contó con la asesoría académica de connotados
antropólogos andinistas. En los créditos del video se señala como asesores a
Alejandro Ortiz Rescaniere, Juan Ossio y Josafat Roel. La pregunta que

queda en el aire es por qué permitieron estas falsificaciones del texto arguediano en el video. ¿Estaban reconociendo que la cultura andina había cambiado desde 1961, en que fue escrito el cuento de Arguedas? ¿Había logrado el campo de la antropología andina otros conocimientos de la cultura quechua? Las preguntas son pertinentes. A este equipo de videastas la tecnología audiovisual les permitía recurrir al uso de muchos dispositivos técnicos con los que se podía haber explorado más profundamente los aspectos no verbales del ritual de la danza. Pero no lo hicieron.

El hecho de que el video se haya creado en ausencia de Arguedas, que murió en 1969 respondería en parte a las preguntas. Tanto los videastas como los antropólogos que participaron en la realización del video no eran biculturales como Arguedas. Tenían conocimiento del quechua para llevar a cabo su trabajo antropológico pero ninguno había logrado un conocimiento profundo de la cultura indígena al no convivir con ellos varios años de su vida. Por otra parte, la cultura indígena quechua enfrentaba otros retos durante los ochenta y habían obstáculos para alcanzar un conocimiento de primera mano sobre ella en un contexto rural. Mientras Arguedas ve una pujante cultura que está indigenizando la sociedad peruana en los años sesenta y tiene libertad de movimiento para transportarse por la región donde se baila la danza, en los años de producción del video la cultura indígena transplantada a las ciudades había cambiado y era casi imposible hacer trabajo de campo en las zonas rurales donde se ejecuta la danza.[22] De 1980 a 1992 la sierra central del Perú era un campo de batalla donde se enfrentaban el ejército peruano y las guerrillas de Sendero Luminoso. La confirmación de esta percepción de la cultura indígena y de la imposibilidad de realizar trabajo de campo *in situ* se produce con la publicación del libro *Los Dansaq* de Lucy Núñez Rebaza (14). El libro es una monografía etnográfica de antropología urbana que explora la práctica de la danza en la ciudad de Lima, en donde ha sufrido notables cambios. Este libro complementa la información de José María Arguedas en lo que respecta a los pasos de la danza, acordes musicales e información sobre los danzantes como representantes del diablo que aparece en *Los ríos profundos*, pero no corrobora la existencia del ritual de muerte. En cualquier caso, lo único que queda claro es que Arguedas utilizó una danza de origen quechua conocida por los lectores peruanos para construir una cultura indígena y plantear con optimismo la existencia de un futuro en una coyuntura histórica de rápido amestizamiento y urbanización de la sociedad peruana. Del mismo modo, la comparación que hicimos con la versión audiovisual del cuento y las referencias a los acercamientos antropológicos nos demuestra el hecho de que el número de construcciones de la cultura indígena será igual a la cantidad de individuos que emprendan su representación. No interesa si los medios de representación (géneros literarios, etnografías, audiovisuales) son más apropiados o sofisticados. Lo importante son las concepciones que se tienen sobre la cultura indígena para usar los medios y modos de representación, el tipo de audiencia que se escoge de antemano y la coyuntura histórico social en la que se llevan a cabo estas representaciones.

NOTAS

\* Agradezco las sugerencias y comentarios de la etnomusicóloga Laura Larco quien tuvo la gentileza de leer una versión previa de este artículo.

[1] La danza se ha presentado en coliseos cerrados y plazas para un público masivo, en hoteles de lujo como el Hotel Sheraton y el Hotel Crillón y en casas privadas de artistas e intelectuales amantes de la cultura andina.

[2] Es necesario hacer la siguiente aclaración. La danza de las tijeras no es la única que fue representada. La obra completa de Arguedas está llena de referencias e incorporaciones de formas culturales orales quechuas. Su obra no sólo registra el universo cultural oral quechua sino también las estructuras de este universo cultural que modifican la escritura. Existe una inmensa bibliografía sobre este tema. Los acercamientos más importantes se pueden encontrar en Ángel Rama ("Los ríos profundos"); Martin Lienhard ("La función del", *Cultura popular*).

[3] José María Arguedas establecía una relación horizontal con sus informantes para obtener información etnográfica. Leamos los siguientes testimonios de Máximo Damián Huamaní. "Don José María iba a almorzar a mi casa, a mi callejón de Pueblo Libre, él entraba nomás, qué importaban basura, moscas, pobreza. Comía mucho" (341) o "Una vez estuvo muy alegre, en fiesta de Karguyoc, tomaba chicha con todos, sin escogimientos, contigo salud, con el otro, con los danzantes, con los que le decían salud doctor Arguedas; él tocaba el arpa, se hacía el que le sacaba dulzuras al arpa, mi compadre Guzmán López se reía de sus hechuras de caballero, de hombre bueno, paisano" (...) "Yo lo esperé con mi violín, quería preguntarme de quechua, harto le enseñé yo cosas que no sabía, quería saber del pueblo de pura mujer, pueblo parinacochano" (342).

[4] Máximo Damián Huamaní, el violinista más famoso especializado en tocar diferentes acordes de la danza, declara sobre las gestiones de Arguedas en su faceta de promotor de la danza. "Yo llegué a Lima de mi pueblo San Diego de Ishua y a él recurrí, antes del Museo. Yo quería que me pasaran por televisión, él vio los danzantes y oyó mi violín. Nos hizo pasar por el canal de Educación Pública" ( 341).

[5] Martin Lienhard estudia las funciones que cumple el danzante en la obra literaria de Arguedas, con excepción de *Los ríos profundos*, con el propósito de averiguar de "qué manera estos textos se sitúan frente a la cultura quechua en su conjunto" ("La función del ..." 149). De este modo, reconoce que las acciones y comportamientos de varios personajes en *El zorro de arriba y el zorro de abajo* son análogos a las acciones que realizan los danzantes de tijeras. "El haber descubierto una cierta analogía entre el diálogo de los zorros mitológicos y el diálogo bailado de los danzaq permite al novelista salvar la ruptura temporal entre el siglo XVI y el siglo XX y mostrar la continuidad —que no significa insensibilidad a la historia— de la cultura popular andina" (132).

[6] En las reveladoras cartas que Arguedas envió a John Murra escribe "'Rasuñiti' era un bailarín legendario de Puquio" (Murra y López 66).

[7] El poema finalmente fue publicado en una edición bilingüe bajo el título *Tupac Amaru Kamaq taytan-chisman: haylli-taki/A nuestro Padre Creador Tupac Amaru. Himno-Canción.*

[8] Arguedas sostiene varias veces en sus artículos antropológicos recopilados en *Formación de una cultura nacional indoamericana e Indios, mestizos y señores* que la cultura india está en constante cambio, asimilando y transformando elementos de otras culturas desde el siglo XVI en una matriz indígena.

[9] La dirección del video estuvo a cargo de Augusto Tamayo San Román. Fue producido por el CETUC (Centro de Teleducación de la Pontificia Universidad Católica del Perú).

208 • Juan Zevallos-Aguilar

[10] Tal como Antonio Cornejo-Polar lo señala "pese a su simplicidad y llaneza, el cuento ofrece una riquísima gama representativa y una no menor pluralidad de perspectivas" (181). En este trabajo focalizaré mi atención en la representación literaria que utiliza Arguedas con el uso de un utillaje antropológico. En este cuento una vez más hace una combinación maestra de ficción literaria y ensayo antropológico. José María Arguedas con el tópico de la falsa modestia, trató de negar sus habilidades de antropólogo. Sin embargo, como lo han señalado ya varios críticos, el trabajo antropológico de Arguedas era envidiable para la época (Murra 1983). Arguedas no sólo dedicó todo su tiempo a la antropología durante diez años de silencio literario, sino que el conocimiento antropológico le impulsó a retomar su carrera literaria y escribir en un estilo que la antropología posmoderna elogia mucho.

[11] Las monografías de Lucy Núñez Rebaza y de Michelle Bigenho tienen la limitación de estudiar solamente los aspectos públicos de la danza. La información que Núñez Rebaza recoge de los danzantes contemporáneos comprueba las descripciones de Arguedas de la ejecución pública de la danza mas no de los rituales de muerte y de iniciación de los danzantes.

[12] José María Arguedas estuvo bastante preocupado por los procesos culturales que se desarrollaban en el Perú. Según Arguedas el principal fenómeno que se estaba dando en la cultura peruana era el mestizaje cultural. Esta tesis se basaba en el reconocimiento de la dinámica de intercambios y préstamos culturales. La dinámica cultural, según él, se daba entre tres culturas perfectamente diferenciables de indios, mestizos y señores, que podían vivir en armonía. Entre otros estudiosos, Gonzalo Portocarrero ha notado que Arguedas escribía sobre mestizos en su obra antropológica. En cambio, en su obra literaria la tarea de Arguedas se focalizó en la exploración de la cultura indígena (262-263).

[13] "Lurucha tocó el *jaykuy* (entrada) y cambió en seguida al *sisi nina* (fuego hormiga), otro paso de la danza" (207). "¿Por qué tomó más impulso para seguir el ritmo lento, como el arrastrarse de un gran río turbio, del yawar mayu éste que tocaban Lurucha y don Pascual? Lurucha aquietó el endiablado ritmo de este paso de la danza. Era el yawar mayu, pero lento, hondísimo ..." (208). "El arpista cambió de ritmo, tocó el illapa vivon (el borde del rayo). Todo en las cuerdas de alambre, a ritmo de cascada" (208). "Lurucha tocó el lucero kanchi (alumbrar la estrella), del wallpa wak'ay (canto del gallo) con que empezaban las competencias de los danzak', a la medianoche" (209).

[14] Las notas explican los significados en español de Rasuñiti, Atoksayku, chiririnka o mosca azul o Wamani.

[15] Arguedas consideró que su misión como escritor era constituirse en un intermediario entre la cultura indígena y la cultura de los blancos. Estaba muy consciente que su condición de biculturalidad ayudaría a la realización de la intermediación.

[16] Ordena Rasuñiti: "Voy a despedirme. ¡Anda tú a bajar los tipis [mazorcas] de maíz del corredor! ¡Anda! La mujer obedeció. En el corredor, amarrados de los maderos del techo, colgaban racimos de maíz de colores. Ni la nieve, ni la tierra blanca de los caminos, ni la arena del río, ni el vuelo feliz de las parvadas de palomas en las cosechas, ni el corazón de un becerro que juega, tenían la apariencia, la lozanía, la gloria de esos racimos. La mujer los fue bajando, rápida pero ceremonialmente" (204). "La hija mayor del bailarín salió al corredor, despacio. Trajo en sus brazos uno de los grandes racimos de mazorcas de maíz de colores. Lo depositó en el suelo" (208).

[17] "Tardará aún la chiririnka que viene un poco antes de la muerte" (204). "Un cuy se atrevió también a salir de su hueco. Era macho, de pelo encrespado; con sus ojos rojísimos revisó un instante a los hombres y saltó a otro hueco. Silbó antes de entrar" (208).

[18] "Llegaron las dos muchachas. Una de ellas había tropezado en el campo y le salía sangre de un dedo del pie. Despejaron el corredor. Fueron a ver después al padre" (205).

[19] La esposa de Rasuñiti cuando entiende que ya ha empezado el ritual de muerte, le dice: "¡Esposo! ¿Te despides? —preguntó la mujer, respetuosamente, desde el umbral" (204). Luego se confirma que entre marido y mujer se ha producido intelección cuando Rasuñiti le dice a su mujer "Bueno. ¡Wamani está hablando! —dijo él— Tú no puedes oír. Me habla directo al pecho. Agárrame el cuerpo. Voy a ponerme el pantalón. ¿Adónde está el sol? Ya habrá pasado mucho el centro del cielo. —Ha pasado. Está entrando aquí. ¡Ahí está!" (204). "¿Estás viendo al Wamani sobre mi cabeza? —preguntó el bailarín a su mujer. Ella levantó la cabeza. —Está —dijo— Está tranquilo. —¿De qué color es? —Gris. La mancha blanca de su espalda está ardiendo".

[20] La crítica literaria ha interpretado estos aspectos del Wamani como el mito del Inkarrí (Cornejo-Polar 183).

[21] En la introducción del PICS señala su objetivo: "PICS (The Project for International Communication Studies) was inaugurated in 1982 at the University of Iowa. The purpose of the project is to foster the use of authentic foreign television materials in foreign language in international studies via the media of videotape and videodisc. Under a two-year grant from the U.S Department of Education (1983-1985), University of Iowa faculty began to engage in the acquisition and curricular use of foreign television materials". [El Proyecto para los Estudios de la Comunicación Internacional, fue inaugurado en la Universidad de Iowa. El propósito de este proyecto es fomentar el uso de auténticos materiales de televisión en lenguas extranjeras en estudios internacionales, via los medios audiovisuales como las cintas de video y los discos de video. Bajo un financiamiento de dos años del Departamento de Educación de los EE.UU. (1983-1985), los catedráticos de la Universidad de Iowa han estado involucrados en la adquisición y el uso curricular de materiales de la televisión extranjera". Trad. mía] (Otto: Contratapa de las transcripciones del video).

[22] El antropólogo peruano Rodrigo Montoya, en un reportaje periodístico, informa sobre la grabación de la danza de las tijeras en la Comunidad de Huacaña, en 1997, en los siguientes términos: "Las cuatro personas del equipo de TV Cultura que filmó la actuación de los danzantes de tijeras en los cinco días de fiesta y el antropólogo que escribe estas líneas, fuimos los pocos forasteros que se atrevieron a llegar hasta ahí luego de la ocupación de Sendero Luminoso y del Ejército. Están frescos aún los recuerdos y las heridas: tres muertos por los senderistas y cinco por el Ejército, además de unas decenas de desplazados, el frente colonial del municipio destruido por una bomba senderista" ("En el reino" 46).

### BIBLIOGRAFÍA CITADA

Arguedas, José María. *Indios, mestizos y señores*. Lima: Editorial Horizonte, 1987.

———. "La agonía de Rasuñiti". *Obras completas*. Tomo II. Lima: Editorial Horizonte, 1983.

——— *Formación de una cultura nacional indoamericana*. Selección y prólogo de Ángel Rama. México DF: Siglo Veintiuno Editores, 1977.

——— *Tupac Amaru Kamac Taytan-chisman: haylli-taki/A nuestro Padre Creador Tupac Amaru. Himno-Canción*. Lima: Ediciones Salqantay, 1962.

Ayuque Cusipuma, Julián. "El wamani en la Agonía de Rasu-ñiti". *Recopilación de textos sobre José María Arguedas*. Juan Larco, ed. La Habana: Casa de las Américas, 1976. 197-208.

Bigenho, Michelle. "El baile de los negritos y la danza de las tijeras: Un manejo de contradicciones". *Música, danzas y máscaras en los Andes*. Raúl R. Romero, ed. Lima: Pontificia Universidad Católica del Perú, 1993.

Castro-Klarén, Sara. "Discurso y transformación de los dioses en los Andes". *El retorno de las huacas. Estudios y documentos sobre el Taki Onqoy Siglo XVI*. Luis Millones, comp. Lima: Instituto de Estudios Peruanos y Sociedad Peruana de Psicoanálisis, 1990. 407-424.

Cornejo-Polar, Antonio. *Los universos narrativos de José María Arguedas*. Buenos Aires: Editorial Losada, 1973.

Díaz Ruiz, Ignacio. *Literatura y biografía en José María Arguedas*. México, DF: Universidad Nacional Autónoma de México, 1991.

Huamaní, Máximo Damián. "Con lágrimas, no con sufrimiento". *Recopilación de textos sobre José María Arguedas*. Juan Larco, ed. La Habana: Casa de las Américas, 1976. 341-343.

Kapsoli, Wilfredo. *Los movimientos campesinos en el Perú*. Tercera edición. Lima: Ediciones Atusparia, 1987.

*La agonía de Rasuñiti. Un cuento de José María Arguedas* (video). Dir. Augusto Tamayo San Román. Lima: CETUC, 1985.

Lienhard, Martin. "La función del danzante de tijeras en tres textos de José María Arguedas". *Revista Iberoamericana* 122 (1983): 149-157.

_____ *Cultura popular andina y forma novelesca. Zorros y danzantes en la última novela de Arguedas*. Lima: Latinoamericana Editores y Tarea, 1981.

Montoya, Rodrigo. "Prólogo". Núñez Rebaza, Lucy. *Los dansaq*. Lima: Museo Nacional de la Cultura Peruana, 1991.

_____ "En el reino de los dioses andinos". *Diario La República* (17 de agosto 1997): 46-48.

Murra, John V. "José María Arguedas: dos imágenes". *Revista Iberoamericana* 122 (1983): 43-54.

_____ y Mercedes López-Baralt, eds. *Las cartas de Arguedas*. Lima: Pontificia Universidad Católica del Perú Fondo Editorial, 1996.

Núñez Rebaza, Lucy. *Los dansaq*. Lima: Museo Nacional de la Cultura Peruana, 1991.

Otto, Sue. *Peruvian Fiction and Drama. Transcripts for Hilacha, Gregorio. Como matar al lobo y la agonía de Rasuñiti*. Spanish Series Editor. Iowa City: PICS, 1990.

Pinilla, Carmen María. *Arguedas. Conocimiento y vida*. Lima: Fondo Editorial de la Pontificia Universidad Católica del Perú, 1994.

Portocarrero, Gonzalo. *Racismo y mestizaje*. Lima: Sur Casa de Estudios del Socialismo, 1993.

Pratt, Mary Louise. *Imperial Eyes. Travel Writing and Transculturation*. London and New York: Routledge, 1992.

Rama, Ángel. "Los ríos profundos, ópera de los pobres". *Revista Iberoamericana* 122 (1983): 11-41.

Rowe, William et. al. *Vigencia y universalidad de José María Arguedas*. Lima: Editorial Horizonte, 1984.

# Hacia una relectura de la leyenda autobiográfica
## de José María Arguedas

John C. Landreau
*The College of New Jersey*

La obra escrita del peruano José María Arguedas se inscribe dentro de un espacio autobiográfico.[1] Esto se confirma tanto en sus numerosos (pero todavía poco estudiados) ensayos etnográficos como en su obra narrativa. En ambos casos, Arguedas traduce —o parece traducir— un punto de vista privilegiado de la cultura andina para un lector "no-andino". Históricamente, la recepción crítica de la obra arguediana se fundamenta sobre la autoridad que este punto de vista le otorga a su obra. Bajo esta luz, se le atribuye al narrador autobiográfico arguediano, sujeto escindido entre dos lenguas y dos culturas, una identidad representativa de la nación peruana.[2]

En la mayoría de los casos, es con el propósito de celebrar la obra de Arguedas que la crítica difunde su leyenda autobiográfica; aunque también, en algunos casos, se ha servido de ella para minimizar su importancia literaria.[3] En general, desde ambas perspectivas, la crítica no ha estudiado lo que Sylvia Molloy llamara la "retórica" de la auto-figuración en Arguedas. Molloy, en su importante estudio sobre el tema, analiza la tradición autobiográfica latinoamericana desde la perspectiva de una *retórica* que se constituye por múltiples tensiones entre el "yo" público y el "yo" privado, por la necesaria y ambigua búsqueda de un lector, y por la crisis de orígenes y representación que se desprende de la situación del "yo" cuyo relato personal intenta abarcar la historia colectiva o nacional. Dentro de este contexto, mi propósito en este trabajo es abrir un diálogo sobre el problema del espacio autobiográfico de la obra de Arguedas. No se trata de un ataque contra la verdad de su auto-representación sino un acercamiento que entiende *críticamente* la dimensión autobiográfica de su obra.

Con esta intención, comienzo con un breve resumen de la creación y diseminación de la leyenda autobiográfica de Arguedas, y luego paso a un análisis de tres textos de diferentes épocas de su producción: un cuento temprano titulado "Doña Caytana", un artículo sobre folclor titulado "Carnaval en Tambobamba", y un pasaje significativo de *Los ríos profundos*. Cada uno de estos textos ilumina un aspecto importante de la producción e interpretación del espacio autobiográfico en Arguedas. Se plantea lo siguiente: leer el espacio autobiográfico arguediano no como la representación transparente de una experiencia sino como una mediación compleja que legitima un proyecto literario y cultural.

212 • John C. Landreau

LA LEYENDA AUTOBIOGRÁFICA Y LA RECEPCIÓN CRÍTICA

El relato autobiográfico de Arguedas se narra y se repite en dispersos pasajes y fragmentos de su obra. El relato tiene cara de Jano: por un lado es triste y por el otro es dulce y tierno. Todavía muy joven Arguedas es abandonado por su familia de origen, pero esto se compensa cuando es rescatado por los sirvientes y comuneros quechuas de la comunidad. El quechua, nos dice, es su primera lengua,[4] y de niño ve el mundo desde el punto de vista de una *runakuna*.

> Por circunstancias muy singulares mi niñez transcurrió en dos pueblos andinos en los que la lengua predominante era el quechua. Por las mismas circunstancias, mi infancia estuvo protegida por indios monolingües quechuas. Quedé huérfano de madre a los tres años de edad. Encontré en los indios una compensación suficiente a mi orfandad. Fueron para mí, ellos, el hogar; los señores poderosos y frecuentemente muy crueles, representaron, en cambio, lo no íntimo, aunque tenía con ellos muchos vínculos de otra índole. Yo entendía el mundo y la vida como la entendían los indios... los ríos, los árboles, los abismos, muchos insectos, determinadas piedras y cuevas tenían un significado y vida especiales. La dicha o el mal podían provenir de ellos ... (Arguedas, "La literatura" 2).

En este pasaje, que es representativo de sus declaraciones autobiográficas, Arguedas enfatiza su monolingüismo quechua original y su cosmovisión mágico-religiosa. Estos datos extraordinarios lo distinguen y otorgan legitimidad a su rol como autor, y como traductor, del mundo andino.

¿Cuándo y cómo se establece el espacio autobiográfico arguediano? Es a partir de los años cincuenta que Arguedas empieza a hacer mucho hincapié en la relación entre su experiencia infantil y el carácter de su obra. Durante este período, Arguedas reinterpreta su obra narrativa temprana de los años treinta y cuarenta desde la perspectiva de la leyenda autobiográfica que va creando. Con esto crea el paradigma interpretativo para toda su obra futura. El texto autobiográfico más conocido de los muchos que publicó Arguedas durante los cincuenta y los sesenta se titula "La novela y el problema de la expresión literaria en el Perú".[5] "La novela ...", que se publicó por primera vez en 1950, defiende el lenguaje y el estilo de *Agua* (1935) y de *Yawar fiesta* (1941) como experimentos de traducción que se desprenden directamente de su infancia andina y de su consecuente bilingüismo. Como escritor andino, pues, se enfrenta con un dilema:

> ¿Cómo describir a esas aldeas, pueblos y campos; en qué idioma narrar su apacible y a la vez inquietante vida? ¿En castellano? ¿Después de haberlo aprendido, amado y vivido a través del dulce y palpitante quechua? Fue aquel un trance al parecer insoluble (69).

La ambición de sus textos —producidos a partir de esta tensión lingüística y social— se apoya en la autoridad de un "nosotros".

Realizarse, traducirse, convertir en torrente diáfono y legítimo el idioma que parece ajeno; comunicar a la lengua casi extranjera la materia de nuestro espíritu. Esa es la dura, la difícil cuestión (70).

Aunque el tono autobiográfico no esta ausente de la obra temprana de Arguedas, la publicación de "La novela ..." en 1950 marca el momento en que su leyenda autobiográfica empieza a cuajarse. Después de los años cincuenta, el poder legitimador de la historia infantil de Arguedas jugará un papel fundamental en su ascendente prominencia literaria.

Cuando se publican los primeros ensayos críticos sobre la obra de Arguedas a mediados de los años sesenta,[6] el marco interpretativo aceptado ya se fundamentará en el concepto de la *identidad* andina o mestiza del narrador/autor cuyo testimonio privilegiado ilumina el mundo que describe. Desde entonces, la imagen de Arguedas como "indio de corazón" (Muñoz) ha dominado la recepción crítica de su obra. Juan Larco, por ejemplo, en su prefacio a la primera colección crítica sobre su obra, sostiene que Arguedas no hablaba español hasta los diecisiete años.[7] Esto es una exageración, como ha demostrado claramente Roland Forgues (47-48), pero otorga tremenda autoridad a su voz, y tremenda legitimidad a su punto de vista.

Un contraste notable con esta tradición crítica se encuentra recientemente en un ensayo de Antonio Cornejo-Polar titulado "Condición migrante e intertextualidad multicultural: el caso de Arguedas". En este trabajo Cornejo problematiza la idea de la consitución de un sujeto privilegiado (el mestizo), y su lugar de enunciación, como el eje singular de la obra de Arguedas. Sugiere una lectura desubicante de su obra a base de un olvidado aspecto del narrador autobiográfico arguediano: su constitución como migrante o forastero. Dice, "... me entusiasma la idea de cruzar de ida y vuelta el paradigma del mestizo y la transculturación, y su modelo en última instancia sincrético, de una parte, con la movediza sintaxis del migrante y su multicultura fragmentaria, de otra"(108). Esta revisión original de la autoridad autobiográfica de la figura del mestizo en Arguedas es significativa. Nos abre la posibilidad de un acercamiento más adecuadamente matizado al complejo y escurridizo proyecto literario de Arguedas. En este espíritu, ofrezco la siguiente geneología de la creación del espacio autobiográfico arguediano.

ARGUEDAS ANTES DE ARGUEDAS

En sus primeros textos de los años treinta y cuarenta la voz autobiográfica arguediana se distingue claramente de la voz de los quechua-hablantes representados. El narrador en estos textos pretende representar, en el sentido político de la palabra, los intereses de los quechua-hablantes, pero no sus voces.[8] La discrepancia entre la voz autorial y la voz de los quechua-hablantes representados se nota con claridad en el prefacio a *Canto Kechwa*, una colección de huaynos quechuas con traducción española que Arguedas publica en 1938. El prefacio subraya el carácter interpretativo de las traducciones que aparecen en el texto:

Insisto pues en decir que no son traducciones rigurosamente literales, son traducciones un tanto interpretativas, que quizá desagradarán un poco a los filólogos, pero que serán una satisfacción para los que sentimos el kechwa como si fuera nuestro idioma nativo. Me falta sólo decir que en esas versiones se encontrará, sin duda, la influencia de la parte que tengo de español, pero eso no lo podía evitar. Más tarde, otro que siente lo indio más auténticamente que yo nos dará versiones más propias y puras (Arguedas, *Canto* 23).

Aquí el traductor "siente" el quechua "como si fuera" su idioma nativo. El "como si fuera" expresa una empatía pero también una distancia. La "parte española" de la identidad lingüística del narrador/traductor aleja su interpretación del sentido original. Pensando quizás en la distinción que hace Mariátegui entre *literatura indigenista* y *literatura indígena*, aquí Arguedas subraya el caracter intermediario de su rol como traductor. Un acercamiento "más auténtico" a los textos es posible, según la admisión del narrador. Se recordará que Mariátegui había sostenido que la literatura indigenista era un modo de producción ubicado fuera del mundo de su referente. Su valor, decía, residía en su capacidad de representar a los indios políticamente; no representaba, en un sentido literario, sus voces.[9] La clara distinción entre la identidad del narrador y la de los personajes quechua-hablantes es un aspecto sobresaliente también de los cuentos arguedianos publicados en los años treinta. Son cuentos que, en su mayoría, Arguedas elimina de su corpus literario. "Doña Caytana" es un cuento característico del periodo.

## Doña Caytana

El narrador prototípico de primera persona en los cuentos y novelas más difundidos de Arguedas —como en el caso del mismo autor en sus representaciones autobiográficas— es un hijo de "mistis" que es criado por quechua-hablantes. En consecuencia, siente una gran ternura hacia ellos y deplora el sufrimiento que se les inflige. Además, su lealtad cultural y lingüística es con el mundo quechua. El "yo" del narrador converge con un "nosotros" no sólo en términos de sus acciones (como cuando Ernesto, el narrador de *Los ríos profundos*, denuncia los robos de los señores), sino también en términos de su cosmovisión mágica. De esa forma el tono lírico del narrador aparentemente se arraiga en una experiencia cultural colectiva a pesar de su dolorosa soledad.

En contraste con esta imagen del yo narrador, la voz narrativa de los primeros cuentos arguedianos es inquietante precisamente por su aspecto *desarraigado*. "Doña Caytana", un cuento originalmente publicado en 1935 en *La Prensa* de Buenos Aires, es ilustrativo.

"Doña Caytana" es un cuento autobiográfico que se narra desde el punto de vista de un niño. A los seis años el narrador llega a vivir con su nueva madrastra en San Juan de Lucanas.[10] En aquel pueblo llega a conocer, y a amar, a una costurera que se llama doña Caytana. Doña Caytana es la única mujer sin familia en San Juan. Su hijo, que había sido un músico excelente, fue reclutado a la fuerza en el servicio militar donde después muere en un accidente de maniobras. Ahora, doña Caytana vive sola con su perro. Es sencilla, de voz suave, cariñosa. El narrador recuerda la impresión que le causaron a doña Caytana, como a muchas de la mujeres, su pelo rubio y sus ojos azules cuando recién había llegado al pueblo. Un día, ella lleva al muchacho a su casa y lo hace subir a un cajón que pone frente a una imagen que tiene del Niño Jesús. Se arrodilla frente a él y lo empieza a adorar como si fuera el mismo Niño. El muchacho se atemoriza, pero también se siente conmovido por la extraña adoración que le ha brindado. Luego de este incidente, doña Caytana pierde el juicio. Un día, cuando ve al niño en la iglesia, se tira al piso y comienza a gritar "es El, es El". Después, se esconde debajo del altar. Cuando al fin doña Caytana sale, el muchacho le tiene mucha pena y la llama, pero ella ya no lo reconoce.

> La llamé con toda la dulzura de mi corazón pequeño, con la dulzura de mi amistad, de mi tierno amor por ella. Pero siguió caminando hacia la esquina ... indiferente a mi voz que tan querida fue para ella unas horas antes (Arguedas, *Obras* 1: 53).

A la tarde, cuando ella llega gritando y maldiciendo a la casa del muchacho, su papá se enfada mucho y la echa de la casa. El narrador describe la violencia de la escena.

> Mi padre, indignado y colérico, ordenó que se llevaran a esa "loca". Sentí que abrían la puerta; que los varayok's insultaban a doña Caytana y después un grito: los varayok's le daban de puntapiés a la costurera y la llevaban a la cárcel por haber insultado al hijo del juez, señor de la provincia, huésped poderoso del distrito (54).

El tratamiento que se le da a doña Caytana traumatiza al muchacho porque, a pesar de que ella ya no lo reconoce, el siente un lazo fuerte entre los dos. El cuento concluye con estas palabras:

> Mi amistad por doña Caytana fue muy dulce y profunda para morir pronto; su recuerdo sigue aún perdurando y suaviza mi existencia; me acompaña en el camino arduo como una sombra fresca ... (55).

El narrador recuerda, y en ese acto encuentra consuelo. Pero el insólito tono lírico de sus palabras concluyentes —en que su experiencia se transforma en recuerdo y de esa forma se redime— carece de fundamento. En "Doña Caytana" los lugareños siempre perciben al narrador como un forastero, y él también se considera extraño. En este contexto, sus recuerdos, que alternan entre dolorosos y redentores, son signos de su soledad. "Doña Caytana" se distingue en este sentido de las narraciones arguedianas más difundidas donde el narrador de primera persona se incorpora a una identidad, y a una memoria, andinas. En otras palabras, el narrador de primera persona con una sólida identidad andina no es un aspecto intuitivo o natural de la obra arguediana, sino un descubrimiento o creación.

## "Carnaval en Tambobamba"

¿Cómo podemos entender la función y el significado del espacio autobiográfico arguediano si cuestionamos la imagen legitimadora que crea para sí mismo? Un artículo que Arguedas publicó en 1942 en *La Prensa* de Buenos Aires con el título "Carnaval en Tambobamba" ayuda a contestar la pregunta. Este breve artículo contiene unas de las páginas más hermosas que escribiera Arguedas. La música de la prosa, haciendo eco de la música de la canción de carnaval que se traduce en su interior, concierta los elementos visuales y aurales del lugar y de la celebración de carnaval. El narrador comienza con una descripción del valle de Tambobamba y el río Apurímac que lo recorre. Desde el pueblo, dice el narrador,

> No se ve el río pero su canto grave y eterno lo cubre todo. Y está en el corazón de los hombres que viven en la quebrada, en su cerebro, en su memoria, en su amor y en su llanto; está bajo el pecho de las aves cantoras que pueblan los maizales, los bosques y los arbustos, junto a los riachuelos que bajan del gran río; está en las ramas de los árboles que también cantan con los vientos de la madrugada; la voz del río es lo esencial, la poesía y el misterio, el cielo y la tierra, en esas quebradas tan hondas, tan bravías y hermosas (152, énfasis mío).

El narrador pasa a resumir la historia del valle antes de enfocarse en su tema central: el carnaval de Tambobamba. Repasa la historia del carnaval, describe su celebración actual, y traduce al castellano la canción del carnaval. La letra de la canción lamenta la muerte de un amante tambobambino arrastrado por el río. El impacto que tiene la canción en los oyentes/participantes (que incluyen al narrador) es poderoso.

> Una incontenible desesperación despierta este canto, una tristeza que nace de toda la fuerza del espíritu. Es como un insuperable deseo de luchar y de perderse, como si la noche lóbrega dominada por la voz profunda del río se hubiera apoderado de *nuestra* conciencia, y se canta sin descanso, cada vez con más ansia y con más angustia. Es un desenfreno de tristeza y de coraje. Toda la esencia del vivir humano agitada con ardiente violencia en todo *nuestro* mundo interior sensible. Los que no saben el quechua escuchan el canto con mucha gravedad y adivinan todo lo trágico y cruel que es su contenido (154, énfasis mío).

La autoridad del narrador proviene de dos fuentes. Habla desde su experiencia como testigo y participante que da voz al punto de vista de un "nosotros". Al mismo tiempo traduce esa experiencia para "los que no saben el quechua". El lector tiene acceso al carnaval, y a la emoción de la canción, gracias a la traducción del narrador. La idea de traducción se refiere en este contexto no sólo a la versión castellana de la canción de carnaval, sino también a la interpretación que la rodea. El lector implícito, como el oyente que no sabe quechua, escucha la canción y adivina todo lo trágico y cruel de su contendido *porque el lenguaje del traductor lo ha inspirado.* En este contexto, el párrafo final del texto es insólito. El narrador declara:

> Espero llegar a Tambobamba, al mismo pueblo, y cantarlo en la plaza, en coro con la gente de la quebrada, con cincuenta guitarras y tinyas, oyendo la voz del gran río, confundido en este canto que es su fruto más verdadero, su entraña, su imagen viviente, su voz humana, cargada de dolor y de furia, mejor y más poderosa que su propia voz de río, río gigante que cavó mil leguas de abismo en la roca dura (155).

¡El narrador/traductor nunca ha estado en Tambobamba! ¡No ha visto el valle! ¡No ha participado en el carnaval! Su posición como partipante es una invención, un deseo. ¿Qué traduce? La autoridad de su voz no se arraiga, como parecía, en su "experiencia" como participante. La verdad del "yo" que habla en "Carnaval de Tambobamba" no se encuentra en la experiencia del autor, sino en su arte narrativo: las perspectivas movedizas que emplea y el poder lírico de su voz. Como la reverberación del gran Apurímac, cuya voz anima todo lo que vive en el valle, la voz del narrador/traductor hace vivir al mundo que describe. El "yo" del texto legitima un discurso, pero no hace que sea un testimonio. La habilidad del narrador/traductor de mediar los mundos inconmensurables de Tambobamba y de sus lectores en Buenos Aires se fundamenta en varias fuentes de saber —y también en el poder mágico del lenguaje— no en su experiencia "directa".

EL QUEHACER DEL TRADUCTOR

La complejidad del quehacer del traductor bilingüe y bicultural que define el "yo" narrativo de tantos textos arguedianos se ejemplifica claramente en el caso de Ernesto en *Los ríos profundos,* cuando se le presenta el problema de escribir una carta de amor. Su amigo Markask'a está enamorado de una señorita de Abancay que se llama Silvinia. Makarsk'a le pide a Ernesto que escriba una carta de amor a Silvinia porque entiende que Ernesto "escribe como poeta". Luego, mientras Ernesto reflexiona sobre la tarea ambiciosa de la carta, en que tendrá que fingir la voz de Markask'a para que Silvinia lo quiera, comienza a pensar en su lector: ¿quién es Silvinia? ¿Cómo es? Conoce el barrio en el que ella vive pero, como él indica, "Yo no conocía a las señoritas del pueblo ... Consideré siempre a las señoritas como seres lejanos ..." (Arguedas, *Obras* 3: 69-70). Esta distancia, que lo separa del mundo de las señoritas, dificulta su tarea. A pesar de eso se declara seguro del resultado de su esfuerzo literario. De hecho, la dificultad de la tarea lo inspira:

> Yo sabía, a pesar de todo, que podía cruzar esa distancia, como una saeta, como un carbón encendido que asciende. La carta que debía escribir para

218 • John C. Landreau

la adorada del Markask'a llegaría a las puertas de ese mundo. "Ahora puedes escoger tus mejores palabras —me dije— ¡Escribirlas!" No importaba que la carta fuera ajena, quizá era mejor empezar de ese modo. "Alza el vuelo, gavilán negro, gavilán vagabundo", exclamé (Tomo III, 70).

Aunque la carta no es suya sino de Markask'a, no tiene dudas de su habilidad literaria: puede llegar al mundo de Silvinia con sus palabras.

En el momento antes de escribir, Ernesto recuerda la letra de una canción y la recita en voz alta. De esa forma se refuerza para su tarea de escritor con el sentimiento y el sonido de las palabras de la tradición oral del huayno quechua. Comienza a escribir la carta, pero de repente una incertidumbre lo detiene.

> Pero un descontento repentino, una especie de aguda vergüenza, hizo que interrumpiera la redacción de la carta. Apoyé mis brazos y la cabeza sobre la carpeta; con el rostro escondido me detuve a escuchar ese nuevo sentimiento. "¿Adónde vas, adónde vas? ¿Por qué no sigues? ¿Qué te asusta; quién ha cortado tu vuelo?" Después de estas preguntas, volví a escucharme ardientemente.
> "¿Y si ellas supieran leer? ¿Si a ellas pudiera yo escribirles?"
> Y ellas eran Justina o Jacinta, Malicacha o Felisa; que no tenían melena ni cerquillo, ni llevaban tul sobre los ojos. Sino trenzas negras, flores silvestres en la cinta del sombrero ... "Si yo pudiera escribirles, mi amor brotaría como un río cristalino; mi carta podría ser como un canto que va por los cielos y llega a su destino". ¡Escribir! Escribir para ellas era inútil, inservible.
> "¡Anda; espéralas en los caminos, y canta!" "¿Y, si fuera posible, si pudiera empezarse?" Y escribí:
> "Uyariy chay k'atik'niki siwar k'entita ..." (71).

La incertidumbre resulta de la dificultad de escribir una carta por otra persona a una señorita que no conoce. Sus propios deseos, y la presencia de otros lectores implícitos, lo inquietan. Ernesto escribe una línea en quechua, según el estilo de un huayno, mientras imagina que se dirige a un amor suyo. Escribir en castellano sería absurdo para "llegar" a "ellas", a las muchachas indígenas como Justina y Jacinta que Ernesto recuerda. No, en vez de escribir, uno tendría que esperarles en los caminos y cantarles huaynos en quechua. Abrumado por estos pensamientos, Ernesto resume la carta que le está escribiendo a Silvinia.

> Escucha al picaflor esmeralda que te sigue; te ha de hablar de mí; no seas cruel, escúchale. Lleva fatigadas las pequeñas alas, no podrá volar más; detente ya. Está cerca la piedra blanca donde descansan los viajeros, espera allí y escúchale; oye su llanto; es sólo el mensajero de mi joven corazón, te ha de hablar de mí. Oye, hermosa, tus ojos como estrellas grandes, bella flor, no huyas más, detente! Una orden de los cielos te traigo: ¡te mandan ser mi tierna amante ...! (71).

Empieza la carta traduciendo al castellano la línea que ha escrito en quechua. Así reforzado, logra componer la carta a Silvinia. La imagen del picaflor como mensajero del enamorado, y la dramática declaración de amor al final, tienen el tono y la forma inconfundibles de un huayno quechua. La carta que escribe Ernesto es como un cruce de caminos donde convergen y se animan distintas lenguas (quechua y español) y formas orales y escritas de expresión (la carta de amor y el huayno), lectores distintos e incompatibles (Silvinia y las muchachas indígenas) y propósitos y deseos distintos (los de Markask'a y los de Ernesto). La escritura traduce estos elementos heterogéneos en un texto hermoso y fuerte que le da a Ernesto una sensación de orgullo y satisfacción.

"Salí de la clase erguido, con un seguro orgullo; como cuando cruzaba a nado los ríos de enero cargados del agua más pesada y turbulenta" (71).

Aquí la traducción, como la noción de transculturación que es ubicua en los escritos antropológicos de Arguedas, es una suerte de memoria recreada donde la identidad cultural se afirma en nuevos contextos. Ernesto, apoyándose en fuentes quechuas, y con sus propios deseos despertados, escribe una carta de amor por un amigo. En el proceso, reafirma su identidad y su memoria andinas: el poder de las palabras castellanas lo hace sentir tan orgulloso como cuando ha cruzado a nado los ríos turbulentos y profundos.

CONCLUSIÓN

En el pasaje de *Los ríos profundos* que acabamos de analizar, Ernesto describe una escena de escritura muy compleja que es cruzada por tensiones múltiples: por quechua y español, por deseos contrarios, y por las demandas de lectores incompatibles. El pasaje sirve como un modelo en miniatura de los problemas y tensiones que constituyen los textos arguedianos en general. Para Arguedas, como para Ernesto cuando escribe la carta, contar adecuadamente una historia andina requiere el lenguaje híbrido de la traducción donde diversas voces y lenguas se interaniman. Como Ernesto, Arguedas se aprovecha de múltiples fuentes de saber y autoridad en sus textos —*incluyendo la autobiografía*— a propósito de un proyecto ambicioso y enormemente complejo de traducción cultural y literaria. El espacio autobiográfico legitimizador en que se inscribe su obra no debe entorpecer nuestro acercamiento a este proyecto sino contribuir a su interpretación.

NOTAS

[1] El concepto "espacio autobiográfico" es de Phillip Lejeune. Se refiere a la manera en que algunos autores extienden el "pacto autobiográfico" a todo su obra, en particular a su ficción. En estos casos el espacio autobiográfico se compone de las relaciones entre la autobiografía en sí y las obras de ficción.

[2] Por ejemplo, en el prólogo a la primera colección crítica sobre la obra de Arguedas, Juan Larco escribe: "La conciencia escindida de Arguedas reproduce, de alguna forma, las escisiones, las fisuras de la realidad social" (Larco 9).

220 • John C. Landreau

³ Notablemente, este es el caso de Mario Vargas Llosa cuyos ensayos sirven de prólogo a muchas ediciones de los textos arguedianos. Una oposición entre culturas "modernas" y "primitivas" está en el corazón de las interpretaciones que Vargas Llosa hace de la obra de Arguedas. Pinta a Arguedas como un escritor nostálgico y arcádico que desea retornar al mundo arcaico de su niñez. En ese sentido Arguedas es un escritor que rechaza la modernidad y el progreso: "...en la obra de Arguedas, hay un rechazo (visceral, irracional, pero clarísimo) del progreso, de la idea misma de progreso..." ("Arguedas, entre la ideología" xiii). No obstante, el Arguedas más auténtico, el Arguedas que Vargas Llosa celebra, es el que se aferra al sueño utópico del mundo mágico e "incontaminado" de su niñez. Este es un Arguedas pintoresco e intuitivo que es, según el juicio clausurante de Vargas Llosa, un escritor mediocre. Tiene momentos brillantes, y una novela memorable (*Los ríos profundos*), pero en general es un escritor primitivo. "Con excepción de *Los ríos profundos*, las novelas de Arguedas tienen una construcción bastante defectuosa, muy primitiva e inhábil: aquí le faltó a Arguedas algo que sólo podían darle – en su época– los novelistas europeos y norteamericanos que él no leyó" ("Consideraciones sobre narrativa" (332-333). Esta perspectiva se fundamenta en una interpretación simplista del espacio autobiográfico arguediano. Un análisis cabal de la muy diseminada crítica vargallosiana de Arguedas está fuera del alcance de este trabajo. Algunos de los críticos que han cuestionado el retrato primitivista de Arguedas son William Rowe, Antonio Cornejo-Polar y Alberto Flores Galindo.
⁴ "Yo fui monolingüe quechua; residí durante la infancia y la juventud en muchos pueblos de la inmensa área del quechua denominada por el Dr. Alfredo Torero y B por Gary Parker..." (Arguedas, "Acerca" 84). En el prólogo a la versión de 1954 de *Agua* Arguedas escribe que el libro contiene "...dos obras escritas por un hombre que aprendió a hablar en quechua. *Agua* fue editada hace 19 años, cuando el autor había ingresado a la Universidad y era aún, sustancialmente, un quechua..." (Arguedas, *Obras*, 1: 76).
⁵ La segunda edición de *Agua*, que se publicó con *Diamantes y pedernales* en 1954, fue acompañada por un prólogo titulado "Algunos datos acerca de estas novelas" que es, básicamente, una revisión de "La novela y el problema de la expresión literaria en el Perú." Igualmente, Arguedas reutiliza otra versión de "La novela y el problema" como prólogo para la republicación de *Yawar fiesta* en 1968. Véase las notas en Arguedas, *Obras Completas*, Vols. I and II. Las declaraciones autobiográficas arguedianas más citadas son: "La novela...", sus comentarios en el *Primer encuentro de narradores peruanos*, y su entrevista con Sara Castro Klarén.
⁶ Antes de los años sesenta la recepción crítica de Arguedas se limita a reseñas periodísticas de sus publicaciones. En los sesenta empieza a incluirse en las antologías de literatura latinoamericana; al mismo tiempo Sebastián Salazar Bondy, Julio Ortega, Alberto Escobar y otros escriben los primeros ensayos críticos sobre su obra. Aunque una historia de la recepción crítica de Arguedas está fuera del alcance de este trabajo, me parece que hay dos factores importantes a considerar para entender su ascendencia en los años sesenta: la publicación argentina de su obra de parte de Alejandro Losada, y su recepción (y diseminación) en la Cuba posrevolucionaria.
⁷ "Arguedas, hijo de un abogado blanco de provincia, pasó años decisivos de su infancia entre los indios... Adoptado por los indios, Arguedas adoptó el quechua, la lengua de los indios. Aún adolescente...Arguedas fue 'arrancado' del tierno y maternal regazo de los indios...Cuando en 1928, a los diecisiete años, llegó a Lima, hablaba el castellano con dificultad..." (Larco 8)
⁸ El sentido político de la palabra representación es imprescindible para entender la representación (en el sentido lingüístico o literario de la palabra) de los quechua-

hablantes en las obras de Arguedas. Cuando se buscan los signos de "conciencia mítica" o "cosmovisión andina" en sus textos a veces se produce una interpretación estrecha que ignora el hecho de que los textos de Arguedas toman partido dentro del campo intelectual y cultural peruano. Para una discusión valiosa, aunque pesada, del doble concepto de representación, véase Gayatri Chakravorty Spivak, "Can the Subaltern Speak?".

[9] "El indigenismo, en nuestra literatura... tiene fundamentalmente el sentido de una reivindicación de lo autóctono....Y la mayor injusticia en que podría incurrir un crítico, sería cualquier apresurada condena de la literatura indigenista por su falta de autoctonismo integral...La literatura indigenista no puede darnos una versión rigurosamente verista del indio. Tiene que idealizarlo y estilizarlo. Tampoco puede darnos su propia ánima. Es todavía una literatura de mestizos. Por eso se llama indigenista y no indígena" (Mariátegui 220-221).

[10] Arguedas dedicó su poema de 1962, de título "Tupac Amaru kamaq taytanchisman", a doña Caytana: "Lucanas india, mamay Doña Caytanaman. Auqa wasipi, wakcha warmalla kasiaqtiy, pay, urpi sonqonwan, khuyay weqenwan uywallawarqa..." "A Doña Cayetana, mi madre india, que me protegió con su lágrimas y su ternura, cuando yo era un niño huérfano alojado en una casa hostil y ajena (Arguedas, *Obras* 5: 224).

## BIBLIOGRAFÍA CITADA

Arguedas, José María. "Acerca de una valiosísima colección de cuentos quechuas". *Amaru* 8 (1968): 84.
_____ *Canto kechwa*. Lima: Editorial Horizonte, 1989.
_____ "Carnaval en Tambobamba". *Indios, mestizos y señores*. Lima: Editorial Horizonte, 1985.
_____ "La literatura como testimonio y como contribución". *José María Arguedas*. Lima: Juan Mejía Baca, 1966.
_____ "La novela y el problema de la expresión literaria en el Perú". *Mar del Sur*, 3/9 (1950): 66-72.
_____ *Obras Completas*. 5 vols. Lima: Editorial Horizonte, 1983.
Castro-Klarén, Sara. "José María Arguedas, sobre preguntas de Sara Castro-Klarén". *Hispania*, 10 (1975): 45-54.
Cornejo-Polar, Antonio. "Condición migrante e intertextualidad multicultural: el caso de Arguedas". *Revista de Crítica Literaria Latinoamericana*, 42 (1995): 101-109.
Dorfman, Ariel. "Conversación con José María Arguedas". *Revista Coral*, 13 (1970): 45-46.
Flores, Angel, ed. *The Literature of Spanish America*. Vol. 4. New York: Las Américas Publishing Company, 1967.
Flores Galindo, Alberto. "Los últimos años de Arguedas (intelectuales, sociedad e identidad en el Perú)." *Literaturas andinas* 2 (1990): 17-35.
Forgues, Roland. "El mito del monolingüismos quechua de Arguedas". *José María Arguedas: vida y obra*. Hildebrando Pérez and Carlos Garayar, eds. Lima: Amaru Editores, 1991. 47-58.
Larco, Juan. "Prólogo". *Recopilación de textos sobre José María Arguedas*. Juan Larco, ed. Havana: Casa de las Américas, 1976. 7-20.

222 • John C. Landreau

Lejeune, Phillip. *On Autobiography*. Katherine Leary, trans. Minneapolis: University of Minnesota Press, 1989.

Mariátegui, José Carlos. *Siete ensayos de interpretación de la realidad peruana*. Caracas: Biblioteca Ayacucho, 1979.

Molloy, Sylvia. *At Face Value*. Cambridge: Cambridge University Press, 1991.

Muñoz, Braulio. "Indian of the Heart". *Américas*, 32/3 (1982): 25-29.

*Primer encuentro de narradores peruanos*. Proceedings of a Conference Sponsored by the *Casa de la Cultura de Arequipa*. 1965. Lima: Latinoamericana Editores, 1986.

Rouillón, José. "Arguedas y la idea del Perú". *Perú: identidad nacional*. César Arróspide de la Flor, ed. Lima: Centro de Estudios para el Desarrollo y la Participación, 1979. 379-402.

Rowe, William. *Mito e ideología en la obra de José María Arguedas*. Lima: Instituto Nacional de Cultura, 1979.

Spivak, Gayatri Chakravorty. "Can the Subaltern Speak?". *Marxism and the Interpretation of Culture*. Cary Nelson and Lawrence Grossberg, ed. Chicago: University of Illinois Press, 1988. 271-313.

Vargas Llosa, Mario. "Arguedas, entre la ideología y la arcadia". *Revista Iberoamericana* 110-111 (1981): 33-46.

_____ "Consideraciones sobre narrativa". *Insula* 332-333 (1974): 8-10.

Los modelos de producción y los relatos en *Hombres de maíz*
Identidad cultural, globalización occidental y resistencia[1]

Alejandro Solomianski
*University of Pittsburgh*

Al paradigma de la conquista debe oponérsele el de la resistencia.
Antonio Cornejo-Polar

Hay que aprender a resistir.
Ni a irse ni a quedarse, a resistir, aunque es seguro que habrá más penas y olvido.
Juan Gelman

Volvían de las grutas luminosas, de conocer a los invencibles en las cuevas de pedernales muertos, conservándose la conversación para no disolverse.
Miguel Ángel Asturias

## 1. "ANACRONICIDAD" Y VIGENCIA

Tal vez el rasgo esencial más sorprendente de *Hombres de maíz*[2] resulte ser hoy, a las orillas del siglo XXI, su desmesurada actualidad: la representación de problemáticas, ahora más vigentes que nunca, enfocadas desde una óptica o lugar de enunciación que pareciera haber tenido en cuenta o haber previsto tanto los debates que (en su futuro relativo) se promoverían en y por el contexto del "Quinto Centenario" como las diversas formulaciones teóricas acerca de la "posmodernidad" y la "poscolonialidad" que configuran el horizonte discursivo ineludible, en este fin de milenio, para la mayor parte de los estudios culturales a nivel planetario. La extraordinaria productividad significativa de este texto, escrito en la primera mitad del siglo,[3] no sólo disuelve sus marcas epocales sino que lo hace exceder (de un modo atípico incluso para las novelas del "boom" sesentista) el marco de la mera pervivencia cultural proyectándolo hacia el futuro como receptáculo de algunas de las posibles respuestas emergentes frente a los procesos de occidentalización capitalista hoy en pleno funcionamiento y en constante profundización desde hace dos décadas. Esta asombrosa actualidad de *Hombres de maíz* señala en la discusión de conceptos tales como "heterogeneidad", "transculturación", "hibridez" u otros orientados hacia la interpretación de las dinámicas de persistencia o resistencia cultural, un marco teórico sumamente apropiado para su relectura. Abordaré, por lo tanto, esta problemática en la última sección de estas anotaciones.

Uno de los rasgos más aplastantes del proceso transformacional actualmente en curso es su capacidad de intensificar la reproducción del racismo,[4] de la explotación y de la marginación, produciendo al mismo tiempo, sin embargo, la imagen ilusoria de estar realizando exactamente lo contrario.[5] En este sentido, gran parte de la autopercepción "posmoderna" verifica o pretende verificar un incremento de la autocrítica y el cuestionamiento respecto de los diversos legados y macrorrelatos de la "Modernidad". Esta supuesta caída universal del poder fundamentador de las metanarrativas no estaría aisladamente localizada en el discurso académico universitario o materializada sólo a través de la producción y/o las elucubraciones intelectuales de diversos grupos que actualizan prácticas culturales en alguna medida atentatorias contra la lógica del sistema.[6] Por el contrario, se pretende fundamentar y constatar esta caída "liberadora"[7] en el funcionamiento mismo del sistema en tanto que a ella responderían el desdibujamiento de la frontera entre "arte popular" y "arte culto",[8] la "massmediatización" de la experiencia cotidiana, y la supuesta democratización social manifestada por la interminable y "anárquica" red de opciones de la televisión por cable y la Internet.

Detrás de esos mundos ilusorios en los que "el control remoto" y el *mouse* (creo que en los nombres de ambos utensilios el segundo sentido es el principal) juegan un papel mucho mayor que nuestro quinto dedo oponible (y probablemente que la mismísima materia gris) una visión mínimamente responsable nos recoloca frente a un estado de las cosas que dista mucho de ser estimulante. Sus rasgos más sobresalientes pueden resumirse como la subordinación total y desenmascarada del poder político al económico (ejercido monopólicamente por gigantescas corporaciones "desterritorializadas", en tanto que no tienen país de referencia y que han perdido el contacto con la "tierra" y con la vida), el consumismo como ideología hegemónica, la depredación salvaje y el derroche de recursos naturales en función de un cortoplacismo irresponsable, la profundización permanente de la grieta entre los más ricos y los más pobres y, en consecuencia (durante estos últimos años), una nueva expansión de la esclavitud de hecho y de otras formas aberrantes de explotación a las que eufemísticamente denominamos, si es que acaso nos referimos a ellas, "trabajo infantil".[9]

Frente a este panorama general comienza a explicitarse la radical contemporaneidad de *Hombres de maíz* en tanto discurso estético de resistencia anticapitalista. Ya desde su lectura más obvia el texto configura una reivindicación de las identidades culturales "primitivas" que es necesario aniquilar en función del crecimiento (o universalización) del mercado globalizado de consumo y explotación.[10] La inmersión en una lectura activa y comprometida de este texto produce, tanto a nivel ético como estético, una experiencia desideologizante de extraña intensidad.

## 2. APROXIMACIÓN A UN MODELO DE ESTRUCTURA

*Hombres de Maíz* es un texto de ardua lectura; a pesar de su relativa brevedad (en la edición aquí citada apenas llega a las 280 páginas) provoca la sensación de ser una narración de algún modo infinita y regida por una lógica aparentemente contradictoria y de difícil percepción. Luis Cardoza y Aragón en la prosa poética de su *Miguel Ángel Asturias. Casi novela* la propone como "un sueño y una pesadilla de augurios y supersticiones de chamanes" (30), "una prolongada tormenta de metáforas" (68). Podría ser descripta como un libro unitario que simultánea e indefinidamente se manifiesta como múltiples libros a la vez. *Hombres de maíz* oculta, de un modo deliberado y coherente, la constelación de "referencias culturales" o conocimientos prestigiantes que en todo texto legitiman a la autoridad enunciativa y constituyen su jerarquización axiológica presupuesta. Al no explicitar su "enciclopedia",[11] al mantenerla oculta y problematizar su misma configuración, ya sea mediante el borrado de las fuentes prestigiantes de las representaciones, o a través de su resemantización desjerarquizante (como se ve nítidamente con el funcionamiento del personaje "O'Neil"), esta enciclopedia (limitada como todas) simula disolverse para volverse aún más vasta e inmanejable. Para tomar una imagen de "La Biblioteca de Babel" de Borges, el texto se vuelve ilimitado y periódico; y éstas son ya, al menos dos de las características del modelo formal con el que intentaré hacer concordar la compleja estructura de esta narración.[12]

Durante la experiencia de lectura las dificultades que se presentan más inmediatamente al lector son el idiolecto literario en que está escrito el relato (sembrado de palabras extrañas que producen la necesidad de un glosario) y su desarrollo sintagmático deliberadamente oscuro y poético. El texto se manifiesta como oralidad sacro-ritual o popular (según el segmento de que se trate) y, a la vez, en función de su extrema complejidad se nos revela, de manera irremediable, como escritura. Este desdoblamiento en dos identidades textuales o polos contrapuestos y complementarios, que, de un modo simultáneo, siguen funcionando al unísono, se produce en todos los niveles: en la enciclopedia (inexistente e infinita), en el idiolecto (oral y escrito), en la nahualización de los personajes (Correo-Coyote, Curandero-Venado). El mismo procedimiento puede verificarse también en el nivel de la segmentación narrativa: los cinco primeros capítulos de manera conjunta se equilibran, contraponen y complementan con el sexto dividiendo la novela en dos mitades exactas. Este desdoblamiento, o este estar, simultáneamente, de los dos lados es otra de las características del modelo formal con el que intentaré simplificar la compleja estructura del texto.

Otro ingrediente que de un modo notable enriquece y complejiza a la narración es la intertextualidad con el corpus clásico "precolombino" mesoamericano. Tanto el *Popol Vuh* (y toda la serie de textos producidos a partir de ese universo cultural)[13] como *Hombres de maíz* se benefician y potencian mutuamente a través de la (probablemente) inevitable lectura conjunta. En este sentido las generosas y extrovertidas notas de la edición crítica no sólo intensifican la experiencia de lectura: nos ayudan, además, a ahorrar tiempo y evitar malinterpretaciones alucinantes.

Malinterpretaciones al margen, es un hecho que el texto resulta (podría decirse que a todo nivel e intencionalmente) polisémico y polirreferencial. Esta característica (que se superpone con la mencionada dualidad o binariedad

226 • Alejandro Solomianski

complementaria), esta proliferación de significados simultáneos impide, o al menos dificulta y relativiza la fijación de una línea de lectura unívoca.[14] Desde este punto de vista un mismo fragmento puede tener (y tiene) diversas interpretaciones muy disímiles y todas valederas a un mismo tiempo. Si tomamos por ejemplo en el capítulo 6 el momento previo al descenso del Correo-Coyote y el Curandero-Venado al inframundo, la destrucción de los sacos con la correspondencia (que deben ser quemados para que Nicho Aquino pueda penetrar al mundo subterráneo) funciona simultáneamente como un rito iniciático de castración simbólica previo al autodescubrimiento y a la adultez,[15] y/o como una expresión de la incompatibilidad entre la verdad humana y la lógica capitalista. El texto se ocupa de explicitar muy claramente el contenido de los sacos (252): el retrato de un militar jefe de guarnición (la necesaria violencia institucionalizada para sostener el sistema), los pliegos del juzgado (simulacro de justicia), las cartas del padre Valentín que son las únicas cartas que se mencionan e implican un cuestionamiento al saber científico occidental, la partitura de Don Deféric cuya quema pone en cuestión a la producción artística en una sociedad de clases y por último, lo que curiosamente constituye prácticamente la totalidad de la carga comunicacional:

> Los billetes de banco que no ardían pronto, que empezaban a arder por las orillas gastadas y sucias por el uso de las mil manos de gentes que los habían contado, ensalivado, defendido y por último perdido (252).

Creo que la cita habla por sí sola; de todos modos me interesa destacar la noción de circulación: el tráfico general de mercancías no tiene como objetivo la satisfacción de necesidades humanas sino la acumulación del capital; esto queda expresado de un modo "inocente" y brillante en ese irreparable desgaste de los billetes debido a su circulación a través de mil manos en función de un destino inevitable de pérdida final.

Retornando nuevamente a las generalidades del texto en virtud de este intento de bosquejarle un modelo estructural, puede verse a simple vista que la narración integra, representa y recrea materiales pertenecientes al universo mítico y al folklore.[16] Podría decirse que la literatura se mitifica, que el mito se folkloriza, y el folklore se literaturiza. Esta misma circularidad se da al nivel del argumento y del mundo representado: de Ilóm a la capital ("el Capital", señala Martin), de ésta a la costa atlántica, y nuevamente a Pisigüilito en el Ilóm originario, en una reinstauración de la comunidad integrada. La novela empieza y termina con el maíz y con María la Lluvia, quien resulta ser la Piojosa Grande a través de un deslizamiento de las identidades.

Circularidad, paralelismos, desdoblamiento en polos opuestos y complementarios que se manifiestan al unísono: creo que esta complejidad estructural puede ser, hasta cierto punto, asimilable al anillo (o cinta) de Moebius. Si bien es una reducción, al menos es una imagen asible y sugerente. La doble posicionalidad que plantea su recorrido, su permanente adentro-afuera, puede metaforizar un espacio de enunciación pluritópico (desde dentro y fuera de la cultura occidental) que coincide con el de la escritura textual y es (probablemente) el único espacio posible efectivamente crítico. Por otra parte, es un modelo caracterizado por la flexibilidad (excluye a las líneas rectas como itinerarios) y la desjerarquización (descolonización) del espacio: en su consistencia "norte-sur", "este-oeste", "adentro-afuera", "arriba-abajo" no sólo carece de sentido sino que permanentemente deconstruido. Podemos confrontarlo con el modelo piramidal, de utilización tan frecuente en los discursos sociológicos y de análisis económico, cuyo principio constructivo es la verticalización asimétrica: su vértice está en el "cielo" (el bienestar, el poder) y su base en el "infierno" (la carencia, la subordinación constitutiva). Esta simbolización (extensible a multitud de ámbitos: "lo uno y lo múltiple", los organigramas militares o empresariales, la pirámide depredatoria del "reino natural") representa nuestra concepción del "orden jerárquico", o de lo que también denominamos "El Orden". Estructuralmente enfrentado a ese modelo *Hombres de maíz* es un texto permanentemente subversivo.

### 3. Los modelos de producción y sus relatos

Seguramente sería erróneo (ingenuo, romántico, impresionista, prejuicioso inclusive) proponer a *Hombres de maíz* como un reservorio y una memoria de la identidad genuina de la Humanidad. Supongo que en este fin de milenio "posmoderno"no podemos tener muchas certezas acerca de cuál es nuestra "identidad genuina". Tal vez no se halle reflejada en ningún sitio mejor de lo que lo está en las matanzas características de los procesos históricos que todavía hoy denominamos "Descubrimiento" (una serie de invasiones) y "Conquista" (el mayor y más generalizado fenómeno de expropiación territorial y genocidio de que se tenga noticia), o en los múltiples holocaustos del siglo XX (algunos en ejecución en este mismo momento). De todos modos considero preferible la inexactitud ingenua de *Hombres de maíz*, que presupone la preexistencia y la posibilidad futura de un orden humano solidario e integrado, antes que el ejercicio de una resignación, en muchas ocasiones, cínica e interesada. En este sentido me parece factible (y necesaria) una lectura que privilegie en la "novela" los rasgos y los procedimientos constructivos que la consolidan notablemente como un discurso de resistencia anticapitalista.

En primer término y un poco desde afuera del texto, o mejor, desde la "zona de contacto" entre su productividad significativa y la condición de posibilidad básica para su circulación social, es decir, desde la intersección entre su soporte material (objetivable como la mercancía "libro principal de un premio Nobel latinoamericano") y su "contenido" (generalizable como un pacto o una propuesta de lectura), puede señalarse una (decidida, diría yo) estética de la negatividad en la medida en que el texto está escrito contra el gusto del mercado lector. Digamos que su modo de cuestionar la mercancía "novela occidental" es más independiente del mercado y menos explícito o exhibicionista que el de Cortázar en *Rayuela* y que su realismo mágico es menos fácil, accesible o vendedor que el de Carpentier o el de García Márquez.

Adentrándome ya en la narración, considero muy marcado y elaborado textualmente el vínculo entre los relatos y los sistemas de producción, consumo y reproducción de las condiciones de producción en que estos relatos se originan. Básicamente la idea es que gran parte de los relatos que impulsan o justifican el desarrollo diegético son funcionalmente solidarios con uno u otro de los dos modelos de organización económica representados en el texto. Esta correlación puede verificarse coherentemente tanto en un seguimiento minucioso a lo largo de cada capítulo como en una consideración general de la globalidad textual.

En primer lugar encontramos el relato mítico fundacional que establece la creación de la humanidad a partir del maíz. Relato fundamental no sólo para el capítulo I, "Gaspar Ilóm", sino para la totalidad de la obra: a través suyo se concreta una identidad primordial entre el maíz y el ser humano que obliga a realizar una producción (agrícolo-religiosa) sólo a escala local y en concordancia con las necesidades de la comunidad productora. Producir excedentes en función del tráfico comercial es tan sacrílego como producir hijos para venderlos y es, en definitiva, una injuria contra la tierra misma "que también es humana" (179-180). Este relato resulta funcional para una comunidad tribal en la que la propiedad de la tierra es colectiva, las relaciones entre los miembros son igualitarias y la economía se organiza en función de la cobertura de sus necesidades. En este orden el ser humano se halla integrado a un cosmos como parte de él y no como su propietario (o su víctima). Esta lógica que fracasa en el devenir histórico es, sin embargo, la triunfadora dentro del desarrollo narrativo del texto, en la medida en que todos los personajes que conscientemente se le oponen como Machojón o el coronel Chalo Godoy resultan violentamente castigados. Inversamente, la lógica capitalista, triunfadora en el devenir histórico, lleva al fracaso no a aquéllos que se le oponen (¿hay algún personaje más pleno que el inmortal brujo de las luciérnagas?) sino justamente a aquéllos que se le acoplan, como veremos más adelante.

En el capítulo segundo, "Machojón", vemos que la instauración del orden capitalista necesita de la propagación de mentiras intencionales (no se trata de los límites ideológicos que no dejan ver la realidad), interesadas y nada ingenuas, para lograr su expansión. Paradójicamente este ejercicio del egoísmo individualista cuyo fin es la obtención del dinero resulta efectivo en la medida en que aparenta favorecer los intereses de un grupo social, en este caso de los maiceros:

> Hasta se habló entre ellos de castigo de Dios *por haber engañado* al viejo Machojón. Y hasta pensaron en bajar a la casa grande y arrodillarse ante el señor Tomás Machojón a pedirle perdón, con tal que lloviera, a *esclarecerle de una vez por todas que ellos no habían visto al Machojón en las quemas y si le habían dicho así*, era para no contrariarlo y *para que les diera buenas tierras en que sembrar* (37, énfasis mío).

Finalmente aquéllos que pretendían ser beneficiarios de la lógica capitalista terminan siendo victimizados por la imposición de su fuego destructor.

El capítulo tercero, "Venado de las siete rozas", es, seguramente, el de más difícil primera lectura en tanto que la lógica de su desarrollo se manifiesta como violenta y caótica (guiada por un pensamiento mítico subyacente bastante elusivo en el mismo capítulo) para terminar revelando sus "razones" recién en el capítulo sexto ("Correo-Coyote") con la reaparición del curandero (el brujo de las luciérnagas) de quien el venado es su nahual. De este modo el ajusticiamiento (y borramiento) del clan Zacatón por parte de los Tecún se cumple como otra ejecución más de la maldición (profecía) de los brujos de las luciérnagas. En este sentido, el relato que moviliza la acción de todo el capítulo pertenece al ámbito sagrado y es funcionalmente solidario con la organización económica "pre-capitalista" ("anti" y deseablemente "pos") de la propiedad comunitaria, la racionalización ecologista y el mundo integrado.

En el capítulo cuarto, "Coronel Chalo Godoy", asistimos nuevamente al castigo que la narración ejercita sobre los que se acoplan al impulso de la lógica expansionista del capitalismo. En rigor, el coronel Godoy representa al tipo del militar autoritario y personifica, por lo tanto, a la violencia institucionalizada. En este sentido no se acopla a la expansión capitalista sino que se constituye como sujeto específicamente con la función predeterminada de abrirle paso.

Se trata, entonces, claramente de una caracterización del *ego conquiro* que antecede al *ego cogito* cartesiano. Enrique Dussel lo argumenta de un modo muy convincente en su *1492. El encubrimiento del otro*:

> El "conquistador" es el primer hombre moderno activo, práctico, que impone su "individualidad" violenta a otras personas, al Otro (56).

> La primera "experiencia" moderna fue la de superioridad cuasi-divina del "Yo" europeo sobre el Otro primitivo, rústico, inferior. Es un "Yo" violento-militar que "codicia", que anhela riqueza, poder, gloria (63).

> La "civilización", la "modernización" inicia su curso ambiguo: racionalidad contra las explicaciones míticas "primitivas", pero mito al final que encubre la violencia sacrificadora del Otro. La expresión de Descartes del *ego cogito* en el 1636 será el resultado ontológico del proceso que estamos describiendo: el *ego* origen absoluto de un discurso solipsista (75).

Este egocentrismo autoritario y falocéntrico enraiza en el mismo "Yo" (único dueño de la razón) la justificación legitimadora de su accionar, posibilitándose o incluso exigiéndose la extralimitación del marco normativo o legal que sólo existe para la sujeción de los "otros" desvalorizados.[17] De un modo tosco pero claro y autoritario el coronel se lo explica a su subordinado:

> Embusterías y labias se hicieron para mujeres y por eso se vuelven amujerados los melitares de escuela, por la ordenanza. Cura que se guíe

por el catecís, músico que toque por solfa y melitar de ordenanza no quiero ni para remedio. Ese es el punto que vos debes saber si querés ser ascendido. La religión, la música y la milicia son cosas distintas, pero se parecen,[18] se parecen en que las tres son de instinto, el que las sabe, las sabe y el que no, no las apriende (70).[19]

En el capítulo quinto, "María Tecún", es justamente la huida de "la guerrillera" la que desencadena toda la acción narrativa. Esta huida se configura como una resistencia activa a las formas de producción y reproducción del sistema capitalista ya que María escapa de la institución matrimonial con la finalidad específica de evitar seguir teniendo hijos. Si recordamos aquí la identidad entre progenie y cosecha, base de todo el relato, visualizamos que el rechazo a la reproducción y explotación también metaforiza la resistencia de la "tierra" a su colonización. Su siguiente unión conyugal con Benito Ramos, en este orden enajenado, puede ser sostenida sólo en tanto que gracias a la maldición de los brujos de las luciérnagas resulta explícitamente estéril.

Dejando de lado la adquisición de la vista por parte de Goyo Yic, cuyas profundas implicancias han sido ya muy claramente comentadas,[20] y adentrándome en el periplo que él emprende en la búsqueda de su mujer huida, y en el cual[21] fracasa, justamente, por acoplarse de un modo desmedido a las prácticas de mercado capitalistas, me interesa detenerme de un modo puntual en su sociedad comercial con Domingo Revolorio, en tanto que puede leerse allí la parodización más explícita en todo *Hombres de maíz* de la lógica capitalista llevada a sus últimas consecuencias. Por otra parte, dentro del capítulo quinto éste es, sin dudas, el episodio de mayor peso para el ulterior despliegue de la diégesis.

Goyo Yic y Domingo Revolorio organizan una sociedad anónima con participación proporcional por acciones, la cual pretende obtener una tasa de ganancia de nada menos que el 1500 por ciento. Creo que este fragmento parodiza y lleva hasta sus últimas consecuencias las proposiciones básicas que fundamentan las prácticas de producción del capitalismo financiero, es decir de la reproducción del dinero a partir del dinero. Ambos socios se pasan mutuamente, una y otra vez, los pocos pesos que tienen y por momentos realizan ventas a crédito. Lo que en rigor no fue otra cosa más que el consumo a medias de una garrafa de aguardiente, desde el punto de vista financiero se conceptualiza como la pérdida o el robo de 1200 pesos. Inevitablemente, cuando se plantean semejantes tasas de ganancia alguien tendrá que salir perdiendo. En este caso resultan ser los propietarios quienes terminan victimizados por su propia empresa. Por otra parte, es interesante destacar que el emprendimiento comercial se inicia en "Santa Cruz de las Cruces", que el domingo es el día de contacto con la "verdad absoluta" y que Revolorio aparece en la novela sólo para ser causa eficiente de esta revelación.

Entrando ya en el capítulo sexto, la relación entre la cruz y el imperialismo capitalista europeo se encuentra explicitada a través de la historia de Casualidón, el cura codicioso tensionado entre su cristianismo irlandés y su catolicismo del "más duro conquistador español" (puede agregarse que dentro del mapeo simbólico del texto esta confrontación interior del personaje funciona como un correlato del enfrentamiento entre un primer mundo opresor y un tercer mundo oprimido). En un par de fragmentos que refieren indirectamente la línea de sus pensamientos leemos:

> Esa noche lo comprendió todo. Las estrellas brillaban en el cielo como pepitas de oro. No necesitó más. Del mapa de Europa fueron saliendo tierras católicas, amontonándose sobre sus hombros, hasta arrodillarlo (241)
> Era contradictorio conocer el valor de una pepita de oro y despreciarla... Aquellos indios se vengaban de sus verdugos poniéndoles en las manos el metal de la perdición. Oro y más oro para crear cosas inútiles, fábricas de esclavos hediondos en las ciudades, tormentos, preocupaciones, violencia, sin acordarse de vivir (242).

## 4. Algunos espacios de resistencia

Dejando de lado la obvia resistencia armada que realiza Gaspar Ilóm en el capítulo primero, el texto representa (además de constituirse a sí mismo — evidentemente de otro modo y en un marco contextual distínto— como uno de ellos) diversos espacios de resistencia. No se trata de colisiones frontales sino más bien de la apropiación de espacios intersticiales en función de la sobrevivencia transfigurada de algunos rasgos de la identidad cultural autóctona. Este tipo de dinámica ha sido conceptualizada, en función de la especificidad cultural latinoamericana, en diferentes momentos y desde distintos lugares de enunciación (y por lo tanto con matices diversos o inclusive con tonalidades opuestas) a través de una amplia gama de teorizaciones que incluye, entre otras, las ideas de "transculturación" (Fernando Ortiz y Ángel Rama), "heterogeneidad" (Antonio Cornejo-Polar), "hibridez" (García Canclini), "fagocitosis cultural" (Rodolfo Kusch), "borderland/frontera" (Gloria Anzaldúa), the contact zone (Mary Louise Pratt).

Aunque el problema es complejo y excede notablemente los límites de estas reflexiones,[22] intentaré delinear, de un modo esquemático y simplificador, la posibilidad de tres posturas básicas frente a la conceptualización de las conflictivas relaciones entre "lo autóctono" (los intereses locales y humanos) y "la posmodernización" (los intereses del capital globalizado), en tanto que ellas representan tres modos diversos de visualizar la oposición entre (para usar las palabras de Cornejo-Polar) "el paradigma de la conquista y el de la resistencia". Considero que estas tres posiciones están representadas en (y resultan ejemplificables mediante) las formulaciones de Ángel Rama, Cornejo-Polar y García Canclini.

Ángel Rama ha retomado, en su clásico *Transculturación narrativa en América Latina* (1982), la propuesta original de Fernando Ortiz[23] aplicándola especialmente a la explicación de ciertos textos literarios. En esta perspectiva se enfatiza (y se celebra) la sobrevivencia e incluso la amplificación de lo autóctono que logra abrirse paso a través de los canales de la modernización.

Entonces, gracias a esta incorporación de la voz de la tierra en la modernidad, la corriente arrolladora de sus ríos profundos logra llegar más lejos y hablarnos aún con mayor intensidad. De este modo el ejercicio de la resistencia cultural, entendida en gran parte como la tarea de un intelectual mediador, transporta a la universalidad "sin desnaturalizarlos, los contenidos auténticamente americanos y vernáculos" (Moraña 138).[24]

Por su parte Cornejo-Polar ha centrado su énfasis en el choque de culturas más que en las posibles potenciaciones mutuas, desarrollando, en numerosos textos, la noción de una heterogeneidad conflictiva y "no dialéctica" que implica una "armonía imposible" dentro de una "totalidad contradictoria". *Escribir en el aire* (1994) organiza todo su itinerario a partir de la oposición violenta entre la voz andina y la letra europea que, desde el inicial "diálogo" de Cajamarca, ha permanecido, con diversas variantes, como una constante del mundo profundamente heterogéneo de la cultura andina. Por último, *Culturas híbridas* (1992) de García Canclini, en una posición que se opone simultáneamente a las dos anteriores, enfatiza el polo de la modernización en tanto una "adaptación exitosa al desarrollo capitalista" (221) que muy bien puede lograrse con el reemplazo de los diseños artesanales tradicionales por "imágenes de Picasso, Klee y Miró" (223) y rechaza una focalización de los conflictos y la violencia centrándose en un supuesto acuerdo "afectivo" entre los grupos heterogéneos:

> Hegemónico, subalterno: palabras pesadas, que nos ayudan a nombrar las divisiones entre los hombres, pero no para *incluir los movimientos del afecto*, la participación en *actividades solidarias* o cómplices en que hegemónicos y subalternos se necesitan (324, énfasis mío).

En diálogo con este marco teórico y su conflictivo referente me interesa replantear la funcionalidad del fenómeno folklórico y de su representación literaria realizada en *Hombres de maíz*. La focalización y ampliación de estos segmentos diferenciados del texto apunta a relevar y revelar de qué modo se manifiesta allí la resistencia anticapitalista en tanto una expresión del choque conflictivo que funciona como una revalorización de la identidad autóctona. Si pensamos al folklore como una clase de comportamiento popular, tradicional, funcional, socialmente vigente y geográficamente localizado[25] (y no en su posible apropiación y utilización por parte del poder político y/o económico) notaremos que su función más relevante es la de impugnar las normas centrales y hegemónicas en defensa de una identidad cultural localmente territorializada.[26] En muchos casos se trata de una reformulación de las pautas culturales impuestas, de tal modo que las prácticas y creencias propias sobrevivan bajo un disfraz; en otros pueden realizarse parodias, denuncias o reinterpretaciones que resulten simbólicamente compensatorias. De todos modos siempre se trata de un fenómeno esencial y necesariamente comunitario (anonimia) en el que la voluntad del individuo que habla se desdibuja para poder expresar genuinamente a sus antepasados y coterráneos en aquellas cosas que a todos les son comunes.

En *Hombres de maíz* este tipo de comportamiento folklórico está muy marcadamente concentrado en la figura de Hilario Sacayón (¿su hilar saca al "yo"?) y encuentra a su formidable pensadora teórica en la Ramona Corzantes (ña Monchita, frente a quien las proposiciones de don Deféric, y por añadidura la tradición folklorista europea, resultan meros balbuceos). Algunos pasajes del diálogo memorable que ellos mantienen en la aldea Tres Aguas (189-191) están entre los más citados y comentados de la "novela". Por lo cual conviene proceder directamente a una lectura interpretativa de los materiales folklóricos integrados en el texto.[27] La productividad significativa que emana de la leyenda de los amores entre Neil y la Miguelita (170-173), la tonada de Miguelita de Acatán (231) y la canción del amante desilusionado (210) concuerda de un modo notable con las ideas organizadoras de la presente línea de lectura.

Neil: representación legendaria y folklorizada de la representación que el texto realiza indirectamente del escritor Eugene O'Neill. A través de estas dos progresivas mediaciones la figura del dramaturgo (autor, entre otras cosas, de una reescritura de la Orestíada esquiliana) queda totalmente desdibujada y pasa a configurarse como una imagen de lo "gringo": rubio, ojos azules, brazos largos. Neil era un comerciante extranjero que se dedicaba al comercio de máquinas de coser Singer hasta que en Acatán cae perdidamente enamorado de la morena Miguelita. Ella responde a su amor apasionado con el mayor desprecio y entonces Neil, despechado, se hace marinero. Miguelita, que había rechazado el amor del "gringo" termina cosiendo a máquina interminablemente: en el silencio de la noche los habitantes del pueblo escuchan el sonido de su máquina. Considero que esta historia viene a invertir las relaciones de dominación entre el hombre extranjero y la mujer de la tierra realizando de este modo una reparación simbólica. Sin embargo, la independencia y la dignidad tienen un costo: los modos y los ritmos de producción han debido transformarse en función de la relación con lo extranjero. Continuando con la lectura de los materiales folklóricos ya mencionados, cito a continuación las dos canciones en una disposición paralela ya que a los efectos de este análisis la una reitera a la otra para terminar significando exactamente lo mismo:

Preso me encuentro por una cautela
y enamorado de una mujer,
y mientras yo viva en el mundo y no muera
jamás en la vida la vuelvo a querer.
¡No fue verdad lo que ella me prometió,
todo fue una falsedad, falsa moneda
con que me pagó!
Y todo aquel hombre que quiera a una ingrata
y que como ingrata la quiera tratar,
que haga como el viento que hojas arrebata,
que donde las coge las vuelve a botar.
¡No fue verdad lo que ella me prometió
todo fue una falsedad, falsa moneda
con que me pagó!
Y hagamos de caso que fuimos basura,

A la Virgen del cepo le pido
que me topen los guardias rurales,
me rodeen, me esposen, me lleven;
la prisión ha de ser mi consuelo.
Miguelita su nombre de pila,
Acatán, su apellido glorioso,
y en la cárcel, la Virgen del Cepo,
como ella, de carne morena.
Los arrieros hicieron las cargas,
plata en bambas y bambas de oro
las llevaron camino del Golfo,
olvidando a la Reina del Cielo,
En la cárcel del cepo olvidada,
hasta el día en que fue Miguelita
de Acatán, parecida a la Reina,

vino el remolino, nos alevantó,
y después de un tiempo de andar en la altura,
¡la misma juerza del viento nos aseparó!
¡No fue verdad ...! (210-211).

una moza por todos buscada.
Y esa moza, carbón para el fuego
sus dos ojos, su boca un clavel,
cuando hicieron pasar a la Virgen
a su templo, marchó del lugar
San Miguel Acatán la recuerda,
costurera que se oye en la noche
dar aviso con lumbre que vela
a mujeres honradas del pueblo:
el amor es amor cuando espera,
beso a beso formó mi cadena,
Miguelita cosiendo en el cielo
y yo preso por guardias rurales (231-232).

La coincidencia textual que más inmediatamente manifiestan las dos canciones, consiste en narrar historias de amor que resultan frustradas o imposibles. Curiosamente en ambos textos el yo lírico (masculino) se encuentra (al igual que Goyo Yic) encerrado (sacado de circulación, fuera del tráfico general de mercancías) en una prisión y es ese el lugar desde el cual estos discursos pueden constituirse. En ambas historias la relación amorosa mujer-hombre se encuentra imposibilitada por la presencia de un elemento ajeno, antinatural y extraño (obviamente el dinero) que se entromete entre ambos y desvirtúa el vínculo que los unía. El elemento desnaturalizador no está mencionado de un modo explícito ni se relaciona con los relatos, sino que, sencillamente, aparece interpuesto en el flujo lírico como si se tratara de un lapsus que revelase la identidad profunda entre estas dos historias que al nivel de superficie aparentan ser opuestas.

En el lamento del amante desilusionado encontramos una concepción degradada de la mujer, se trata de "una mujer" (sin nombre propio) mentirosa e ingrata cuyo contacto contaminador transforma a los amantes en "basura" empujada por el viento. La mirada es prostituyente y las ráfagas de viento recuerdan el castigo reservado a los adúlteros en el canto quinto del "Infierno" dantesco.[28] Por el contrario en la tonada de Miguelita la imagen de la mujer resulta explícitamente virginizada y es esa misma idealidad la condición de posibilidad y de imposibilidad para la existencia del "amor". En ambos casos la situación frustrada resulta ser un destino que no se explica, salvo que la explicación se encuentre en ese elemento extraño y desnaturalizador (el mismo) que viene a intercalarse en los dos textos. En el caso del lamento la presencia agobiante del dinero se manifiesta explícitamente como un enunciado metafórico ("falsa moneda con que me pagó") repetido de un modo obsesivo por ser parte del estribillo; y aparece implícitamente metaforizado en las "hojas" que el viento arrebata y vuelve a botar en el mismo lugar, sólo que devaluadas después de hacerlas circular: finalmente la misma identidad humana se vuelve basura a través de esa espiral de engaño y falsedad. Inversamente las monedas enunciadas en la tonada de Miguelita no son falsas ("plata en bambas y bambas de oro") sino que provocan el olvido de la "Reina del Cielo" (quien está encerrada en una celda de torturas) por parte de los arrieros. Éstos, en tanto eslabones de la cadena extractiva, están ocupados llevando la carga de monedas camino del Golfo con destino final en Europa. La Virgen del Cepo, testigo de las torturas carcelarias, connota la violencia que posibilita estas historias.

La percepción distorsionada de lo femenino (hacia uno u otro extremo) resulta inevitable en un mundo que ya se encuentra distorsionado en función del acatamiento a la lógica del dinero.

Percepción auténtica de la mujer y resquebrajamiento del poder de dicha lógica parecen ser acciones simultáneas e incluso tal vez sean una misma y única acción. Puede señalarse una línea reivindicativa de lo femenino a lo largo de todo el texto. El pasaje del mundo integrado al mundo enajenado coincide, en la perspectiva propuesta por *Hombres de maíz*, con la caída del matriarcado en favor de un sistema patriarcal instaurado y sostenido a partir del uso coercitivo de la violencia física o armada. A través del desarrollo narrativo son los personajes femeninos los que en definitiva logran salvar el mundo. La Piojosa Grande logra huir con su hijo, el maíz, sobre la espalda, para reaparecer finalmente como una doble de María Tecún, la guerrillera. El triunfo final de Nicho Aquino, el gran *winner* para la lógica capitalista ya que como traficante de alcohol logra enriquecerse lucrando con la desesperación de los presos, se revela como soledad y sinsentido en tanto que la pérdida de su mujer, Isaura Terrón, es definitiva. Goyo Yic, por el contrario, después de experimentar en carne propia los verdaderos resultados de la lógica capitalista puede comenzar a recuperarse al ser encarcelado y de este modo salir simbólicamente de la circulación. Pero su salvación absoluta sólo es posible gracias a la reaparición de María Tecún, la genuina portadora del auténtico mundo integrado.

*Hombres de maíz* plantea como posible (al menos en el utópico lugar textual de la literatura, y en este sentido no necesariamente como probable) una resolución de los conflictos sociales de la modernidad que han venido a ser aún más agudizados por los tiempos "posmodernos". Esta resolución (que es simultáneamente ética, política y estética) se localiza tan lejos como sea posible de las "16000 ratas" del capitalismo y consistiría en una revalorización de lo telúrico, la reformulación de comunidades centradas en lo local y regidas por la igualdad, el afecto y la solidaridad entre sus miembros, y la recreación de un papel social protagónico para la mujer. Evidentemente no se propone la aplicación, de un programa revolucionario de fácil ejecución sino, al menos, la constatación de la necesidad y la urgencia del ejercicio de "un deber": el de oponer a la práctica colonizante del capitalismo globalizado la práctica libre y consciente de la resistencia.

NOTAS

[1] Mi mayor reconocimiento a la generosidad intelectual de Gerald Martin, con quien pude discutir aspectos generales e incluso detalles de estas reflexiones.
[2] Citaré la "novela" por la segunda edición crítica de la "Colección Archivos".
[3] Esta "anacronicidad" justifica, en parte, una repetida desorientación en las apreciaciones críticas. Véase al respecto el trabajo de Gerald Martin "Destinos: la novela y sus críticos".

[4] Al margen de las manifiestas y avergonzantes olas de xenofobia que recorren la posmodernidad europea (y que seguramente pueden considerarse "excepcionales") el revelador estudio de Teun Van Dijk, *Communicating Racism* (1987), demuestra hasta qué punto la retransmisión del racismo es una realidad cotidiana en las sociedades "más civilizadas" y en los sectores donde menos se hubiera esperado encontrarla.

[5] En *Necessary Illusions. Thought Control in Democratic Societies*, Noam Chomsky analiza y documenta extensamente el rol jugado por los consorcios informativos de las democracias capitalistas en la configuración de una "realidad" funcional a los intereses de determinados grupos de poder. Mi intención es extender el concepto más allá de los contenidos y visualizar en los mismos formatos de la información el vehículo para una universalización de la lógica del "consumo" que, por fuerza, se realiza mayoritariamente de un modo imaginario como "realidad virtual" (en algunos casos ésta equivale al consumo imaginario) y sustitutiva de las experiencias auténticas.

[6] Si dejamos de lado las culturas subalternizadas, realmente alternativas y heterogéneas respecto a la globalización, se trata de usufructuarios, aún a pesar de sí mismos o de sus más sinceras intenciones teóricas, de los privilegios que surgen y se sostienen mediante la división social del trabajo, la explotación de los semejantes y la estratificación en clases sociales o (si este último concepto no resulta convincente) de la división de la humanidad, a nivel planetario en *over* y *underconsumers*.

[7] En la propuesta original de Lyotard (1979) esta caída del poder legitimador de los grandes relatos (que caracteriza al "saber" en las sociedades posindustriales) no proporcionaba, en rigor, muchos motivos de alegría: "...no hay prueba ni verificación de enunciados, ni tampoco verdad, sin dinero. Los juegos del lenguaje científico se convierten en juegos de ricos, donde el más rico tiene más oportunidades de tener razón." (84) "No se compran savants, técnicos y aparatos para saber la verdad, sino para incrementar el poder" (86).

[8] La propuesta de García Canclini, si bien no es festejante a la manera de Francis Fukuyama o Gilles Lipovetsky; enfocándose, entre otras cosas, en una problematización de la línea divisoria entre "alta" y "baja" cultura, plantea la configuración de una "realidad social" regulada por "poderes oblicuos". De todos modos la distinción entre arte popular y arte culto, en tanto categorías europeas, resultaba ya discutible incluso con anterioridad a la producción poética de François Villon en el siglo XV.

[9] Los índices estadísticos y una extendida ejemplificación de esta síntesis mínima de las tendencias evolutivas de nuestra contemporaneidad pueden leerse en *When Corporations Rule the World* de David Korten.

[10] Esta calificación de "primitivo" es emitida (y emitible) desde un constructo gnoseológico en más de un sentido interesado y que se propondría a sí mismo como "el (único posible) civilizado".

[11] El procedimiento inverso, es decir la exhibición de una "enciclopedia" resulta un rasgo notable en textos como *Rayuela* de Cortázar, *Morirás lejos* de José Emilio Pacheco, o *Respiración artificial* de Ricardo Piglia, para mencionar tres ejemplos muy diversos entre sí.

[12] La presencia o ausencia de una "estructura" que organice el libro es uno de los aspectos que más errores ha provocado en el ámbito de sus lecturas críticas. Al margen de que, en todo caso, se trataría de una conceptualización subjetiva aplicada sobre un objeto; obviamente un texto de esta profundidad y complejidad admite la postulación simultánea de diferentes (o incluso distintas) configuraciones estructurales. Una visión globalizante y pormenorizada del funcionamiento de los múltiples elementos cohesionantes del texto puede leerse en "El texto estructurado" (Martin, lxxvii-clvii) que constituye los capítulos III y IV del voluminoso "Estudio General" que Gerald

Martin realizó para la primera edición crítica de esta "novela" editada por Klincksieck y el Fondo de Cultura Económica; también allí se propone una lúcida "Síntesis estructural". Por otra parte el profundo estudio de René Prieto "Tamizar tiempos antiguos: La originalidad estructural de *Hombres de maíz*" (617-644) enfatiza las líneas estructurales que se conectan con el intertexto literario amerindio. Por mi parte intento establecer una síntesis estructural que resulte acorde y funcional a esta relectura enfocada desde un fin de milenio sombrío.

[13] Walter Mignolo en *The Darker Side of the Renaissance* propone: "Significant texts as the *Popol Vuh* as well as many others of the same kind now acquire a new meaning: instead of being considered pre-Columbian texts admired for their otherness, they now become part and parcel of colonial discursive production. It could not be otherwise, since the *Popol Vuh* as we have it was written alphabetically around 1550. How could a text alphabetically written be pre-Columbian if Amerindians did not have letters?" (7), "If we were to use the term *discourse* to refer to oral interactions and reserve *text* for written ones, we would need to expand the latter term beyond alphabetic written documents to include all material sign inscriptions" (8). La especificación realizada no es un preciosismo teórico o una demarcación irrelevante: nuestro mundo perceptual (lenguaje, memoria, espacio) está culturalmente determinado (colonizado) dentro de una dinámica histórica colonizante que no puede ser realmente criticada sin al menos la intención de posicionarse fuera de su marco perceptual.

[14] Esta lectura enfatiza ya desde su título la configuración de un discurso estético de resistencia anticapitalista. Evidentemente está muy lejos de ser la única posible, pero considero que, efectivamente, esa línea demarca los fundamentos del texto.

[15] Véase la nota n° 208 del capítulo 6 (Asturias 390-391).

[16] Ejemplificando de un modo estruendoso la extendida proposición que afirma que de los escritores hay que leer la obra y no los reportajes, Asturias ha señalado: "To me, the literature of folklore, regional literature, is a false literature. We don't possess much folklore. Russia and Spain have folklore; what we possess is a native tradition in some regions, which doesn't belong to folklore. Unfortunately this tradition is now being transformed into folklore for tourists." (Guibert, *Seven Voices* 155). Sin embargo, es un hecho obvio que grandes segmentos de *Hombres de maíz* se configuran como una reelaboración de lo que ha sido denominado "fenómeno folklórico". Quisiera especificar que mi conceptualización (y valorización) del folklore se acerca a la planteada por Gramsci en *Letteratura e vita nazionale* (267-274), y, más específicamente, se ajusta a las propuestas de Augusto Raúl Cortazar y Martha Blache.

[17] La "conquista" de Hernán Cortés, quien es quizás la personificación más acabada del "ego conquiro", fue en su comienzo una insubordinación ilegal aun para su propio marco de referencia. De allí su necesidad permanente (tan explicitada en las *Cartas de relación*) de agrandar y garantizar el "quinto real" del botín como una forma de legitimarse sobornando a la corona.

[18] En una coincidencia parcial, pero no poco llamativa, en la segunda mitad del siglo XIX, Baudelaire, uno de los testigos más ácidos de la lógica transformacional de la modernidad, anota en sus diarios íntimos: "Il n'existe que trois êtres respectables: Le prêtre, le guerrier, le poëte. Savoir, tuer et créer." (Baudelaire 1279).

[19] Por su parte Martin señala: "Habla el *Hombre Macho*, el Caudillo, producto de una sociedad de clases neocolonial desarticulada, hombre que pisotea las convenciones sociales, justificando su dominio personalista mediante su propia fuerza individual. Detrás de él adivinamos la figura del dictador latinoamericano y el militarismo de orientación fascista." En la misma nota desarrolla a continuación un completo e interesante desentrañamiento del plano mítico de la intertextualidad amerindia. (Asturias, -nota n° 9- 336-337).

[20] En el ya citado "Estudio general", Martin ha descifrado en este acceso a la visión la simbolización de los desplazamientos desde lo interior a lo exterior, de la oralidad hacia la escritura, y del margen (correspondiente a una economía de subsistencia) hacia la circulación dentro del comercio de la cultura capitalista occidental.

[21] En el periplo es donde fracasa, en tanto que termina marginalizado como presidiario; es justamente desde ese lugar de fracaso total y contradicción al capitalismo (es importante notar que él queda detenido, es decir "fuera de circulación") que por último puede triunfar en las cosas realmente esenciales: el encuentro de la compañera cuando ya no la buscaba y la recuperación de la familia y la dimensión afectiva. Invirtiendo esta figura, Nicho Aquino, el gran *winner* del capitalismo triunfa exactamente en la misma actividad en que Goyo había fracasado: el tráfico de alcohol con tasas de ganancia abusivas. Cabe agregarse que Nicho sale victorioso y se "enriquece" monetariamente en función de los sobornos y la utilización ilegal de los poderes legalmente instituidos (auténtico fundamento de la riqueza material en tanto apropiación del trabajo ajeno); por su parte Goyo pierde hasta la posesión de su libertad a pesar de (o incluso podría decirse "justamente por", en tanto predeterminación o destino de todos los pequeños contribuyentes impositivos) haber pagado al estado el impuesto establecido mediante la compra de las correspondientes "guías" (permisos) para la comercialización de aguardiente.

[22] El tema es prácticamente infinito y posee una enorme diversidad de aspectos relevantes. Para empezar y apuntando solamente hacia la noción de "transculturación" formulada por Rama puede mencionarse la compilación *Ángel Rama y los estudios latinoamericanos* de muy reciente aparición.

[23] La propuesta amplia y vigente de su *Contrapunteo cubano del tabaco y el azúcar* ha sido recientemente estudiada por Fernando Coronil, quien revela su enorme valor antropológico y su actualidad.

[24] Cito del sintético y esclarecedor artículo "Ideología de la transculturación" de Mabel Moraña incluido en la ya mencionada compilación acerca de *Ángel Rama y los estudios latinoamericanos*. Para una demarcación de los vínculos entre las propuestas de Rama y Cornejo-Polar resulta igualmente sintético e ilustrativo el texto "¿Literaturas heterogéneas o literatura de la transculturación?" de Friedhelm Schmidt.

[25] Veansé al respecto Cortázar y Blache.

[26] Un magnífico ejemplo de esta función de los comportamientos folklóricos puede leerse en el estudio de Michael Taussig *The Devil and Commodity Fetishism in South America*. Su punto central está justamente en la transformación de las tradiciones folklóricas en algunas comunidades sudamericanas (en Colombia y Bolivia) que han dejado de ser campesinas para pasar a ser proletarias dentro de la explotación capitalista de las plantaciones azucareras y las minas de estaño.

[27] En función de estas anotaciones realmente es irrelevante determinar hasta qué punto los textos de apariencia folklórica intercalados en la narración son una invención personal de Asturias, reelaboraciones parciales o textos preexistentes. Lo asombroso es constatar en qué medida estos materiales "re-presentan" (de manera cifrada) significados que aparecen de un modo más evidente en otros niveles y segmentos de la novela.

[28] Cultura europea, capitalismo y jeraquizaciones cristianas vuelven a manifestarse como elementos coherentemente integrados.

BIBLIOGRAFÍA CITADA

Asturias, Miguel Ángel. *Hombres de maíz*. Edición crítica, Gerald Martin, ed. Madrid: Colección Archivos, ALLCA, 2da edición, 1996.

Baudelaire, Charles. *Oeuvres Complètes*. París: Gallimard, 1961.

Blache, Martha. *Síntesis crítica de la teoría del folklore en Hispanoamérica*. Buenos Aires: Tekné, 1980.

Cardoza y Aragón. *Miguel Ángel Asturias. Casi novela*. México: Ediciones Era, 1991.

Cornejo-Polar, Antonio. *Escribir en el aire*. Lima: Editorial Horizonte, 1994.

Coronil, Fernando. "Transculturation and the Politics of Theory: Countering the Center, Cuban Counterpoint". Fernando Ortiz. *Cuban Counterpoint*. Durham: Duke University Press, 1995. ix-lvi

Cortazar, Augusto Raúl. *¿Qué es el Folklore?* Buenos Aires: Lajouane, 1954.

Cortés, Hernán. *Cartas de relación*. México: Porrúa, 1993.

Chomsky, Noam. *Necessary Illusions. Thought Control in Democratic Societies*. Boston: South End Press, 1989.

Dijk, Teun Van. *Communicating Racism, Ethnic Prejudice in Thought and Talk*. Newbury Park, CA: SAGE, 1987.

Dussel, Enrique. *1492 El encubrimiento del otro*. Bogotá: Antropos, 1992.

García Canclini, Nestor. *Culturas híbridas*. México: Grijalbo, 1990.

Gramsci, Antonio. *Letteratura e vita nazionale*. Torino: Editori Riuniti, 1977.

Guibert, Rita. *Seven Voices*. New York: Knopf, 1973.

Korten, David. *When Corporations Rule the World*. West Hartford/San Francisco: Kumarian Press, 1995.

Lyotard, Jean François. *La condición postmoderna*. Buenos Aires: Teorema, 1987.

Martin, Gerald. "Estudio General". Miguel Ángel Asturias. *Hombres de maíz*. Edición crítica. México y París: Fondo de Cultura Económica y Editions Klincksieck, 1981. xxi-ccxliv

_____ "Destinos: la novela y sus críticos". Miguel Ángel Asturias. *Hombres de maíz*. Edición crítica, Gerald Martin, ed. Madrid: Colección Archivos, ALLCA, 2da edición, 1996. 507-538

Mignolo, Walter. *The Darker Side of the Renaissance*. Ann Arbor: The University of Michigan Press, 1995.

Moraña, Mabel. "Ideología de la transculturación". *Ángel Rama y los estudios culturales*. Mabel Moraña, ed. Pittsburgh: Serie Críticas, 1997. 137-145.

Ortiz, Fernando. *Contrapunteo cubano del tabaco y el azúcar*. La Habana: Consejo Nacional de Cultura, 1963.

Prieto, René. "Tamizar tiempos antiguos: la originalidad estructural de *Hombres de maíz*". Miguel Ángel Asturias, 1996. 617-644.

Rama, Ángel. *Transculturación narrativa en América Latina*. México: Siglo XXI, 1982.

Schmidt, Friedhelm. "¿Literaturas heterogéneas o literatura de la transculturación?". *Nuevo Texto Crítico* VII, 14/15 (julio 1994-junio1995): 193-199.

Taussig, Michael. *The Devil and Commodity Fetishism in South America.* Chapel
Hill: The University of North Carolina Press, 1980.

III. Indigenismo y globalización: Debates actuales

# Indigenismo y globalización

Mabel Moraña
*University of Pittsburgh*

El tema de la globalización ha puesto sobre el tapete una nueva agenda para las ciencias sociales. Las transformaciones del fin de siglo cumplen y superan las predicciones de los profetas (Benjamin, Nietzche, Orwell, Kafka, Borges) que previeron la eclosión de un espacio babélico que vendría a reemplazar la racionalidad burguesa, nacionalista e ilustrada. Un profuso aparato metafórico que inaugura, quizá, la poética de la posmodernidad — "aldea global" (McLuhan), "sociedad informática" (Adam Schaff), "primera revolución mundial" (Alexander King), "sociedad amébica" (Kenichi Ohmae), "Disneylandia global" — viene a sustituir a las menos ambiciosas alegorías de la modernidad: Guerra Fría, Tercer Mundo, hombre nuevo, cortina de hierro.[1] Ante los cambios y las crisis que acompañan el fin del milenio, los cientistas sociales, en un lenguaje que parece propio de la ciencia ficción, se empeñan en describir el fenómeno de la integración, la velocidad de los cambios, la emergencia de nuevos sujetos, la vigencia de nuevas coordenadas espacio-temporales, como quien redescubre y recicla la teoría de la relatividad, con la esperanza de poder aplicarla al caos del presente para descubrir en él, cifradas, las premisas sistémicas que lo convertirán en "nuevo orden mundial". Nueva utopía que auspicia, como otras antes, la transformación de las relaciones de poder a nivel internacional, sin lograr determinar aún el alcance de su costo social, político, económico y cultural, sobre todo para las áreas marginadas y aún sujetas a la lógica neocolonial.[2]

En cualquier caso, la aceleración de los cambios que se han venido constatando en las dos últimas décadas ha obligado también a replantear, desde nuevos parámetros, el estatuto actual de las humanidades en tanto estudio de las formas representacionales a través de las cuales se elabora simbólicamente la relación del sujeto con su entorno y con las instituciones que regulan sus prácticas sociales y políticas.

Si entendemos la globalización como una forma de integración en gran escala —de mundialización— política, económica, cultural, propiciada fundamentalmente por los avances en la comunicación electrónica, los procesos de des y reterritorialización, el predominio de la racionalidad instrumental, el redimensionamiento de espacios y tiempos que se superponen, imbrican y desplazan, las fragmentaciones nacionales, el resurgimiento de los regionalismos y la redefinición de la función intelectual y tecnocrática, es fácil comprender cómo el proceso de transformaciones que nos abarca en este fin de siglo afectará no solamente las formas en que desarrollaremos nuestro trabajo en las próximas décadas, sino los objetivos mismos que el mismo deberá definir, de cara al nuevo siglo.

Para el caso de América Latina, cuya historia se ha definido como contrapartida de los colonialismos que la asediaron desde sus orígenes occidentales, la instancia de la globalización puede remedar otros desafíos que en su momento implicaron también la premisa de relaciones desiguales que amenazaban con subsumir la especificidad continental en sistemas mayores y exteriores a su ritmo de desarrollo interno y a sus condiciones de existencia sociocultural.

Ilustración, liberalismo, capitalismo, modernización, socialismo, fueron también modelos que diseñaron un horizonte utópico con la promesa de la superación de las condiciones de explotación, subdesarrollo, marginación y dependencia de América Latina. Desde esos horizontes, esa superación se efectuaría a partir de la inserción del continente en el espacio de la racionalidad eurocentrista que transnacionalizaba sus propuestas como modo de ampliar y solidificar su área de influencia económica, política y cultural en las antiguas colonias de ultramar.

Esos modelos, como el de globalización posmoderna (tomando aquí el término posmodernismo tan sólo como concepto de periodización), se apoyaron en narrativas que constituyeron, cada una en su momento, un discurso de legitimación política y de interpelación popular.[3] Tales narrativas tuvieron en común la premisa de un universalismo que se diseminó también en el estatuto de las disciplinas humanísticas y las ciencias sociales, y que constituyó, desde la emergencia de América a la vida independiente, un muro de resistencia contra el cual debió definirse, problemáticamente, la identidad latinoamericana.

¿Qué lugar mantuvieron, frente al universalismo de los grandes modelos, las problemáticas locales, regionales o nacionales de América Latina? ¿Qué formas de articulación se encontraron para vincular la lógica del universalismo eurocéntrico con las condiciones de existencia y desarrollo de una periferia marcada por el particularismo y la circunstancialidad neocolonial? ¿Qué noción de sujeto y de "agencia" o gestión colectiva derivó de estos procesos de conceptualización gestados a la luz de premisas teóricas surgidas para otras realidades económicas, políticas y culturales?

Las respuestas a estas preguntas, ya considerablemente exploradas en los estudios sobre modernidad latinoamericana, podrían servir de introducción a la problemática que aquí nos ocupa, aunque las coordenadas del fin de siglo radicalizan la tensión entre los polos que definen la dialéctica de la modernidad. Estas páginas intentan solamente servir de introducción al tema de las nuevas articulaciones que se están produciendo a nivel internacional, desde el horizonte de las que se advirtieron ya en América Latina principalmente en el período de la entreguerra, cuando la recepción del marxismo introdujo en el continente una nueva alternativa para pensar la cuestión nacional y la inserción de la problemática continental en el contexto discursivo del occidentalismo modernizador.[4]

El tema del universalismo —leído ahora en términos de globalización— adquiere nueva vigencia y renovadas connotaciones ideológicas en lo que tiene que ver directamente con la cuestión indigenista en la medida en que ésta se refiere a un sistema total de relaciones políticas, económicas y culturales desde las que puede emplazarse la totalidad mayor, nacional y continental, en todos sus niveles. Las condiciones para ese emplazamiento dependen, sin embargo, del modo en que se entienda, epistemológica e ideológicamente, el problema de la diversidad, es decir, la dialéctica entre localismo y occidentalismo o entre "diferencia" y universalismo, en el contexto de la globalidad.

En un diálogo tenso con formulaciones anteriores y contemporáneas (la ideología del mestizaje, la idea de raza cósmica, la teoría de la dependencia y, más recientemente, la teoría de la subalternidad) la problemática indigenista aparece como el intento por fundar un paradigma crítico-teórico desde el cual explorar las articulaciones existentes y posibles entre los discursos hegemónicos y dominados, reivindicando la preeminencia del particularismo étnico, económico y cultural frente a posturas críticas homogeneizantes y reductivistas, cuando no abiertamente reflejistas, verticalistas o conciliadoras, que uniformizan su campo de análisis colocándolo, por así decirlo, "en el punto ciego de la Teoría" (Larsen 132).

Definido en torno a las categorías de marginalidad, multiculturalismo, otredad, heterogeneidad y transculturación, entre otras, el indigenismo es un esfuerzo de diferenciación dentro de la totalidad, surgido históricamente como respuesta a los modelos de racionalidad iluminista y modernización, no como negación de la vigencia histórica de aquellos paradigmas, sino como indagación en las fomas posibles de negociación y resistencia que permitieran preservar dentro de aquellos marcos las identidades no dominantes, y potenciar sus proyectos de liberación ante los variados imperialismos — internacionales y nacionales— que las asediaron desde sus orígenes.

En sus múltiples formulaciones, y con resultados variables, el indigenismo desafía principalmente lo que Ianni llama "el emblema del Estado-nación" (13) y las nociones derivadas de identidad y sujeto nacional, poniendo el énfasis en los fenómenos de fragmentación, hibridez, migración, desterritorialización, etc., desestabilizando así los principios de cohesión, unicidad y consenso en que se apoya el discurso hegemónico y los procesos de institucionalización del poder en América Latina.

Los trabajos de Mariátegui constituyeron, en este sentido, la formalización más acabada de esta problemática elaborada por el autor peruano desde la perspectiva de lo que podríamos llamar el "universalismo relativo" de un marxismo gramsciano aplicado críticamente al particularismo del área cultural andina. Más recientemente, los estudios de Cornejo-Polar, especialmente sus nociones centrales de heterogeneidad y de totalidad contradictoria, así como las elaboraciones en torno a la noción de sujeto incluidas en *Escribir en el aire* y en artículos posteriores, ofrecieron también un fundamento sólido al análisis de problemáticas "horizontales" (el multiculturalismo andino, el problema del etnocentrismo, la "invención de tradiciones" tal como la entiende Eric Hobsbawm, el fenómeno de la migración), que se suman al enfoque marxista sobre el tema de la hegemonía y la lucha de clases. Estos estudios, al igual que los de Ángel Rama sobre transculturación y función del discurso letrado en la institucionalización cultural latinoamericana, más que apoyarse en la dicotomía entre nacionalismo y regionalismo, modernización y tradición, hegemonía y subalternidad, advierten la necesidad de diseñar lo que Jameson denomina "mapas cognitivos" como base para el estudio de los procesos, desplazamientos y mediaciones que caracterizan la inserción de problemáticas locales en las totalidades definidas a partir de los grandes discursos de la racionalidad occidental.

En muchos sentidos, todos estos trabajos nos acercan a la problemática de la globalidad, y llaman la atención tanto sobre los riesgos de caer en universalismos abstractos y homogeneizantes, como sobre el peligro de "autonomizar lo diferente" concediendo a lo vernáculo, indígena, marginal o subalterno un privilegio epistemológico sin más, imaginando así la etnicidad como un espacio autónomo y autolegitimado, ajeno a los procesos de integración y cambio que afectan ya a todos los niveles ideológicos y culturales.[5] En el mismo sentido, esta alternativa, que Amir Amin describiera como "eurocentrismo invertido", implicaría no sólo la caída en un fundamentalismo latinoamericanista de dudoso valor, sino asimismo la falacia de imaginar la existencia de un *locus* de enunciación — el de los *saberes locales* — que ante los riesgos del imperialismo teórico y cultural renunciara a sus propias posibilidades de universalidad.[6]

Ninguno de los teóricos antes mencionados consideró el espacio del indigenismo como un marco autónomo, fijo e invariable, sino que más bien elaboraron sus enfoques a propósito de los flujos, mediaciones e interdependencias que en la integración modernizadora, tanto como en la globalización que hoy nos ocupa, condicionan la existencia de subjetividades colectivas conflictivas y dinámicas, definidas por la tensión entre tradición y modernidad y no por la adhesión exclusiva a uno de esos espacios identitarios. Concibieron así al sujeto latinoamericano como el protagonista de microrrelatos que se inscriben en la totalidad latinoamericana y occidental de una manera dinámica, fruto precisamente de la "porosidad de los imaginarios" (Hopenhayn, 21) que caracteriza a la cultura continental desde sus orígenes. Ese sujeto es así esencialmente múltiple y "migrante", no sólo en el sentido acotado y preciso que describe Cornejo-Polar en sus últimos trabajos, sino también en el más amplio, epistemológico, desde el que se definen las coordenadas ideológicas y culturales que le aseguran una posicionalidad plural en el conocimiento y en la acción. Pero es justamente este tránsito entre espacios culturales, esa confluencia de tiempos históricos, proyectos y estrategias lo que constituye la plataforma desde la que se puede llegar a concebir la unidad desde la diferencia, como un espacio de negociación que se hace cargo tanto de los riesgos de la totalización imperialista como de los peligros de un fundamentalismo que se encierre dentro de sus propios parámetros.[7]

En un trabajo reciente sobre "Heterogeneidad cultural e historia en los *Siete ensayos* de Mariátegui", Françoise Perus se refirió justamente a la relación de tiempos históricos y culturales que se combinan en la creación del espacio cognoscitivo —del espacio político— en la obra del pensador peruano. Perus recordaba que los *Ensayos* se abren con una cita (en alemán) de *El caminante y su sombra* de Nietzsche (para algunos, ideólogo de la posmodernidad), y con una referencia al *Facundo* incluida en la "Advertencia" que precede a los ensayos, con las cuales se enfatiza el carácter inacabado e inacabable de esos escritos.[8] Como Perus señala, ambas referencias encuadran también el horizonte discursivo e ideológico desde el que se elabora la obra de Mariátegui, situada "en la intersección de dos 'espacios' culturales —el europeo u occidental, por un lado, y el latinoamericano, por el otro— [los cuales] van a propiciar constantes desplazamientos de ubicación y perspectiva" (250). Este "traspasar continuamente las fronteras" (250), este comparar y contrastar espacios, realidades, tradiciones, ilustra ejemplarmente, como nota Perus, el diálogo "tenso y conflictivo" (251) entre localismo y universalismo que caracteriza a la cultura latinoamericana desde sus orígenes coloniales.

Dentro del marco de la globalidad, esa tensión se acentúa notoriamente, aunque las nuevas articulaciones entre los espacios que se vinculan requiera también formas distintas de interpretación y análisis. La globalización no sólo incorpora elementos inéditos al tema de la integración cultural y la constitución de hegemonía a nivel internacional, sino que reelabora también, desde nuevos parámetros, la agenda que la modernidad había enfrentado en América Latina.

A nivel cultural, el fenómeno de la globalidad, como universalismo posmoderno, ha hecho suyas muchas de las premisas en las que se apoyó la reivindicación de las agendas regionales desde que los proyectos nacionales aparecieron como plataforma de lanzamiento para la homogeneización capitalista y el pluralismo liberal. Multiculturalismo, transculturación, heterogeneidad son, en efecto, procesos inherentes al fenómeno de globalización, aunque la institucionalización de esos principios dentro del marco de los actuales conflictos de poder a nivel internacional no ofrezcan, como bien ha anotado Larsen (132), ninguna garantía acerca de los efectos de su implementación para el caso de América Latina.

A nivel económico, la integración requiere también la incorporación de la diversidad, es decir, la apropiación de un conocimiento activo de la otredad que interactúa en los amplios espacios del mercado, la comunicación y la producción de bienes culturales. Como ha observado Ronald Robertson "el capitalismo global simultáneamente promueve y es condicionado por la homogeneidad cultural y por la heterogeneidad cultural. La producción y consolidación de la diferencia y la variedad es un ingrediente esencial del capitalismo contemporáneo que está, en todos los casos, crecientemente implicado en la múltiple variedad de micromercados (nacional, cultural, racial y étnico, de género, socialmente estratificado, y así sucesivamente). Al mismo tiempo, el micromercado tiene lugar en el contexto de las crecientes prácticas universales-globales" (citado por Ianni 170).

Los teóricos de la globalidad insisten en que "la globalización implica el problema de la diversidad"(Ianni 169) y en que "el contrapunto local y global, parte y todo, micro y macro" está en la base de la integración mundial, la

248 • Mabel Moraña

cual tiende a encontrar la reciprocidad entre los términos, que se constituyen recíprocamente, articulados armónica, tensa y contradictoriamente, implicando múltiples mediaciones" (Ianni 170).[9]  Sin embargo, siendo "la sociedad global [...] el escenario más amplio del desarrollo desigual, combinado y contradictorio" (Ianni 171) queda pendiente el problema de la construcción de hegemonía a nivel nacional e internacional, y el lugar que el dominado seguirá ocupando, con sus tradiciones, agendas y modalidades representacionales, dentro del amplio marco  de la mundialización posmoderna.[10]  Ante esta cuestión, muchos insisten en afirmar el progresivo descentramiento del poder ante la creciente dinámica de los márgenes, apostando a la emergencia de nuevos movimientos sociales (movimientos feministas, ecologistas, indígenas, campesinos, así como a la aparición de nuevas coaliciones y reagrupamientos partidistas).  Otros auguran la potenciación del gran marco de la democratización y los derechos humanos como síntoma y a la vez resultado de la transformación de las relaciones entre Estado y sociedad civil, transformación mediada por la reformulada función del intelectual como intérprete, mediador y gestor de los cambios que se van produciendo en el proceso de globalización.[11]  Otros, finalmente, claman por la constitución de nuevas utopías desde las cuales repensar política, social e ideológicamente el referente híbrido y conflictivo que conocemos como "América Latina" (que otros, como el líder aymara Takir Mamani, prefieren llamar *Abya-Yala,* que en el lenguaje de los Cunas significa "tierra madura", como conjuro de la colonización occidentalista (Albó 33).[12] De alguna forma, este llamado a la utopía recuerda, al menos en su gestualidad, el lugar que Mariátegui, siguiendo a Gramsci, concedía al mito como movilizador de la ideología nacional-popular. Salvo que la globalidad no puede aún definir, por su misma vacuidad ideológica, sus agentes de cambio o su marco político,  corriendo así el peligro de hacer de la utopía no un instrumento programático productivo sino un principio generador de falsa conciencia.

Junto a la gran promesa de una integración democratizadora en gran escala, la globalización introduce también formas inéditas de hegemonización del poder y el saber, y con ellas, nuevas modalidades de marginación, explotación de la otredad y colonización culturalista. Coincido con Larsen y Amin en el llamado de atención acerca de los peligros de realizar una equivalencia sin más entre universalismo como ideologema necesariamente imperialista y hegemónico y antiuniversalismo como principio emancipatorio y reivindicativo. La problemática indigenista deberá entonces redefinir sus condiciones de existencia y de negociación dentro de estos parámetros, tendiendo a la creación de un espacio identitario condicionado por la tensión entre esos polos sobre los que se armara el gran relato de la modernidad periférica. Sólo desde este espacio es que podrá realizarse la articulación de los saberes locales con respecto al poder, y determinarse el sistema de autorización y legitimación de las voces que se arroguen el derecho a la representación del subalterno. En esta disyuntiva ya definida en el contexto de la modernidad, el sujeto indígena deberá mantener su diferenciación con respecto al sujeto nacional, defendiendo la contingencia y el particularismo como plataformas de lucha para una integración reivindicativa, productiva e igualitaria con las formas de subjetividad colectiva, centrales y marginales, que se vayan gestando en el nuevo contexto de la globalidad, tan promisorio y amenazante como otros que América Latina ha enfrentado a lo largo de su desarrollo, y que hoy sólo podemos intuir y expresar a través de las metáforas fraguadas por la imaginación histórica.

NOTAS

[1] Las metáforas aludidas son algunas de las citadas por Ianni, que realiza una amplia caracterización del fenómeno de globalización y sus formas representacionales.

[2] Sobre las alternativas en la reformulación del trabajo y función del cientista social, ver Hopenhayn. Ianni también trabaja el tema, refiriéndose a la "globología" como disciplina referida a los estudios de las "estructuras y procesos del sistema-mundo", en reemplazo de la sociología, ciencia de los sistemas sociales (166).

[3] Sobre el concepto de posmodernismo adhiero aquí a la definición provista por Beverley y Oviedo que, interpretando a Jameson, indican: "postmodernism, in its most general sense, is a periodizing concept whose funtion is to correlate the emergence of new formal features in culture with the technological, economic, and social features of the new, transnational stage of capitalism" (Beverley y Oviedo 3).

[4] Aunque el posmodernismo cuestiona los llamados "metarrelatos de la modernidad" es posible establecer la continuidad de muchos debates y respuestas que se proyectan sobre la problemática actual. Ver al respecto Hopenhayn, que trabaja las propuestas de Lyotard y analiza las rupturas y prolongaciones de la temática de la modernidad. Según Ianni, "En sus líneas básicas, la teoría de la modernización del mundo puede ser vista como una versión más conspicua de la 'teoría' de la occidentalización del mundo." (69)

[5] Larsen hace referencia a estas formas de representación culturalista donde la cultura es concebida como un reducto *anterior* al significado, al interior del cual "the indigenous subject is still revalorized in a strictly cultural, ethnographic sense" (Larsen 136). Refiriéndose a lo que quizá podría ser considerado "a new (postmodern?) trend within indigenism (one no doubt unsuspected by Mariátegui)" donde la figura indígena [Guamán Poma, Rigoberta Menchú] funciona como emblema de resistencia cultural pero también como emblema de un anticolonialismo/antiimperialismo que va más allá de los límites de lo cultural, Larsen señala: "The old, Eurocentrist idol of the 'noble' — or, alternately, 'evil'-'savage' is smashed, but in its place there is inserted a no less culturalist representation: the indigene as circumscribed by the affirmation of his or her own ethnicity and only within this ethnografic frame as the emblem of universal social and political meanings" (Larsen 136-137).

[6] Abaza y Stauth indican que "aquellos que piden autenticidad por la 'indigenización' [de las ciencias sociales] pueden no estar aún conscientes de que el saber local, sobre el cual quieren construir una alternativa, es desde hace mucho tiempo parte de las estructuras globales; o de que desempeñan una parte del papel de la cultura global que también pide la 'esencia' de la verdad local" (cit.por Ianni 169). En un sentido similar, Beverley, interpretando a Lyotard, señala que según este autor "no hay otro espacio sino el espacio de la globalización y sus instituciones, no hay un lugar afuera desde el cual se pueda construir una oposición" (Beverley 470). Aunque ambas observaciones aciertan al enfatizar las interacciones entre globalidad y localismo, el tema de la resistencia *desde adentro* del estado burgués, noción tan debatida en la

América Latina contemporánea, merece una elaboración más profunda, por sus connotaciones político-ideológicas.

[7] Calderón indica, refiriéndose a la mezcla de temporalidades que constituye la identidad latinoamericana, que "we live in incomplete and mixed times of premodernity, modernity, and postmodernity, each of these linked historically in turn with corresponding cultures that are, or were, epicenters of power. That is why our cultural temporalities are, in addition to incomplete and mixed, dependent" (55).

[8] Perus advierte que en ningún caso la cita de Sarmiento implica una aceptación por parte de Mariátegui de los polémicos principios ideológicos del argentino, sino que se trata de "una continuidad temática y formal que descansa, en primer lugar, en la continuidad de un movimiento histórico que apunta a la configuración de una nación moderna, y más allá de éste, en una tradición de análisis que se remonta hasta las crónicas de Indias" (Perus 252).

[9] Beverley y Oviedo indican que "globalization of capital and communications does not mean homogeneization: if anything, it tends to aggravate the normal capitalist dynamics of combined and uneven development [...] producing, as in the earlier moment of Lenin's *Imperialism*, the welter of conflicting national, ethnic, and regional particularisms that is the stuff of the international news these days" (4).

[10] Respecto al tema de la hegemonía en el contexto de la globalidad, Ianni indica: "En el ámbito del sistema mundial, se plantea también el problema de la hegemonía, es decir, del Estado-nación más fuerte e influyente que monopoliza técnicas de poder y que ofrece o impone directrices a los otros"(53). El autor se refiere al tema de la hegemonía y la soberanía como centrales al análisis sistémico, así como también a los conceptos de occidentalismo y capitalismo, modernización y evolución, integración y diferenciación, como esenciales para la definición del sistema mundial en tanto "totalidad problemática, pero tendiente a la integración" (55). Es interesante, en este sentido, el contacto de esta elaboración con la idea de "totalidad contradictoria" acuñada por Cornejo-Polar y desarrollada a lo largo de toda su obra crítica.

[11] Se ha indicado así, por ejemplo, respecto al futuro que abre la globalización, que "la tarea política primordial del *global village* consiste, por ende, en someter a las tres entidades [empresas transnacionales, Estados capitalistas nacionales y proto-Estado mundial burgués] a un profundo proceso de democratización que logre devolver la soberanía política a las mayorías" (Chomsky y Dieterich 164). Dentro de ese proceso de democratización es que se prevee, optimistamente, una nueva forma de universalismo para el siglo que viene: "En términos filosóficos, el universalismo del mito y de la magia de la aurora humana es sustituido por el universalismo de la ley de la naturaleza en la ilustración y la revolución industrial —y convertido con astucia malévola por el capital en razón instrumental— para convertirse en el siglo XXI en la dinámica del universalismo de los derechos humanos" (Chomsky y Dieterich 165).

[12] Hopenhayn cierra su libro *Ni apocalípticos ni integrados. Aventuras de la modernidad en América Latina* respondiendo a su propia pregunta: "¿Qué queda, como sentido y como contenido de la utopía para la periferia latinoamericana?", con un llamado a una nueva utopía del mestizaje: "Una veta que no es nueva pero sí es muy nuestra, sería asumir un mestizaje capaz de *negar la negación del otro*, y abrir el caudal reprimido de riqueza intercultural inscrito en nuestra historia. [...] Entre la literatura, el paisaje, la cultura, la racionalización parcial de la vida y cierto sueño de concertación democrática todavía puede —y debe— producirse utopía. Utopía para releer la crisis y utopía para fisurarla. Utopía para poblar de sentido lo que la racionalidad administrativa [...] ha previamente despoblado. Utopía que no sea necesariamente universalista, racionalista, occidentalista. Pero que tampoco se reduzca a un purismo bucólico que en muy poco refleja la heterogeneidad de nuestro continente. Utopía

que reduzca mezclando, y que luego potencie mezclando. Utopía que recombine la escasez del presente para sugerir la plenitud del futuro" (280-281).

BIBLIOGRAFÍA CITADA

Abaza, Mona y Georg Stauth. "Occidental Reason, Orientalism, Islamic Fundamentalism: A Critique". *Globalization, Knowledge, and Society.* Martin Albrow y Elizabeth King, eds. Londres: Sage Publications., 1990. 3-13.

Albó, Xavier. "Our Identity Starting from Pluralism in the Base". *The Postmodern Debate in Latin America.* John Beverley y José Oviedo, eds. *boundary 2.* Special Issue 20, 3 (Fall 1993): 18-33.

Amin, Samir. *Eurocentrism.* Trad. Russell Moore. New York: Monthly Review Press, 1989.

Beverley, John. "Sobre la situación actual de los estudios culturales". *Asedios a la heterogeneidad cultural. Libro de homenaje a Antonio Cornejo-Polar.* José Antonio Mazzotti y U. Juan Zevallos Aguilar, coordinadores. Ann Arbor, MI: Asociación Internacional de Peruanistas, 1996. 451-474.

_____ y José Oviedo. "Introduction". *The Postmodern Debate in Latin America.* John Beverley y José Oviedo, eds. *boundary 2.* Special Issue 20, 3 (Fall 1993): 1-17.

Calderón, Fernando. "Latin American Identity and Mixed Temporalities: or, How to Be Postmodern and Indian at the Same Time". *The Postmodern Debate in Latin America.* John Beverley y José Oviedo, eds. *boundary 2.* Special Issue. 20, 3 (Fall 1993): 55-64.

Cornejo-Polar, Antonio. *Escribir en el aire. Ensayo sobre la heterogeneidad socio-cultural en las literaturas andinas.* Lima: Ed. Horizonte, 1994.

_____ "Una heterogeneidad no dialéctica: sujeto y discurso migrante en el Perú moderno". *Revista Iberoamericana.* Número especial: *Crítica cultural y teoría literaria latinoamericanas.* 176/177 (Julio-Diciembre 1996): 837-844.

Chomsky, Noam y Heinz Dieterich. *La sociedad global. Educación, mercado y democracia.* Intr. Luis Javier Garrido. México: Ed. Joaquín Mortiz, 1995.

Hobsbawm, Eric. "Introduction: Inventing Traditions". *The Invention of Tradition.* Eric Hobsbawm y Terence Ranger, eds. New York: Cambridge University Press, 1983. 1-1.

Hopenhayn, Martín. *Ni apocalípticos ni integrados. Aventuras de la modernidad en América Latina.* Santiago, Chile: Fondo de Cultura Económica, 1994.

Ianni, Octavio. *Teorías de la globalización.* México: Siglo XXI, 1996.

Lyotard, François. *La condición postmoderna.* Trad. Mariano Antolín Rato, Madrid: Ed. Cátedra, 2a. ed. 1986.

Larsen, Neil. "Indigenism, Cultural Nationalism, and Universality". *Reading North by South. On Latin American Literature, Culture, and Politics.* Minneapolis/London: University of Minnesota Press, 1995. 132-139.

Mariátegui, José Carlos. *Siete ensayos de interpretación de la realidad peruana.* Lima: Empresa Editora Amauta, 1981.

252 • Mabel Moraña

Perus, Françoise. "Heterogeneidad cultural e historia en los *Siete ensayos* de José Carlos Mariátegui (de Sarmiento a Mariátegui)". *Asedios a la heterogeneidad cultural. Libro de homenaje a Antonio Cornejo-Polar.* José Antonio Mazzotti y U. Juan Zevallos Aguilar, coordinadores. Ann Arbor, MI: Asociación Internacional de Peruanistas, 1996. 249-258.

Rama, Ángel. *La ciudad letrada.* Hanover, NH: Ediciones del Norte, 1984.

\_\_\_\_\_ *Transculturación narrativa en América Latina.* México: Siglo XXI, 1982.

Robertson, Roland. *Globalization (Social Theory and Global Culture).* Londres: Sage Publications, 1992.

# Heterogeneidad migrante y crisis del modelo radial de cultura*

Raúl Bueno
*Dartmouth College*
*Universidad de San Marcos*

A la memoria de Antonio Cornejo-Polar,
a la flama constante de su pensamiento.

0.

Voy a ofrecer una lectura algo distinta de los hechos que se conocen bajo el nombre de migración masiva del campo a la ciudad. Apunto a destacar un modelo alternativo de cultura, que ya cuaja en América Latina a contrapelo del que se impuso olímpicamente en el área desde tiempos de la conquista. Dicho ya sin dilaciones, este ensayo sostiene que el modelo civilizador que había prevalecido en el Perú y en el resto de América Latina desde la instalación de la colonia, en el que la ciudad proyecta orden y cultura en el campo, ha sido puesto en abierto entredicho por un modelo inverso, a partir de la segunda mitad del siglo XX, en que el campo y el interior de las naciones vuelcan su compleja heterogeneidad en las ciudades y las redefinen en términos de cultura y aun de organización social y política.

Para elucidar esa dinámica acudo aquí a ciertas nociones fundacionales de los estudios culturales latinoamericanos, como la oposición de Martí entre el hombre "natural" y "libresco" (1891), la de Basadre entre el "país profundo" y la conformación del Estado (1947) y la de Rama entre la "ciudad letrada" y las extensiones a las que subyuga (1984), que no sólo se aproximan lúcidamente al apartado cultural de los hechos en referencia, sino que hasta perfilan soluciones a su honda problemática social. Revisarlas confiere también una perspectiva histórica a algunas evaluaciones circulantes del fenómeno, como la de Matos Mar sobre el desborde popular (1984), la de Soto sobre el "otro sendero" (1990) y la de García Canclini sobre las "culturas híbridas" (1990).

Acudo también, ciertamente, a la noción de heterogeneidad de Antonio Cornejo-Polar, de la que en otro lugar dije que es uno de los más poderosos recursos conceptuales con que América Latina se interpreta a sí misma (1996). No podía ser de otra manera, pues en cualquiera de los casos enunciados en el párrafo anterior lo que está en juego es una heterogeneidad conflictiva de base, que opone entre sí a los actores de la dominación tanto como a los sujetos que los definen: occidental y no occidental, colonizador y colonizado, de ciudad y de campo, de escritura y de oralidad ... Más aún, está en juego un desplazamiento masivo de esa compleja heterogeneidad (no sólo de las muchedumbres que la comprenden) desde las periferias hacia los centros, desde los trasfondos hacia los primeros planos, de modo tal que lo que estaba diluido y distante (las muchas alteridades que rodeaban a los centros de poder colonial como capas de una difusa cebolla —Bueno, "La ciudades de Rama") se adensa y hace ostensible en los propios ejes del poder y ante los aparatos de Estado. Hablo, en suma, de una compresión de diferencias socioculturales que niega el centrífugo impulso homogeneizante del pasado y lleva a un punto crítico las tensiones de la heterogeneidad.

Igualmente se tiene acá muy en cuenta el pensamiento de Cornejo-Polar sobre el sujeto migrante y la índole de sus discursos (1995, 1996). Pero no para repetirlo mecánicamente (cosa que él no habría tolerado), sino para proponerle un par de ampliaciones que, creo, caben en el marco general de su reflexión y enriquecen tanto la condición del sujeto migrante como el carácter y la extensión de sus discursos.

1. Sujeto migrante: colectivo, performativo y heterogeneizante

La noción de sujeto migrante venía rondándole a Antonio Cornejo-Polar desde *Escribir en el aire* (1994), pero cristaliza en los dos últimos ensayos que alcanzó a ver publicados (1995, 1996). En ambos —aunque de modo más elaborado en el segundo— apunta a una caracterización circunstancial del sujeto migrante: la fenomenología de su discurso y la posición desde la que habla. Explica que el discurso del migrante es descentrado y asimétrico, porque se articula en dos o más ejes culturales, y es, por lo tanto, contradictorio, aunque de un modo no dialéctico ("Una heterogeneidad" 841). Ocurre así porque el sujeto migrante habla desde dos o más lugares y comunica experiencias distintas —desgarramiento y nostalgia, por un lado, pero también triunfo, por otro. Cornejo-Polar, "Una heterogeneidad (839ss) que no se contradicen. Suerte de dialogismo y aun de polifonía de un solo hablante (843).

Dos cuestiones parecen limitar esa reflexión, ya de por sí rica y enriquecedora. La primera tiene que ver con una disposición individualizadora del sujeto migrante; la segunda, con una circunscripción de los discursos del migrante a lo meramente lingüístico y aun a lo exclusivamente literario. Aunque el ensayo de 1995 reconoce la condición social del sujeto migrante, sus ejemplificaciones (ahí como en los otros trabajos en que el autor desarrolla esa categoría) tienden a poner el énfasis en individuos y sus particulares —y hasta privadas— situaciones enunciativas: el Inca Garcilaso, Guamán Poma, Arguedas y aun el propio autor, según declara en uno de sus raros textos confesionales: "[...] desde que el azar me puso por algunos años en el Primer Mundo lo mejor que he descubierto es que yo también soy irremediablemente (¿y felizmente?) un confuso y entreverado hombre heterogéneo" (Cornejo, *Escribir en el aire* 24). En cuanto a los alcances semióticos de su teoría es de observarse que ella se empeña en los niveles propiamente verbales del discurso migratorio, esto es los textos líricos, narrativos o testimoniales que de un lado u otro refieren a la migración, y no acude de modo consistente a la miríada de signos no verbales (índices, señales, gestos, actos, usos, costumbres, ritos, etc.) que acarrea directa y caudalosamente el fenómeno mismo de la migración.

Entonces propongo, en primer lugar, enfatizar la condición plural del sujeto migrante que nos ocupa. Lo que implica entender el fenómeno de la migración del campo a la ciudad como producido por un sujeto esencialmente colectivo, que "habla" como grupo, incluso cuando lo hace a través de individuos, para expresar problemas y esperanzas afines u homologables. Propongo, en segundo lugar, poner el énfasis en la noción amplia de discurso (signos y actos expresivos y comunicacionales que trascienden lo meramente lingüístico), para caracterizar al sujeto migrante como un sujeto performativo, capaz de representar por sí mismo, incluso sin necesidad de mediaciones literarias, su propia problemática y las salidas que para ella, o partes de ella, imagina y plasma. Hablo de un sujeto que realiza la "performance"[1] de su vida, que en una especie de pacto implícito realiza sistemática y ritualmente una serie de acciones de trascendencia grupal, revestidas de símbolos religiosos, clánicos y patrióticos, como migrar, desbordar, invadir, fundar, urbanizar y repoblar. Se trata de un sujeto cuya sola presencia significa estados y necesidades, y cuyos actos sumados articulan una poderosa narrativa, hoy por hoy inesquivable en Nuestra América. En efecto, esa masa migrante también "habla" con sus cuerpos, desplazamientos, acciones, posiciones y posesiones. Maneja su situación espacio-temporal para enunciar carencias, necesidades, reclamos, conquistas, acciones, reacciones, etc. Desde esta perspectiva, la migración masiva del campo a las ciudades puede leerse ya como un amplio discurso del hacer, en que el cuerpo masivo termina por urdir un lenguaje enérgico y desafiante (que, claro, induce las acciones represivas de quienes se sienten cercados, amenazados y desterritorializados por ese significativo hacer).

Propongo también entender al sujeto migrante no sólo como heterogéneo sino como heterogeneizante, porque impulsa las distintas heterogeneidades periféricas hacia los centros de América Latina, donde, adensadas, se encargan ellas de destacar la heterogeneidad de más bulto: la que opone las culturas aborígenes e indomestizas a las culturas occidental y occidentalizadas. Es decir, porque pone de relieve los extremos y el amplio espectro de tensiones de la heterogeneidad, y trae al canto un inequívoco argumento de cambio político y social.

2. Crisis del modelo radial de cultura

En el Perú como el resto de América Latina se impuso desde la conquista un modelo radial y radiante de cultura (Bueno, "Las ciudades"), cuyo proyecto básico era la progresiva occidentalización de las naciones. A ese proyecto — y a la concentración de poder— obedecía obviamente la fundación de ciudades por parte de los conquistadores españoles. La ciudad era entonces —y en muchos aspectos todavía lo es— el centro necesario desde donde se radiaba todo intento de cristianización, castellanización, alfabetización, sanitarización, etc., y el lugar donde se emitía la ley y se iniciaba y delegaba el poder. Fue también, durante la época de las primeras repúblicas, el lugar donde se fraguaban los proyectos para convertir el campo en un espacio económico y políticamente útil para las ciudades, so pretexto de exigirlo así la prosperidad de las naciones.[2] Esa ciudad-centro, o eje, o modelo, es en cierto modo la que Ángel Rama estudiara bajo el nombre de ciudad letrada (1984).[3] Las cosas se mantuvieron así hasta los años cincuenta y sesenta del presente siglo, en que fuertes migraciones del campo a la ciudad impidieron a los centros metropolitanos la inmediata absorción (aculturación) de los nuevos sujetos, abandonando parcialmente, hasta hoy, amplios sectores metropolitanos al cultivo de los registros culturales del migrante indígena o "indomestizo".[4] Se puede decir entonces que el modelo radial de cultura viene siendo contrarrestado y en muchos aspectos sustituido por un modelo opuesto, centrípeto y recivilizador, según el cual las ciudades, esto es los centros, acusan el impacto del interior y de las culturas no occidentales de la nación,[5] revisan su rol de bastiones de occidentalización y, queriéndolo o no, se convierten en lugar de encuentro y promoción de los múltiples componentes del llamado país natural.

En lo que sigue voy a esbozar la narrativa de esta especie de reversión culturizadora que, según veremos, tiene los signos de una reconquista. Se trata de una historia ostensible, que en el Perú ha merecido la atención de científicos sociales como José María Arguedas (*Formación*), José Matos Mar (*Desborde popular*), Rodrigo Montoya (*La cultura*), o Hernando de Soto (*El otro sendero*), a la que aquí le estamos sumando un interpretante de orden reivindicador, que busca argumentar como un fenómeno culturalmente positivo (para el país entero, para la nacionalidad) lo que la cultura criolla entiende como un desastre.

3. LA NACIÓN ACORRALADA RESISTE

> [...] un gran pueblo, oprimido por el desprecio social,
> la dominación política y la explotación económica [...]
> se había convertido en una nación acorralada [...]
> J.M. Arguedas ("No soy un aculturado" 71)

El estado actual de ese vasto fenómeno histórico tiene su inicio en el relativo fracaso del proyecto civilizador que acá he llamado modelo radial de cultura. Las ciudades españolas de América, en efecto, nunca lograron la cabal occidentalización de sus áreas de dominio, porque se toparon con la resistencia del llamado país natural.[6] Esta noción tiene filiación martiana (*Nuestra América* 28) y refiere al interior de las naciones, a los ambientes rural y autóctono de nuestras patrias. José Martí, en efecto, hablaba del "hombre natural" para referirse al hombre del campo, al indígena o "mestizo autóctono", al poblador de los pequeños villorrios de las naciones de América Latina, y oponerlo al "hombre artificial" y libresco, producto y paladín de las ciudades. También hablaba del "pueblo natural" y de la "nación natural" ("tempestuosa o inerte") para referirse a las zonas del país que ante las presiones de la ciudad y el poder central responden con la violencia instintiva o la improductiva inercia (30). Así, con esa resistencia del país natural, la ciudad colonial resultó rodeada de anillos de occidentalización cada vez más atenuados, en que, como ha sido observado (Rama 44-46), los mestizos y mulatos ocupaban los primeros niveles de lo que ya era una periferia, y los perseguidos por la justicia, los indios rebeldes y los negros cimarrones los últimos. Más allá se ubicaba el espacio del enteramente "otro", habitante de una suerte de *terra incognita,* hasta donde la civilización occidental no había llegado sino como una vaga noticia.

Esta gradación exocéntrica es la que buscó disolver Sarmiento (1845) en su país, expandiendo programáticamente la civilización central hacia los distintos niveles de lo que él llamaba una extensa barbarie. El modelo funcionó con relativo éxito no sólo en la Argentina, sino en todos los países de América Latina empeñados en su modernización. En ese esfuerzo la educación rural, el servicio militar obligatorio, la conscripción vial, el fomento a la inmigración selectiva y no pocos programas de descentralización resultaron ser factores de importancia, sin contar el despojo de tierras, el desalojo, o la cacería de indios. Así fueron adelgazadas las diversas periferias y se avanzó hacia una homogeneidad relativa —hispanoparlante, cristiana, capitalista, escrituraria— de manera muy visible en los países del cono sur.

Ese modelo radial y civilizador se sentía irresistible e inexorable. Prueba de ello está en que bien entrado el siglo XX, en pleno fervor del proyecto modernizador peruano, un espíritu sensible a la nota provinciana y al color local, como era Abraham Valdelomar, entendiera la nación en los términos de la cultura criolla dominante por él representada. Entonces, a despecho del masivo país natural que emitía signos culturales de otra índole, él se obstinaba autoritariamente en entender el país entero según los registros de la ciudad (Lima) que concedía y legitimaba orden, contenidos, valores, formas y signos en escala descendente. Así produjo un enunciado en apariencia intrascendente, que ha quedado apenas como una "boutade" egocéntrica propia de la hora, en que podemos leer el afán del autor de promover al círculo que él frecuentaba (y promoverse a sí mismo, en tanto que elemento conspicuo de ese círculo) como ideal homogeneizador de la nación peruana: "El Perú [decía] es Lima; Lima es el Jirón de la Unión; el Jirón de la Unión es el Palais Concert; luego el Perú es el Palais Concert" (Sánchez 171).[7]

Pensando en el caso Valdelomar uno no puede menos que preguntarse: ¿cómo se explica una estética nativista y provinciana afincada en el centro? Para responder a esta pregunta convendría ampliar la idea de Lauer sobre el "indigenismo-2"[8] y aplicarla a los distintos posmodernismos del área andina (incluida su vanguardia nativista): dice que el indigenismo no sólo *no* fue un movimiento del indio mismo, como señalara Mariátegui, sino que "tampoco iba hacia él" (*Andes imaginarios* 49); iba hacia una ampliación y una redefinición de la cultura criolla, mediante la incorporación de "un tema de su periferia" (102). Cierto, la cultura criolla se redefine periódicamente dependiendo de las circunstancias históricas; en especial, de la presión de las distintas periferias, que es algo que veremos con singular interés más adelante.

La avanzada civilizadora, como sabemos, no cambió el grueso del área andina, sino ciertos sectores; y en éstos no logró remover significativamente los fondos aborígenes, sino las formas de expresión. Así se produjo lo que se ha dado en llamar sincretismo, que en el fondo es una transacción táctica, de orden semiótico, que reformula partes del lenguaje cultural, pero no mucho los contenidos de base, a los que se trata de preservar a toda costa. También llamado transculturación, el sincretismo ha sido explicado como parte de la resistencia cultural y como estrategia de supervivencia del país natural. Las culturas, en efecto, se resisten a morir, aún cuando se encuentren muy debilitadas, y para salvarse son capaces de desprenderse de alguna parte — en apariencia suculenta, aunque no siempre esencial— de su naturaleza. En otras palabras, si la alternativa a morir es cambiar, entonces se cambia lo aparente como estrategia de preservación de lo inmanente y sustancial.

Entre nosotros el país natural de base, esto es la cultura indígena, ha sobrevivido. Ha aceptado, claro, como ha sido bien visto por Arguedas (*Formación de una*), y luego por Ángel Rama en su lectura de Arguedas (*Transculturación*), la occidentalización y la modernización en tanto que recursos de vida, pero sin alienar sus valores fundamentales. Al respecto escribe Arguedas: "[l]a vitalidad de la cultura prehispánica ha quedado comprobada en su capacidad de cambio, de asimilación de elementos ajenos [...] pero ha permanecido, a través de tantos cambios importantes, *distinta* de la occidental" (*Formación de una*, 2 énfasis en el original). Y Rama: "Se puede concluir que hay [...] un fortalecimiento de las que podemos llamar culturas interiores del continente, no en la medida en que se atrincheran rígidamente en sus tradiciones, sino en la medida en que se transculturan *sin renunciar al alma*, como habría dicho Arguedas" (*Transculturación* 71, énfasis mío). El país natural resistió y resiste, pues, la aculturación. Era como si se guardara la ocasión (el tiempo de la diversidad y la tolerancia) para poder expresar sin contenciones su verdadera índole cultural.

En el país interior la resistencia, aunque ejercida en todos los frentes, desde el lingüístico hasta el religioso, no siempre tuvo el éxito que el colonizado juzgara deseable. Y así es como gruesos sectores de la sierra peruana, según ha sido ampliamente señalado por la crítica cultural, se han casi rendido a las fuerzas de la occidentalización, y en algunos casos se han castellanizado al punto de olvidar las lenguas aborígenes, y con ellas mucho de la riqueza cultural indígena. Pero aún así perviven sumergidos no pocos de sus valores, quizá los esenciales, que han sido juzgados por Rama como pertenecientes a una ética superior.

En el resto del país la resistencia fue más afortunada, de ahí que entre las naciones criolla y nativa exista, hoy en día, una densa profusión de culturas mestizas y formas de transculturación que no existirían si la nación nativa se hubiera entregado sin reservas a la cultura dominante. Lo que significa decir que el espectro de heterogeneidades se enriquece paradójicamente en el juego de tensiones y negociaciones planteadas por la occidentalización y la resistencia. Y así es como en la ciudad letrada esa profusión cultural y la resistencia que la genera y la diversifica repercuten inequívocamente en ciertas expresiones culturales de bastidor criollo, pero de espíritu alterizante, como

los regionalismos, los indigenismos, el negrismo, el cholismo,[9] el palo-
brasilismo[10] y otras manifestaciones similares. Todas ellas son como las puntas
de iceberg de una constelación cultural tan activa y fuerte que logra marcar
sus signos en las expresiones conspicuas del bastión occidentalizador.
En suma, en estas tierras la resistencia a la occidentalización desculturante
es tan antigua como la conquista. Con distintos recursos —el sincretismo
cultural es sólo una de sus formas más efectivas— el país natural ha luchado
siempre por defender sus valores. Y ha cuestionado la homogenización desde
el inicio del choque cultural hasta el momento presente, en que las periferias
han salido de su adormecimiento táctico a cumplir un rol más activo y, como
veremos luego, más amenazante para el poder y la cultura centrales.

**4.** EL PAÍS NATURAL RECONQUISTA EL CENTRO (O DESPLAZAMIENTO HACIA EL CENTRO DE
LA HETEROGENEIDAD DE BASE)

> [...] se podía ver, tocar, concentrado, el problema de
> las migraciones campesinas hacia la capital, que en
> ese decenio duplicaron la población de Lima e hicieron
> brotar, sobre los cerros, los arenales, los muladares,
> ese cerco de barriadas [...]
> Mario Vargas Llosa (433)

Al final de *La tía Julia y el escribidor* el narrador, Varguitas, constata —no
sin cierta lamentación— los cambios que venían ocurriendo en la Lima de
entonces por la zona de la Biblioteca Nacional: las aceras de la avenida
Abancay habían sido tomadas por una gente oscura e incivil, "con ponchos y
polleras serranas", que prefería hablar en lengua indígena y se dedicaba a la
fritanga y la venta callejeras. Eran los inicios de los sesentas y la ciudad
criolla y señorial había comenzado a ser tomada intensamente por las puntas
de lanza del país natural, que sentaba sus reales en los espacios abiertos,
calles y plazas, mediante una de sus manifestaciones más destacadas: la
feria vernácula, la de manta en el suelo, mercadería portátil, norma no escrita
y licencia no solicitada. En otros términos, frente al monumento más
conspicuo de la ciudad letrada (la biblioteca, el museo, la universidad, la
catedral, o el palacio de gobierno) se erige una ciudad distinta, básicamente
oral, hecha de acuerdos verbales y de transgresiones a la norma impresa. Es
decir, una "ciudad oral", como la he llamado en otro lugar (Bueno, "Las
ciudades"), no necesariamente analfabeta, sino basada en una formalidad
ajena a la escritura, y por lo tanto ajena a la oficina, el documento, el sello, la
firma y el papel oficiales.
Durante los cincuentas y sesentas la ciudad oral crece hasta saturar y
desbordar los límites habitables de la tradicional ciudad escrituraria. En el
Perú la ciudad oral recibe pronto el impulso de las masas desplazadas por la
reforma agraria: ésta libera al indígena de la tiranía neo-encomendera del
hacendado y acentúa los procesos de migración durante el gobierno de Velasco
Alvarado. Se hace entonces visible otra forma de toma del centro. Esta vez se

trata de cercarlo, como testifica Vargas Llosa en su texto del epígrafe, y como seguirán testificando, no sin congoja, algunos de sus cofrades ideológicos (Pásara). Y se trata de re-fundarlo, de modo que alcance a la cada vez más creciente migración de la oralidad, para que se vuelva menos excluyente y, desde la perspectiva del migrante, más humano. Entonces surge la invasión como recurso; y la barriada, esto es, la ciudad popular, como su resultado. Visto de otro modo, lo que había sido papel de las avanzadas occidentales durante la conquista, hablo de fundar ciudades, hacer trazas, distribuir lotes, tomar posesión, etc., de pronto se convierte en el rol necesario de las avanzadas del campo y la oralidad. Los signos son los mismos, incluido un lenguaje que habla de pioneros y fundadores, pero la dirección es contraria. Se puede decir que el impulso ahora es el de una *reconquista*, que no sólo toma y ocupa el centro de un poder que le había sido inamistoso y adverso, sino que levanta en torno gigantescos campamentos, que después serán ciudades, como para asegurarse que esa toma y aquella reconquista no sean una mera ilusión, ni una etapa fugitiva en un largo proceso de desventuras.

En esa reconquista del centro no propongo ver necesariamente un afán revanchista (después de todo la memoria colectiva ha perdido acá algunos referentes), sino la respuesta angustiosa a una necesidad primaria: la de supervivencia. Era claro que la opresión y la explotación estaban reduciendo el país natural, especialmente su componente más vasto, el indígena, a una humanidad menguante, indigente y desvalida, objeto inmerecido de rechazo y desprecio. Entonces la migración y la subsiguiente fundación de centros alternativos constituyen una estrategia que hace visible el país natural y lo aproxima hacia los centros del poder político y económico. Era una manera de denuncia, a la vez que una solución tentativa al problema.[11] Después de todo, los nuevos citadinos se cuentan por millares: son toda una humanidad en movimiento que se ha impuesto un rol constructivo y una esperanza de futuro. Hay allí, en el arenal que rodea a la ciudad, la promesa de un mañana distinto, humanizado y humanizador. Al respecto se ha visto cómo la narrativa oficial urbana de los años de la ocupación se permea de esa voluntad visionaria y constructiva del migrante, que ofrece una "alternativa autóctona moderna a lo autóctono tradicional", y produce novelas de títulos "elocuentes: *La tierra prometida*,[12] *Panorama hacia el Alba*,[13] *Veinte casas en el cielo*,[14] *Una piel de serpiente* [es decir renovable]"[15] (Lauer, *Andes imaginarios* 22).

Volviendo a nuestros términos, podemos decir que la gradación cultural exocéntrica, similar a las capas de una cebolla, se ha vuelto a romper. Pero esta vez ya no por el impulso sarmientino que buscaba llevar la civilización del centro a la nación agreste y salvaje, sino por un impulso contrario, que lleva el país natural hacia el centro, y lo redefine con los signos de la alteridad y la pluralidad. Y los actores de esa ruptura del modelo ya no son los funcionarios de peluca y levita, o sus representantes de sable y charretera (como Lucio Mansilla en la Argentina, enviado por el presidente Sarmiento a negociar los límites de la nación con los indios ranqueles), sino los indígenas, los provincianos, los campesinos, los proletarios y otros periféricos, quienes renuncian al rol de sujetos pasivos que les había conferido la historia para adoptar el papel de *sujetos operadores* de su propia historia. Lo que puede ser visto como que el país natural comienza a apropiarse del estado (todavía central y criollo) en un movimiento contrario al anterior, en que el estado criollo buscaba apropiarse del país natural, que es algo que ha quedado simbolizado por la poesía neoclásica de Andrés Bello, o la modernista de Rubén Darío, José Santos Chocano y Julio Herrera y Reissig. Se está cumpliendo así lo que varios entienden como el asalto a la modernidad por los marginales, cuyas formas más visibles serían la informalidad, el otro sendero y ahora el poder económico de los sectores emergentes de la migración, como la zona limeña de Gamarra.

5. El cambio en la noción de Nación

> [Una] presión de mayorías sobre la estructura del Estado.
>
> José Matos Mar (*Desborde popular* 19)

A lo largo de este ensayo he querido usar a menudo la expresión "país profundo" de Jorge Basadre en lugar de "país natural" que, como hemos visto, no deja de plantear ciertos problemas de sentido. Pero ocurre que el historiador peruano reserva su concepto para referirlo a Nación, en oposición a Estado, o "país legal", representado por la autoridad, el poder, los burócratas, las fuerzas armadas, los servidores públicos, etc. En otras palabras, para Basadre el país profundo abarcaría toda la población englobada por un mismo proceso histórico (incluida la de las ciudades), descontados los aparatos del Estado (1947). Está en el ánimo de Basadre la comprobación de la distancia que, en el caso peruano, separa a Estado y Nación, y la confirmación de que, ello no obstante, el primero ha logrado tener una influencia irreversible en la segunda, como lo demostraría el hecho de que la dieta básica del poblador andino incluye productos agrícolas importados: trigo, azúcar, arroz. Esta observación es la que nos permite llegar a vislumbrar la índole actual de las relaciones entre las dos entidades: en la segunda mitad del siglo XX se ha invertido en parte la orientación de las influencias, de modo que la Nación (la nueva ciudad de la nación) está ahora presionando fuerte para cambiar la estructura del Estado, es decir, para lograr que el país oficial se ajuste al país real, como dirían Basadre, Matos Mar y de Soto, o para que la ciudad letrada se ajuste a la ciudad real, como diría Rama.

En efecto, el nuevo rostro del Perú del que habla profusamente la etnohistoria a partir del medular trabajo de Matos Mar (*Desborde popular*),[16] no sólo supone una redefinición de la idea de Nación y un nuevo sentido de identidad, como se sostiene (20), sino también, según lo insinúa el epígrafe, una nueva estructura del Estado. Las masas desbordadas y migrantes, las instituciones indomestizas que se instalan en círculos metropolitanos — toda una explosión de clubes distritales, peñas folclóricas, asociaciones patronales, regionales, deportivas, etc., y una gran proliferación de actividades culturales y artísticas vernáculas, muchas de ellas ya en franco proceso de transculturación, como la lírica chicha y las ceremonias de bautizo, matrimonio y defunción[17] — y la variedad de austeras pero profundamente efectivas formas de trabajo colectivo que esas masas ejecutan en el espacio conquistado —la construcción comunal, los *wawa-wasis*,[18] la cocina popular, etc.— no sólo nos proponen reformular la idea circulante de nación para hacerla inclusiva de una significativa muchedumbre y sus instituciones, sino que nos imponen de pronto la necesidad perentoria de reformular el país legal en función del país real que ahora se hace fuertemente visible; o la necesidad inaplazable de hacer que la ciudad letrada (el país gramatológico) deje de ser una construcción jurídica anclada en el vacío, o una fantasía de orden apenas tipográfico, para convertirse en un dictado fiel del orden y las necesidades de la ciudad real.

Por cinco siglos la ciudad letrada se ha aprovechado de esas masas y las ha explotado hasta la deshumanización.[19] Todo ese tiempo las ha ignorado olímpicamente, manteniéndolas en su vasta reserva andina, acorraladas y sin mayor capacidad de movimiento o de acción soberana. Hasta que un buen día, rotos los mecanismos de control de la reserva, la ciudad letrada comprueba que no puede contener más a las masas desbordadas, que cruzan las líneas del *apartheid* local y luego, sin títulos ni licencias, comienzan a levantar sus grandes campamentos. Así lo vio Vargas Llosa y lo interpretó bajo los signos de la amenaza: "ese cerco de barriadas". Así lo vio igualmente Luis Pásara cuando, confirmando el lúgubre pronóstido del Abate Pierre (un cinturón de miseria), escribía que "el cerco [ya] se había armado". En efecto, esa masa no sólo había estrechado su ancho círculo en torno a la ciudad letrada, sino que estaba ahí exigiendo, con su sólida presencia, una historia distinta, un cambio sustancial en la distribución de los recursos del país y una reformulación de los dispositivos del Estado. Era una exigencia que debió parecerle intolerable a los representantes de la cultura criolla, de ahí que en su momento el periodista Pásara clamara cándidamente que las acciones combinadas de migrantes y subversivos: "nos están quitando el país".

Se está cumpliendo la profecía de Martí: estamos viendo que el país natural "vence" al país artificial; y, por supuesto, que la nacionalidad — peruana y, cambiando lo que hay que cambiar, latinoamericana— está sopesando de distinta manera los componentes básicos de la identidad. Ésta, en efecto, ya no quiere ser entendida bajo la fórmula degradante o condescendiente de CRIOLLO —> Natural (en nuestro caso: Andino), sino bajo una nueva formulación impuesta por los hechos, que eleva al hombre natural a la condición de interlocutor reivindicado y digno (sujeto de diálogo y relaciones contractuales, ya no de mera obediencia): CRIOLLO <—> NATURAL.

## 6. EL CENTRO CONTRAATACA

Martí decía que el hombre natural "vence" al hombre artificial para dar a entender que la razón fundada en los hechos (en la realidad y la historia) termina por imponerse a la razón libresca. Para dar a entender también que las construcciones ideológicas destinadas a la perpetuación del poder (los aparatos del estado), terminan por ceder a la presión de las masas, que encuentran que esas construcciones no las representan adecuadamente. En el caso que nos ocupa, las masas que se han hecho evidentes a las puertas del bastión letrado comienzan a imponer a los sectores del poder una mejor valoración de los componentes de la nación, una representación más justa de esos componentes dentro del Estado, y una proyección histórica más humana y más viable para todos aquellos sectores secularmente ignorados. El hombre libresco (representado en la última centuria por el político criollo, el patricio latifundista, el capitalista financiero y el intelectual al servicio de ellos) ha levantado la ciudad letrada pensando en una utopía extraña y fantasiosa, que lo refleja narcisistamente y que, por eso, no se compadece de la realidad más amplia. El hombre natural, entre tanto, que no ha tenido ni la facultad ni los recursos para levantar su propia utopía de modernización,[20] que existe y produce a partir de su contacto con los elementos y no a partir de fantasías legislativas, es el mismo que un día masivamente siente la necesidad de desplazarse e imponer su presencia en los ejes del país, como una fuerza capaz de operar sus propias reivindicaciones. Y al hacerlo de esa manera, sin necesidad de libretos ni doctrinas, crea el bosquejo de una utopía pragmática, robusta y propia. Es en ese sentido que el país natural está venciendo al país artificial: lo está obligando a rehacer los sistemas de valoración, representación y desarrollo de los distintos componentes de la nación. El que aún los intelectuales de derecha hayan reconocido el empuje y la creatividad de los migrantes significa que finalmente el país natural, con su desplazamiento hacia los centros, se hace escuchar con atención y hasta, en muchos casos, sin desdenes. Esa es, pues, una contienda que las culturas del interior, por medio de la migración, están ganando a pulso.

Sin embargo, esa victoria no ocurre fácilmente, sin tropiezos ni reacciones por parte de los sectores dominantes. Éstos en general tienden a la conservación del sistema y se resisten a perder sus privilegios. Se resisten también a perder la preeminencia de los signos de cultura o clase que los caracteriza: su lengua, su hábitat, su entorno, sus costumbres, etc. No toleran que signos extraños vengan a discutirles su hegemonía. Y si por alguna razón han de ceder y tolerar un alza del sector dominado, ella tendrá que sujetarse a las condiciones de control que alcancen a formular. Entonces los invasores serán impulsados a dejar de ser lo que son y "civilizarse" (en un sentido más bien sarmientino, antes que etimológico) para tener derecho de ocupación en el espacio de la cultura central.

Entre la tendencia a la conservación del orden sostenida por el poder y la tendencia al cambio reivindicador impulsada por los sectores emergentes existe, pues, una tensión constante. Ella provoca distintas valoraciones del proceso, en que no sólo se acentúan el racismo, el clasismo, la exclusión, o la dominación cultural, o el entendimiento de (y la convivencia fraterna con) los valores alternativos, sino que la tensión misma experimenta algunos corrimientos de foco. Éste, en efecto, a veces se sitúa en el centro mismo de la ciudad letrada (sus espacios públicos y santuarios de poder: la casa de la cultura, la plaza de armas, o la zona del palacio de gobierno, por ejemplo), y otras veces en zonas menos conspicuas y centrales (el coliseo popular, la plaza comunal, el pampón recientemente invadido, por ejemplo). Se puede hablar también de variaciones en el sentido y el ritmo de la tensión: así hay etapas de mayor o menor desplazamiento, hay agudizaciones y distensiones, hay conflictos, pero también ciertos acuerdos, algunas armonías. No hay necesidad de decir que estas últimas influyen directamente en los procesos de transculturación y mestizaje cultural (que no son lo mismo —Bueno, 1996), ya acentuados por el mayor contacto sociocultural impuesto por las migraciones del campo a la ciudad.

En el caso que nos concierne (Lima y su neociudad alternativa), se diría que en el momento actual se vive un período de agudización del conflicto. Si bien desde el inicio del "desborde popular" se había visto el ejercicio represor de la fuerza policial o militar, ayudado por la ley,[21] ahora vemos que a las ordenanzas municipales y los fallos judiciales se les suma callejeramente un recurso ideológico de viejísima data y peligroso pelaje. Hablo del más eficiente aliado de la cultura criolla de todos los tiempos: una axiología racial y cultural que establece sutiles pero férreas gradaciones, en que, para decirlo burdamente, indio (o negro) es menos que cholo (o mulato) y menos aún que blanco; quechua es menos que español; sierra es menos que costa; campo es menos que ciudad; y aldea (o comunidad indígena) es menos que ciudad provinciana y menos aún que ciudad capital. Se trata de infiltrar en el ánimo del migrante la convicción de que tiene que acriollarse para poder ocupar un lugar un poco más elevado, aunque todavía subalterno, preestablecido y rígido, de acuerdo con su origen y color, en la ciudad escrituraria.[22]

Se diría que la pulsión reivindicadora que aquí se ha glosado estaría finalmente destinada al fracaso. Más aún si tenemos en cuenta que buena parte de la cultura criolla del Perú vive últimamente la euforia de haberle ganado la guerra a la subversión, lo que la ha ensoberbecido y envalentonado; la ha hecho recuperar sus desdenes de antaño y acudir a sus autoridades para que le haga a la masa "incivil" serios llamados al orden. Por ejemplo, bajo el lema de la "recuperación del centro histórico", consigue que se expulse violentamente de la Lima tradicional a los ambulantes, se cancelen coliseos dedicados al arte vernáculo y se anulen licencias de funcionamiento de chichódromos y salsódromos.[23] Se vive en algunos sectores de Lima, en estos días, una sensación de "casa re-tomada", y una suerte de dicha criolla de haber puesto en su sitio (es decir en el margen) a "la cholada".

¿Serán éstos los signos de una larvada intención de revertir el sentido de la historia y, por consiguiente, de reivindicar los tradicionales privilegios de raza, cultura y clase? Y dentro de ese programa, ¿estarán ya destinados los cinturones de la ciudad a no ser más que gradaciones descendentes de la cultura central, o una vasta y cómoda mediación entre lo que Sarmiento llamaba —se diría que no hace mucho— los extremos de la civilización y la barbarie? Tengo mis razones para pensar que no. Para creer que los hechos han avanzado más allá de un punto de no retorno. Entiendo que esos signos son todavía parte de las negociaciones que supone la tensión a la que hice referencia. Comprendo que esas acciones no sólo están circunscritas a sectores cada vez más limitados, sino que, en no pocos casos, están orientadas a generalizar ciertas normas de conducta ciudadana: después de todo vivir en una gran ciudad no es como vivir en espacios abiertos, donde la naturaleza mitiga y resana los efectos de una rala presencia humana. Creo, en suma, que los alardes de la cultura criolla no son tantos como aparecen, y que en todo caso son estrategias para negociar una situación dentro del orden que se avecina. Y siento que hoy por hoy germina en el ánimo colectivo una tendencia de reeducación de los sectores en juego, destinada a civilizar a unos, en el sentido (etimológico y nada sarmientino) de fomentarles costumbres ciudadanas que garanticen orden y salud, y a recivilizar a otros, en el sentido de proveerles de una bien fundada conciencia de respeto a la alteridad.

## 7. Envío

Ojalá que esta tendencia no se contente con avanzar una cosmética urbana y que llegue efectivamente a reformular el último —y quizá más efectivo— bastión del poder: el universo de la letra, es decir, el de la constitución, las leyes, las instituciones y todos los demás discursos sostenedores de las hegemonías que están siendo cuestionadas. Ojalá que no se tuerza, ni se manipule, ni se entrampe, ni se revierta. Impedir su ciclo natural sería nefasto, antihistórico, retrógrado y recolonizador. Sería desaprovechar olímpicamente la oportunidad histórica de rediseñar los estados según la ahora ostensible fisonomía de nuestras ciudades centrales, que es una imagen cada vez más fiel de nuestras naciones.

## Notas

[*] Una versión breve de este ensayo, bajo el título de "Contra el modelo radial de cultura", fue adelantada en el "Encuentro Internacional de Peruanistas" (Lima: Universidad de Lima, Set. 6, 1996). Agradezco al profesor José Matos Mar las sugerencias alcanzadas en esa ocasión.
[1] Uso la noción amplia de *performance* tal como la modula Diana Taylor después de su lectura de Reinelt y Roach (editores: *Critical Theory and Performance*) y Judith Butler (*Gender Trouble: Feminism and the Subversion of Identity*): "numerosas manifestaciones de conducta 'dramática' en la esfera pública" (Taylor 13 —mi traducción). Los primeros trascienden la representación teatral para entender también bajo ese término las demostraciones sociales de distinto tipo. La segunda entiende *performance* como roles socialmente construidos. Ésta se refiere al género sexual, pero la idea puede obviamente ser extendida a la clase, el grupo, la raza, el clan y, en nuestro caso, la masa de migrantes.
[2] En ese sentido *Facundo* (1845) es el más elaborado discurso reorganizador del campo en función de las ciudades, para beneficio de la economía europea más que de la nacional. Véase en especial la sección final, "Presente y porvenir" (Sarmiento, *Facundo* 225-244).

[3] Rama ahí habla específicamente del "equipo intelectual" ligado al poder (abogados, notarios, administradores, clérigos, jueces, funcionarios, profesores, oficinistas, etc.) pero podemos decir que se proyecta más allá de los grupos de letrados para representar a la ciudad física que los alberga (en general la ciudad capital y otras ciudades centrales), y aún a la nación que durante el proceso de construcción de los estados nacionales del siglo XIX surge como un conjunto de proyectos meramente gramatológicos o librescos, despegados de la realidad.

[4] Dice Luis E. Valcárcel: "Hemos llamado indomestizos a los que no siendo ya, biológicamente, indios puros, lo son por su género de existencia, por su contenido anímico, por su *status*" (93). José María Arguedas define al indomestizo de una manera más expeditiva y funcional: "mestizo con predominio indio" (*Formación de una* 5).

[5] A criterio de Mirko Lauer: "Lo que tenemos ahora en la cultura, con los antiguos habitantes del campo presentes en las ciudades, es [...] la existencia de *una nueva cultura urbana*" (*El sitio de la* 74 énfasis mío).

[6] La expresión "país natural" podría, sin embargo, implicar una idea indeseable: que las civilizaciones indígenas, indomestizas o afromestizas de América Latina no son verdaderas culturas, sino parte de la naturaleza y del ambiente meramente físico del nuevo mundo. Para evitar este equívoco hay que afirmar el otro sentido del término "natural": originario de un lugar, esto es indígena, o fuertemente influido por ese origen.

[7] A mí me ha llegado este razonamiento por vía oral, no en forma de sorites sino con un final algo distinto, aunque muy del genio de Valdelomar: "... y el Palais Concert soy yo".

[8] Lauer llama "indigenismo-2" al creativo, artístico y ficcional, para diferenciarlo del ensayístico, sociológico o político.

[9] Con algunas variantes, estos movimientos han sido incluidos por Luis Monguió dentro del nativismo literario posmodernista que él investiga en la primera parte de su libro (*Poesía posmodernista*). Al negrismo lo descompone en zambismo y mulatismo. El cholismo vendría a ser la expresión poética del mestizo comprometido con la provincia y el mundo agrario.

[10] Me refiero al movimiento cultural originado por la Semana de Arte Moderno de Sao Paulo, febrero de 1922, y que cristalizara en 1924 en el "Manifesto de Poesía *Pau-Brasil*" de Oswald de Andrade (1981). En el manifiesto se hace un llamado a la originalidad nativa, con vistas a crear una auténtica cultura nacional.

[11] "Alguna vez José María Arguedas decía que las barriadas [escribe W. Kapsoli] son no sólo cinturones de miseria sino una especie de Amarus, que es la figura de la gran serpiente, que lanzados por la voracidad del hambre y la desesperación pueden ir apretando el cerco hasta engullir, aplastar, a los hombres que de alguna manera han condicionado esa situación y que estarían ubicados espacialmente en las zonas del casco urbano, en las zonas residenciales de la gran Lima o del país" (53s).

[12] Luis Felipe Angell [1958].

[13] José Ferrando [1941].

[14] Armando Robles Godoy [1962].

[15] Luis Loayza [1964].

[16] Aunque hay que aclarar que este nuevo rostro es más bien el de las grandes ciudades peruanas, en especial Lima, pues la composición general del país poco cambia.

[17] He sido testigo de la ceremonia del *rutuche* (una forma de bautizo) en Arequipa y San Juan de Miraflores; de la ceremonia de velación y entierro de ropas de difunto en Pamplona Baja, del *pagapu* (pago con licor, cigarrillos, comida y otros bienes a la tierra donde se va a edificar) en Arequipa y San Juan de Miraflores, etc.

[18] Guarderías infantiles de base indígena o indomestiza, como su nombre lo indica, que en Lima cuentan con cierto apoyo oficial.

[19] Una deshumanización que toca tanto del explotado como del propio explotador, que en el proceso se convierte en una verdadera bestia, como bien ha visto Aimé Césaire (*Discourse sur*) cuando hablaba de "l'effet de choc en retour" (o según se traduce al inglés: "the boomerang effect"). Hay traducción fragmentaria al español en que se alude a este efecto como de "regresión de la colonización" (1979, 11).

[20] El senderismo no es una propuesta propia, sino una medida alcanzada por las capas medias que quieren realizar el proyecto del hombre natural.

[21] "[H]ubo un parlamentario que propuso establecer un pasaporte para impedir que los serranos invadieran Lima" (Pásara, "Casa tomada")

[22] Entonces, como ocurre desde hace siglos en las ciudades centrales del Perú, con el cambio de generaciones la lengua castellana vence al quechua; la música criolla (y ahora la música de la cultura internacional de masas) se impone a la música vernácula; las costumbres andinas se atemperan, la ropa se occidentaliza, los santos provinciales ceden a los metropolitanos...

[23] Para el lector no peruano aclaro que éstos son lugares amplios donde se escucha y baila las músicas chicha y salsa.

### Bibliografía citada

Andrade, Oswald de. "Manifesto de Poesía *Pau-Brasil*" [1924]. *Obra escogida.* Caracas: Biblioteca Ayacucho, 1981. 3-7.

Arguedas, José María. "No soy un aculturado". *El zorro de arriba y el zorro de abajo.* Buenos Aires: Editorial Losada SA, 1972 (3ª edición).

_____ *Formación de una cultura nacional indoamericana.* México: Siglo XXI, 1975. Especialmente, para los fines de este ensayo, el capítulo "El complejo cultural en el Perú", páginas 1-8.

Basadre, Jorge. *La multitud, la ciudad y el campo.* Lima: Editorial Huascarán S.A., 1947 (segunda edición). En especial el capítulo "Colofón sobre el país profundo", páginas 265-281.

Bueno, Raúl. "Las ciudades de Rama: en torno a un modelo de la civilización latinoamericana". *Revista de Casa de las Américas* 192 (La Habana, Ago.-Sept. 1993): 42-45.

_____ "Sobre la heterogeneidad literaria y cultural de América Latina". José Antonio Mazzotti y Ulises Juan Zevallos Aguilar, *Asedios a la heterogeneidad cultural. Libro de homenaje a Antonio Cornejo-Polar.* Philadelphia: Asociación Internacional de Peruanistas, 1996. 21-36.

Césaire, Aimé. *Discourse sur le colonialisme.* Paris: Presence Africaine, 1955. Traducción fragmentaria al español: *Discurso sobre el colonialismo.* México: UNAM, 1979.

Cornejo-Polar, Antonio. *Escribir en el aire. Ensayo sobre la heterogeneidad socio-cultural en las literaturas andinas.* Lima: Editorial Horizonte, 1994.

_____ "Condición migrante e intertextualiddad multicultural: el caso de Arguedas". *Revista de Crítica Literaria Latinoamericana* 42 (Lima/Berkeley, 1995): 101-109.

_____ "Una heterogeneidad no dialéctica: sujeto y discurso migrantes en el Perú moderno". *Revista Iberoamericana* 176-177 (julio-diciembre 1996): 837-844.

268 • Raúl Bueno

Flórez Galindo, Alberto. *La ciudad sumergida. Aristocracia y plebe en Lima, 1780-1830.* Lima: Horizonte, 1991.

García Canclini, Néstor. *Culturas híbridas: estrategias para entrar y salir de la modernidad.* México: Grijalbo, 1990.

Kapsoli Escudero, Wilfredo. *Historia y psicología del indio.* Lima: Biblioteca Andina de Psicología, 1989. Especialmente el capítulo "De mis observaciones en Lima", páginas 43-54.

Lauer, Mirko. *El sitio de la literatura. Escritores y política en el Perú del siglo XX.* Lima: Mosca Azul Editores, 1989.

_____ *Andes imaginarios. Discursos del indigenismo-2.* Lima: Centro de Estudios Regionales Andinos "Bartolomé de las Casas" y Sur, Casa de Estudios del Socialismo, 1997.

Martí, José. "Nuestra América" [1891]. *Nuestra América.* Caracas: Biblioteca Ayacucho 1977; páginas 26-33.

Matos Mar, José. *Desborde popular y crisis del Estado.* Lima: Instituto de Estudios Peruanos, 1984 (5° edic.), 1987.

Monguió, Luis. *Poesía postmodernista peruana.* México/Berkeley: Fondo de Cultura Económica y University of California Press, 1954.

Montoya, Rodrigo. *La cultura quechua hoy.* Lima: Hueso Húmero Ediciones, 1987.

Pásara, Luis. "Casa tomada". *Caretas.* Lima, agosto 26, 1991.

Rama, Ángel. *Transculturación narrativa en América Latina.* México: Siglo XXI Editores, 1982. Especialmente el capítulo "La gesta del mestizo", páginas 173-193.

_____ *La ciudad letrada.* Hanover, NH: Ediciones del Norte, 1984.

Sánchez, Luis Alberto. *Valdelomar o la belle époque.* Lima: INPROPESA, 1987.

Sarmiento, D.F. *Facundo* [1845]. Caracas: Biblioteca Ayacucho, 1985 (segunda edición).

Soto, Hernando de. *El otro sendero: la revolución informal.* En colaboración con E. Ghersi y M. Ghibellini; prólogo de M. Vargas Llosa. Lima: Instituto Libertad y Democracia, 1990.

Taylor, Diana. "Opening Remarks". D. Taylor and J. Villegas (eds.). *Negotiating Performance. Gender, Sexuality and Theatricality in Latin/o America.* Durham and London: Duke University Press, 1994. 11-16.

Valcárcel, Luis E. *Ruta cultural del Perú* [1945]. Lima: Ediciones Nuevo Mundo, 1968.

Vargas Llosa, Mario. *La tía Julia y el escribidor.* Barcelona: Seix Barral, 2ª ed. Bilioteca de Bolsillo, 1986.

# Siete aproximaciones al "problema indígena"[1]

## John Beverley
### University of Pittsburgh

Para Cristina: "Las mujeres sostienen la mitad del cielo".

## 1. LOS LÍMITES DE LA TRANSCULTURACIÓN

En un entrevista hecha poco antes de su muerte en 1983 se le preguntó a Ángel Rama si en la última novela de Arguedas, *El zorro de arriba y el zorro de abajo*, "hay todavía un lugar de la esperanza para la cultura indígena". Respondió así:

> Sin duda, pero no de la cultura indígena sino de la cultura mestiza, porque la cultura india ya no tenía sentido. Lo que él [Arguedas] comprendió es que efectivamente la salida era esa barrosa salida del mestizaje. Ese zigzagueante, y muchas veces sucio, camino, como la vida misma, pero que era mucho más rico en posibilidades (Rama en Díaz 32).

"Más rico en posibilidades" ¿para quién, sin embargo? Rama —defensor de la grandeza artística y política de Arguedas— revela aquí una inesperada y paradójica coincidencia con la conocida posición de Mario Vargas Llosa, el impugnador del indigenismo de Arguedas, sobre la necesidad de destruir o transformar las culturas indígenas en nombre de su incorporación a un régimen de modernidad.[2]

Para Rama, la transculturación es algo que ocurre *entre* la cultura hegemónica y las culturas indígenas o subalternas, no algo inherente a estas últimas. La literatura culta tiene el poder de incorporar la oralidad de estas culturas, pero sólo a expensas de relativizar la autoridad de la oralidad como tal. Aunque en principio culturas orales y cultura letrada tienen una posición igual en el proceso de transculturación, ya que la literatura también es modificada por su contacto con lo no letrado (como en el caso del estilo literario de Arguedas), de hecho la literatura es el polo superior, el lugar desde donde se efectúa la transculturación. La novela se privilegia por sobre las formas narrativas indígenas; el español sobre los idiomas indígenas; la posición "intermediaria" o liminal de un intelectual tradicional —en el sentido que da Gramsci a ese término— como Arguedas sobre la posición de un intelectual orgánico indígena. Rama rara vez piensa en la posibilidad de una transculturación inversa.

La transculturación funciona para Rama (como antes para Ortiz) como una *teleología*, no sin momentos de violencia, pérdida y desamparo, pero necesaria en última instancia para la formación de una cultura "nacional" o latinoamericana. Las alternativas son o la renuncia o el genocidio cultural.

> Se puede concluir, escribe, que hay en [la transculturación] un fortalecimiento de las que podemos llamar las 'culturas interiores' del continente, no en la medida en que se atrincheran rígidamente en sus tradiciones, sino en la medida en que se transculturen, sin renunciar a su alma ... para no ceder simplemente al impacto modernizador externo en un ejemplo de extrema vulnerabilidad (Rama 71).

De ahí que Rama piense que la única vía factible para los pueblos indígenas de América es el mestizaje, un mestizaje que el concepto de transculturación a la vez refleja y postula como norma cultural.

En última instancia, la transculturación funciona para Rama como una ideología cultural del *devenir* de América Latina, relacionada coyunturalmente con las propuestas de la teoría de la dependencia sobre la necesidad de producir una nueva forma de desarrollo o modernización del estado y de la economía. Aunque Rama habla en nombre de la otredad de las clases o grupos sociales subordinados o marginados en el proceso de la formación histórica del estado latinoamericano, su concepto de transculturación implica, como Neil Larsen ha observado acertadamente, que "la cultura en sí deviene el límite deshistorizador y naturalizador de lo que podría ser, contrariamente, la emergencia de una contra-racionalidad concreta directamente opuesta a la racionalidad del estado" (64, traducción mía). Articular lo indígena, lo regional, lo subalterno como un problema de *integración* al estado nacional —es decir, en relación al "proyecto inconcluso" de una modernidad propiamente latinoamericana (hago alusión a la conocida frase de Habermas)— no le permite a Rama pensar éstas como entidades con sus propias lógicas históricas, valores y demandas. No le permite tampoco anticipar o valorizar, desde la perspectiva de la transculturación, la emergencia de los nuevos movimientos indígenas en los ochenta y noventa, (ni tampoco el movimiento de mujeres en América Latina), movimientos que no sólo no se basan ideológicamente en una narrativa de la transculturación sino que muchas veces se sienten obligados a resistir o invertir esta narrativa.

## 2. OLLANTAY, O LA TRANSCULTURACIÓN AL REVÉS

*Ollantay* es una obra de teatro, escrita en quechua *circa* 1760 y estrenada en el altiplano peruano ante públicos indígenas en los años anteriores a la gran rebelión de 1780, liderada por José Gabriel Túpac Amaru (quien debe haber figurado entre los espectadores de la comedia). Su historia está basada en una leyenda inca de la era precolombina; sin embargo, sigue en su elaboración formal las convenciones de la comedia española del Siglo de Oro (la división en tres actos; el uso de la figura del gracioso; la mezcla de formas poéticas; etc.). ¿Un caso de transculturación, entonces?

*Ollantay* narra la historia de un *runi* o villano, Ollantay, que llega a ser uno de los generales principales del ejército inca. Se enamora de Cusi Ccollior, la hija del Inca Pachacuti. Este reacciona violentamente (el matrimonio entre *runis* e incas estaba prohibido), encerrando a Cusi (ya encinta por Ollantay) en el equivalente de un convento y desterrando Ollantay a su provincia natal. Allá Ollantay levanta un ejército para luchar contra el Inca. La guerra dura diez años, en el curso de los cuales Pachacuti muere y es reeemplazado como Inca por su hijo, Tupac Yupanqui, el hermano de Cusi. Finalmente, Ollantay es derrotado y llevado a Cuzco para ser juzgado ante el Inca como traidor. Sin embargo, la hija nacida de su amor con Cusi, Yma Sumac, interviene en su favor. Tupac Yupanqui perdona a Ollantay y le permite casarse con Cusi, elevándolo a la vez al rango de Inca.

Se podría leer *Ollantay* en el contexto histórico de su producción y recepción como (para usar el concepto de Fredric Jameson) una "alegoría nacional" que simboliza la enajenación de una elite criollo-mestiza emergente con las estructuras de poder del *ancien régime* colonial. Lo que complica esta lectura, sin embargo, son dos hechos: 1) como apuntamos, *Ollantay* fue escrita y estrenada en quechua; de ahí que fuera inaccesible a un público criollo hispano-hablante; 2) aunque emplea el modelo de la comedia barroca española, su intención estético-ideológica no es tanto "transculturar" lo indígena para funcionar dentro de los códigos culturales de un emergente nacionalismo criollo, sino, por el contrario, "transculturar" algunos elementos de cultura española-católica al servicio de un proyecto de hegemonía *indígena*.

Visto desde esta perspectiva, el "final feliz" de *Ollantay* tiene una connotación ideológica importante: la reconciliación de Ollantay con el Inca implica una *superación* del principio de autoridad estamental del sistema inca tradicional, principio que hubiera obligado a un final trágico de su amor con Cusi. Simboliza la posibilidad de un *nuevo tipo* de estado inca, capaz de incorporar como iguales a grupos no-incas.

Podríamos vislumbrar en esta propuesta un matiz proto-democrático, hasta proto-jacobino, derivado, indudablemente, del contacto del autor de *Ollantay* con el pensamiento político de la Ilustración. Pero —otra vez— es importante entender esta incorporación tanto estética (la forma de la comedia) como ideológica (el principio de igualdad del liberalismo) como una transculturación "al revés", fundada no en la manera en que una "ciudad letrada" criolla se hace más y más capaz de representar lo indígena, sino como un contra-proyecto de hegemonía indígena que apropia elementos de esa formación cultural para servir a sus propios intereses.[4]

En otras palabras: el concepto (y la realidad) de la nación no pertenecía en la época de *Ollantay* exclusivamente a la población criollo-mestiza, aun cuando ésta fuera mayoritaria, y no dependía necesariamente —como en la conocida tesis de Benedict Anderson— del texto impreso para su producción y diseminación. También pudo haber habido producción de una voluntad histórico-cultural indígena. Esto no es lo mismo que reconocer la "participación" directa o indirecta de las comunidades indígenas en la eventual configuración del estado nacional peruano moderno.[5] Implica más bien reconocer la existencia de la posibilidad de *otro estado*, otra forma de comunidad nacional, con otra extensión territorial.

## 3. LA DIALÉCTICA ENTRE ORALIDAD Y ESCRITURA

El caso del *Ollantay* muestra que la escritura y el libro no estaban necesariamente ausentes en el interior de las culturas indígenas. Pero aparecen en ellas de una forma "invertida" difícilmente representada en la articulación particular que Rama da a la idea de transculturación narrativa. En su libro sobre las rebeliones campesinas en la India colonial, Ranajit Guha cuenta la historia de Kanhu, el líder de la insurrección Santal de 1855. En una ocasión, Kanhu muestra ante sus seguidores unos papeles supuestamente "caídos" del cielo como evidencia del apoyo de los dioses para la insurrección. Posteriormente, un periodista examina los papeles, ya desechados por Kanhu, y descubre que o están en blanco o son páginas sueltas de un horario de tren y de una traducción a algún idioma de la India del evangelio de San Juan. Guha comenta:

> Las condiciones de una cultura pre-letrada en este caso hacen posible que la insurrección se propague no sólo en la forma grafémica de un discurso divorciado de su contexto [el horario de tren], sino también como un material de escritura funcionando por sí mismo sin marcas grafémicas. El principio que gobierna esta extensión es esencialmente equivalente a la práctica de "beber la palabra" en algunas regiones islamizadas de África. Allá la tinta o el pigmento usado para inscribir oraciones sagradas sobre papel, papiro o piel, y por lo tanto atribuido con la santidad de la misma oración, es disuelta en agua y tomada como remedio para ciertos males. Pero hay una diferencia también. Donde [en el caso de la práctica de "beber la palabra"] la proyección metonímica de poderes sobrenaturales de la palabra escrita a los materiales de escribir es empleada para alistar la gracia de Allah en el remedio de una enfermedad, para los Santals este mismo procedimiento sirve simplemente para justificar su esfuerzo de remediar los males del mundo por fuerza de las armas (248-249).

Como en el caso de *Ollantay*, hay elementos de transculturación —para no decir de *performance* posmoderna— en las acciones del rebelde hindú.[6] Pero es una transculturación gobernada por una lógica binaria que opone escritura (como instrumento y símbolo a la vez de dominación feudal y colonial) y oralidad (como forma discursiva "propia" de la cultura de los campesinos sublevados). En otras palabras, el empleo de los "papeles" por Kanhu no cancela la oposición social entre campesino y terrateniente, estado colonial y comunidad campesina, letrado y no letrado, cultura europea y culturas indígenas. La transculturación no "trasciende" una posición subalterna: más bien, una posición subalterna —pero que busca ser hegemónica— se manifiesta y se reproduce culturalmente en la actuación del líder de la insurrección. La "ciudad letrada" no incorpora lo indígena o la oralidad; una cultura oral *emplea* pragmáticamente un elemento de la cultura letrada para sus propios fines, que no son los mismos de esa cultura letrada. Por lo tanto, no hay un movimiento teleológico hacia una cultura "nacional" en el cual oralidad y escritura, indígena y no indígena, europeo y no europeo se reconciliarían.

Esto no implica que no se puede producir una idea de la nación desde una posición subalterna. Pero sí implica que este sentido de la nación y lo nacional es *diferente* de la idea de la nación representada por el proyecto económico criollo y la "ciudad letrada" criolla.

**4.** Hegemonía nacional-popular y suplementariedad de lo indígena: un problema sandinista

La articulación por los sandinistas de la figura de Sandino como el símbolo de lo nacional-popular nicaragüense y de su programa revolucionario es un caso de lo que Laclau llama un "significante vacío" que funciona metonímicamente —Sandino *es* el pueblo— para constituir discursivamente lo social como tal (Laclau 36-46). Pero Sandino no es exactamente "vacío" — es decir, capaz de ser articulado con cualquier elemento del "pueblo" o cualquier forma de hegemonía. Para la población indígena y afro-caribeña y anglo-parlante de la Costa Atlántica de Nicaragua, Sandino no tuvo el mismo significado que para la población católico-mestiza, mayoritaria en resto del país. Aunque la Costa Atlántica tenía una larga historia de extrema pobreza y explotación, la figura de Sandino no sirvió para interpelar a esos grupos como parte del "pueblo" que se sumaba a la revolución. De ahí que, como se sabe, los sandinistas se vieron obligados por un tiempo a reprimir militarmente a estos grupos —sobre todo los miskitu, para evitar una invasión del país.

Con el paso del tiempo, los sandinistas lograron desarrollar una política de autonomías que respetaba las demandas indígenas y afro-caribeñas de la Costa relacionadas con su derecho a su identidad y autodeterminación. Charles Hale, en su libro sobre el problema indígena en la historia de Nicaragua, sugiere sin embargo que los problemas que surgieron entre los sandinistas y la población de la Costa Atlántica no fueron *simplemente* el resultado de una falta de sensibilidad o incomprensión hacia lo indígena por parte de los sandinistas:

> Las mismas premisas que eran integrales al éxito de los sandinistas en unificar a la gran mayoría de los nicaragüenses —encapsulando sus demandas, elaborando una nueva visión de cambio social con amplio apoyo popular, organizando los esfuerzos urgentes para resistir la agresión militar de los Contras— estas mismas premisas excluían directamente a los miskitu. Dicho bruscamente, el FSLN elaboró una ideología contra-hegemónica que desvalorizó facetas centrales de una militancia indígena miskitu profundamente arraigada. Una nueva versión de nacionalismo nicaragüense —que enfatizaba soberanía, auto-suficiencia, y igualdad de condición con otros estados nacionales— promulgó a la vez un patrón

> mestizo de homogeneidad cultural al cual todos ciudadanos deberían conformarse .... [En este contexto] identificarse como miskitu era equivalente a ser considerado contra-revolucionario (Hale 35-36, traducción mía).

Quizás sin darse cuenta, Hale se hace eco aquí de la premisa de los estudios postcoloniales sobre la necesidad de desconstruir el discurso de lo nacional y del nacionalismo como tal, para reconocer en los elementos heterogéneos del "pueblo" su identidad particular. La articulación quizás canónica de esta premisa se encuentra en el conocido argumento de Homi Bhabha de que la narrativa de la nación en las sociedades que surgen del proceso de descolonización "olvida" u oculta las multiformes historias reales que de hecho producen esas sociedades. Escribe Bhabha:

> La anterioridad de la nación, significada en la voluntad de olvidar, cambia nuestra relación diacrónica con el pasado y con el presente sincrónico de la voluntad de ser una nación .... Estar obligado a olvidar ... implica la construcción de un discurso sobre la sociedad que desempeña el papel de totalizar al pueblo y unificar la voluntad nacional (161).

Para Bhabha, la tarea de leer esta narrativa desconstructivamente "a contrapelo" produce el reconocimiento de que la historia —tanto la historia de la "nación" como la historia "universal"— es *híbrida* en vez de monista, porque involucra múltiples cruces, contradicciones y transculturaciones: el efecto del poder colonial es, en cierto sentido, precisamente la *producción* de esta hibridez (como en la tesis sobre la función del barroco de producir una conciencia cultural propiamente criolla en América Latina). Para Bhabha, tanto la identidad del subalterno colonial como sus formas de resistencia deben fundarse sobre el "movimiento del significante" —es decir, sobre una conciencia agudizada del carácter arbitrario, sin fundamento ontológico, del orden colonial (ya que, como demuestra Lacan, cualquier proceso de significación está fundado sobre carencia y ausencia). La ambivalencia de la autoridad colonial es lo que permite un contra-discurso de resistencia a la vez mimético-paródico y denegador.

Pero, a pesar de venir de un punto de partida distinto, la desconstrucción en cierto sentido no hemos llegado aquí muy lejos de la transculturación de Rama y de la "ciudad letrada". Es decir, todavía estamos *dentro de* la autoridad de la "cultura", aun cuando empezamos con el deseo precisamente de desconstruir esa autoridad. Lo que Bhabha parece confundir en su argumento es el mecanismo de lo que Althusser llama la *ideología en general* con las *ideologías* concretas. Toda ideología tiene una misma estructura psíquico-semiótica; pero no por eso son iguales, por ejemplo, el fascismo y el liberalismo, o el machismo y el feminismo. De acuerdo con la dialéctica del amo y el esclavo, una posición subalterna tiene un privilegio epistemológico en el sentido de que puede darse cuenta de la ilusión sobre la cual se funda la autoridad que confronta (la ilusión del amo de que es dominante por naturaleza o razón). Este reconocimiento es lo que está implícito en la actuación con los "papeles caídos del cielo" del líder de la insurrección Santal mencionado por Guha.

Pero la negación del poder dominante no es simplemente "semiótica": requiere también la construcción de *otra* ideología, otra visión de identidad, comunidad, valores, historia, territorialidad —lo que Gayatri Spivak denomina un "esencialismo estratégico". Esto es, en última instancia, una visión de un orden social distinto, otra escala de valores, otro modo de producción. Por contraste, el argumento de Bhabha establece lo que él denomina "la regla de significación" como una especie de límite infranqueable. Siguiendo en parte la lógica del argumento de Bhabha, Alberto Moreiras anota que "La relación hegemónica es precisamente lo que excluye lo subalterno como tal".[7] Pero esto equivale a decir que la posibilidad de hegemonía está limitada sólo a los intereses sociales que *ahora* son dominantes, y, por lo tanto, que la lucha contra esos intereses tiene que renunciar a esa posibilidad. Precisamente en el momento en que aparece la posibilidad de desplazar casi medio milenio de hegemonía eruopeo-capitalista-colonial esa hegemonía declara que la hora de la hegemonía ha pasado. Así, esa hegemonía mantiene su autoridad aun en su auto-desconstrucción.

5. UN PASAJE DE *ME LLAMO RIGOBERTA MENCHÚ* Y EL DESPLAZAMIENTO DE LA AUTORIDAD HERMENEÚTICA[8]

En el capítulo XXIII de su testimonio, Menchú describe la tortura y asesinato de su hermano por elementos del ejército guatemalteco en la plaza municipal de Chajul de esta forma:

> Eran monstruos [los presos del ejército]. Estaban gordos, gordos, gordos todos. Inflados estaban, todos heridos. Y yo vi, que me acerqué más de ellos, la ropa estaba tiesa. Tiesa del agua que le salía de los cuerpos. Como a la mitad del discurso, sería como una hora y media o dos horas ya, el capitán obligó a la tropa a que le quitara la ropa de los torturados para que todo el mundo se diera cuenta del castigo si nos metíamos en comunismos, en terrorismo, nos tocaría ese castigo [....] El capitán daba un panorama de todo el poder que tenían, la capacidad que tenían. Que nosotros como pueblo no teníamos la capacidad que ellos tenían. Era más que todo para cumplir sus objetivos de meter el terror en el pueblo y que nadie hablara. Mi madre lloraba. Casi, casi mi madre exponía la vida de ir a abrazar a ver a su hijo. Mi papá, yo lo veía, increíble, no soltaba una lágrima sino que tenía una cólera. Y esa cólera claro, la teníamos todos. Nosotros más que todo nos pusimos a llorar, como todo el pueblo lloraba. No podíamos creer, yo no creía que así era mi hermanito. Qué culpa tenía él, pues. Era niño inocente y le pasaba eso. Ya después, el oficial mandó a la tropa llevar a los castigados desnudos, hinchados. Los llevaron arrastrados y no podían caminar ya. Arrastrándoles para acercarlos a un lugar. Los concentraron en un lugar donde todo el mundo tuviera acceso a verlos. Los pusieron en filas. El oficial llamó a los más criminales, los "Kaibiles", que tienen ropa distinta a los demás soldados. Ellos son los más entrenados,

los más poderosos. Llaman a los kaibiles y éstos se encargaron de echarles gasolina a cada uno de los torturados. Y decía el capitán, éste no es el último de los castigos, hay más, hay una pena que pasar todavía. Y eso hemos hecho con todos los subversivos que hemos agarrado, pues tienen que morirse a través de puros golpes. Y eso no les enseña nada, entonces les tocará a ustedes vivir esto. Es que los indios se dejan manejar por los comunistas. Es que los indios, como nadie les ha dicho nada, por eso se van con los comunistas, dijo. Al mismo tiempo quería convencer al pueblo pero lo maltrataba en su discurso. Entonces los pusieron en orden y les echaron gasolina. Y el ejército se encargó de prenderles fuego a cada uno de ellos. Muchos pedían auxilio. Parecían que estaban medio muertos cuando estaban allí colocados, pero cuando empezaron a arder los cuerpos, empezaron a pedir auxilio. Unos gritaron todavía, muchos brincaron pero no les salía la voz. Claro, inmediatamente se les tapó la respiración. Pero, para mí era increíble que el pueblo, allí muchos tenían sus armas, sus machetes, los que iban en camino del trabajo, otros no tenían nada en la mano, pero el pueblo, inmediatamente cuando vio que el ejército prendió fuego, todo el mundo quería pegar, exponer su vida, a pesar de todas las armas ... Ante la cobardía, el mismo ejército se dio cuenta que todo el pueblo estaba agresivo. Hasta en los niños se veía una cólera, pero esa cólera no sabían como demostrarla. Entonces, inmediatamente el oficial dio orden a la tropa que se retirara. Todos se retiraron con las armas en la mano y gritando consignas como que si hubiera habido una fiesta. estaban felices. Echaban grandes carcajadas y decían: ¡Viva la patria! ¡Viva Guatemala! ¡Viva nuestro presidente! ¡Viva el ejército! ¡Viva Lucas! El pueblo levantó sus armas y corrió al ejército (Menchú 203-205).

Un antropólogo norteamericano, David Stoll, ha cuestionado la veracidad de este pasaje. Sugiere, basado en una serie de entrevistas hechas por él en la región de Chajul, que la tortura y muerte del hermano por el ejército no ocurrieron precisamente de la manera en que Menchú las describe aquí, que ella no pudo haber sido testigo directo del evento ("Y yo vi, que me acerqué más de ellos ..."), y, por lo tanto, que el pasaje es "una invención literaria" (*a literary invention*).[9]

La agenda de Stoll está clara: quiere criticar la estrategia de la lucha armada en Guatemala, porque, en su opinión, los grupos indígenas se sumaron a ésta no por convicción sino porque se encontraron "entre dos fuegos": entre la violencia de la guerrilla y la violencia del ejército. El testimonio de Menchú, por contraste, es una justificación de la necesidad de la vía de la lucha armada por parte de las comunidades indígenas.

Lo que Stoll no pone en duda es el hecho mismo de la tortura y muerte del hermano, sino sólo la manera en que Menchú narra ese acontecimiento. La pregunta clave, por lo tanto, no es ¿qué pasó?, sino ¿quién tiene la autoridad de narrar y sobre qué base? Sería otra instancia del "informante nativo" de la antropología colonial conceder a un narrador testimonial como Rigoberta Menchú sólo la posibilidad de ser un "testigo", sin el poder de crear su propia narrativa de los hechos y de negociar sus condiciones de veracidad.[10] Aún suponiendo que Stoll tenga razón (y Menchú ha insistido una y otra vez en la veracidad de su versión), su posición equivale a decir que el subalterno puede, por supuesto, hablar (para recordar la famosa pregunta de Spivak), pero sólo a través de *nosotros*, de nuestra autoridad disciplinaria y supuesta "objetividad" o neutralidad académica, cualidades que Stoll reconoce para sí mismo. Pero es esa autoridad y esa objetividad la que los pueblos indígenas de América enfrentan diariamente bajo las formas de represión militar y para-militar, discriminación, explotación económica, esquemas para su "desarrollo" o aculturación, esterilización forzada, confiscación de sus tierras, etc.

Lo que la narración de la muerte del hermano de Rigoberta Menchú nos obliga a reconocer es lo indígena-subalterno no como algo narrado — representado— *para nosotros*, sino como *narrador*. Narrador con su propio proyecto y poder de gestión —*agency*— hegemónicos, porque no es su deseo simplemente narrar su subalternidad. Quiere invertir —violentamente si es necesario y/o posible— los términos y las relaciones sociales que definen esa subalternidad.

6. LA NO-COINCIDENCIA DE SOCIEDAD CIVIL Y COMUNIDAD

En parte como alternativa al tipo de articulación hegemónica "nacional-popular" representada por el sandinismo, se ha promovido mucho últimamente el concepto de sociedad civil, entendida ésta como el conjunto de asociaciones o relaciones entre individuos, grupos, u organizaciones autónomas gobernadas por la ley civil pero elaboradas independientemente del estado. Se podría ver la disputa entre los sandinistas y los miskitu, por ejemplo, como un caso de la contradicción entre sociedad civil y estado (el argumento de Hale sugiere más o menos esto). Pero, ¿realmente sirve el concepto de sociedad civil para pensar la naturaleza de las comunidades indígenas en América Latina? ¿O se trata más bien en la idea de sociedad civil de un *ideologema* post-marxista, sintonizado con la actual hegemonía del neoliberalismo?

En el verano de 1996, dos curanderas mestizas fueron acusadas por comunidad indígena en el sur de Ecuador, donde trabajaban, de ser curanderas falsas. Se les culpó de muchas muertes innecesarias. Confrontadas con la acusación y bajo amenaza, las mujeres confesaron que habían estafado a la comunidad. Surgió entonces el problema de cómo juzgarlas y castigarlas. La comunidad las había secuestrado en una casa particular, y se mostraba dispuesta a juzgarlas de acuerdo con sus propios códigos y costumbres. Las autoridades estatales, sin embargo, sentían la necesidad de intervenir contra la acción de la comunidad para afirmar la autoridad de la ley. Esto hubiera requerido en la práctica una acción policial y/o militar para rescatar a las mujeres y detenerlas oficialmente, porque la comunidad no reconocía el derecho del estado en este caso. El problema fue que las mujeres sólo podían ser culpadas de un delito civil —estafa— mientras que los indígenas las consideraban como asesinas que habían dañado la integridad física de la comunidad.

Actuando con mucha prudencia, el gobernador de la provincia donde ocurrió este incidente decidió no intervenir contra la comunidad. Ante todos los habitantes, las mujeres fueron desnudadas, golpeadas, y expulsadas de la comunidad. Esta acción de la comunidad —por supuesto, representada en todos los medios de comunicación nacionales del Ecuador (la cual coincidió casualmente con los preparativos para las elecciones presidenciales) provocó un debate general en el país. Algunas organizaciones de mujeres veían en el castigo de las curanderas un ejemplo de violencia contra la mujer —un problema muy extendido en toda la sociedad ecuatoriana, tanto en las comunidades indígenas como en la población criolla-mestiza —que estaban tratando de combatir. Otros veían en la acción de la comunidad la persistencia de tradiciones y costumbres pre-modernas, anacrónicas (ésta hubiera sido, uno imagina, la reacción de un Vargas Llosa). Otros —antropólogos, intelectuales indígenas, representantes de la comunidad— señalaron que la ley civil de hecho no cubría adecuadamente el daño causado a la comunidad, y que entonces para restablecer su integridad vivencial y espiritual la comunidad necesitaba castigar a las mujeres a su manera.

¿Quien tenía la razón en este debate? ¿El movimiento de mujeres o el movimiento en favor de más autonomía para los grupos indígenas? ¿El estado o la sociedad civil? ¿Fue de hecho la acción de la comunidad contra las mujeres una instancia de "sociedad civil"? ¿Qué significa decir que una curandera —que emplea medios muy distintos a los que se reconocen en la medicina occidental— puede ser falsa? ¿Quien tiene la autoridad de decidir esto?

No hay respuestas fáciles a estas preguntas. Lo que sí está claro, sin embargo, es que no se trata aquí de una simple oposición entre sociedad civil (buena) y estado nacional (malo), por dos razones: 1) el concepto de sociedad civil depende de la autoridad de la ley civil burguesa —una autoridad que la comunidad precisamente no reconocía; 2) en este caso, el malo de la película, el estado, concedió *de facto* a la comunidad el derecho de juzgar y castigar a las curanderas. Es más: en cierto sentido se podría ver el conflicto como un conflicto entre una lógica de *comunidad* (indígena, quichua-hablante, campesina, pobre, rural), por un lado, y una *sociedad civil* (urbana, blanca o mestiza, hispano-hablante, letrada, eurocéntrica o "pituca"), por otro, con el estado, curiosamente, en la posición de mediador.

Lo que pasa es que sociedad civil y comunidad no son realidades conmensurables. En la celebración actual del concepto de sociedad civil se trata, según Partha Chatterjee, precisamente de "una supresión [...] de una narrativa independiente de comunidad [...]. La comunidad, en la narrativa del capital, es relegada a la prehistoria de ésta —un estado de evolución natural, pre-política, primordial" (235). En formaciones sociales que surgen de regímenes coloniales, la fuerza de la dicotomía sociedad civil/estado es desplazada por la imposibilidad del estado colonial de instituir una sociedad civil efectiva, ya que no puede reconocer al sujeto colonizado —el "nativo" (o a la mujer, nativa o no)— como un ciudadano pleno. Por lo tanto, el sujeto colonizado construye su identidad dentro de una narrativa distinta de la narrativa de la sociedad civil, la "esfera pública" burguesa, y la nación: una narrativa de comunidad, tradición, y territorialidad limitada.

Chatterjee llega a la conclusión de que "la invocación de la oposición entre estado/sociedad civil en la lucha contra los regímenes burocrático-socialistas del este de Europa o en las antiguas repúblicas de la URSS, o, en el mismo sentido, en China, no puede producir sino estrategias que buscan reproducir la historia de Europa Occidental" (238). ¿Por qué? Porque el concepto de sociedad civil depende de un sentido normativo de una "modernidad" social y una "participación" cívica que de hecho excluye a amplios sectores de la población real de la nación. Enrique Dussel observa que la asociación sociedad civil-modernidad, que tiene sus raíces en los pensadores de la Ilustración y, sobre todo, en Hegel, oculta la relación histórica entre la emergencia de la sociedad civil europea y el colonialismo. "Para Hegel", observa Dussel, "la periferia de Europa es un 'espacio libre' que permite a los pobres, producidos por las contradicciones del desarrollo capitalista, la posibilidad de ser ellos mismos propietarios y capitalistas en las colonias". "Hegel parece no darse cuenta de que las colonias tienen que ser tomadas de otros pueblos" (70-72).

Su punto es que la idea de sociedad civil en los pensadores de la Ilustración, como el ideal de Habermas de "racionalidad comunicativa" hoy, requiere una modernidad "lograda", y por lo tanto depende de una narrativa historicista de la "necesidad" de imponer "desarrollo" (económico, legal, lingüístico, religioso, higiénico, pedagógico, etc.) a otros pueblos. Por contraste, para Dussel, "una comprensión de la relación entre la Conquista y la formación de la Europa moderna permite una nueva visión de la modernidad que muestra no sólo su lado emancipatorio, sino también su lado destructivo, de genocidio" (Dussel 74-75).

Si la modernidad lleva en sí la posibilidad de la democracia y la emancipación —condiciones inherentes a la sociedad civil burguesa— su condición necesaria parece ser la represión del tipo de lógica comunal pre-capitalista representada en la acción de la comunidad en el caso de las curanderas falsas: lo que hoy está de moda llamar saberes locales (*local knowledges*). Pero el resultado de este caso también señala que esta lógica comunitaria puede "co-existir pacíficamente" con la modernidad y el estado nacional.[11] Lo que hace falta es que la modernidad y el estado la dejen existir como tal: que no vean su *telos* como la destrucción de esa lógica comunal, que reconozcan su derecho y negocien su autonomía cultural y territorial. Pero esto requiere un "estado débil", fundado a su vez sobre un "pensamiento débil"[12] —es decir, una redefinición de los discursos e intereses que construyen el estado-nación como sujeto de la historia.

7. "Una heterogeneidad no dialéctica"

En uno de sus últimos ensayos, publicado poco antes de su muerte en 1997, Antonio Cornejo-Polar sugiere algunos elementos para una redefinición

280 • John Beverley

de la nación de este tipo. Cornejo-Polar comienza su ensayo señalando el hecho de que la población urbana del Perú ha crecido en los últimos cincuenta años de 35% a 70% de la población nacional, principalmente como consecuencia de la migración indígena de la región andina, migración que fue precisamente el tema de Arguedas en *El zorro de arriba y el zorro de abajo*. Como se sabe (Rama alude a esto en las palabras de su entrevista citadas al principio de este artículo), Arguedas experimentó esta diáspora como la destrucción irreversible del mundo indígena y de la posibilidad de la utopía de la "nueva ciudad" andina con la que soñaba. Pero Cornejo-Polar sostiene que es importante evitar "la perspectiva que hace del migrante un subalterno sin remedio, siempre frustrado, repelido y humillado, inmerso en un mundo hostil que no comprende ni le comprende" (844). El migrante andino también se impone sobre la ciudad criollo-mestiza costeña: "triunfo y nostalgia no son términos contradictorios en el discurso del migrante".

Se trata de entender y valorizar la relación entre identidades emergentes y residuales en el sujeto migrante, para emplear una conocida distinción de Raymond Williams. Aunque estas identidades co-existen sincrónicamente en un mismo sujeto, este sujeto no debe entenderse, piensa Cornejo, como transculturado o —aludiendo explícitamente a la tesis de Canclini, "híbrido". Más bien, es un sujeto descentrado o esquizofrénico, construido alrededor de dos (o más) ejes de identidad que son contradictorios de una forma no dialéctica —es decir, que no resulta en un *Aufhebung* o supresión-superación de la contradicción:

> [E]l discurso migrante es radicalmente descentrado, en cuanto se construye alrededor de ejes varios y asimétricos, de alguna manera incompatibles y contradictorios de un modo *no* dialéctico. Acoge no menos de dos experiencias de vida que la migración, contra lo que se supone en el uso de la categoría de mestizaje, y en cierto sentido en el del concepto de transculturación, no intenta sintetizar en un espacio de resolución armónica (844-845).

Cornejo-Polar rechaza la opción, que también asocia con Canclini, de pensar la identidad del sujeto migrante como "desterritorializada". Por el contrario, el desplazamiento territorial de los Andes a Lima "duplica (o más) el territorio del sujeto y le ofrece o lo condena a hablar desde más de un lugar. Es un discurso doble o múltiplemente situado" (841).

Cornejo-Polar ofrece como un ejemplo concreto de este sujeto descentrado el caso de la actuación de un cómico ambulante de origen andino en las calles de Lima, transcrita por dos investigadores interesados en las nuevas formas de cultura oral surgidas en el contexto de la diáspora andina.[13] El cómico empieza su actuación con una referencia a "nosotros los criollos" para distinguir a su público (limeño-urbano) de "la gente de la sierra" —a quienes califica como "estos mierdas". Unos momentos después, sin embargo, lanza un encomio apasionado a los Incas y a la figura de José Gabriel Túpac Amaru, con el cual se identifica a sí mismo como serrano: "[S]i tú eres provinciano nunca niegues a tu tierra. Yo vivo orgulloso como serrano que soy, serrano a mucha honra, serranazo" (843).

Los investigadores que transcribieron esta actuación sugieren que este cambio abrupto y aparentemente contradictorio resulta del proceso de desplazamiento metonímico característico de un discurso oral, semi-improvisado.[14] Cornejo-Polar señala, sin embargo, que el desplazamiento lingüístico de la actuación del cómico también "repite el azaroso itinerario del migrante[...]. [T]al vez en la deriva del curso metonímico el migrante encuentre lugares desiguales desde los que sabe que puede hablar porque son los lugares de sus experiencias". Cornejo-Polar concluye: "Serían las voces múltiples de las muchas memorias que se niegan al olvido" (843).

Este dinámica de doble negación sin superación, de *no olvidar* en el acto mismo de afirmarse como sujeto en un nuevo contexto, de ser "doble" o múltiple, podría leerse como la figuración de la posibilidad de un nuevo discurso de lo nacional en relación a lo indígena y lo subalterno —es decir, del "pueblo". Pero no es un discurso de los muchos que devienen uno; es un discurso del uno deviniendo muchos.

NOTAS

[1] Quiero reconocer en estas páginas la presencia directa o indirecta de mis debates y conversaciones sobre este tema con Juan Zevallos, Jesús Díaz y Mario Roberto Morales de este departamento, con mis estudiantes en un seminario sobre Estudios Culturales en América Latina en la Universidad Andina de Quito en el verano de 1996 (sobre todo en la sección 5), y con los miembros del Grupo de Estudios Subalternos Latinoamericanos.

[2] "The price they [Indian peasants] must pay for integration is high —renunciation of their culture, their language, their beliefs, their traditions and customs, and the adoption of the culture of their ancient masters.... If forced to choose between the preservation of Indian cultures and their complete assimilation, with great sadness I would choose modernization of the Indian population, because there are priorities... [M]odernization is possible only with the sacrifice of the Indian cultures". Mario Vargas Llosa, citado en *Harper's Magazine* (diciembre 1990), 52-53.

[3] Martin Lienhard explica el final de *Ollantay* como el resultado de un cálculo ideológico destinado estratégicamente a formar un bloque histórico hegemónico, en el sentido que da Gramsci a ese concepto: "Si la aristocracia neoinca, que carecía de un poder político real, pretendía crear las condiciones para una restauración incaica, no le convenía, por cierto, insistir en las prerrogativas discrecionales de los Incas históricos. Para recuperar el poder en la situación política del siglo XVIII, necesitaba al menos la alianza con los demás sustratos indígenas, probablemente también con los criollos liberales. No podía permitirse el lujo de alarmar a sus hipotéticos aliados con la perspectiva de un gobierno inca totalmente inflexible. Si el *Ollantay* pertenece a este contexto neoinca, es lógico pensar que el o los autores del drama prefirieran ofrecer una imagen más adecuada para apoyar la lucha revindicativa de los 'Incas' contemporáneos. Una imagen más humana, pero no desvirtuada: el drama ilustra precisamente la capacidad de la sociedad inca para restablecer, en una época de crisis, un poder supremo 'justo'" (Lienhard 248).

[4] Este es el tema del libro de Florencia Mallon sobre la formación del estado en el Perú y México en el siglo XIX, *Peasant and Nation*. Tiene el defecto de hacer de la historia, otra vez, una forma de la *biografía* de la nación.

282 • John Beverley

[5] Judith Butler explica *performance* —actuación es quizás el término más cercano en español— como una acción de representación que desconstruye (vgr. parodiando) la oposición binaria que constituye una identidad y, a la vez, actualiza o afirma esa identidad. Es una manera de solucionar un conocido problema en la teoría feminista: la identidad "mujer" es formada precisamente por los códigos de dominación patriarcal, pero a la vez es a través de esa identidad —experimentada como "esencial"— que uno tiene que proponer una práctica de emancipación femenina.

[6] En el caso de Cuba, la figura de Martí, invocada tanto por el régimen como por la oposición contra-revolucionaria en el exilio, tiene una misma función.

[7] Alberto Moreiras, "Populism in a Double Register", trabajo presentado en la reunión del grupo de Estudios Subalternos Latinoamericanos de 1997.

[8] He tomado esta sección en parte de mi ensayo "The Real Thing".

[9] Cito del manuscrito del trabajo inédito de Stoll, "*I, Rigoberta Menchú* and Human Rights Reporting in Guatemala", presentado en una conferencia sobre *Political Correctness and Cultural Studies*. Sin mencionar el incidente del hermano, Stoll hace una crítica similar del testimonio de Menchú en su ensayo "'The Land No Longer Gives': Land Reform in Nebaj, Guatemala", especialmente pp. 4-5.

[10] Ver Beverley, *Against Literature* 97. Véase también el conocido ensayo de Doris Sommer sobre la estrategia narrativa de *Me llamo Rigoberta Menchú*, "Sin Secretos".

[11] Es erróneo ver a lo indígena como pre-moderno. Los pueblos indígenas también viven *en la modernidad*, pero a su manera. Viven en otros tiempos también, pero este hecho de vivir "tiempos mixtos" (la frase es de Canclini) no es peculiar a ellos. De ahí que la relación de lo indígena con lo moderno no sea *necesariamente* una relación de hibridización o transculturación, que, en cierto sentido, es lo que el concepto de sociedad civil expresa.

[12] La alusión es a la idea de *pensamiento debbole* en el posmodernismo italiano.

[13] Ver Biondi y Zapata.

[14] Para Martin Leinhard, sería un ejemplo de la persistencia en sociedades poscoloniales como el Perú de una "diglosia cultural instituida durante el proceso de conquista y colonización".

BIBLIOGRAFÍA CITADA

Beverley, John. "The Real Thing". *The Real Thing. Testimonial Discourse in Latin America.* Georg Gugelbeger, ed. Durham: Duke University Press, 1996.

\_\_\_\_\_ *Against Literature.* Minneapolis: University of Minnesota, 1993.

Bhabha, Homi. *The Location of Culture.* Londres y Nueva York: Routledge, 1994.

Biondi, Juan y Eduardo Zapata. *Representación oral en las calles de Lima.* Lima: Universidad de Lima, 1994.

Butler, Judith. *Gender Trouble. Feminism and the Subversion of Identity.* New York: Routledge, 1990.

Chatterjee, Partha. *The Nation and Its Fragments. Colonial and Postcolonial Histories.* Princeton: Princeton University Press, 1993.

Cornejo-Polar, Antonio. "Una heterogeneidad no dialéctica: Sujeto y discurso migrante en el Perú moderno". *Crítica cultural y teoría literaria latinoamericanas.* Mabel Moraña, coord. *Revista Iberoamericana* LXII/176-177 (1996): 837-844.

Díaz-Caballero, Jesús. *Ángel Rama o la crítica de la transculturación (Última entrevista)*. Lima: Lluvia Editores, 1991.

Dussell, Enrique. "Modernism and Eurocentrism". *The Postmodernism Debate in Latin America*. J. Beverley, M. Aronna, y J. Oviedo, eds. Durham: Duke University Press, 1996.

Guha, Ranajit. *Elementary Aspects of Peasant Insurgency in Colonial India*. Delhi: Oxford University Press, 1983.

Hale, Charles. *Resistance and Contradiction. Miskitu Indians and the Nicaraguan State, 1894-1987*. Stanford: Stanford University Press, 1996.

Laclau, Ernesto. "Why Do Empty Signifiers Matter to Politics?". *Emancipation(s)*. Londres y Nueva York: Verso, 1996.

Larsen, Neil. *Modernism and Hegemony*. Minneapolis: University of Minnesota Press, 1990.

Lienhard, Martin. "Of Mestizajes, Heterogeneities, Hybridisms and Other Chimeras: On the Macroprocesses of Cultural Interaction in Latin America". *Journal of Latin American Cultural Studies* 6, 2 (1997): 183-200.
_____ *La voz y su huella*. La Habana: Casa de las Américas, 1990.

Mallon, Florencia. *Peasant and Nation*. Berkeley: University of California Press, 1995.

Menchú, Rigoberta con Elisabeth Burgos. *Me llamo Rigoberta Menchú, y así me nació la conciencia*. Mexico: Siglo XXI, 1985.

Moreiras, Alberto. "Populism in a Double Register", trabajo presentado en la reunión del grupo de Estudios Subalternos Latinoamericanos, College of William and Mary, 2-4 de mayo, 1997.

Sommer, Doris. "Sin Secretos". *La voz del otro: Testimonio, subalternidad y verdad narrativa*. John Beverley y Hugo Achugar, eds. Lima: Latinoamericana Editores, 1993.

Stoll, David. "*I, Rigoberta Menchú* and Human Rights Reporting in Guatemala" trabajo inédito presentado en una conferencia sobre *Political Correctness and Cultural Studies* celebrada en la Universidad de California Berkeley, el 20 de octubre de 1990.
_____ "'The Land No Longer Gives': Land Reform in Nebaj, Guatemala". *Cultural Survival Quarterly* 14, 4 (1990): 4-9.

# Ser indio donde "no hay indios".
## Discursos identitarios en el noroeste argentino

Ricardo J. Kaliman
*Universidad Nacional de Tucumán - CONICET*

1. Las reflexiones que en los últimos años han permitido profundizar en las múltiples facetas del concepto de identidad nos permiten estudiar los procesos sociales de modos más esclarecedores. En el caso del indigenismo, por ejemplo, si ya resultaba consensual aceptar que fue la expresión de sujetos más bien externos a las comunidades cuyos derechos pretendía reivindicar, hoy podemos tasar con mayor claridad lo que esa exterioridad significó como construcción de una abstracción identitaria ajena a la dinámica social de esos grupos y más bien articulada en la tradición hegemónica que se remonta a la misma denominación de "indios", con la cual los conquistadores sellaron, desde su propia construcción identitaria y para reforzarla, la alteridad que se les enfrentaba en su empresa de dominación e imposición política. Asimismo, si aceptamos que la identidad tiene incidencia social sólo cuando está actualizada de alguna manera en la conciencia práctica de los miembros de la comunidad, y como conciencia de tal comunidad, se confirma con más detalle el funcionamiento internamente contradictorio del discurso indigenista y el irremisible paternalismo que lo arrastra y que neutraliza cualesquiera buenas intenciones.

Destaco estos resultados porque quiero implicar que el estudio de la identidad no sigue —o por lo menos no sigue simplemente— un dictado de la moda ni constituye —o por lo menos no se reduce a— una mera producción de discurso al servicio de intereses sectoriales de diversa índole, sino que puede interpretarse —y llevarse a cabo— como un intento de responder a interrogantes que se generan independientemente a partir de la doble fuente de preguntas que guían el trabajo intelectual más legítimo: el interés humano por el conocimiento y la inquietud por iluminar los caminos para la resolución de los problemas que afectan a nuestras sociedades. Y si inicio esta exposición con tan altisonantes aseveraciones, es sólo porque quiero situar mi trabajo en el marco de la búsqueda de categorías y modelos que me permitan proponer una explicación de la dinámica social en mi entorno más inmediato, para evitar el procedimiento inverso, demasiado generalizado, por el cual buscamos en el entorno —o, desentendiéndonos de él, allí donde nos parezca más factible encontrar— fenómenos que puedan encuadrarse en las categorías y modelos que se hayan erigido por quién sabe qué motivos en capital intelectual dentro del ámbito académico.[1]

Lo que me interesará aquí, en consecuencia, de los desarrollos del concepto de identidad como categoría de estudio de la sociedad y la cultura, son aquellos aspectos que me permitan comprender el desarrollo histórico y la situación actual de ciertos grupos humanos que habitan en la región de los

Valles Calchaquíes, en el noroeste del territorio argentino. Encuentro que este aprovechamiento, a su vez, redunda en algunas sugerencias metodológicas y conceptuales beneficiosas para seguir revisando lo que llevamos reflexionado sobre la identidad y su función en los procesos de reproducción social. No creo que sea sorprendente que esto resulte así. En verdad, si lo pienso un poco, encuentro más bien sorprendente que este modo de trabajar, alimentando la discusión conceptual con la consideración de su aplicabilidad sobre casos concretos, no constituya nuestro *modus operandi* dominante.

2. Entiendo aquí por identidad, no una esencia metafísica que define a los individuos más allá de cualquier conciencia que puedan tener de ella; ni una fábula fabricada arteramente por poderes de turno a fin de mejor controlar una población potencialmente reacia; sino una autoadscripción en el seno de una comunidad que los agentes hacen propia a través de la socialización y que puede visualizarse empíricamente en las expectativas y códigos que ponen en funcionamiento cuando se embarcan en acciones comunicativas. En este marco, considero que el esencialismo sí puede fácilmente interpretarse, en la mayoría de los casos, como una ficción originada en —o, por lo menos, funcional para— posiciones hegemónicas, pero que al mismo tiempo estas concepciones forman parte, y una parte vigorosa, del conjunto de propuestas que los individuos reciben para elaborar sus adscripciones identitarias, por lo cual acaba comportando un modo de realidad histórica en la motivación de sus acciones. Dado que, a su vez, estas motivaciones son una variable insoslayable para comprender los procesos sociales, se sigue que no es posible comprender los procesos de reproducción y transformación cultural ni esbozar estrategias de resistencia o políticas culturales sin una idea más o menos clara de la naturaleza de las identidades involucradas.

Parto en esta exposición del hecho de que los habitantes de los Valles Calchaquíes tienen cierto grado de conciencia de su identidad, a la que me referiré aquí con el término de "vallista", y, complementariamente, la de su alteridad con respecto a otros grupos humanos, principalmente en este caso la sociedad nacional argentina, que para nuestros fines en este trabajo podemos caracterizar como "neoeuropea". Analizaré luego dos ofertas de elaboración discursiva de esa identidad con las que los vallistas han estado y están actualmente relacionados: la identidad nacional, que incide poderosamente desde las instituciones hegemónicas; y las formas de influencia y relativa vigencia del indigenismo.

Como en cualquier conformación de la subjetividad, podemos distinguir operativamente en la elaboración de la identidad dos fuentes básicamente interrelacionadas, que llamaré la experiencia y el discurso. La primera se refiere a aquellos elementos que se adquieren en la rutina diaria de la reproducción social, al mismo tiempo, y tal vez sin distinguirse demasiado, de los conocimientos que permiten a los agentes involucrarse en acciones comunicativas de diversa índole. Con "discurso" quiero decir las conceptualizaciones más o menos organizadas que se basan en aspectos no asequibles directamente a la experiencia, pero que en última instancia tienden a organizarla. La distinción es operativamente útil, en la medida en que, sobre todo en sociedades complejas, los lugares de saber, definidos como aquellas posiciones comunicativas que están socialmente signadas como fuentes de verdad, están en gran medida fuera del control de los grupos subalternos, sobre los cuales producen un impacto derivado de perspectivas ajenas a ellos. Sin duda, la gestación de lugares de saber contrahegemónicos, tales como los intelectuales orgánicos de Gramsci, sería una estrategia adecuada para contrarrestar los procesos de manipulación ideológica. Un objetivo tal se enfrenta a numerosos obstáculos, aunque el trabajo en ciencias sociales podría hacer su aportación en ese sentido, intentando desentrañar aquellos aspectos de las subjetividades que emanan más directamente de la experiencia cotidiana y distinguirlos de los que, en cambio, hunden sus raíces en instancias de control.

Esta empresa implicaría un refinamiento y rigor metodológicos que permitieran modelar las conciencias prácticas de los agentes, tratando de evitar la interferencia de las categorías que la tradición académica impone, a fin de dejar aflorar las que actúan realmente en las reproducciones sociales, particularmente porque, por definición, las categorías aquí relevantes son precisamente aquellas que no necesariamente alcanzan manifestaciones discursivas, y cuando mínimamente lo hacen carecen de marcos explícitos en los cuales comprenderlas, puesto que para los agentes basta con la confirmación que logran a través del éxito de sus acciones comunicativas.

En el caso que me ocupa, como es de esperarse, poco podemos colegir sobre la identidad con base en la experiencia a partir de los estudios de que disponemos. En un capítulo de mi tesis doctoral, propuse algunos elementos escudriñados a partir de la posibilidad de reproducción de ciertas prácticas económicas no capitalistas, que se entrelazan o entran en conflicto de diversas maneras con los hábitos del mercado. Más recientemente, sin embargo, Campisi elaboró, a partir de los testimonios que recogió, una imagen identitaria más puntual, en lo que ella denominó el sistema de la copla, práctica discursiva que implica un conjunto de códigos, reglas y contextos específicos.[2] Los copleros vallistas, en efecto, tienen conciencia de las pautas propias de la copla de su comarca más cercana, pero al mismo tiempo saben que, admitiendo ligeras variaciones, están en condiciones de involucrarse en estas prácticas con individuos que habitan una vasta región, alcanzando al sur de Bolivia, donde está la ciudad de Tarija, considerada por algunos como el centro principal de este sistema. Completando esta percepción identitaria que se adquiere por vías "informales", en el seno de la familia o en viajes que realizan para intercambio comercial, los vallistas tienen clara conciencia de las fronteras: los otros son quienes no participan de la comunidad coplera y pertenecen en consecuencia a un ámbito cultural extraño a ella. En algunos lugares, incluso, son particularmente reacios a que los intrusos participen de la "copleada".[3]

No pretendo que esto resulte particularmente llamativo para quienes no estamos directamente relacionados con este mundo. Pero tiene la importancia metodológica de que constituye un nivel de identidad que puede certificarse a ciencia cierta sobre bases firmes. Muy probablemente, este mismo sistema de la copla se vea reforzado por otras pautas de comunidad sobre las que convendría profundizar o, eventualmente, otras diversas identidades se entrecrucen e intersecten con ésta. Lo que sí podemos comenzar a deslindar en este momento son las identidades discursivas que se ofrecen en el panorama social vallista como alternativas para articular en un contexto más amplio esta identidad básica sustentada empíricamente por los agentes. En los hechos, la propia posibilidad de reproducción de esta identidad dependerá, en el futuro, de las negociaciones con estas ofertas más abstractas y más poderosas. Sin duda, las más relevantes son la identidad nacional y el indigenismo, de los que paso a hablar inmediatamente.

3. Es un lugar común afirmar que Argentina se particulariza en el contexto latinoamericano por la ausencia de población indígena. En verdad, esta afirmación se ha matizado usualmente con la idea de que al menos "no hay indios en una población suficientemente significativa", lo cual a los fines prácticos resulta usualmente irrelevante a la hora de la construcción de los imaginarios nacionales desde adentro y desde afuera de la sociedad. Desde el restablecimiento de la democracia en 1983, ciertamente, algunos grupos indígenas han desarrollado organizaciones suficientemente fuertes como para hacer oír su voz en el panorama nacional, sobre todo en el caso de los mapuches del Sur y los tobas del Chaco, que han llegado a tener representación parlamentaria; y los collas del Norte, quienes hace un par de años protagonizaron una masiva movilización hacia la capital en reclamo por los derechos sobre sus tierras. La existencia de poblaciones indígenas en territorio argentino también sacudió hasta cierto punto a la opinión pública de una manera más trágica a principios de los 90, cuando las primeras víctimas del rebrote del cólera en territorio argentino se produjeron entre los wichí de las orillas del río Bermejo, en el límite con Bolivia, en grupos cuya situación de desnutrición había sido previamente denunciada y desatendida. Corresponde señalar, por último, que, en la reciente reforma de la Constitución, se incluyeron los derechos indígenas sobre sus tierras y se excluyó una sesquicentenaria cláusula que asignaba al Congreso la responsabilidad de su conversión al catolicismo.

Me atrevería a afirmar, sin embargo, que estos hechos, entre otros funcionalmente comparables, no significan una transformación sustancial del imaginario nacional en el cual la Argentina se representa a sí misma como un pueblo eminentemente "transplantado", para ponerlo en el término con el cual Ribeyro designa las culturas de matriz europea. Esta imagen absorbe las emergencias mencionadas como casos excepcionales, relacionados con un sector mínimo de la población, sin relevancia para el perfil global de la nación. Este esquema resulta bastante familiar: una perspectiva originada en los aparatos hegemónicos produce una imagen homogeneizadora del conjunto social, lo cual sólo se revela conflictivo cuando nos situamos en las perspectivas de sujetos subalternos que experimentan ineluctablemente su propia diferencia frente a ese marco homogeneizador y sufren las consecuencias materiales de tal exclusión discursiva.

Sin embargo, hay algo más que observar, por lo menos para el caso que me ocupa, y es que esta homogeneización cumple en el proceso argentino una función paralela a la que el indigenismo desempeñó en las naciones-estado con predominancia de pueblos "testimonio", para volver a la terminología de Ribeyro: la de mediar en la situación poscolonial latinoamericana. Permítaseme desarrollar lo que quiero decir con esta afirmación.

Una de los contrastes más evidentes entre el proceso poscolonial en Latinoamérica frente al de las sociedades a partir de las cuales se ha generalizado este término, además de anticipárseles en casi un siglo, y quizá, bajo ciertos análisis, precisamente a causa de esa anticipación, es la de que las elites republicanas que heredaron el control político colonial reprodujeron para sí las pautas culturales metropolitanas, en particular en el hecho de que mantuvieron la construcción identitaria que los separaba de las culturas autóctonas. Esto puede decirse —y se ha dicho— en otros términos: por ejemplo, que las elites republicanas eran étnicamente idénticas a los grupos imperialistas expulsados del poder y étnicamente diferentes de los grupos indígenas que aquellos sojuzgaban, en oposición a los casos de África y el sudeste asiático, en el que las elites gobernantes en el período poscolonial pertenecían a los grupos étnicos autóctonos. Sin embargo, esta descripción sugiere que es posible clasificar identitariamente a los individuos con independencia de las construcciones discursivas que movilizan sus subjetividades, y aquí estoy en cambio presuponiendo, como quedó señalado antes, que la razón histórica de las adscripciones identitarias son las construcciones discursivas que los individuos internalizan en su proceso de socialización.

De hecho, la perduración de las fronteras ideológicas entre las identidades neoeuropeas y las autóctonas en Latinoamérica parece estar íntimamente vinculada con la reproducción, aún después de la independencia, de un orden económico en el que las grandes masas indígenas se articulaban como fuerza de trabajo campesina en modos estructuralmente emparentados con las formas feudales. Ciertamente, el proceso revolucionario incluía, si es que no consistía fundamentalmente en, un impulso hacia la instalación de una organización liberal de la producción, pero aún el discurso legitimador de este proyecto, que en lo que se refiere a las masas indígenas impulsaba la desarticulación de todo vestigio comunitario y la correspondiente proletarización del campesinado, durante mucho tiempo insistió con las fronteras étnicas y culturales, usualmente reconociendo al menos a algunos grupos indígenas un legendario pasado de grandeza al que habría sucedido, por obra de la acción imperial, el degradado presente. En el relato hegemónico, esta degradación los convertía en un obstáculo para el progreso. En una versión más subterránea, en el área surandina, algunos de los elementos de este relato fueron reinterpretados en términos utópicos.[4]

Ahora bien, las fronteras así establecidas en el interior de las sociedades nacionales entraban en contradicción con las necesidades ideológicas de la nación moderna que las elites proyectaban construir y que implicaban la conquista de la subjetividad del conjunto de la ciudadanía en términos de una identidad nacional. En la medida que este proyecto fue consolidándose, lo cual conllevó asimismo que los grandes sectores sociales arrinconados secularmente en la alteridad de la civilización fueron cobrando mayor peso social y político, la aristocrática distancia prohijada por los grupos gobernantes acabó por convertirse en un obstáculo para su legitimación. En las naciones que se descolonizaron durante el siglo XX, este conflicto quedó salvado a través del conocido motivo del sujeto escindido con el que se construyen a sí mismos los intelectuales, en un desgarro tan doloroso que no les deja fuerzas sino para explorar minuciosamente sus arqueologías y desconstruir interminablemente sus ilusorias dicotomías, empresas tan exigentes y al parecer tan premiosas, que rara vez les escuchamos noticias sobre las prácticas culturales y las historias que viven y reproducen los sectores populares de esas sociedades, supuestos nutrientes de al menos una mitad de tales sujetos.

Además de otros rasgos y circunstancias particulares, los discursos y las prácticas que arrastraban los grupos dominantes en los sectores latinoamericanos excluían su propia etnicidad y eran demasiado "coloniales", por decirlo breve y figuradamente, como para que un motivo como el del sujeto escindido pudiera prosperar entre ellos. En los distintos estados latinoamericanos, la construcción de la identidad nacional encaró de diversos modos el conflicto que la enfrentaba a la tradicional doble filiación de su potencial ciudadanía. Creo que conviene leer bajo esta luz el fenómeno del indigenismo en sus diversas formas. No es casual, por ejemplo, que este discurso comience a fructificar en el Perú en consonancia con el impacto de la derrota en la guerra del Pacífico que, entre otras cosas, puso en evidencia la necesidad de conquistar la lealtad de los grupos indígenas a los símbolos nacionales;[5] o que, en Bolivia, una experiencia semejante, en este caso la de la guerra del Chaco, articuló el viraje desde la perspectiva del *Pueblo enfermo* de Alcides Arguedas hacia el reconocimiento de la dimensión india de la nacionalidad que echaron a andar los intelectuales de la generación siguiente.[6]

Como patrón general, se trataba, entonces, de elaborar imágenes de unidad nacional que, sin poner en tela de juicio la superioridad de la cultura de extracción europea, fueran sin embargo capaces de incorporar las voluntades formadas en los ámbitos sociales y culturales populares. Una identidad nacional ideal debería incluir dos "sub-identidades", una de las cuales pudiera aparecer justificadamente superior a la otra. A pesar de las dificultades que tal tipo de esquema encontraba para desarrollarse en países con grandes y beligerantes poblaciones con marcas culturales demasiado evidentemente diferenciables (lengua, vestimenta), etc., aún así es posible rastrear en Bolivia al menos un probable intento por desarrollarlo, según el análisis que propone Abercrombie para la intromisión y posterior control de importantes comparsas del carnaval de Oruro por parte de miembros de la oligarquía durante la década de 1920 como un modo de incorporarse a las lascivas danzas originarias para "superarlas" a través del rito final de consagración a la Virgen del Socavón, simbolizando de esta manera su identidad con los grupos indígenas y al mismo tiempo la superioridad de la cultura católica y europea que ellos representan. En términos semejantes, Abercrombie avanza una lectura de la novela *La Ch'askañawi*, de Medinaceli, en la cual la carrera de un joven y promisorio abogado se ve tronchada al ser seducido por una sensual mestiza de brillantes ojos y anchas caderas, como una figuración de la ambigua naturaleza de la Bolivia india, cuya fascinante fuerza telúrica, sin embargo, puede poner en riesgo el progreso, sugiriendo como moraleja que esas fuerzas deben ser guiadas por el control de la civilización, en pos del engrandecimiento de la patria. Algunos estudiosos han cuestionado la argumentación de Abercrombie, aunque más bien en cuanto a su pretensión de homogeneizar este discurso para toda la oligarquía boliviana durante el siglo XX, pero reconociendo, en general, la plausibilidad de su vigencia reducida a algunos sectores de la intelectualidad durante las primeras décadas del siglo.

En el proceso de construcción de la identidad nacional argentina, en cambio, el esquema pudo concretarse con mayor facilidad. Entre otras condiciones relevantes debemos contar, sin duda, con que en la experiencia más accesible a los habitantes del puerto de Buenos Aires, centro del control político y económico, se destacaba más señaladamente la gran afluencia de inmigrantes europeos que comenzaron a llegar desde fines del siglo XIX, mientras que, con respecto al indio, o bien estaba demasiado distante de los grupos que portaban rasgos exteriores de su alteridad más evidentes, o bien, en el momento de consolidación del estado, los consideraba enemigos de la civilización, como ocurría con los grupos que habitaban en la Patagonia y el Chaco, zonas y personas de las que tomó posesión el estado nacional en las últimas décadas del siglo XIX, la primera a través de la sintomáticamente conocida como "conquista del desierto" de 1879, luego de la cual se aplicaron estrategias más emparentadas con la segregación norteamericana que con el modelo hispánico de la servidumbre.

4. Tal vez teniendo presente principalmente esta empresa es que, unas tres décadas más tarde, la imagen del gaucho, una suerte de lumpen campesino que conformó el grueso del reclutamiento en la guerra de frontera, se alzó en el horizonte como la figura emblemática de la identidad nacional argentina.[7] De manera paralela al modo en que la actitud hacia el indio en Perú y Bolivia se había volcado del desprecio hacia los diversos grados de reivindicación indigenista, el gaucho argentino, vilipendiado por los liberales del siglo XIX, se convirtió, en el discurso dominante de las primeras décadas del siglo XX, en héroe trágico y depositario de la esencia nacional, con una ventaja invalorable para la oligarquía local: a diferencia del indio en los países andinos, el gaucho como categoría socioeconómica había quedado virtualmente extinguido, para ser reemplazado por peones disciplinados por la milicia del estado. Estos proletarizados campesinos, adecuados al régimen de las vastas estancias en las que se había parcelado la conquistada Pampa, habrían heredado de su antecesor el gaucho, según versiones identitarias hasta ahora vigentes, una sobresaliente destreza precisamente en las tareas más duras y productivas para el rendimiento económico de la estancia.

En el ciclo de conferencias que Leopoldo Lugones ofreció en el teatro Odeón en 1906 y que luego reunió en un libro bajo el nombre de *El payador* se cifra con nitidez la naturaleza de mediación en la situación poscolonial de la imagen del gaucho en la construcción de la identidad nacional argentina, bajo el dictado de las necesidades de los grupos dominantes más conservadores. El relato de Lugones, en efecto, define al gaucho como un mestizo entre el indio bárbaro, al que describe en términos casi animales, y el europeo civilizado, y decide que fue una figura históricamente necesaria para el progreso, en la medida en que sólo reuniendo ambas razas podría haber sido capaz de enfrentar a los salvajes de igual a igual y derrotarlos, abriendo así el camino de la civilización. En una segunda articulación, Lugones se ocupa de construir otro centauro, esta vez enlazando al rústico gaucho con el refinado terrateniente, que se gana el respeto de los gauchos por ser el mejor de entre ellos, al par que ha adquirido, por otra parte, la sensibilidad y el buen gusto que caracterizan al hombre culto destinado a dirigir el destino de las naciones. Estos mestizos de nivel superior son los antepasados directos de la oligarquía agrícola-ganadera, que constituía el público de sus conferencias.

A través de la doble escala de mestizos, los grupos dominantes contemporáneos eran así legitimados en su posición como cumbre y culminación del proceso de la imaginada comunidad, provistos de las dotes y la cultura universal que los facultaba para dirigir los destinos del conjunto de la nación. En este cuadro, la población campesina ha sido convenientemente convertida en "gauchos", una homogeneización que conlleva en verdad varias exclusiones: la del inmigrante europeo y la del indio en general, pero también la de la población campesina del resto del país, que queda cubierta bajo la descripción del gaucho pampeano, a pesar de las marcadas diferencias en cuanto a las categorías socioeconómicas discernibles en las otras regiones. Unos años más tarde, Lugones cristalizó esta nacionalización en *La guerra gaucha*, crónica de las luchas por la independencia en el actual noroeste argentino, atribuyendo a los habitantes de esta área rasgos semejantes a los del gaucho de la pampa.

Aunque los rasgos atribuidos al gaucho por Lugones en *El payador* han sido los más influyentes en la imaginería posterior, esto no es igualmente cierto de todo el conjunto de su relato, y en particular en lo que se refiere a las connotaciones del indio. En el modelo de Ricardo Rojas, por ejemplo, el mestizaje del criollo es visualizado como la confluencia de lo mejor de las dos razas en la definición de una nueva autoctonía que se apresta ahora a sintetizarse con la invasión de la inmigración europea. Esta visión, aunque insistía en la inexistencia contemporánea del indio, no conllevaba matices derogatorios de éste y llegaba a incluir la sangre india como una de las que conformaban la argentinidad presente. Este cuadro es quizá el que más se presta como representación generalizadora de la identidad nacional en los aspectos señalados, tal como se ha difundido desde entonces a través de los distintos aparatos estatales.

Producto de estos esfuerzos por consolidar la identidad nacional, de incidencia específica para la reproducción del imaginario aquí relevante es la institución del folklore, que acabó por configurarse en la década de 1920. Inicialmente, la estrategia era de índole científica: se trataba de preservar los rasgos esenciales de la argentinidad, rescatados de la contemporaneidad rural, para que sirvieran de guía a las generaciones futuras frente al avance de la modernidad cosmopolita. La folklorología, siguiendo patrones establecidos en la Europa romántica, se ocupaba rigurosamente de reunir y clasificar este material y exponerlo ante el público urbano para su ilustración en las raíces de la patria. Posteriormente, comenzó a difundirse la práctica de lo que los folkorólogos llamaron la "proyección", reproducciones de prácticas supuestamente rurales y puras, pero ahora en ambientes ajenos al de su origen, mediante las cuales la práctica se mantenía viva, aunque para el científico ya no fuera estrictamente folklórica. Complementariamente, se fundaban en todo el territorio nacional las agrupaciones tradicionalistas, cuyos miembros aprendían danzas folklóricas y habilidades gauchescas, en particular el manejo del lazo y la jinetería.

Básicamente, estas agrupaciones tradicionalistas reproducen —hasta el día de hoy— el modelo del gaucho pampeano, con apenas ligeros toques regionales. La música folklórica, en cambio, representa un fenómeno más complejo, pero en líneas generales es vehículo de las complejidades de la imaginería de la identidad nacional. Aunque los folkorólogos, fieles a su impulso inicial, pusieron todo su empeño en subrayar los elementos reconociblemente hispánicos que conformaban las prácticas tradicionales, el material que recopilaban dejaba entrever muchos elementos que licitaban lecturas alternativas y sólo a costa de empecinados borramientos podían alcanzar, en algunos casos, una imagen que coincidiera sin hilachas con la que traían consigo a su trabajo.[8] Con la difusión y popularización de la proyección folklórica, el fenómeno se volvió todavía más complejo, ya que la institucionalización de este circuito es mucho más laxa que la de la academia, y no puede evitarse que algunos intérpretes y autores involucren en estas prácticas discursos e imágenes alternativos. Muchas formas de origen netamente indígena, sobre todo provenientes de la Puna salteña, y otras que en su ambigüedad se inclinan preferentemente hacia esa extracción, como las chacareras de la zona quechuaparlante de Santiago del Estero, quedaron articuladas en el repertorio del folklore de proyección, dejando lugar tanto a la lectura del legado del indio desaparecido como a la de una identidad alternativa todavía vigente. Las prácticas culturales mismas de los Valles Calchaquíes aparecen en este repertorio a través de una forma característica de canto tritónico conocida hoy como "baguala".

5. En espacios como el folklore, en consecuencia, es posible rastrear elaboraciones alternativas de la identidad. De hecho, la forma más notoria e influyente de indigenismo se encuentra en este ámbito, a través de la reconocida figura de Héctor Rodolfo Chavero, que eligió su seudónimo de Atahualpa Yupanqui precisamente para señalar la naturaleza india de los grupos humanos de los que se sentía vocero, en su primera etapa de actividad

artística. El caso de Yupanqui es particularmente interesante para la formación que nos interesa, puesto que, miembro de las generaciones pioneras en la difusión del folklore hacia los ámbitos urbanos, uno de los factores que concurrió para su consagración como símbolo casi unánimemente aceptado de esta práctica es su experiencia andariega en los espacios más alejados de la vida moderna, aprendiendo —según lo repitió a menudo en sus declaraciones y lo reiteran sus varios biógrafos con el apoyo de otros testimonios— de los propios campesinos las formas musicales y los estilos interpretativos que luego componía y ejecutaba en radios, teatros y grabaciones. De este modo, su socialización de lo que las instituciones oficiales han catalogado como folklore se produce con relativa independencia con respecto a esas mismas instituciones.

Llama la atención, en consecuencia, el ingenuo pero beligerante indigenismo, con algunos ribetes utópicos, que aflora en su libro de ensayos *Aires indios* de 1943, en el que recoge experiencias, personajes y poemas relacionados con su adolescencia y juventud en diversos lugares del noroeste argentino (incluyendo en buena parte a los habitantes de los Valles Calchaquíes). Los mismos campesinos que un par de décadas antes habían sido retratados por Lugones como gauchos, aparecen aquí descriptos en todos aquellos rasgos que señalan su diferencia y su autoctonía. Esta disidencia, por supuesto, dados los parámetros históricos que hemos venido manejando, no es en verdad inesperada, pero sí suscita nuevos interrogantes la emergencia misma de un discurso reconocidamente indigenista cuya filiación en una sociedad dominada por la imagen gauchesca no es fácilmente identificable.

Podemos aventurar algunas respuestas tomando en cuenta la obra inicial de otro poeta, el salteño Manuel J. Castilla, que publicó en 1944 su poemario *Luna muerta*, en el que denuncia la explotación de los indios chaguancos en un ingenio en la boca del Chaco. El mismo poeta reiteró esta actitud en 1949, cuando en *Copajira* enfocó esta vez la situación de los mineros de Oruro y Potosí, en territorio boliviano. Aunque estos grupos no pertenecen al área que aquí estoy considerando, sin embargo el paralelo con el texto de Yupanqui es pertinente, puesto que también Castilla ostenta el título de viajero que ha recogido su inspiración de una larga experiencia entre los campesinos del área.

En una investigación que realicé a partir de una sugerencia de Antonio Cornejo-Polar, reuní evidencia que permite sustentar la hipótesis de que el indigenismo de Castilla se articuló en un sistema cuya fase original puede datarse en una peculiar combinación de militancia indigenista y poesía de vanguardia, gestada alrededor del *Boletín Titikaka*, una publicación dirigida por Gamaliel Churata en Puno, al sur de Perú, en los últimos años de la década de 1920. Este sistema, como tantos otros que permanecen invisibles para las aproximaciones localizados en los centros hegemónicos, tuvo la particularidad de generarse y reproducirse al margen de las respectivas capitales estatales, Lima y Buenos Aires.[9] El camino que va desde el sur peruano y Bolivia hacia el norte argentino podría tentarse como un campo intelectual alternativo con escasas manifestaciones institucionales, pero a pesar de todo medianamente efectivo, a través del cual, quizá, circularon estas formas de indigenismo combativo, entre revolucionario y mesiánico, más característico de los centros interiores que de los académicos capitalinos. En cualquier caso, el hecho es que este indigenismo está, y no parece tan especulativo, considerando los rasgos comunes de las trayectorias de Yupanqui y Castilla, avizorar que este discurso no se sitúa en las esferas estatales, sino en circuitos que para esta estructura son — o fueron al menos — alternativos, en marcado contraste con la identidad nacional que analicé antes.

6. En cierto sentido, y al menos en este contexto, el indigenismo podría interpretarse como una tendencia contrahegemónica. En efecto, la identidad nacional, como vimos, tiende a negar la existencia de los indios en función de disciplinar la alteridad en una ilusión de identidad subordinada, valorada como depósito de lo esencial de la nación, aunque al mismo tiempo condenada a un arcaísmo dependiente. De esta manera, en los hechos, desarticula la posibilidad de que los agentes elaboren su alteridad frente a la hegemonía, en la medida en que no la ven como alteridad, sino como identidad. La gradual transformación de las culturas rurales del noroeste argentino, en la que es visible el abandono de pautas culturales por parte de las generaciones jóvenes, puede explicarse en virtud de esta manipulación de su subjetividad. Para algunos vallistas, efectivamente, esta desaparición parece surgir como algo casi inesperado, sin relación directa con la influencia de la escuela o los medios de comunicación.[10] Puesto de esta manera, el indigenismo podría considerarse una opción contestataria. Después de todo, ofrece un imaginario alternativo para modelar su propia imagen.

Sin embargo, entre los vallistas, las expresiones típicamente indigenistas se encuentran sólo en forma aislada e individual, por lo menos hoy en día. La identidad india en los Valles Calchaquíes parece tener otros modos de encauzarse, más relacionados con los intereses inmediatos de la población. En diversas ocasiones, por ejemplo, la tenencia de la tierra ha suscitado organizaciones que apelan a los derechos originarios. Esto ocurre, por ejemplo, entre los amaichas, que hasta bastante avanzado el siglo XX mantuvieron formas de propiedad y trabajo comunitarios; y recientemente algunos dirigentes quilmes y de otras localidades han iniciado movimientos basados en el reclamo de sus ancestrales posesiones. Si de alguna manera es posible rastrear aquí elementos provenientes del indigenismo, también es cierto que la reproducción de estas inquietudes parece sustentarse en la propia educación informal en el seno de la familia y en relaciones con otros grupos, particularmente con los habitantes de la Puna salto-jujeña y del sur boliviano, con los cuales los vallistas mantienen relaciones comerciales, menos asiduas y sistemáticas de lo que fueron hasta los años 30, pero todavía suficientemente vigentes como para justificar estas apreciaciones.

Conviene observar, en esta discusión, que, en verdad, las categorías que encontramos en el trabajo académico no son sino reflejo de estas dos formas básicas originadas en sujetos ajenos a los grupos sociales sobre los cuales las aplicamos. En la práctica, no tenemos categorías específicas para dar leal cuenta de las complejidades identitarias en las que se mueven comunidades como las de que he hablado aquí, y me atrevería a sugerir que existe la posibilidad de que estos casos sean mucho más comunes de los que la literatura sobre las culturas latinoamericanas deja entrever. No miramos sino lo que nuestras categorías nos dejan ver, y rotulamos procesos sociales concretos inducidos por esa mirada, sin que dejemos que los hechos concretos se conviertan en un cuestionamiento empírico de ellas, lo que, a la postre, nos podría ayudar a ver mejor.

Los progresistas los llaman indios, y los conservadores los llaman gauchos, pero para los vallistas estos rótulos quizá no son más que ajenas construcciones que las estructuras de poder los obligan a tomar como punto de referencia de su propia historia, a pesar de que como puntos de referencia muy probablemente están desde el principio desencaminados.

## NOTAS

[1] Desarrollo estas cuestiones en mi trabajo "Sobre la definición de 'lo interesante' en los estudios culturales latinoamericanos", a ser publicado en las Actas de las Terceras Jornadas Andinas de Literatura Latinoamericana (JALLA Quito 1997).
[2] Hay muchos trabajos que recogen información sobre la práctica de la copla. En particular, véanse los trabajos de Pérez Bugallo y Casaverde.
[3] Véase Campisi.
[4] Véase Flores Galindo.
[5] Esta perspectiva del indigenismo peruano y su relación con el proceso de la identidad nacional peruana sigue la línea trazada por Cornejo-Polar en *La formación de la tradición literaria en el Perú*.
[6] Véase Gómez Martínez.
[7] Sobre este tema véase Ludmer.
[8] Véase por ejemplo el análisis de algunas recopilaciones de los folklorólogos que propone María Stella Taboada en su artículo.
[9] Véase Kaliman.
[10] Este análisis ha sido propuesto, en comunicación personal, por Diego Chein, pasante de investigación en la Universidad Nacional de Tucumán, en relación con la desaparición progresiva de los relatos de animales en Amaicha del Valle.

## BIBLIOGRAFÍA CITADA

Campisi, Paola. "'Nosotros los copleros': la construcción del sistema de la copla desde la perspectiva de sus practicantes". *Memorias de JALLA Tucumán 1995*, Vol. I. Tucumán: Proyecto "Tucumán en los Andes", 1997. 116-123.

Casaverde, Janet. "El papel del espacio creado en la 'copleada en rueda'". *Memorias de JALLA Tucumán 1995*, Vol. I. Tucumán: Proyecto "Tucumán en los Andes", 1997. 106-115.

Cornejo-Polar, Antonio. *La formación de la tradición literaria en el Perú*. Lima: Centro de Estudios y Publicaciones, 1989.

Flores Galindo, Alberto. *Buscando un inca. Identidad y utopía en los Andes*. 4ª edición. Lima: Horizonte, 1994.

Gómez Martínez, José Luis. "La generación del Chaco y la toma de conciencia de la realidad boliviana". *Cuadernos Americanos (nueva época)* 2/2 (marzo-abril 1988): 43-73.

Kaliman, Ricardo J. "Unseen Systems: Avant-Garde Indigenism in the Central Andes". David Jordan, ed. *Regionalism Reconsidered. New Approaches to the Field*. New York: Garland Publishing, 1994. 159-183.

Ludmer, Josefina. *El género gauchesco. Un tratado sobre la patria*. Buenos Aires: Sudamericana, 1988.

Pérez Bugallo, *Folklore musical de Salta*. Buenos Aires: FECIC, 1988.

Taboada, María Stella. "Los 'Cancioneros populares': ¿rescate o silenciamiento cultural? Aportes críticos a los estudios folklóricos sobre la copla campesina". *Memorias de JALLA Tucumán 1995*, I. Tucumán: Proyecto "Tucumán en los Andes", 1997. 90-105.

Cuestión étnica y- debate interétnico:
¿Qué ha pasado y qué pasa ahora en Guatemala?

Mario Roberto Morales
*University of Pittsburgh*

## El paisaje interétnico

La vigorosa emergencia de un movimiento indígena autónomo es el principal legado de la guerra civil que devastó a Guatemala durante los últimos 36 años. El autollamado "movimiento *maya*" está compuesto por una miríada de pequeños grupos de diversas tendencias políticas e ideológicas, unidos por la compartida conciencia étnica de ser *mayas* en tanto que opuestos a los ladinos (o guatemaltecos occidentalizados). Es justamente la dispersión y heterogeneidad del movimiento *maya* lo que lo hace el elemento social y político más dinámico en la actualidad guatemalteca, especialmente después de la firma de los acuerdos finales de paz el 29 de diciembre de 1996 entre Gobierno, Ejército y guerrilla. Lo que está de por medio en el actual debate al respecto tiene que ver con el futuro del país y de la región centroamericana en relación al TLC y/o a cualquier otra forma posible de (pos)modernización y globalización que la región habrá de enfrentar en el nuevo milenio, así como con la utilización de los dos mil millones de dólares con los que la cooperación internacional está financiando la puesta en práctica de los acuerdos de paz.

Junto a la emergencia de este movimiento, un rico y contradictorio ensamble de discursos relativos a la etnicidad, la resistencia, la identidad y la cultura se ha estado desarrollando en los medios escritos, en la academia y en el ambiente de las ONGs y las agencias de financiamiento internacional. Este ensamble de discursos comprende narraciones testimoniales e informes de violaciones de derechos humanos, propuestas téoricas de autonomías políticas y regionales étnicas, debates con intelectuales ladinos en la prensa y en la academia, así como representaciones literarias de lo étnico-popular por parte de escritores indios y ladinos. En los debates que actualmente tienen lugar, dos discursos fundamentales constituyen referentes obligados: las novelas del más célebre escritor moderno y Premio Nobel de Literatura guatemalteco, Miguel Ángel Asturias, especialmente, *Hombres de maíz*, y el testimonio de Rigoberta Menchú, *Me llamo Rigoberta Menchú*, texto que fue decisivo en el otorgamiento que se le hiciera del Premio Nobel de la Paz y que ha devenido en importante punto de referencia del movimiento indígena.[1]

Entre los asuntos que entran en conflicto en este encuentro de discursos, están: a) el problema de la genuina (o falsa) representatividad social y política, y el de la adecuada (o inadecuada) representación estética de la población *maya*; b) el problema de las preconcepciones racistas y etnocentristas tanto de los discursos *mayas* como de los discursos ladinos cuando se trata de enfrentar los problemas del multiculturalismo, el multilingüismo, la multietnicidad y otros, en un pequeño país con por lo menos 22 grupos étnicos diferenciados que hablan sus respectivos idiomas. Esto tiene que ver también con la nueva terminología *maya-mestizo* que quiere reemplazar la vieja de *indio-ladino*. El problema de la pureza étnica implícita en el término *maya* como opuesto a *mestizo*, así como la pureza étnica implícita en el término *blanco* que la oligarquía local utiliza para su autoidentificación, colisionan en las discusiones acerca del espacio de la nación como un espacio multiétnico y multilingüe.[2] Todo esto puede resumirse en el problema de la legitimidad (o ilegitimidad) de la específica representa(tividad)ción del sujeto subalterno indígena y *maya*. Los textos de Asturias, Menchú, Luis de Lión y Humberto Ak'abal, así como los de otros intelectuales indígenas como Demetrio Cojtí, deben analizarse para establecer quien (si es que alguien) representa de manera más adecuada la condición y la cosmovisión de los *mayas*, y si esta cuestión es de suyo y del todo pertinente si viene planteada en términos binarios, o si una manera diferente de planteársela —en términos de hibridaciones culturales (García Canclini, *Culturas*)— debiera proponerse.

Fuera de la esfera literaria, existe un ineludible fenómeno que debe plantearse de cara a las teorizaciones de los intelectuales *mayas* y ladinos. Me refiero a la dinámica de consumo de bienes simbólicos relativos a la televisión por cable, los videojuegos, la ropa usada norteamericana ("de paca"), la música popular tex-mex, etc., por parte de los indígenas en las comunidades del altiplano, los pueblos y las ciudades. Este consumo está generando formas identitarias híbridas que ya no responden a la fórmula binaria indio-ladino o *maya-mestizo*, y está creando asimismo nuevas formas de negociaciones identitarias alrededor del turismo, todo lo cual plantea la necesidad de analizar la relación entre culturas tradicionales-populares y modernidad, de una manera diferente: una manera en la que lo popular no es sinónimo de resistencia, ni "otredad" es sinónimo de "diferencia". Ambas realidades, por el contrario, están vinculadas a la homogeneización cultural vía globalización económica en forma de consumo de bienes simbólicos globalizados, y también a nuevas formas ambivalentes de resistencia-aculturación.

Toda esta realidad social y cultural, evidente a simple vista, choca con los discursos esencialistas indígenas, ladinos y extranjeros sobre etnicidad, resistencia, identidad y cultura, y complica y enriquece el actual debate interétnico. Por eso, es en este punto en el que deseo insertar mi reflexión. Para ello, debo empezar por explicarme los referentes inmediatos del movimiento indígena tal como lo conocemos en los años noventa.

La convivencia entre indios y ladinos ha sido particularmente conflictiva en Guatemala. Durante la colonia, los españoles dividieron la sociedad entre peninsulares e indios, confinando a éstos a la servidumbre campesina. La intensidad del mestizaje, posibilitado por españoles e indias, dio origen al ladino, apelativo que, primero, se adjudicó a los indios que sabían hablar español y que eran versados en las costumbres españolas, independientemente de que ya fueran biológicamente mestizos o no, y después se adjudicó a los mestizos que no quisieron ser indios porque rehusaron trabajar la tierra en condiciones de servidumbre y se ubicaron en estamentos intermedios de servicios, originándose de esta manera a sí mismos como un nuevo sujeto social diferenciado de españoles e indios. Desde su origen, pues, los términos indio y ladino tuvieron un contenido más cultural que fenotípico o biológico o racial.[3] Con el tiempo, los ladinos se ubicaron socialmente muy cerca de los criollos, cuyas élites ilustradas protagonizarían la Independencia (1821) y, posteriormente, serán los mismos ladinos quienes impulsarán la Revolución Liberal (1871), para luego hegemonizar étnica y políticamente en el país, fundar la nación y conducirla por los derroteros conocidos. Como se sabe, las posibilidades de modernización de la sociedad guatemalteca se truncaron en 1954. Por ello, es hasta en los años noventa, después de finalizada la etapa revolucionaria con la derrota de la izquierda, que se plantea la democratización étnica del país como parte de su más amplia democratización económica, política y cultural. Esta democratización se propone en el marco de los procesos globalizadores en el mundo, a los cuales ni Guatemala ni Centroamérica son ajenas. Por ello, es en el ámbito de la refuncionalización de las culturas populares por parte de la globalización, y de la remitencia a la recién pasada guerra contrainsurgente, que un análisis de la cuestión étnica y del debate interétnico debe realizarse, para luego poder pasar a ubicar el problema en las coordenadas de las estrategia discursivas indioladinas, de la creación de identidades étnicas y de la turistización de las tradiciones populares, como parte de las variables a tomar en consideración para dar cuenta del estado actual de la cuestión étnica y del debate interétnico.

Por todo, es útil empezar recordando que cuando en la madrugada del 2 de diciembre de 1990 el Ejército de Guatemala abrió fuego contra una multitud de unos 2000 habitantes de Santiago Atitlán y mató a 15 de ellos, ya la cofradía de Maximón, la deidad local y una de las más poderosas del panteón de los indígenas de Guatemala, estaba en quiebra debido a la rápida captación de fieles llevada a cabo por las iglesias evangélicas fundamentalistas que se asentaron en el pueblo después de la fase más violenta de la guerra contrainsurgente, la cual había logrado, ya a mediados de 1982, pacificar a sangre y fuego el país (Morales, *La quiebra*). La masacre del 2 de diciembre parecía, pues, una incongruencia incluso desde el punto de vista de la contrainsurgencia. Inmediatamente después de los hechos, la población de Santiago se organizó y articuló una serie de protestas en contra del Ejército las cuales tuvieron inmediato apoyo nacional e internacional, y resultaron en la retirada de la guarnición militar del pueblo hacia las afueras de éste (Hale and Smith, *Reframing*).

"El Compomiso de Santiago Atitlán" fue el documento que se dio a conocer en una especie de asamblea general del pueblo; en él se asentaba la neutralidad de la población respecto de la guerra que libraban Ejército y guerrillas, y sus habitantes urgían a ambos bandos a mantenerse alejados de Santiago. Durante la guerra contrainsurgente, entre 1000 y 1500 atitecos fueron asesinados o desparecidos por la guarnición de 600 soldados asentada en el pueblo, pero aún durante este tiempo, Maximón, la extraña y poderosa deidad de la localidad, que se caracteriza porque viste como ladino (es decir, se disfraza de su enemigo) y tiene pares en otras comunidades del altiplano como San Juan La Laguna, Zunil y San Adrés Itzapa, fungía como el principal factor de cohesión social, legitimación religiosa y política, y afirmación identitaria de Santiago Atitlán (Mendelson, *Los escándalos*). Después, con la llegada de las iglesias fundamentalistas, la cofradía de Maximón se vio en la quiebra económica, principalmente debido a que los hombres del pueblo dejaron abruptamente de consumir bebidas alcohólicas como resultado de su militancia evangélico-protestante. La libación de alcohol constituye un elemento central de los rituales de Maximón.

Pero no sólo la rebelión y la original neutralidad planteada por Santiago Atitlán constituyen rasgos únicos de este poblado de 38,000 habitantes tzutuhiles. También se trata de un pueblo único porque es quizá el más turistizado de todos los pueblos indígenas de Guatemala, y el más organizado políticamente en cuanto a la defensa de los derechos humanos se refiere. Por eso, resulta interesante la manera como la cofradía de Maximón se las arregló para seguir activa: lo logró vendiendo sus rituales a grupos turísticos que llegan a Santiago para las festividades de Semanasanta, abriendo la cofradía al turismo y exigiendo limosnas a cambio de tomarle fotos al santo, esto también porque si el turista no ofrenda la limosna, la fotografía —afirman los cofrades— saldrá velada. Ya Maximón no funge como eje de cohesión, legitimación e identidad de los atitecos, puesto que este eje lo constituye ahora Jehová y, en menor medida, el viejo Cristo de la iglesia católica del pueblo, pero su cofradía sigue siendo próspera.

Refuncionalizaciones violentas de las tradiciones indígenas como la descrita, están ocurriendo en todo el altiplano guatemalteco, y tienen su raíz en la guerra contrainsurgente, en la consiguiente politización y autonomización de la conciencia étnica de los indígenas, y en la entrada de una oferta de consumos simbólicos masificados a sus comunidades, como la televisión por cable, los videojuegos y la música tex-mex y otros; es decir, en la entrada del mercado y el mercadeo globalizado en la vida de las comunidades rurales como parte de los procesos mundiales de homogenización económica y cultural. La sobrevivencia pertinaz de las culturas tradicionales, aunque refuncionalizadas por efecto del evangelismo, el mercado y, como parte de él, el turismo, así como la conciencia etnocentrista de los indígenas y de sus intelectuales orgánicos después de la masacre de su población por parte de derechas e izquierdas ladinas, es parte del objeto de estudio que anima el actual debate interétnico, y el caso de Santiago Atitlán emblematiza el fenómeno, aunque no lo agota. Cómo se llegó al autonomismo y al etnocentrismo indígena que se observa hoy día es algo que tiene que rastrearse, en lo inmediato, en la guerra popular y la guerra contrainsurgente como factores históricos que posibilitaron el dramático tránsito de las ideologías políticas modernas a las posmodernas, tanto entre la población ladina como entre la población india, en la cual el activismo político-cultural marca el paso de su actividad general como mecanismo de reivindicación de su cultura, su identidad y sus derechos en general.

GUERRA POPULAR Y CONCIENTIZACIÓN INDÍGENA

Una de las claves para explicarse la dinámica del activismo político-cultural indígena en Guatemala es el esclarecimiento del proceso de metamorfosis que los movimientos populares inspirados en la revolución socialista sufrieron en los años noventa, transformándose en *nuevos movimientos sociales*. Esta transformación, que va desde la incorporación masiva de los indígenas al proyecto de guerra popular prolongada hasta la reacción antiladina de los indígenas contra los revolucionarios, pasando por el horror de la guerra constrainsurgente y la posterior proliferación de ONGs *mayas*, hizo que a fines de la década ochenta el capital social de la izquierda armada se viera de pronto convertido en una constelación de *nuevos movimientos sociales* de marcado perfil étnicista y culturalista, los cuales revestían, ya entonces, dos rasgos distintivos: eran discriminatoriamente indígenas y, por lo mismo, antiladinos; y hacían girar su organización antes que alrededor de reivindicaciones económicas, sociales y políticas, en torno a una esencia ideal: la de la identidad cultural *maya*. Este desplazamiento de la política a la cultura, y de la centralidad del criterio clasista al de la relatividad de lo que hasta entonces se consideraron sus variables o epifenómenos (etnia-cultura), tuvo su raíz tanto en el desenlace militar de la lucha armada y la guerra popular que las vanguardias revolucionarias ladinas condujeron desde los años sesenta, como en el volcamiento de la cooperación internacional hacia los países centroamericanos que entraban en su era posrevolucionaria. El lapso que va de los primeros meses de 1982 (cuando se realiza la derrota militar de las guerrillas) hasta el 29 de diciembre de 1996 (día en que éstas capitulan ideológicamente por medio de la firma la paz), es el lapso de la conformación y florecimiento de esta miríada de nuevos movimientos sociales étnicamente esencialistas que ahora perfilan culturalmente "lo popular étnico" de Guatemala ante la llamada comunidad internacional, proponiendo al "pueblo maya" como un conglomerado inmerso en un desarrollo ininterrumpido de carácter trans y suprahistórico, trans y supraclasista, que lo ha mantenido inalterado en el tiempo sobre todo en su cosmovisión. Esto, como parte de una lucha, iniciada en sus fases más organizadas desde la contraconmemoración de1992, por la obtención de fondos para el mejoramiento de la vida de los indígenas, lo cual, desde el 29 de diciembre de 1996, pasa por la puesta en práctica de los acuerdos de paz, ya que la cooperación internacional logró, mediante la promesa de una masiva ayuda económica (2, 500 millones de dólares) para la puesta en práctica de estos acuerdos, que la paz se firmara sin que las causas que motivaran el llamado conflicto armado interno tuvieran siquiera visos lejanos de solución (*Acuerdos*).

Actualmente, las demandas indígeno-populares al día tienen que ver con la restauración de una serie de esencias que, se arguye con sobrados casos históricos como ejemplos ilustrativos, han sido vejadas por colonialismos, neocolonialismos, racismos y otras fuerzas de dominación a lo largo de cinco siglos. Por todo, se denuncian innumerables cuanto sistemáticas exclusiones sufridas por la esencia cultural-étnica *maya* respecto de todo tipo de centralidades dominantes, y la responsabilidad de tal atrocidad histórica se hace recaer sobre otra esencia no menos compacta: la *ladinidad*, que aparece actuando como contraparte complementaria del binarismo que anima toda esta visión ideológica indianista (Cojtí). Las demandas, que parten de la pertinaz insistencia en el reconocimiento de la existencia de la diferencia cultural como denominador común de la subalternidad indígena (*Acuerdo sobre identidad*), van desde la reivindicación de la igual inclusión de los indígenas en la centralidad social, planteando con ello la lucha por la entronización de los imaginarios subalternos esencializados *mayas* en la centralidad *ladina*, hasta la construcción de espacios en los que las esencias perdidas puedan reconstruirse y actualizarse, es decir, construirse o hacerse, como diría Laclau (*The Making*). Estos espacios son también espacios sociales, políticos y geográficos, y no sólo estrictamente culturales o letrados, y a todo esto se aboca el Acuerdo sobre sobre identidad y derechos de los pueblos indígenas, que forma parte de los acuerdos globales de paz mencionados. La *mayanidad*, al funcionar como eje esencializador de las demandas étnico-culturales, a la vez sirve como punto de referencia, por parte de los activistas indígenas, de la reivindicación de la pluralidad étnica y el pluralismo político como parte de su agenda general, postulando que la diferencia no sólo opera entre indios y ladinos, sino también en el seno del pueblo *maya*, el cual, en Guatemala, está conformado por 22 grupos étnicos con otros tantos idiomas vivos, de los cuales los principales son cinco: el quiché, el cakchiquel, el tzutuhil, el mam y el kekchí. Se reivindica, pues, una esencia y, al mismo tiempo, una pluralidad, la cual depende del previo reconocimiento de aquélla esencia otorgadora de sentido ideológico y político (Fisher and McKenna).

Cómo se llegó a este estado de cosas, es algo que tiene que explicarse a partir, dijimos, del desenlace del esfuerzo de guerra popular desencadenado por las vanguardias ladinas marxistas-leninistas en los años setenta y ochenta, el cual, como se sabe, se caracterizó por la incorporación masiva de población indígena a la estrategia de guerra popular prolongada, y por la respuesta contrainsurgente del Ejército la cual, en el año 82, logró aplastar al apoyo popular-indígena de las guerrillas y aislarlas en el terreno para neutralizar su efectividad. La población sobreviviente de la táctica de "tierra arrasada" fue confinada en aldeas estratégicas llamadas polos de desarrollo, y organizada forzadamente en patrullas de autodefensa civil (PAC), contrainsurgentes. Se calcula que, entre 1982 y 1984, unos 150.000 indígenas fueron muertos por la contrinsurgencia, y un millón de ellos fueron desplazados de sus comunidades sin salir del país. Asimismo, unos 40,000 se refugiaron en México y otros países. La cauda de "desaparecidos" fue también de unos 40,000, contando a las víctimas ladinas (Jonas; McClintock; Frank and Wheaton; Black).

Este llamado "holocausto maya" constituyó una convulsión cultural y psicológica mucho mayor que la conquista española, y sus efectos políticos se expresan en el autonomismo étnico (antiladino) y en la autoafirmación identitaria de los indígenas posrevolucionarios, todo lo cual los llevó a buscar en la cooperación internacional y en la solidaridad de iglesias y universidades euronortemericanas, el apoyo para sus proyectos reivindicativos.

Sin duda, la masacre generalizada de indígenas a principios de los años ochenta tuvo como protagonista principal al Ejército de Guatemala. Pero las guerrillas tuvieron también una responsabilidad militar e ideológica innegable en el trágico desenlace de la guerra contrainsurgente (Morales, *Señores*), como lo ha demostrado la Comisión de Esclarecimiento Histórico. A la altura de 1983, cuando las peores masacres habían ya tenido lugar, los comandantes guerrilleros declaraban que estaban ganando la guerra porque solamente la población civil estaba siendo masacrada y que las estructuras militares insurgentes permanecían intactas.

La mentalidad militarista que concibe la organización y la acción de las masas como una instrumentalización para la acción militar, aparece claramente expresada en las entrevistas que Marta Harnecker (*Punto 95-175; Pueblos 15-101*) hace a los comandantes de la URNG en los años ochenta, especialmente cuando les pregunta acerca de la relación entre guerrillas y masas. Tanto *Rolando Morán* (del EGP) como *Gaspar Ilom* (de la ORPA), evidencian lo mismo, pero quien lo expresa en términos más contundentes es, sin duda, *Pablo Monsanto* (de las FAR). Curiosamente, las FAR tuvieron mucho menos impacto entre las masas indígenas de la que tuvieron el EGP y la ORPA. En todo caso, los resultados de la contrainsurgencia evidencian que los criterios que a continuación expresa *Monsanto* privaron en toda la URNG.

> M.H. — *Ante la generalización de la guerra de guerrillas ¿cuál ha sido la respuesta de la población civil guatemalteca? ¿se ha incorporado a la lucha revolucionaria?*
> P.M. — (...) El pueblo ya tiene conciencia revolucionaria. Hemos logrado un gran avance a través de años de trabajo organizado en todo el país de las cuatro organizaciones revolucionarias y se ha alcanzado la incorporación de enormes sectores de la población —tanto indígenas como ladinos— de manera que este estado de conciencia de las masas hace que la represión del enemigo estimule (énfasis mío), por decirlo así, a la población para incorporarse a la lucha armada, para poder eliminar al enemigo que la está reprimiendo y que ha mantenido el sistema de explotación y de represión (Harnecker, Pueblos 21).

Como ·puede notarse, concebir la represión como un estímulo para la organización de las masas implica pensar con una mentalidad ubicada fuera del ámbito de las masas que sufren la represión; una mentalidad de vanguardia guerrillera que concibe la organización y la acción de masas como una instrumentalización y un instrumento de la actividad militar como tal.

Más adelante, se le pregunta a Monsanto sobre la relación masas-guerra:

> M.H. — *¿Y esa lucha de masas tiene alguna conexión con la actividad militar que ustedes realizan?*
> P.M. — ¡Cómo no! Fíjate, en primer lugar esa lucha de masas ha sido una cantera de combatientes y de cuadros militares para nuestra organización,

por un lado. Nosotros tenemos la concepción, por otro lado, de que es necesario mantener esta actividad, adoptando los nuevos métodos, con un propósito claro: llevar a las masas a situaciones insurreccionales y hasta a insurrecciones parciales o totales (Harnecker, Pueblos 32-33).

Su respuesta expresa claramente la mentalidad instrumentalista que respecto de las masas tenía la vanguardia militar. Se refiere a aquéllas como a *cantera de combatientes y de cuadros militares*. Después habla de ellas como de una fuerza ciega a la cual hay que llevar *a situaciones insurreccionales y hasta a insurrecciones parciales y totales*. Esto implica, por supuesto, enfrentarlas con el enemigo.

El error estratégico de esta concepción instrumentalista de las masas llega a su climax cuando Monsanto evalúa los resultados desastrosos de la represión contra ellas:

M.H. — *Ahora, los golpes que recibió el movimiento de masas, ¿no lograron aplastarlo un poco?*
P.M. — Claro que sí, hubo un bajón en la actividad, y un atemorizamiento también porque el terror tiene sus resultados. Pero no ha producido los mismos resultados que, por ejemplo, produjo en la década del 60. Porque en la década del 60 lo primero que hizo el enemigo fue aniquilar la guerrilla, y después aniquilar a las organizaciones de masas que existían ... Ahora el enemigo no ha obtenido ningún éxito contra las guerrillas. Es decir, ha ocasionado bajas, pero son mínimas. ¿Por qué? Porque ahora hay una generalización de la guerra de guerrillas (Harnecker, Pueblos 33).

Según Monsanto, el error del enemigo ahora es haber aniquilado a las masas primero y haber causado *solamente* mínimas bajas a la guerrilla. La *razón* que ofrece para explicar este *éxito* revolucionario expresa una incomprensión total de la diferencia entre la guerrilla y las masas, ya que decir que la *generalización de la guerra de guerrillas* es la causa de que éstas hayan tenido pocas bajas (implicando que las masas sí han tenido muchas) expresa que se piensa que la generalización de las guerrillas implica una militarización general de las masas. Lo cual, tanto en el esquema leninista como en el vietnamita, que eran los esquemas que supuestamente se seguían, no funciona así. Es interesante leer en estos libros de Harnecker las entrevistas con *Rolando Morán* y con *Gaspar Ilom* para entender la percepción que todos ellos tenían de una guerra que ya entonces se había perdido precisamente debido a que el enemigo había aniquilado a las masas de apoyo y había dejado casi intactas a las guerrillas.

Sus declaraciones evidencian un hecho casi increíble: que los conductores de la guerra popular no entendían, un año después de iniciada la etapa de tierra arrasada en su fase más aguda, que el Ejército no quería entablar contacto con las estructuras militares guerrilleras, sino simplemente "quitarle el agua al pez", como en Viet Nam, y dejar sin apoyo civil a las guerrillas. Por este error increíble, las guerrillas nunca idearon una táctica de movilización y protección de su base de apoyo, como por ejemplo sí ocurrió en la guerra insurgente de El Salvador y, notoriamente, en la interesante experiencia del frente de Guazapa, y dejaban una y otra vez inerme y desprotegida a su población de apoyo cuando el Ejército llegaba a las aldeas para borrarlas del mapa. Incontables testimonios dan cuenta de que los guerrilleros corrían a ocultarse en las montañas cuando el Ejército se acercaba, y dejaban a los aldeanos abandonados a su suerte. Así ocurrieron las peores masacres de la tierra arrasada.

Luego de la neutralización de la posibilidad de una victoria militar guerrillera, mediante el aniquilamiento del apoyo popular a la guerrilla, el Ejército dio inicio a las etapas civiles de su plan contrainsurgente, las cuales consistieron, primero, en mentalizar a las masas indígenas confinadas en los polos de desarrollo y en las aldeas "pacificadas", por medio de la entronización de toda suerte de evangelismos cristiano-fundamentalistas, cuyas iglesias convirtieron de la noche a la mañana a amplias poblaciones indígenas del catolicismo sincrético que practicaban desde tiempos de la colonización, al puritanismo fundamentalista de los soldados de Jeohvá, dando al traste así con muchas tradiciones religiosas que servían de elemento de cohesión, legitimación e identidad a las comunidades. Un ejemplo notorio de esto es, como vimos, el caso de Santiago Atitlán y de su deidad, Maximón. Santiago Atitlán es también un pueblo emblemático por su rechazo indígena de guerrilla y Ejército como instituciones ladinas, y de afirmación de su indianidad por la vía del evangelismo fundamentalista. Por todo ello, nos sirve para ilustrar un fenómeno generalizado (aunque no siempre tan explícitamente) en los años ochenta en el altiplano occidental, que es la región más densamente poblada por indígenas en el país.

Después de culminadas las campañas militares, las etapas civiles de la contrainsurgencia recorrieron el camino de la democratización del juego político local, lo cual se tradujo en elecciones cercanamente vigiladas por los militares; en la delegación del poder del Estado en manos de civiles y, finalmente, en la firma misma de la paz entre guerrilla, Gobierno y Ejército. Los militares se retiraron, victoriosos, del control del Estado respondiendo así a una estrategia continental para las instituciones armadas, las cuales, mucho más tecnificadas, cualificadas y profesionalizadas, ejercen ahora su influencia y control sobre las democracias latinoamericanas de una manera oblicua y tras bambalinas, compartiendo las decisiones con la clase política local de que se trate. Así fue como se llegó a la firma de la paz en Guatemala. El lapso que va de 1982 a 1996, fue un lapso en el que el Ejército permitió la existencia y el accionar de las guerrillas para poder tener una carta de negociación que le permitiera el retiro airoso de la política. A su vez, la guerrilla vio este espacio concedido por su enemigo como la oportunidad de sobrevivir políticamente como elite de dirigentes apoyados por un puñado de jóvenes guerrilleros idealistas y por la cooperación internacional, las iglesias y organismos de derechos humanos. Esto resulta obvio si se tiene en cuenta que ya a mediados de 1982, las guerrillas estaban militarmente neutralizadas e incapacitadas para un accionar que no fuera circunscrito a los territorios que el Ejército tenía delimitados. La paz se firma por presiones internacionales y bajo la égida de la cooperación internacional, alrededor de cuyos dineros el Gobierno ha hecho girar su plan de desarrollo económico y la guerrilla la formación de su partido político, equiparándo el proceso de democratización y de desarrollo sostenible, que son obligados para el país, con la puesta en práctica de los acuerdos de paz. Los actores, pues, entrarán al nuevo milenio bailando al són de la cooperación internacional, en una tradición dependentista que dejó de ser moderna para pasar a ser posmoderna, pero sin pena ni gloria.

## La "neutralidad" indígena

Santiago Atitlán también fue escenario de la influencia guerrillera y, posteriormente, de la contrainsurgencia. Un destacamento militar que había sido situado en las afueras del pueblo fue la causa de asesinatos, torturas y desapariciones forzadas de sus habitantes en los años de la guerra contrainsurgente. Pero el 20 de diciembre de 1990, luego de la masacre de 15 habitantes del pueblo el día 2 de ese mes, una protesta masiva en contra de los militares dio como resultado que el Ejército debiera retirar su destacamento y situarlo en un punto más distante, lo cual fue interpretado nacional e internacionalmente como una victoria civil y también étnica de los indígenas, sobre todo porque en el documento conocido como "El compromiso de Santiago Atitlán", sus habitantes asumieron la neutralidad en la guerra entre Ejército y guerrilla y se comprometieron a no apoyar ninguna ideología que afectara la paz, la seguridad y la libertad de la población. La actitud de los atitecos no fue repetida por otros pueblos indígenas pero sirve para comprender el autonomismo indígena antiladino que el desenlace de la guerra generó. Por un lado, las masacres del Ejército y de la guerrilla y, por el otro, el abandono de la base de apoyo por parte de ésta dan como resultado esta "neutralidad", que es una neutralidad respecto del eje binario izquierda-derecha. Sin embargo, es una "neutralidad" inspirada por las iglesias evangélicas fundamentalistas que habían llegado a consolar a la población aterrorizada después de las etapas militares de la contrainsurgencia, y por ello implica también la violenta refuncionalización de las tradiciones y de la religiosidad popular en Santiago y demás comunidades del altiplano.

El caso de Maximón emblematiza lo que está ocurriendo en las comunidades indígenas de Guatemala, en el plano cultural, como resultado de la guerra, y, ahora, también como resultado de los consumos generalizados de bienes simbólicos producidos por la industria cultural difundida por los medios masivos audiovisuales de comunicación (televisión por cable, videojuegos, etc.).

Revisemos ahora los análisis teóricos que animaron las prácticas políticas de izquierda para la movilización de la población indígena, así como las versiones indígenas de su propia identidad y reivindicaciones.

DEL INDIO AL *MAYA*: VERSIONES Y VISIONES DEL INDIO Y EL LADINO

La visión y la versión del indio como lo opuesto a las ideologías eurocéntricas empieza y se consolida en el proceso de conquista y colonización, y puede estudiarse en las cartas de relación de Colón y Alvarado, en las crónicas de Bernal Díaz del Castillo y de Francisco Antonio de Fuentes y Guzmán y, después, en literatos de la colonia como Rafael Landívar, y de la república liberal como José Milla y Vidaurre. Las características prejuiciadas y estereotipadas del indio que se configuran en la Colonia, llegan a la época de la Revolución Liberal (1871) y conforman el imaginario de formación de la Nación y de la nacionalidad. Estos prejuicios, que se inscriben en la noción liberal e "iluminada" de "salvaje" y "primitivo", son interiorizados por la ladinidad republicana como parte de la moda positivista del siglo XIX, como puede constatarse en la tesis de abogado de Miguel Ángel Asturias, *Sociología guatemalteca: El problema social del indio*, escrita en 1922, y se resumen en un listado de características atribuidas a los indígenas entre las que se cuentan las de haragán, sumiso, conformista, borracho, tonto, débil y genéticamente degradado por la explotación. Ya sea como rechazo frontal o como paternalismo proteccionista y asimilacionista, la visión y la versión criollas y ladinas del indio encuentran cauce literario. Interesante es el caso de la novela *María, historia de una mártir*, de Felipe de Jesús, que podría sumarse, aunque tardíamente, a las novelas fundacionales de las nacionalidades latinoamericanas, como *María*, de Isaacs y *Amalia*, de José Mármol (Sommer).

No es sino hasta 1944 que Guatemala inicia el proceso de modernización de la nación y, por tanto, se empieza a poner en práctica la ideología del mestizaje asimilacionista que, en otros países (como México) se había echado a andar en los años veinte. Ideologías racistas como la de Sarmiento, en Argentina, que de hecho inspira a Asturias en su tesis de abogado, se convierten, suavizadas por la ideología del mestizaje mexicano, en políticas asimilacionistas puestas en práctica desde el Estado, con la ayuda de intelectuales orgánicos que propagandizan este clima ideológico en novelas como *Entre la piedra y la cruz*, de Mario Monteforte Toledo (Arias, *Ideologías*). Este proyecto nacional inclusionista se valió del Instituto Indigenista Nacional para ladinizar a los indios en una franca actitud eurocéntrica pero imbuida de nacionalismo ladino y mestizo. Un nacionalismo que, a la larga, habría de costarle a la revolución democrática del 44 su derrocamiento por parte de Estados Unidos (Gleijeses; Schlesinger and Kinzer). Pero para explicarse la función y la existencia misma del Instituto Indigenista Nacional, es necesario consignar el trabajo y la influencia de los antropólogos norteamericanos que trabajaron en Guatemala desde los años 30 hasta los 70, pues ellos dejaron asentados algunos criterios que no sólo determinaron la política gubernamental hacia los grupos indígenas, sino que configuraron criterios de identificación étnica y cultural entre los ladinos. Algunas de las ideas más importantes que estos antropólogos lograron asentar son las siguientes: Sol Tax observó, ya a principios de los años cincuenta (*Heritage* 43-75), que la mayoría de los indígenas orientaban sus actividades hacia el mercado y no hacia la economía campesina. Richard Adams acuñó el término "indio ladinizado" para referirse a los indígenas asentados en ciudades y que ya no usaban sus trajes típicos, se habían dedicado al comercio y/o eran incluso profesionales, y también caracterizó al ladino en toda su complejidad cultural, y habló de "procesos de ladinización" para referirse a la aculturación de los indígenas (Adams, *Encuesta* 17-63). La categoría "indio ladinizado" ha servido para pensar la multiplicidad de hibridaciones identitarias del mestizaje cultural guatemalteco, pero actualmente tiene la limitación de que ubica el concepto y la realidad que denota en medio de dos categorías binarias: indio-ladino, como si éstas fueran dos entidades contrapuestas, evocando sin querer la contradicción blanco-negro. Esta visión, reforzada por el carácter del racismo en Estados Unidos,[4] dominó la antropología norteamericana en Guatemala hasta los años sesenta, aunque el carácter complejo y mestizo del país estuvo siempre muy claro en la mente de los antropólogos norteamericanos, como se evidencia en las lúcidas observaciones de Adams sobre la cultura de los ladinos (*Encuesta* 65-217). Por eso mismo, observaciones que afirman que la diferencia entre indios y ladinos no es racial sino cultural porque se puede devenir ladino siendo originalmente indígena, resultaron sorprendentes en medio del binarismo en que se operaba, y ese criterio cundió en Guatemala también, desterrando la idea de racismo a la hora de analizar y pensar la multiculturalidad guatemalteca. La noción de racismo emergió a principios de los setentas, con el libro de Guzmán Böckler y Herbert, *Guatemala: una interpretación histórico-social*, el cual tuvo y sigue teniendo una gran influencia en el pensamiento indianista.

Dos antropólogos guatemaltecos se formaron aparentemente bajo la influencia de la antropolgía norteamericana: Antonio Gobaud Carrera y Juan de Dios Rosales. Gobaud dirigió el Instituto Indigenista Nacional durante el gobierno de Juan José Arévalo. La labor del Instituto fue promover la integración de los indígenas a la cultura ladina, en nombre del progreso y la civilización, inspirado en los indigenistas mexicanos y en la ideología mexicana del mestizaje. Claro que el caso de México y el de Guatemala no eran equiparables, ya que México acusaba un conglomerado indígena marginal y minoritario, y ese no era el caso de Guatemala.

Durante todo el período revolucionario (44-54), los antropólogos norteamericanos apoyaron a los gobiernos guatemaltecos en la definición y tratamiento de los indios como minoría étnica, influyendo indirectamente en los censos mediante los criterios de ladinización arriba esbozados, con el resultado involuntario de que la población indígena apareciera como menor que la ladina.[5] El problema de la ladinización, y hasta qué punto la misma implicaba el abandono de la indianidad se estudió hasta los años ochenta por parte de antropólogos como Carol Smith y Brintnall, y en los noventa por Bastos y Camus. En los noventa, el término racismo volvió a emerger con fuerza por parte de antropólogos como Charles E. Hale y la misma Smith, referido siempre hacia y en contra de la población ladina. Actualmente, lo que caracteriza el discurso de los antropólogos norteamericanos es la insistencia en el racismo de los ladinos, desde una perspectiva solidaria y "políticamente correcta" a favor de los indígenas, con toda la carga de conciencia norteamericana de izquierda académica que eso implica. Esta posición coincide con la de la izquierda revolucionaria (ahora oficial) y con estudios realizados por guatemaltecos, como los de Marta Elena Casaus y Héctor Rosada, sin que ello implique un vínculo de estos o aquellos intelectuales con la URNG, con la cual acusan diferencias de enfoque. Es también en los noventa cuando el debate ha ingresado en las coordenadas del mestizaje cultural, la democratización, la hibridación y la crítica del multiculturalismo, sobre todo en los medios de comunicación escritos, y es en estas coordenadas que se inscribe el presente trabajo.

Curiosamente, Asturias había ofrecido, como parte del desarrollo de las vanguardias literarias y artísticas de principios de siglo, una versión de la multiculturalidad guatemalteca —y latinoamericana— que ya implicaba nociones como los de heterogeneidad (Cornejo-Polar), transculturación (Rama) e incluso hibridación (Canclini) en obras como *Leyendas de Guatemala, Arquitectura de la vida nueva, Hombres de maíz, El Alhajadito* y *El espejo de Lida Sal*. Sin embargo, la discusión y el debate local sobre la cuestión étnica y multicultural en Guatemala empieza formalmente, como una discusión política, en 1970, aparejada al desarrollo de la lucha armada revolucionaria que había comenzado a gestarse después del derrocamiento de Arbenz y el cercenamiento de la posibilidad de modernización de la sociedad guatemalteca, y como continuidad de la ideología de la revolución cubana, la cual dotó a los primeros revolucionarios guatemaltecos de la teoría del foco y del foquismo como receta de la toma del poder, todo lo cual llevó al primer ciclo armado al fracaso ya a la altura de 1968. Al iniciarse la década de los años setenta, cuando la guerrilla había sufrido la derrota de su primer ciclo armado (Morales, *La ideología*), la aparición de tres libros vino a activar el debate crítico que en el seno de la izquierda se realizaba sobre el foquismo, así como sobre las teorías (Debray, el Che) que habían animado el ciclo armado que terminaba con una derrota. Los libros fueron: *La patria del criollo*, de Severo Martínez Peláez (1970); *Guatemala: una interpretación histórico-social*, de Carlos Guzmán-Böckler y Jean-Loup Herbert (1970), y *Proletarización del campesino de Guatemala* (1971), de Humberto Flores Alvarado. Aunque los tres textos privilegian la contradicción de clase por encima de las contradicciones étnico-culturales, acusan diferencias notables en su manera de percibir el papel de los indígenas en el desarrollo económico y, por ello, en el proceso revolucionario entonces en marcha.

Mientras, en el terreno de la organización popular, el contacto entre indios y ladinos comenzaba a modificar las visiones ladinas de lo indígena, Severo Martínez, fundamentando las teorías del Partido Guatemalteco del Trabajo (comunista) respecto de que el indio constituía un lastre para la revolución popular y que solamente en la etapa de industrialización socialista podría jugar un papel como proletario, no como indio (*El camino*), analiza el país como una estructura colonial partiendo de principios como los de "falsa conciencia" referido a la ideología y a la conciencia étnica, a las cuales diferenciaba de la "ciencia" como conciencia "objetiva" de lo real. El indio, pues, carecía de potencial revolucionario porque carecía de conciencia de clase (objetiva y científica, "para-sí") y poseía sólo conciencia étnica (falsa). Había, entonces, que proletarizarlo (es decir, desindianizarlo) y no cooptarlo (como indio) para la revolución. La cuestión indígena se reducía, así, a la cuestión agraria. Martínez, además, analizó la multiculturalidad como la dicotomía entre indios y criollos, y dejó de lado al ladino, despojándolo así de cualquier posibilidad de protagonismo histórico. El PGT, por su parte, proponía abiertamente hacer avanzar el capitalismo mediante la lucha economicista para llegar al punto de la ansiada proletarización. Curiosamente, en estudios actuales sobre la cuestión étnica y el racismo es persistente la noción de ideología como falsa conciencia (Casaus 24-25), aunque usado para invalidar los prejuicios etnocentristas de la oligarquía "blanca" o "criolla", y considerando aún la noción de ideología como opuesta a la noción de ciencia, realidad ésta sobre la que se hace recaer la verdad objetiva (Casaus 222). Como se sabe, los estudios que consideran la ideología como una realidad actuante y determinante, independiente del pendular falso-verdadero, y que no confían demasiado en los métodos cuantificadores de las ciencias sociales, han surgido como estudios multi y transdisciplinarios en el mismo ámbito de las ciencias sociales hace ya algún tiempo, pero el impacto que esto tuvo en los científicos sociales guatemaltecos fue casi nulo hasta mediados de los años noventa.

En el caso de Flores Alvarado, los puntos de partida son prácticamente iguales, a no ser por la consideración de que, para él, los indios ya están los suficientemente proletarizados como para responder a estrategias de organización clasista proletaria. A este respecto, hubo intentos, también en el PGT, de fundamentar mediante el análisis leninista la incorporación del indio a la lucha reivindicativa como parte del proletariado rural, sobre todo en el espacio de las grandes plantaciones (Figueroa Ibarra).

La contradicción de clase como contradicción principal, y la contradicción étnica indio-ladino, como contradicción secundaria, siguió siendo el principio rector de la reflexión de Guzmán Böckler y Jean-Loup Herbert, sólo que ellos hicieron coincidir una contradicción con la otra, postulando que el ladino es patrón y el indio es trabajador en una economía que es capitalista, decían, desde el siglo XVI. Guzman Böckler definió al ladino como "un ser ficticio", partiendo de caracterizarlo como colonizado (al estilo fanoniano) y, por ello, importador de teorías e ideologías; por contradicción, postuló al indio como un ser que sí tenía existencia real porque su cultura es "propia", genuina y no importada. Por su parte, Herbert entronizó el término racismo para nombrar la discriminación ladina hacia el indio, pero todos los argumentos que usó para fundamentar la existencia del racismo en Guatemala son culturalistas. Con este operativo más ideológico que teórico, el libro tuvo el efecto de borrar el conflicto entre teoría y práctica (es decir, el de hacer coincidir el esquema clasista con el esquema étnico para así organizar a los indios sin traicionar el esquema marxista-leninista), sobre todo entre los revolucionarios que ya entonces empezaban a organizar núcleos indígenas en el noroccidente del país, a saber: un remanente de las Fuerzas Armadas Rebeldes (casi destruidas ya en 1968) llamado Regional de Occidente, que luego daría lugar a dos organizaciones de fuerte contenido indianista: la Organización del Pueblo en Armas —ORPA— (1979) y el Movimiento Revolucionario del Pueblo Ixim —MRP-Ixim— (1982). *Racismo I* (1976) y *Acerca del racismo* (1979, publicado en 1982) (ALAI) fueron los documentos en borrador que sirvieron de base "teórica" a la Regional de Occidente y a las dos organizaciones que originó para justificar la incorporación indígena a la estrategia de guerra popular, y, al parecer, fueron escritos por Rodrigo Asturias. En realidad, aquellos documentos eran consideraciones descoyuntadas que ilustraban actitudes discriminatorias hacia los indígenas, las cuales fueron etiquetadas, gracias al libro de Guzmán y Herbert, como racistas. Racismo fue un término que desde entonces formó parte del léxico del debate sobre la cuestión étnica, hasta la fecha, siempre adjudicado, como actitud negativa, a la ladinidad popular y de clase media o a la oligarquía "blanca". Igualmente importantes fueron, para analizar la realidad étnica del país en el seno de la izquierda guerrillera, los libros de Frantz Fanon, especialmente, claro, *Los condenados de la tierra*. De aquí en adelante, se sedimenta en el seno de las izquierdas una conciencia ladina culposa, y se siembra el germen del indianismo antiladino que enarbolará la bandera del racismo en contra de la ladinidad, y que explica la actual ideología mayista.

A principios de los años ochenta, ya indios y ladinos convivían activamente en la militancia guerrillera impulsando la guerra popular prolongada, también por parte del Ejército Guerrillero de los Pobres —EGP— (Payeras; Burgos-Debray). Así lo ilustran los testimonios orquestados por la izquierda, textos en los que ya comienza a intuirse una inversión de los términos de análisis, a saber: la variante cultural aparece como más importante que la variable de clase. En el terreno de la teorización ladina sobre la cuestión étnica, aunque fuera del ámbito de la izquierda, el libro de Héctor Rosada, *Indios y ladinos*, reivindica la primacía de la contradicción clasista y de la base sobre la cultura o supraestructura, aunque siempre "en última instancia", para seguir siendo fiel al marxismo.

A lo largo de los años ochenta, Mario Payeras escribió, tanto como miembro del EGP e igualmente como dirigente del grupo disidente Octubre Revolucionario —OR—, algunas consideraciones sobre la cuestión étnica, dándole al asunto una solución multinacional, con todos los problemas de separatismo indianista que eso implicaba, además de que la fundamentación para considerar naciones a los grupos étnicos nunca fue convincente. Sin embargo, esto ya implicó un cambio radical en la consideración ladina del indígena en el seno de la izquierda,[6] pues ya le concedía un autonomismo del que después haría gala el movimiento indígena independiente y ya desligado de la izquierda. La contradicción de clase y la étnica se hacen coincidir, para así fundamentar la incorporación del indio a la guerra popular desde una perspectiva marxista.[7]

Efectivamente, y sobre todo con el desenlace de la guerra, los indígenas pasan paulatinamente de ser objetos de estudio a ser sujetos históricos autoconscientes. Antes habían sido sujetos históricos pero manipulados para proyectos políticos ladinos. El fracaso guerrillero y la crueldad contrainsurgente para con los indígenas produjeron un fervor nacionalista antiladino en los indígenas y un movimiento de solidaridad internacional indigenófilo muy acentuado, que el testimonio de Rigoberta Menchú había empezado a fomentar, ya que para cumplir esa función había sido ideado y confeccionado por el EGP. Este autonomismo fue particular y sonoramente visible en el caso ya mencionado de Santiago Atitlán y de sus habitantes en 1990, al rechazar tanto al Ejército como a la guerrilla, aunque abrazando el fundamentalismo protestante.

En los años noventa se desarrolla una teorización esencialista sobre la cuestión étnica, proveniente de académicos ya autollamados *mayas*, de los cuales el de pensamiento más articulado es Demetrio Cojtí, y de instituciones como la gubernamental Academia de Lenguas Mayas, o la esotérica Confederación de Sabios Mayas. Ocurre también una especie de *destape maya* expresado por ejemplo en el caso del columnista Estuardo Zapeta y de sus coloridos y provocadores (cuanto mal redactados) artículos antiladinos en la prensa escrita. Por su parte, los columnistas ladinos intervienen en el debate periodístico sobre la etnicidad enarbolando diversas variantes de las propuestas de mestizaje, desde repeticiones del mestizaje asimilacionista, hasta discursos de hibridación democrática (Hale, *Mestizaje*). Este último discurso ladino antiesencialista, dice Hale, ataca tanto en contra de la elite de poder, como en contra del nacionalismo esencialista *maya*. El esencialismo *maya*, que yo he llamado mayismo[8] en mi participación periodística en este debate, la cual se recoge en artículos publicados en el diario *Siglo Veintiuno* (de 1992 a 1997), construye un sujeto "otro" que es indiferenciado clasista e ideológicamente y que es simplemente el "ladino malo". Malo por ser ladino y ladino por ser malo. Su contraparte esencial: el indio bueno y sojuzgado. Bueno por ser *maya* y visceversa. Sujeto asimismo de violación de derechos humanos por parte del ladino. Igualmente, el mayismo niega al ladino la identidad y argumenta que éste no existe como tal, que no tiene "marcadores de identidad" muy delineados y que debido a que se define por negación (como no-indígena) eso implica una ausencia de contenidos de su identidad (*Iximulew*, "La identidad ladina"). Esta declaración pública de su antiladinismo la hizo el mayismo después de una reacción ladina que empezó a concretarse en teorizaciones sobre la ladinidad y sus identidades múltiples, sobre todo a partir del mes de marzo de 1997 en las páginas editoriales del diario *Siglo Veintiuno*.

Desde 1992, y en el marco del debate sobre el Quinto Centenario, se ha abierto una discusión sobre la cuestión étnica en la prensa escrita. El debate es entre indígenas y ladinos, y, básicamente, ha girado en torno a postulados esencialistas y antiesencialistas, al menos en su parte más constructiva, ya que el debate acusa a menudo perfiles de mutua incriminación violenta, llena de prejuicios etnicistas de parte de ambos bandos. Esta fase confrontativa expresa una necesidad de "catarsis étnica" que los guatemaltecos necesitaban hacer y que ha debido transcurrir completamente hasta agotarse, para poder pasar a otra fase menos pasional. Como dijimos, a partir de marzo de 1997 se comenzó a debatir el problema de la identidad ladina, tema que fue incluido ya en el Segundo Congreso de Estudios Mayas, en la Universidad Rafael Landívar de Guatemala, en agosto de 1997.

Actualmente, y como parte de este debate, he planteado en la prensa la necesidad de investigar la relación que existe entre cooperación internacional, turismo e identidades *mayas* en Guatemala, asunto particularmente interesante sobre todo de cara a la aparentemente inminente inserción del país y la región en el TLC, especialmente después de la firma del acuerdo definitivo de paz el 29 de diciembre de 1996. Como parte de este acuerdo final, el 31 de marzo de 1995, se había firmado el Acuerdo sobre Identidad y Derechos de los Pueblos Indígenas, basado en propuestas de organizaciones indígenas representadas en la Asamblea de la Sociedad Civil. Sus cuatro grandes apartados son: I. Identidad; el cual contiene definiciones esencialistas de identidad, cultura, Maya, Ladino (con mayúscula), cosmovisión, espiritualidad, etc. II. Lucha contra la discriminación; que contiene similares consideraciones. III. Derechos culturales; que, partiendo de estos postulados, plantea una serie de reivindicaciones que se centran en el reconocimiento de la existencia de UNA identidad, UNA cosmovisión, UNA cultura, UNA espiritualidad, de los pueblos indígenas; en el reconocimiento de que las mismas han sido discriminadas; en la reivindicación del respeto, el valor, la pertenencia y la práctica libre y la dignificación de la cultura de los mayas, xincas y garífunas como diferentes. Y IV. Derechos civiles, políticos, sociales y económicos; que contiene la petición de reforzar y hacer cumplir lo contemplado en la Costitución al respecto, dejando el candente asunto de la tenencia de la tierra a ser resuelto en el Acuerdo Agrario, el cual se firmó después sin modificar dicha tenencia en absolutamente nada fundamental (*Acuerdos*).

LOS CONCEPTOS CLAVE: SUS USOS Y SUS ESPACIOS

A la hora de estudiar el fenómeno de la multiculturalidad guatemalteca, conceptos como nación, etnicidad, identidad, cultura, pueblo, hegemonía, subalternidad, género y clase entran a danzar en un espacio reflexivo que necesita ser a la vez local y global o "glocal", como dice García Canclini (*Consumidores*) cuando menciona el uso de este término en el Japón, referido a las formas locales que adquiere lo cultural global. Es necesario asentar que las nociones vividas de los conceptos apuntados tienen usos que varían dependiendo de las posicionalidades móviles de los sujetos que las viven y que, incluso, en el caso de su operacionalidad por parte de científicos sociales y humanistas, estos conceptos acusan una movilidad semántica que tiene que ver con los diferentes paisajes téoricos y críticos, construidos y/o desconstruidos, en los que opere el pensamiento analítico. No procede, por lo tanto, una fijación conceptual previa al análisis, sino más bien una adecuación de los conceptos y categorías al uso, al movimiento que se quiere captar mediante la operacionalización de los mismos. En tal sentido, es mejor partir de las nociones que se viven en el espacio de análisis para, de ahí, pasar a encajarlos o a relacionarlos con un sistema categorial en formación que quizá pueda encasillarse llamándolo posmoderno pero que, en todo caso, lo que lo caracteriza es que dialoga críticamente con los paradigmas rotos de la modernidad, tanto en sus versiones globales como en sus versiones locales, y con un futuro que quiere mapear para facilitar la navegación teórica en el siglo XXI.

La posmodernidad ha dado en pensar la nación como el resultado de la imaginación ilustrada (Anderson) en el entendido de que, en el caso de América Latina, esa imaginación fue también, como se sabe, oligárquica y despótica; también se la piensa como el resultado de estrategias escriturales (Sommer, Bhabha) tendientes a realizar inmensos marginamientos y exclusiones de grupos humanos que, por contradicción, sirven de referente especular para definir y legitimar la ciudadanía de las elites dominantes y sus estamentos de servicios. La nación sigue siendo, en la jerga posmoderna, el resultado del ejercicio del poder político de los grupos dominantes con el objetivo de homogeneizar el espacio de su acción y explotación, creando así marginalidades concretas que son la base de sus comunidades imaginadas. En el caso de América Latina, esas marginalidades son específicamente indígenas, como es el caso de México, Guatemala, Ecuador, Paraguay, Bolivia, Perú y Brasil. En otros casos, como la Argentina, las marginalidades se convirtieron en comunidades exterminadas y el proyecto de nación fue exitoso para sus elites, las cuales necesitaron colocar su espejo otorgador de identidad en Europa para articular sus identidades. En el caso de las comunidades imaginadas basadas en comunidades marginadas, el espejo quedó colocado en lo cercano y, por contradicción, ayudó a articular las identidades dominantes y los sentidos de ciudadanía y de patriotismo como una negación afirmatoria.

El análisis de la multiculturalidad y de las luchas posmodernas basadas en la politización de construcciones identitarias fijas, así como en la racialización y etnicización de esas identidades, ha debido recurrir al marco de la nación, tanto para sus elucidaciones teóricas como para sus propuestas políticas en vista de que no existe otro espacio político que pueda servir de alternativa al espacio nacional. De modo que el conflicto interracial, interétnico, intercultural sigue ubicándose dentro del espacio nacional (un espacio históricamente oligárquico y burgués, y autoritario por naturaleza), aunque visto ya como espacio ampliado y democratizado o en vías de ampliación y democratización. La lucha de la subalternidad étnica ha necesitado circunscribir su lucha a este espacio del imaginario autoritario burgués y oligárquico puesto que la alternativa —su fragmentación— no forma parte de la agenda reformista de los grupos subalternos del tercer mundo, como fácilmente puede constatarse en el discurso del zapatismo en México y del mayismo en Guatemala. Los grupos étnicos, con el arma teórica del esencialismo estratégico en la mano, reclaman no la destrucción de la nación burguesa y el cambio de estructuras económicas, sino su ingreso en el mundo de privilegios hasta ahora negado a ellos, con la divisa de su identidad cultural respetada y reconocida por las leyes y el imaginario hegemónicos. La subalternidad étnica quiere, pues, una tajada del pastel de la dominación y la hegemonía. Eso implica más una puesta al día que una vuelta al ayer, aunque en la construcción de sus identidades étnicas y culturales politizadas, la construcción-invención del ayer adecuado a sus fines políticos de hoy es básico e irrenunciable. Ningún rasgo utópico anima la lucha de la subalternidad étnica en el Tercer Mundo ni tampoco en el Primer Mundo: se trata de una lucha por insertarse en el sistema establecido. Por eso, su caballo de batalla es la democratización, la cual, como el caballo de la nacionalidad, resulta ser la única opción en un mundo en el que la dictadura del proletariado ha sido enterrada por sus propios ejecutores. Un planteamiento utópico podría pasar por la propuesta de la superación de la nación y, con ella, una superación de la burguesía, el liberalismo, las elites y al autoritarismo, pero la subalternidad posmoderna aún no da para tanto y por eso el espacio nacional aparece siempre como algo a ser reparado y remozado, y no destruido ni sustituido. En tal sentido, el pensamiento posmoderno es una continuación crítica de la modernidad, pues en ésta la lucha de la subalternidad étnica planteaba también la liberación cultural, étnica y de clase en términos de liberación de la nación, y un ejemplo sonoro de esto, para el Tercer Mundo, es el de Frantz Fanon, quien planteó el espacio de la nación liberada como el espacio que posibilita la construcción de una cultura.[9] La crítica posmoderna al planteo moderno de izquierda de Fanon radicaría en que, ahora, la liberación de la nación no es ya posible sino sólo su ampliación democrática, y que el precio que la subalternidad pagó por haberse embarcado en el proyecto moderno y elitario de izquierda que propuso la liberación fue demasiado alto como para repetirlo. El área penumbrosa que sombrea la línea divisoria entre la resistencia y la aculturación no puede ya iluminarse con categorías binarias que identificaban al pueblo con la resistencia y a la cultura popular con el contradiscurso de la cultura burguesa. La cosa es más ambigua y siempre lo fue. Ahora se reconoce esa ambigüedad, se parte de ella, se opera en ella y en ella se plantean necesariamente las salidas posibles y reales. El espacio para la utopía y para la superación de la nación debe, pues, ser construido todavía, quizás mediante operativos analíticos y propositivos "glocales". La dudosa presencia de utopía en el pensamiento y la acción étnico-culturales subalternas en América Latina, en donde los intelectuales indígenas han sustituido los planteos utópico-modernos de Mariátegui por los utópico-reivindicativos y denunciatorios de Bonfil Batalla (*Utopía; Identidad; Pensar*), expresa no sólo un pragmatismo desencantado con izquierdas y derechas modernas, sino también la voluntad de las otredades étnicas y culturales de reproducir su capital cultural y étnico en el espacio de acción global en el que se han construido las naciones: el mercado. En tal sentido, la variable turismo entra a bailar también en el espacio de interacción de los conceptos mencionados antes, y no digamos la variable del consumo y del consumismo de bienes simbólicos globalizados por los medios masivos de comunicación. Es en este complicado y abigarrado paisaje étnico-cultural que una identidad construida irrumpe, en los años noventa, como nuevo sujeto interlocutor de las elites: la identidad *maya*, y sus creadores y constructores, los intelectuales mayistas de Guatemala.

## LOS *MAYAS* Y LOS MAYISTAS: NEGOCIADORES DE IDENTIDADES Y ENCANTADORES DE TURISTAS

*Maya* es no sólo una palabra que designa una realidad social, económica, política y cultural del pasado, una realidad arqueológica; es también una palabra que designa una construcción identitaria del presente realizada con fines políticos contrahegemónicos. El carácter y la función actuales de la palabra se basan en una manipulación del pasado histórico que provee una versión del mismo que se pone al servicio de una acumulación de fuerzas y de poder.[10] Es en este sentido que Friedman dice que "la deshegemonización del mundo dominado por Occidente es, simultáneamente, su deshomogeneización".[11] Claro que esta afirmación necesita ser matizada con las condiciones globalizadas en las que la deshegemonización puede darse, y por supuesto con el general carácter heterogéneo de las culturas latinoamericanas. La heterogeneidad latinoamericana opuesta a la homogeneidad occidental no es una relación binaria, al contrario, las intensas negociaciones de nuestra heterogeneidad con Occidente es lo que plantea pensar las identidades y las culturas nuestras desde la fractura del binarismo. Hacer (inventar, reescribir) historia para hacer identidades es, pues, un operativo que ha sido visto y practicado por los antropólogos y demás intelectuales solidarios con las luchas de la subalternidad, como una práctica del estrategismo esencialista subalterno y, por tanto, como resistencia (Guha, *Selected*). Esta teorización conlleva el peligro, ya hoy día convertido en lugar común, de ver resistencia hasta en el menor gesto, por inconsciente que sea, del subalterno.

En este punto es necesario resaltar la inserción de una variable ineludible de tomar en cuenta para pensar el fenómeno de la multiculturalidad guatemalteca, y es la variable del mercado, no sólo en lo referido a la industrialización de las artesanías y los objetos de cultura popular, sino a la turistización de las tradiciones religiosas. En este sentido, la invención de la historia, de la tradición y de la identidad ocurren en el espacio de la puesta en escena de la historia, la tradición y la identidad construidas para el consumo de turistas, de modo que la identidad *maya* acusa rasgos de negociación que la hacen moverse con libertad entre la resistencia y la adhesión al mercado, al Estado y a la Nación, aunque todavía sin industrializar el operativo, como de hecho ocurre en Europa (Ashworth and Larkham). El estudio de las variables mercado y turismo puede dar cuenta, junto a la de la cooperación internacional como fuente financiadora de invenciones de la historia, la tradición y la identidad, de la dinámica multicultural guatemalteca y latinoamericana, sin recurrir oficiosamente al expediente solidario de la resistencia y a la idealización izquierdista del pueblo como sujeto esencialmente liberador, sobre todo en Guatemala, en donde la izquierda precisamente tuvo un tratamiento discriminador hacia el indígena y en donde el autonomismo de los indios y el de los *mayas* surge justamente de la finalización de la alianza interétnica indígenas-izquierda, que dio lugar, por ejemplo, al fenómeno Menchú. En tal sentido, quizá la elucidación de la relación existente entre mercadeo turístico, cooperación internacional e invención de la historia, de la tradición y la identidad, resulte más útil para construir las bases de una política que reivindique lo nacional-popular sin recaer en las demagogias de la utopía socialista y menos en las del neoliberalismo, que el diseño en el aire de progresistas políticas multiculturales para ser aplicadas desde el Estado con la ayuda de intelectuales solidarios con el pueblo (García Canclini, *Culturas*). Este operativo implica la desmitificación del carácter esencial de la historia, la tradición y la identidad, lo cual no es nada nuevo, pero como la desencialización del sujeto popular no se asume por parte de la intelectualidad subalterna, es necesario recordar que, como diría Friedman, partir del carácter históricamente construido de las esencias llevó a Marx a desmitificar el origen de la riqueza, a Freud a desmitificar la identidad individual, y a Lacan a desmitificar la identidad del ego (849). La desconstrucción, es, entonces, arma de dos filos y, por ello, instrumento del ejercicio democrático del criterio, es decir, de la crítica. Pero como tampoco se puede desconstruirlo todo por principio ya que eso resulta en un acto suicida, no encuentro mejor argumento para fijar los límites de la desconstrucción que el de Viktor E. Frankl cuando afirma que la acción de desenmascarar debe llegar a un alto ante la autenticidad y genuinidad de la vida humana que busca un sentido, pues de lo contrario el desenmascarador se traicionaría a sí mismo tratando de frustrar las aspiraciones ajenas.[12] El criterio es, pues, y a pesar de todo, moral, y en tal sentido puede aplicarse al análisis de los discursos subalternos o prosubalternos los cuales, después de todo, son antes que nada humanos.

Si, como vemos, la crisis del esencialismo implica un desplazamiento que va del "objeto universal" a las condiciones de su existencia, y si, por tanto, la identificación psicoanalítica (especular) ha sustituido a la identidad esencial (construcción que no respondía sino a la ausencia de identidad), el construccionismo identitario como base de las identidades políticas posmodernas hace que éstas no tengan base de sustentación alguna fuera de sí mismas (de su propia autoconstrucción, autodefinición y autoidentificación).[13] Por lo tanto, este problema no debiera ocuparnos más, sino otro, de consecuencias inmediatas, a saber: que a las identidades políticas, al tener delante de sí su acción política como razón de ser de su creación y existencia, se les plantea la disyuntiva: ¿xenofobia o convivencia multicultural democrática? (Laclau, *The Making*). En tal sentido, *maya* es la identidad política (construida) de los indígenas concientizados y politizados de Guatemala. Eso queda cerrado. Lo que queda abierto, y a lo que este ensayo quiere contribuir, es el asunto de lo que políticamente los *mayas* van a hacer con el arma de su identidad politizada, etnicizada y racializada. La posición asumida en este ensayo tiene que ver con la democratización multicultural de Guatemala por la vía de un mestizaje cultural asumido como hibridación y negociación culturales, identitarias y políticas. No se trata de la vieja ideología del mestizaje como demagogia exclusionista de construcción "nacional" de elites oligárquicas (Stutzman), sino, básicamente, de la ampliación, negociación e hibridación étnico-culturales en condiciones democráticas. Es decir, de respetar las diferencias, sí, pero consideradas como diferencias articuladas con otras diferencias, las cuales, precisamente por su articulación originan los espacios del mestizaje cultural, realidad que —argumento— caracteriza más al país que las diferencias aisladas de su articulación mestizada, y, por ello, puede ser el eje de lo nacional democrático y multiétnico. De hecho, todos los espacios —tanto letrados como orales— aquí aludidos son espacios de mestizaje (trans)cultural que esperan su democratización política.

## LAS IDEOLOGÍAS MOVEDIZAS DEL MESTIZAJE

En los años sesenta, la terminología antropológica que pretendía dar cuenta de la multiculturalidades giraba, sobre todo en Europa, alrededor de la noción de raza. Los procesos poscoloniales en África contribuyeron a forjar conceptos más móviles que pudieran dar cuenta de las interacciones étnicas, de modo que términos como etnicidad surgieron para ilustrar las negociaciones fronterizas entre los grupos sociales y para fijar criterios como el carácter procesal, situacional y transaccional de las identidades (Barth). Etnicidad sustituirá a raza a la hora de explicar los contactos fronterizos entre grupos sociales. A la fecha existe un espacio de movilidad situacional muy grande del concepto etnicidad, y eso se nota cuando los antropólogos elucidan el carácter negociable de las identidades y encuentran dificultad en discernir qué es lo que se negocia, si son los *ethnic markers* o las identidades étnicas a la hora de que los individuos y los grupos se encuentran en las fronteras culturales. Sin duda, los usos de conceptos como etnicidad, raza, género, clase, identidad, cultura, religión, etc., dependen de los contextos en los que se desplieguen y los propósitos a los que se subordinen. Por eso, estereotipos de uso corriente como el de judío para significar una raza religiosa de clase adinerada (aunque pueda haber judíos pobres) o el de negro para nombrar a una raza de clase pobre (aunque pueda haber negros ricos) e indio para significar una etnia de clase depauperada (aunque pueda haber indios ricos también) resultan inevitables de tomar en cuenta a la hora de pensar las multiculturalidades. Todo esto para decir que los usos de los conceptos y nociones operativas en este ensayo tienen que ver con el contexto guatemalteco y con el momento actual que transita el país. Por lo tanto, aquí ningún concepto tiene un significado fijo e inalterable y mucho menos esencial.

El concepto de mestizaje es especialmente móvil en sus usos estratégicos en la Centroamérica de los años noventa.[14] La noción más vieja y criticada de mestizaje es la que lo entiende como una ideología de elites oligárquicas útil para homogeneizar el espacio nacional y construir una ciudadanía excluyente. Este mestizaje es el mismo que pretende asimilar al indígena a la cultura mestiza "superior". De alguna manera esta fue la ideología de la revolución mexicana, y también la de la revolución guatemalteca de 1944-54. Pero también existen otros usos de la noción de mestizaje. Por ejemplo, la noción mestizaje cultural para designar los espacios de articulación de la diferencia étnicas puede servir, por una parte, para quebrar nociones como la de etnicidad y raza cuando éstas se usan esencialistamente. También sirve para proponer la ampliación nacional democrática entendiendo el mestizaje cultural como la forma de relación igualitaria y democrática de las culturas que conforman el espacio nacional, lo cual no implica la fusión armónica de etnias y culturas, sino la convivencia igualitaria de las mismas en un espacio compartido en el que se respeten las diferencias y *también* su articulación interdiferencial. Versiones oficiales y contrahegemónicas de metizaje [15] se encuentran no sólo en el terreno concreto de la lucha política sino también en las dinámicas del mercado de bienes culturales en la actual Centroamérica. Por todo, los mestizajes deben ser descritos en algún momento del operativo de descentrar la etnicidad hegemónica. Mi propuesta de mestizaje quiere participar de esa hibridación semántica y desconstruir autoritarismos tanto hegemónicos como subalternos para plantear no la xenofobia sino la convivencia pacífica en condiciones democráticas. En tal sentido, pienso que Guatemala está articulada culturalmente por un ensamblaje de énfasis culturales indígenas y ladinos que tienen innumerables puntos de contacto en los cuales a veces privan énfasis ladinos y a veces énfasis indígenas. Estos espacios son los espacios del mestizaje cultural, de la hibridación, y si situamos allí nuestro punto de vista podremos ofrecer una mejor versión de la multiculturalidad guatemalteca y articular una mejor propuesta de democratización étnica, que si nos atrincheramos en las diferencias y luchamos por resaltarlas. En otras palabras, la reivindicación intransigente de la diferencia termina en donde empiezan los espacios del mestizaje cultural, los cuales, ya lo dije, caracterizan mejor al país que las diferencias, pues es en esos espacios en donde la negociación identitaria se torna en el mestizaje cultural que puede funcionar como denominador común y eje de la identidad nacional.[16] Es en este sentido que adhiero a las reivindicaciones indígenas al mismo tiempo que desconstruyo el discurso esencialista de sus intelectuales y describo la hibridación de las identidades populares en el espacio del mercado. Es también en este sentido que propongo el mestizaje cultural como eje articulatorio de los discursos de Asturias y Menchú, análisis que dejo pendiente para otro ensayo.

El enfoque de género, que no es igual que el enfoque feminista, sino que se refiere a analizar de qué manera la masculinidad o feminidad influyen en la desesencialización de las nociones que entran en juego en la dinámica de las multiculturalidades, puede ayudar a comprender en parte las dificultades del diálogo entre indios y ladinos, *mayas* y mestizos.[17] El caso de Menchú es interesante precisamente porque significa un desafío al tradicional patriarcalismo indígena y *maya*, y quizá así se explique por qué ella no ha logrado un liderazgo global del movimiento indígena, jefeado por hombres. Por otro lado, el enfoque de género puede ayudar a explicar la empecinada reticencia de la intelectualidad *maya* ante las posibilidades del mestizaje cultural y democrático como ideología unificadora de lo nacional-popular, pues sin duda es cierto que el machismo indígena percibe el mestizaje como el resultado de la posesión del cuerpo sexual de la mujer india por parte del macho español, criollo y ladino,[18] con lo que el patriarcalismo *maya* se ve lastimado.

Cuando la izquierda guatemalteca ideó y promovió la hechura de un testimonio por parte de una joven indígena desconocida, militante de la guerrilla, llamada Rigoberta Menchú, con el objetivo de que sirviera para promover la solidaridad internacional en sectores desafectos a la izquierda como las iglesias norteamericanas y los organismos internacionales para luego capitalizar, como izquierda, la defensa de los indígenas masacrados por el Ejército y erigirse así en una (la) fuerza política defensora de los derechos humanos, esa izquierda no pudo prever que el discurso de Menchú habría de tomar un derrotero aparte de la izquierda y que las simpatías y lealtades de Menchú hacia la guerrilla tendrían que negarse sistemáticamente (y no sólo como táctica discursiva) para que la opinión pública internacional tuviera la ilusión de que la lucha por los derechos indígenas y los intereses de la izquierda guerrillera eran dos cosas distintas que sin embargo convergían en el espacio idealizado de lo popular-izquierdista. De hecho, eran dos cosas distintas, pero inicialmente, cuando el testimonio fue confeccionado, ni para Menchú ni para la guerrilla existía esa diferencia ya que todo se resumía en las necesidades de lucha de la izquierda. El discurso de Menchú muy pronto se tornó emblema de ideologías políticas posmodernas como el feminismo radical, la izquierda académica norteamericana, el multiculturalismo y la *political correctness*, mientras que el discurso de la izquierda (que fue la matriz política e ideológica de Menchú, junto a la teología de la liberación) se agotó en la retórica de la lucha de clases. Aunque le hechura del testimonio de Menchú, como táctica de la izquierda guatemalteca, se inscribió en los preparativos cubanos para enfrentar una victoria revolucionaria en Centroamérica, ante la derrota de los movimientos revolucionarios, se convirtió en la posibilidad de la lucha étnica frente al Quinto Centenario y en favor del Decenio de los Pueblos Indígenas como futuro capital ideológico de la izquierda. Esto último fue lo que motivó el apoyo político y la promoción de la candidatura de Menchú al Premio Nobel de la Paz 1992. Con razón, este premio ha sido considerado por los militares guatemaltecos como la única victoria política real de la insurgencia a todo lo largo de 36 años de guerra civil.

Cuando el 29 de diciembre de 1996 se firma la paz entre guerrilla, Gobierno y Ejército, por presión internacional combinada con el ofrecimiento de amplios financiamientos para poner en práctica los acuerdos y en medio de una absoluta falta de credibilidad por parte de la ciudadanía,[19] el movimiento indígena se encuentra en un estado de fuerte emergencia e influencia gracias a los cuantiosos financiamientos internacionales y, por lo tanto, el debate sobre la multiculturalidad guatemalteca y su relación con la democratización y el desarrollo económico del país es el trasfondo contra el cual se debe realizar cualquier análisis cultural, político e ideológico acerca del futuro de Guatemala como país y como parte de la región centroamericana a punto de entrar en el TLC, en el siglo XXI, en la globalización.

Eso es justamente lo que intentamos hacer analizando las versiones que tanto indígenas como ladinos ofrecen del indígena y del ladino, aludiendo a las negociaciones identitarias en los espacios del consumismo y el mercadeo globalizados, y señalando la necesidad de desmontar los discursos de la intelectualidad *maya* para confrontarlos con la discursividad ladina en general. Queremos proponer un mestizaje cultural democrático como eje de las identidades y de la nacionalidad, sin negar las especificidades culturales indígenas y ladinas ni mucho menos sus derechos y sus reivindicaciones específicas y generales; todo, desde una perspectiva inevitablemente ladina para quien esto escribe. La empresa consiste en hallar los fundamentos de semejante mestizaje, para luego descartar propuestas excluyentes, y terminar proponiendo soluciones prácticas para el futuro inmediato.

Existen en la discusión interétnica otros puntos de debate que, creemos, dependen de la solución del punto que prioritariamente ha sido tratado en este ensayo, a saber: el punto del esencialismo y el fundamentalismo. Sin duda, el esencialismo es una estrategia harto explicable e incluso justificable en el caso de la lucha de conglomerados marginados para obtener poder. El argumento en su contra en Guatemala es que no contribuye a la democratización sino más bien a la fragmentación étnica, debido al uso virulentamente antiladino que se hace de él. El gran peligro del esencialismo es su fundamentalismo excluyente y descalificante del "otro", ya que, dentro de sus lógicas, la propia autoafirmación se basa en la negación de la contraparte. Por eso es necesario preguntarse si es posible un esencialismo y un fundamentalismo respetuoso de las diferencias. La experiencia histórica de Estados Unidos, Sudáfrica, el Medio Oriente y los países multiétnicos de América Latina pareciera negarlo. Esto deja abierta la posibilidad de llegar a su creación, y constituiría un reto para las dirigencias indígenas.

Por todo, puntos de debate actuales como el problema de las autonomías regionales y las descentralizaciones gubernativas en favor de autogobiernos indígenas; el de la aplicación de la justicia y el derecho consuetudinario elevado al rango de "derecho maya"; el problema de la tierra (evadido por el acuerdo de paz correspondiente); el de la existencia o no de la etnia xinca; el de las reformas constitucionales; así como los problemas de género en el ámbito indígena, constituyen motivo de controversia, ya que se plantean desde perspectivas esencialistas y fundamentalistas por parte de las elites mayistas, y, además, por la razón de que se remiten invariablemente a la puesta en práctica de los acuerdos de paz, la cual se ha constituido en una especie de falso interés nacional, postulado por la comunidad internacional por medio de su cooperación económica y financiera a las partes que negociaron y firmaron la paz. En efecto, el Gobierno ha hecho de la puesta en práctica de los acuerdos, su plan de desarrollo económico y su plataforma política; el movimiento indígena lo ha adoptado como su plan de acción reivindicativa; y la URNG, lo usa como planteamiento programático en su tarea de convertirse en partido político. El problema es que los acuerdos de paz no tienen el suficiente alcance como para convertirse en todo eso para lo cual están siendo instrumentalizados pues constituyen sólo puntos de referencia para la convivencia pacífica. El dinero de la cooperación internacional, sin embargo, tiene a todas las partes (Gobierno, guerrilla, mayistas) agitadas en torno a la consecución de fondos vía ONGs y toda suerte de proyectos de desarrollo en los que la jerga políticamente correcta de los organismos internacionales ha sustituido el análisis científico, los objetivos ideológicos y los liderazgos políticos.

Por todo, el punto básico de debate en la discusión interétnica es, a nuestro entender, el del esencialismo y el fundamentalismo. De cómo se solvente este punto depende el tratamiento de los demás. En todo caso, como siempre la práctica rebasa a la teoría, lo más probable es que los pactos interétnicos que se hagan de ahora en adelante complazcan a la cooperación internacional y que, por el contrario, la cotidianidad relacional de indígenas y ladinos vaya mejorando mucho más lentamente en la práctica que en la letra de esos pactos, que siguen la lírica de los acuerdos de paz. Esto, porque el diálogo actual se hace en términos esencialistas y fundamentalistas, y las concesiones, por tanto, se otorgan por parte del poder ladino con lujo de paternalismo. La superación de este estado dicotómico reside, pensamos, en la adopción de criterios remitidos a la hibridación, la transculturación y el mestizaje cultural para negociar la democratización intercultural e interétnica. Todo lo cual implica reconquistar la autonomía nacional respecto de la ingerencia extranjera en su forma de cooperación internacional.

NOTAS

[1] Cuando se había terminado este trabajó se publicó en Italia un libro de Rigoberta Menchú, titulado *Rigoberta, I maya e il mondo* (Giunti, 1997), que también promete convertirse en punto de referencia del debate interétnico.
[2] Aunque ningún grupo *maya* reclama "pureza" explícitamente, sí rechazan ser identificados como mestizos. Agradezco la observación de Richard N. Adams (comunicación personal, 4.10.97) en el sentido de hacerme ver que no existe nada parecido a la "pureza étnica" porque el término "etnia" se aplica o autoaplica arbitrariamente a un grupo humano cualquiera y, por eso mismo, la "pureza" sólo podría existir como una declaración en el discurso, cosa que no hacen los *mayas*. Sin embargo, la "pureza" implícita en la actitud de diferenciarse de quienes los *mayas* llaman *mestizos*, a la que yo me refiero, tiene que ver con la idea de absoluta "otredad" cultural que los *mayas* sí reclaman para su grupo. Las ideas de "pureza" se mueven en el espacio de la cultura, de la ideología, de las mentalidades, y en ese sentido se usa aquí: como una noción que se equipara, en la línea de pensamiento de los intelectuales mayistas, con la noción de "diferencia" cultural total, que es la noción que nosotros queremos poner en entredicho a lo largo de nuestra reflexión. Otras oportunas aclaraciones de Adams que aparecerán aquí, también me fueron dadas en la comunicación personal mencionada.
[3] "*Ladino*. Significa en castellano antiguo 'el que hablaba alguna lengua extraña, además de la propia'; y de ahí vino que diese el nombre de ladino al indio que hablaba el español, y que tenía ya las costumbres de la raza conquistadora. Hoy se llaman

ladinos los nativos de estos países que hablan castellano y que no tienen el traje ni las costumbres de los indios. Ladino, en otra acepción castiza, vale *taimado, astuto, sagaz.* Véase *Aladinado"* (Batres Jáuregui, *Vicios* 357). *"Aladinado.* Se llama por acá al indio que se está volviendo LADINO. Esta palabra (además de significar astuto, taimado, en sentido metafórico) significaba en castellano antiguo 'el romance ó lengua nueva;' y de ahí vino que se llamaran *ladinos*, en buen español, los que hablaban alguna ó algunas lenguas además de la propia, lo cual motivó que á los indios que hablaban *ladino* (ó como ellos dicen CASTILLA) les llamaran *ladinos*. Hoy se ha extendido la significación de tal nombre á todos los de estos países que no son indios, ó que, á pesar de serlo, no conservan su primitivo idioma y sus costumbres. En este sentido se puede decir que es provincial la palabra LADINO; y es la acepción que se le da en los cuadros estadísticos del movimiento de nuestra población, en los cuales se habla á cada paso de *indios y ladinos.* En la curiosa obra 'Orígenes del Lenguaje Criollo,' se dice: que al indio instruido y trabajador se le llamó LADINO, esto es *latino,* como si la ciencia que había adquirido fuese ciencia de universidad; y al que no aprendía, ó continuaba voluntariamente en el estado salvaje, se le llamaba *chontal*, ó sea tosco y grosero. Del mismo modo que á los castellanos que llevaban algunos años de residencia en las Indias se les llamaba *baqueanos*, porque sabían *baquear*, ó navegar con la corriente, cualquiera que fuera el viento, en el revuelto mar de aquellas aventuras; mientras que al recién llegado se le saludaba con el dictado de *chapetón*, correspondiente en España á todo aprendiz de oficio. Y así, á los desaciertos de éstos, como á la ligera indisposición que sentían después del desembarco, en aquellos felices tiempos en que no había vémito negro, se llamaba *chapetonada"* (Batres Jáuregui, *Vicios* 81-92).

[4] Adams me aclaró que el binarismo indio-ladino aparecía implícito en la literatura indigenista de la primera mitad del siglo XX en Guatemala y que fue utilizada en el censo de 1893. Por eso, opina él, no existe base alguna para responsabilizar de ella a los antropólogos norteamericanos, ya que la misma es guatemalteca de orígen. En todo caso, su entronizada fijación en los análisis posteriores constituye una responsabilidad compartida.

[5] De nuevo, Adams me aclara que no existe evidencia alguna de que los antropólogos norteamericanos influyeran en los censos, especialmente en cuanto a reducir la población indígena, y que este es otro "mito chapín" que sirve para culpar a los norteamericanos de las propias prácticas indigenistas. También me indicó que Ubico sí cambió los resultados del censo de 1940 a fin de aumentar el total de la población, pero que el cambio no implicó una reducción de la proporción poblacional indígena. El asunto de si los indígenas eran y son (o no) una mayoría poblacional se remitiría, entonces, al problema de la autoidentificación y al de la inducción o elicitación indirecta en los custionarios de los censos. Lo cual pudo ser resultado explicable de la influencia de las nociones al uso en la antropología norteamericana sobre Guatemala.

[6] Richard N. Adams me comentó que este cambio no puede atribuirse a Payeras, ya que Joaquín Noval lo había anticipado en sus escritos 30 años antes y hasta su muerte en 1976. Lo cierto es que el impacto popular de este cambio de percepción se debió más a Payeras que a Noval, aunque quizás Payeras lo hubiera tomado de éste.

[7] Ver, "EGP. Los pueblos indígenas y la revolución guatemalteca". *ALAI. Servicio especial.* Montreal, 1982): 8-13. Este mismo número contiene los trabajos: "ORPA. Acerca del racismo" (1-7), y "PGT. La cuestión indígena" (14-16). Ver también, "Tesis sobre la cuestión etnico-nacional". *Opinión política* 11 (Guatemala, 1997). Aunque Guatemala aparece como el lugar de edición, este periódico se escribía en México.

[8] El término indígena se usa en este texto para denotar al individuo ubicado en los grupos étnicos de Guatemala que hablan lenguas de origen maya. El término indio se usa a veces como sinónimo de indígena, y a veces con un contenido autoafirmatorio

y orgulloso que cierta intelectualidad indígena le otorgó en los años setenta. El término maya se usa para referirse a la civilización precolombina así conocida en Mesoamérica. Y el término *maya* (en letra cursiva) se usa para referirse a la identidad construida por los intelectuales que he denominado mayistas.

[9] "... to fight for national culture means in the first place the fight for the liberation of the nation, that material keystone which makes the building of a culture possible" (Fanon, *The Wretched* 233).

[10] "The construction of a past in such terms is a project that selectively organizes events in a relation of continuity with a contemporary subject, thereby creating an appropriated representation of a life leading up to the present, that is, a life history fashioned in the act of self-definition. Identity, here, is decisively a question of empowerment" (Friedman 117).

[11] Ibidem. Traducción mía.

[12] "Unmasking, or debunking, however, should stop as soon as one is confronted with what is authentic and genuine in man, e.g., man's desire for a life that is as meaningful as possible. If it does not stop then, the man who does the debunking merely betrays his own will to depreciate the spiritual aspirations of another." (Frankl, *Man's* 156). El espacio de nuestro análisis es uno en el que lo auténtico y genuino del hombre, así como su deseo de sentido, no se encuentran claramente definidos. Frankl lo expresa, adelantándose a su tiempo, unas páginas después cuando dice: "...man has suffered another loss in his more recent development: the traditions that had butressed his behavior are now rapidly diminishing. No instinct tells him what he has to do, and no tradition tells him what he ought to do; soon he will not know what he wants to do" (168). Este pareciera ser otro de los rasgos de la posmodernidad, de la moral posmoderna.

[13] La autoconstrucción, autodefinición y autoidentificación constituyen acciones explicables, válidas y a menudo efectivas en el espacio de las luchas étnicas, pues, como me aclara Richard N. Adams, toda etnicidad se forma de esta manera, y negarlo equivale a negar la etnicidad. Lo que está en cuestión, sin embargo, no es el procedimiento como tal sino el contenido del procedimiento; en este caso, el esencialismo y el fundamentalismo. Si la autoconstrucción está sustentada en sí misma, un contenido esencialista no tendría remitencia fuera de su propia autoinvención y, en tal sentido, se vería privado de toda posible "esencia" y ubicado de plano en la ficción. Una ficción que puede tener un explicable y hasta efectivo uso estratégico.

[14] Ver los agudos y actualísimos ensayos de Charles E. Hale, Jeffrey Gould, Carol A. Smith y Florencia Mallon en, Hale, ed., *Mestizaje*.

[15] "Of course neither discourse of *mestizaje*, whether counterhegemonic or official, exists in pure form or isolation (...) for *mestizo/a* identity — which in practice may combine elements from both counterhegemonic and official discourses — are worked out in specific historical contexts. (...) Some of the questions we need to answer can only be approached empirically". Florencia Mallon, "Authenticity, Marginality, and Gender in Ethnic identities" (Hale, ed. *Mestizaje* 172)

[16] "Another rendering of Morales' line of argument is that it portrays *mestizaje* as a means to acknowledge the constant cross-over and increasing mutual entanglement of Indians and *ladinos*, which helps to dismantle Guatemala's colonial legacy of rigid, dichotomous identity categories. This anti-essentialist critique cuts both ways: against the exclusionary pretensions of the Guatemalan power elite, and against rigidity and exclusion emanating from Maya cultural activists themselves." Charles E. Hale, "*Mestizaje*, Hybridity, and the Cultural Politics of Difference in Post-Revolutionary Central America" (Hale, ed. *Mestizaje* 45-46).

[17] "...gender is not only about women, but about the social construction of women and men as sexually identified human beings." Florencia Mallon, "Authenticity." (Hale, ed. *Mestizaje*, 175).

[18] Al respecto, ver el ensayo de Gould y el de Mallon en Hale, ed. *Mestizaje*.

[19] La firma de la paz careció de credibilidad ante la opinión pública generalizada debido al llamado *affair Mincho*. Después de acordado el cese de hostilidades y el criterio de no considerar las acciones de la guerrilla como actos de guerra sujetos a la amnistía sino como actos de delincuencia común sujetos a la justicia local, la Inteligencia Militar hizo público el secuestro de la octogenaria millonaria Olga Novella, esposa del propietario del monopolio "Cementos Progreso", por parte de un comando de la ORPA al mando de *Isaías*, un miembro de la dirección de esa organización guerrillera. *Isaías* había sido capturado, según informaron los militares, y luego fue canjeado por la señora Novella, por decisión del presidente de la república, Alvaro Arzú, también perteneciente a una de las familias de la oligarquía local. Como resultado de esta acción de la Inteligencia Militar, la URNG retira de la mesa de negociaciones a Rodrigo Asturias, comandante en jefe de la ORPA. Poco después se supo que en la acción en la que efectivos del Estado Mayor Presidencial -EMP- habían capturado a *Isaías*, también había sido capturado otro guerrillero llamado *Mincho*, cuya existencia fue negada por la ORPA y la URNG, por el Ejército y por el Gobierno. La negación por parte de todos de la existencia de *Mincho*, cuyas fotos fueron conocidas ampliamente por la opinión pública y cuya familia lo reclamó en un principio (para luego caer en un misterioso silencio y ausencia del país), evidenció los pactos secretos que entre la guerrilla y los militares se habían realizado durante las negociaciones de la paz, a saber: repartirse equitativamente cierta parte de la ayuda prometida por la cooperación internacional para poner en práctica los acuerdos de paz (2 mil millones de dólares), encubrir mutuamente los crímenes de la guerra sucia, y realizar tres secuestros (uno por las FAR, otro por el EGP y otro por la ORPA) para asegurar el retiro de sus comandantes en jefe. En el caso del fallido secuestro de la ORPA, ocurrió que el general Efraín Ríos Montt descubrió, por medio de personal suyo infiltrado en el EMP, que los dos primeros secuestros ya se habían realizado y que el de la señora Novella estaba en la fase de negociación, y amenazó con hacer todo esto público, de modo que la Inteligencia Militar no tuvo más remedio que montar la puesta en escena de *Isaías*. El texto de los acuerdos de paz, en los que se asienta que no se deducirán responsabilidades judiciales a las partes por crímenes de guerra, evidencia estos pactos, que ponen la impunidad en la base del proceso de democratización en la posguerra y que han hecho de *Mincho* un cadáver que se niega a morir, a pesar de que a su regreso a Guatemala en octubre de 1997, Rodrigo Asturias haya admitido su existencia y militancia en la ORPA.

BIBLIOGRAFÍA CITADA

*Acuerdo de identidad y derechos de los pueblos indígenas*. Guatemala: Cholsamaj, 1995.

Adams, Richard. *Encuesta sobre la cultura de los ladinos en Guatemala*. Guatemala: Editorial José de Pineda Ibarra, 1964.

*ALAI.Agencia latinoamericana de información. Servicio especial*. Montreal: ALAI, 1982.

Anderson, Benedict. *Comunidades imaginadas*. México: FCE, 1993.

Ashworth, G.J. y P. J. Larkham, eds. *Building a New Heritage. Tourism, Culture and Identity in the New Europe*. London: Routledge, 1994.

Barth, Frederick, ed. *Ethnic Groups and Boundaries: The Social Organization of the Culture Difference*. Boston: Little Brown, 1969.

Bastos, Santiago y Manuela Camus. "Indígenas en la Ciudad de Guatemala: subsistencia y cambio étnico". *Debate* 6 (Guatemala: FLACSO, 1990).

Bastos Santiago y Manuela Camus. *Los mayas de la capital: un estudio sobre identidad étnica y mundo urbano*. Guatemala: FLACSO, 1995.

_____ *Quebrando el silencio: organizaciones del pueblo maya y sus demandas (1886-1992)*. Guatemala: FLACSO, 1993.

_____ *Abriendo caminos: las organizaciones mayas desde el Nobel hasta el acuerdo de derechos indígenas*. Guatemala: FLACSO, 1995.

Batres Jáuregui, Antonio. *Vicios del lenguaje y provincialismos de Guatemala*. Guatemala: Encuadernación y Tipografía Nacional, 1892.

Bhabha, Homi. *The Location of Culture*. London-New York: Routledge, 1994.

Black, George. *Garrison Guatemala*. London: Zed Books, 1984.

Bonfil Batalla, Guillermo. *Pensar nuestra cultura*. México: Alianza Editorial, 1991.

_____. *América Latina, etnodesarrollo y etnocidio*. Costa Rica: FLACSO, 1982.

_____ *Utopía y revolución: el pensamiento político contemporáneo de los indios en América Latina*. México: Nueva Imagen, 1981.

Burgos-Debray, Elizabeth. *Me llamo Rigoberta Menchú*. La Habana: Casa de las Américas, 1984.

Casaus Arzú, Marta Elena. *Guatemala : linaje y racismo*. Costa Rica: FLACSO, 1992.

Cojtí, Demetrio. *Configuración del pensamiento político del pueblo maya, 2da. Parte*. Guatemala: Cholsamaj, 1995.

_____ *El movimiento maya (en Guatemala)*. Guatemala: Cholsamaj, 1997.

Cornejo-Polar, Antonio. *Escribir en el aire. Ensayo sobre la heterogeneidad sociocultural en las literaturas andinas*. Lima: Editorial Horizonte, 1994.

*El camino de la revolución guatemalteca*. Guatemala: Partido Guatemalteco del Trabajo.

Fanon, Frantz. *The Wretched of the Earth*. New York: Grove Press, 1968.

Figueroa Ibarra, Carlos. *El proletariado rural en el agro guatemalteco*. Guatemala: Editorial Universitaria, 1980.

Fisher, Edward F. y R. McKenna Brown, eds. *Maya Cultural Activism in Guatemala*. Texas: University of Texas Press, 1996.

Flores Alvarado, Humberto. *Proletarización del campesino de Guatemala*. Quezaltenango, Guatemala: Editorial Rumbos Nuevos, 1971.

Frank K, Luisa y Philip Wheaton. *Indian Guatemala: the Path to Liberation. The Role of Christians in the Indian Process*. Washington: Epica Task Force, 1984.

Frankl, Viktor E. *Man's Search for Meaning. An Introduction to Logotherapy*. New York: Wahington Square Press, 1967.

Friedman, Jonathan. *Cultural Identity & Global Process*. London: SAGE Publications, 1994.

García Canclini, Néstor. *Consumidores y ciudadanos. Conflictos multiculturales de la globalización*. México: Grijalbo, 1995.

_____ Culturas híbridas. Estrategias para entrar y salir de la modernidad. México: Grijalbo, 1990.

Gleijeses, Piero. Shattered Hope: The Guatemalan Revolution and the United States, 1944-1954. Princeton, NJ: Princeton University Press, 1991.

Guha, Ranajit y Gayatri Chakravorti Spivak, eds. Selected Subaltern Studies. New York: Oxford University Press, 1988.

Guzmán Bockler, Carlos y Jean-Loup Herbert. Guatemala: una interpretación económico-social. México: SigloXXI, 1970.

Hale, Charles E., guest ed. Mestizaje. Journal of Latin American Anthropology 2/1. Waltham, MA: Brandeis University, 1996.

Hale, Charles R. y Carol A. Smith. "Reframing the National Question in Central America: The Challenge from Indian Militancy in the 1980s" (June 10, 1991) Manuscript.

Harnecker, Marta. Pueblos en armas. México: Universidad Autonóma de Guerrero, 1983.

Iximulew 22. "La identidad ladina". Guatemala: CECMA-Cholsamaj, 1997.

Jonas, Susanne. The Battle for Guatemala. Rebels, Death Squads, and U.S. Power. Boulder: Westview Press, 1991.

Laclau, Ernesto, ed. The Making of Political Identities. Londres: Verso, 1994.

Martínez Peláez, Severo. La patria del criollo. Guatemala: Editorial Universitaria, 1970.

McClintock, Michael. The American Connection. Vol II: State Terror and Popular Resistance in Guatemala. London: Zed Books, 1985.

Mendelson, E. Michael. Los escándalos de Maximón. Un estudio sobre la religión y la visión del mundo en Santiago Atitlán. Guatemala: Tipografía Nacional, 1965.

Morales, Mario Roberto. "La quiebra de Maximón". Crónica (24 jun. 1994): 17-20.

Opinión política. Guatemala, 1987.

Organización del Pueblo en Armas (ORPA). Racismo I. Guatemala: ORPA, 1976.

Organización del Pueblo en Armas (ORPA). "Acerca del racismo". Polémica 3 (enero-febrero). (1982): 65-71.

Rama, Ángel. Transculturación narrativa en América Latina. México: Siglo XXI, 1982.

Rosada, Héctor Roberto. Indios y ladinos. Guatemala: Editorial Universitaria, 1987.

Schlesinger, Stephen y Stephen Kinzer. Bitter Fruit. The Untold Story of the American Coup in Guatemala. Garden City, NY: Doubleday, 1982.

Sommer, Doris. Foundational Fictions. Berkeley-Los Angeles-London: University of California Press, 1991.

Stutzman, R. "'El Mestizaje': An All Inclusive Ideology of Exclusion". Norman Whitten, ed. Cultural Transformations and Ethnicity in Modern Ecuador. Urbana: University of Illinois Press (1981): 45-94.

Tax, Sol, et al. Heritage of Conquest. The Ethnology of Middle America. Glencoe, Illinois: The Free Press Publishers, 1952.

330 • Mario Roberto Morales

_____ *Los municipios del altiplano mesoccidental de Guatemala*.  Guatemala: Editorial José de Pineda Ibarra, 1965.
_____ *Penny Capitalism: A Guatemalan Indian Economy*.  New York: Octagon Books, 1972.

Tribus, templos y arqueólogos:
Dos expediciones a la Selva Lacandona, 1925 y 1949

Cynthia Steele
*University of Washington*

## I. La Lacandonia como zona de contacto

A partir del siglo dieciséis la Selva Lacandona de Chiapas, México, ha funcionado como una importante "zona de contacto" (para usar el sugerente concepto de Mary Louise Pratt) para negociaciones entre euro-americanos, mexicanos y mayas. Desde mucho tiempo antes, por supuesto, fue una zona de contacto para las diferentes civilizaciones amerindias. El papel colonizador de los conquistadores españoles se fue sustituyendo, a lo largo de los siglos XVII y XVIII, por los polos del catolicismo conservador y progresista —este último ejemplificado por el Padre Bartolomé de las Casas— y que sigue funcionando, en contradicción con la oligarquía y el estado, por un lado, y con la guerrilla, por otro, en el Chiapas de 1998.[1]

A lo largo del siglo XIX, a la zaga de las leyes de reforma, la hegemonía de la Iglesia fue reemplazada parcialmente por la dominación de las monterías multinacionales y los latifundios, a través de sus representantes locales. Para fines del Porfiriato la cuarta parte de la Selva Lacandona, tres milones de hectáreas, se encontraba en manos de unas cuantas familias españolas, alemanas y estadounidenses, quienes vendían las materias primas como la caoba y el chicle a Estados Unidos, Alemania e Inglaterra.

Las despiadadas maquinaciones que permitieron esta acumulación de tierras son captadas en *El desierto de los Lacandones* por el finquero de Ocosingo Juan Ballinas, quien escribió el libro después de que él y su socio habían llevado a cabo cinco expediciones a la Lacandonia entre 1874 y 1878. Pero el libro no se publicó hasta que Frans Blom encontró el manuscrito en la finca de Ballinas en 1951, muchos años después de la muerte de éste. Ballinas, quien esperaba enriquecerse con su descubrimiento de una ruta a la Selva, y de una ruta fluvial para extraer los logs, aliándose económicamente con el capitalista tabasqueño Policarpio Valenzuela, describe cómo Valenzuela lo engañó, llegando a ser dueño único de un millón de hectáreas selváticas y fungiendo de gobernador de Tabasco tres veces. Irónicamente, en vista de sus propias aspiraciones, Ballinas reflexiona, "El pez grande se come al chico. Uno nunca sabe para quién trabaja".

Aunque los salarios en las monterías eran relativamente altos, las condiciones de trabajo eran duras y brutalmente explotadoras, como demuestra B. Traven en sus novelas de la selva y Armando Bartra en su reciente estudio *El México bárbaro: Plantaciones y monterías del Sureste durante el Porfiriato*.

Además de encontrarse sometidos como esclavos por las deudas, las peligrosas condiciones de trabajo y los crueles castigos, los chicleros trabajaron durante la época de lluvias, sumergidos en el agua, víctimas crónicas de la malaria y de la parásita mosca chiclera.

Contra el fondo sombrío de explotación neocolonial y devastación ambiental, los arqueólogos mexicanos y euro-americanos se internaron en Lacandonia a fines del siglo XIX y comienzos del XX. La Selva así se convirtió en un laboratorio para los intercambios multiculturales y multinacionales, en el contexto de varias capas de colonialismo. También se ha transformado en el escenario central para la ideología del 'mayanismo', comparable al orientalismo en Europa.

De las muchas narraciones de expediciones estadounidenses a las antiguas ciudades mayas de Palenque y Bonampak llevadas a cabo durante la primera mitad del siglo XX, se destaca *Tribes and Temples*. Publicado originalmente por la Universidad de Tulane en 1926 y 1927, este libro científico documenta la expedición de 1925 dirigida por el arqueólogo danés-americano Frans Blom y el antropólogo cultural norteamericano (y dentro de poco, novelista indigenista) Oliver La Farge.

Los dos escribieron los capítulos a la limón, lo cual crea una sugerente yuxtaposición entre diferentes enfoques disciplinarios y distintas sensibilidades. Un complemento ideológico revelador es el libro *El lugar de los grandes bosques*, colección de diarios y cartas a su madre en Dinamarca, escritos por Blom durante su primera expedición a Lacandonia en 1921. Este libro no se publicó en castellano hasta 1990, sesenta y cuatro años después de la publicación inglesa de *Tribes and Temples*.

En cuanto a las expediciones mexicanas de la misma época, una de las más importantes fue la auspiciada por el Instituto Nacional de Antropología e Historia (INAH) en 1949, la cual contaba con la participación de varios destacados científicos sociales y artistas mexicanos, además de un guía norteamericano indianizado y un equipo de filmación de Hollywood. De los varios libros mexicanos inspirados por esta expedición, dos de ellos se destacan por los fuertes contrastes que nos ofrecen: *Los lacandones de Bonampak*, publicado en 1951 por el líder de la expedición, el arqueólogo Carlos Margáin y *Aventura en Bonampak. Diario de un viaje extraordinario por la Selva Lacandona*, publicado dos décadas después, en 1968, por el artista y expedicionario Raúl Anguiano.

Los líderes de las dos expediciones, la de Tulane en 1925 y la del INAH en 1949, se retratan como héroes pioneros, el equivalente de lo que llama James Clifford "el viajero meta-independiente", trasladándose a través de un paisaje misterioso y sublime. En sus cartas Blom responde a la pregunta de su madre sobre si su vida es la de un noble o la de un peón, explicando que su vida en la selva combina aspectos de las dos clases sociales. Vive austeramente pero tiene a su disposición siervos mayas, entre ellos "un mono domesticado que es mi mozo fiel, le hace de intérprete, guardaespaldas, y bufón, que responde al nombre de Guadalupe cuando está entre 'cristianos', y responde a 'Guwa-te' (pequeña serpiente ponzoñosa) cuando está entre su gente" (91). Más tarde Blom bromea con que se ha tomado la considerable molestia de versificar las reglas del campamento:

> It's a damned disgrace
> when things are not in place
>
> Brown beauties, oily dogs
> as well as dirty hogs
> will be shot on sight
> when seen in camp at night.
>
> If you of grub complain
> you can go home again
>
> Don't play around the kitchen
> to court the cook so brown
> sure she's quite bewitchen,
> but she is not your own.
>
> She has to do for all of us,
> we want our food made right
> and furthermore it's of no use
> she leaves the camp at night (105).

Las descripciones arqueológicas de Blom, por otra parte, suelen ser terriblemente aburridas, aunque de vez en cuando se intercalan descripciones evocativas de la naturaleza sublime. Como hemos visto, sus observaciones científicas se intercalan con comentarios de un humor cínico, con tintes racistas y sexistas, que llegan a ser explícitas en algunos de sus documentos privados de la misma época.

Oliver La Farge, quien después escribirá etnografías importantes de los mayas de Guatemala y de los indígenas del suroeste estadounidense (en lo que fue el noroeste mexicano), además de la célebre novela *Laughing Boy*, se vislumbra en su narración como un observador entusiasta, abierto y humanista. Se detiene cariñosamente en la descipción del amable pueblo maya y sus paisajes poéticos, y le preocupa, sin llegar a ninguna conclusión, la aparente contradicción entre la crueldad y violencia de los mayas en sus relaciones internas, y su trato generoso de los extranjeros. La Farge se debate entre entender a los mayas de los altos chiapanecos como una raza degenerada o como una nobleza primitiva.

Como Frans Blom, Carlos Margáin parece utilizar la prosa heroica como materia prima para construir su propia leyenda, y de hecho adquirió bastante renombre por su 'descubrimiento' de que el arte de Bonampak representaba la civilización más refinada de los mayas clásicos. Sin embargo, como señala Clifford, apenas tres años después sus conclusiones serían eclipsadas por el descubrimiento que hizo Alberto Ruz de la tumba escondida de Pacal en Palenque (tumba con la que, según nos enteramos en *Tribes and Temples*, Frans Blom había estado a punto de dar en 1925). La prosa de Margáin se lee como una aventura heroica en el proceso de convertirse en melodrama.

En cuanto a la versión que hace Raúl Anguiano de la misma expedición, *Aventuras en Bonampak* parece todo menos una aventura; lo que describe son larguísimos lapsos de tedio y frustración, intercalados con interminables, miserables caminatas a través de una selva pluvial empapada de lodo y bichos. No nos extraña leer que Anguiano tardó dieciocho años en regresar a la Selva Lacandona, y que el epílogo sobre esta "singular aventura" (según la portada) resulta aún más aburrido y anticlimático que el viaje original. Así describe Anguiano la partida de su grupo de Tenosique hacia la Selva: "Este viejo avión es para transportar carga y animales: no tiene asientos, hay alguna que otra garrapata y está bastante sucio. Sentados sobre la carga y nuestras cosas personales, vamos casi amontonados. Como faltan algunos cristales a las ventanillas, entran verdaderos chiflones de aire que a mí me tocan en la espalda. Temo coger una pulmonía. Afortunadamente, no pasa nada" (34).

El lector se pregunta si Anguiano quiso corregir el autorretrato heroico de Margáin, ya que se detiene en las muchas enfermedades de los expedicionarios, desde las infecciones gastro intestinales hasta la malaria, y describe a un Margáin enfermo, desmoralizado y adelantándose a abandonar la selva en la primera avioneta (incidente que por supuesto no figura en la narración de Margáin).

Entre las muy contadas memorias placenteras de Anguiano figura la siguiente observación sobre su primera noche en la selva: "Arriba, en la espesa obscuridad, miles de verdes luciérnagas cruzan en todas direcciones. Esta es una de las noches más bellas de mi vida" (60). Esta descripción sigue inmediatamente la narración del emocionado descrubrimiento que hizo Anguiano de la firma de Blom en el tronco de un árbol, junto a una estela maya.

Por supuesto, como señala Anguiano mismo en el prólogo, él no es escritor, sino artista, y sus elocuentes y conmovedores dibujos de los lacandones siguen contándose entre los logros principales de esta expedición e inclusive de la larga carrera artística de Anguiano.[2]

De la autorrepresentación heroica de Blom y Margáin como el aventurero individualista que por sus valientes esfuerzos logra profundizar cada vez más en la jungla, la extensión lógica es el retrato colectivo encarnado por Carlos Frey, el guía estadounidense para la expedición de Margáin, cuya vida en la selva con su esposa lacandona le había transculturado a la vida selvática, y sirve ahora de intermediario cultural entre los científicos metropolitanos y los nobles salvajes, residuos éstos de una clásica civilización fundadora de las Américas ("La caridad comienza en casa", como escribe Blom en otro contexto, promoviendo la inversión institucional en excavaciones americanas —o sea mayas— en lugar de las egipcias.)

Raúl Anguiano presenta la versión más mitificada de la leyenda de Frey. Para el pintor, Frey es el individualista de la frontera convertido en noble salvaje, una especie de Cristo indígena travestido de Tarzán: "Frey tiene las ropas sucias y desgarradas, y crecida la barba; largo y flaco, parece un Cristo de madera. Está feliz en la selva, entre los lacandones" (53). Más tarde, Anguiano describe a un Frey desnudo, luchando en el río para sacar una mula que se ha caído, en una escena que subraya los paralelos con la exploración de Africa por los europeos y que parece predecir la muerte de los dos expedicionarios: "Durante esta lucha hay un momento de extraña nota pintoresca, pues Carlos va coronado por su *sarakoff*, que está adornado gallardamente con una roja pluma de guacamaya. Es impresionante ver la cabeza de Frey surgiendo del agua, adornada de esta manera, y la cabeza de la mula de azorados ojos, siguiéndole" (64-65).

## II. El encuentro amoroso con Lázaro, la Dama de la Muerte

La expedición de 1949 culminó en la tragedia, con la muerte por agua de dos jóvenes, el guía estadounidense transculturado Carlos Frey y el joven y celebrado grabador chiapaneco Franco Lázaro Blanco. Tanto Margáin como Anguiano explican que se permitió que el grupo sobrepasara lo que podían sostener el equipo y las provisiones: "El error ha consistido en dejar crecer tanto la expedición. Aquí estamos separados de los otros compañeros, consumiendo parte de las provisiones, y ellos también estarán haciendo lo mismo" (49). Un examen de las dos narraciones sobre el accidente iluminan los diferentes proyectos narrativos de sus autores.

Después de que el arriero, Pedro Pech, encuentra un remo extraviado flotando en el río, Anguiano resume el trágico desenlace en estos términos anticlimáticos: "Nos dan la mala nueva: Franco y Carlos Frey yacen en el fondo del río, junto a un rápido, como a cuatro metros de profundidad" (74-75).

En la versión del arqueólogo, por otro lado, se echa la culpa de la muerte de Carlos Frey a la cobardía de Franco Lázaro. Margáin describe a éste como miedoso y supersticioso —a pesar de que él mismo entra en especulaciones de naturaleza supersticiosa— que no tenía ningún lugar en la expedición y omitió prevenirle a Frey que no sabía nadar:

> A Franco L. Gómez, poca oportunidad tuve de tratarlo; era retraído y hablaba poco. Su muerte me dejó, desde un principio, la impresión, fatalista y mexicana, expresada por aquel decir: "Se puede uno escapar del rayo, pero de la raya ... nunca .... La Muerte lo esperaba, no me cabe duda .... Franco L. Gómez quizá presentía su fin. Cargaba colgada al cuello una pequeña botella de anti-viperino ... Llevaba un enorme pistolón al cinto; como alguien le dijera que era no sólo inútil, sino estorboso andar con semejante pistola al cinto, él, callado, no dijo nada, pero cuando se volcó la canoa llevaba entrelazada en su muñeca un morral ... con la pesada pistola dentro. Este exceso de precaución ... lo llevó directamente a encontrarse con aquella que lo esperaba en la cita de la cual no se vuelve: la Muerte (53-54).

A continuación Margáin inventa una historia que preserva el heroísmo de Frey y transforma a Lázaro del novio de la Muerte en el mismo Ángel de la Muerte:

se vuelca la canoa y la cita que tenía Franco L. Gómez con la Muerte, hizo
que Frey cumpliera la suya .... Al ver Frey a Gómez que se ahogaba, pensó
—si es que lo hizo— 'si algo le pasa a este muchacho, nunca más, nadie
vendrá a la selva conmigo'; su sueño dorado: ser guía y jefe de campo de
expediciones a la selva, se esfumaba, y, para evitarlo Frey acudió a la cita.
La Muerte, que ya hacía presa de Franco L. Gómez, con macabra
tranquilidad dejó que éste se encagara [sic] de llevarle a Frey; el cadáver de
Franco L. Gómez fué encontrado abrazado, trágica y postreramente, al
cuerpo de Carlos Frey. Los dos acudieron abrazados a la inexorable cita
(45).

La admiración que a Margáin le inspira la figura de Frey, el hombre
blanco indianizado, tiene su complemento ideológico en el desprecio más
absoluto que siente por un lacandón aculturado que se hace llamar 'Juan
Valor':

Un individuo que de lacandón sólo tenía el pelo, que era largo y que estaba
enmarañado y sucio como nunca había visto a ningún lacandón tenerlo;
llevaba unas botas de hule enormes hasta la rodilla, rotas de las suelas por
donde holgadamente asomaban unos dedos llenos de polvo convertido en
costras de lodo por el sudor; un pantalón pringoso de mugre rasgado por
varias partes, sujetado a su cintura por un hilacho; llevaba los restos de lo
que fué una camisa de mezclilla, que en una época había sido azul, rota,
mantecosa, negra. Tenía un morral cuyas asas acomodaba febrilmente a
cada instante al hombro. La mugre de su cara era solamente comparable a
la que le teñía sus pies y su pelo (91).
....
La mugre convertida en hombre, un guiñapo, una verdadera ruina humana,
de peor aspecto que el último paria de nuestras grandes ciudades por los
largos cabellos tan típicos de los lacandones —que en la selva les sirven
para protegerse de los múltiples insectos— lentamente se alejó tambaleante
.... Una madre le dijo a su criatura: —¿Ves, hijo? ¡ésos son los caribes! ...
(94).

Apenas dos años después, en 1954, el viajero inglés Michael Swann viajó
a la Selva Lacandona en busca de la legendaria tumba de Frey. Una vez más
la figura trágica será representada por éste y no por su compañero chiapaneco
Franco Lázaro Gómez. Según la nueva versión de la leyenda:

The guide on one of those expeditions was a remarkable American named
Charles Frey, who had fallen in love with the southern Mexican forests as a
young man and spent all his life wandering among them. He was killed
on the Bonmpak expedition in a tragic manner. Every member of the
expedition was forbidden to use the canoes unless they were good
swimmers. One day Frey went on a short canoe trip and took with him a
Maya boy who said that he could swim. The canoe tipped over and both
were thrown into the water. The river was broad and deep but there were
no swift currents or whirlpools and Frey could easily have made the shore.
The Indian shouted that he couldn't swim and Frey went to his rescue. An

Indian onlooker said that he saw him swimming strongly for the shore with the boy in his arms. The two drowned bodies were found later that day (212).

Para 1954 el celebrado artista chiapaneco ya se había convertido en un muchacho maya anónimo por quien el héroe Frey había muerto inútilmente, un cristo sacrificándose para redimir a un pueblo cobarde, afeminado y ajeno.

Para Swann, aparte de la leyenda trágica, el resultado más importante de la expedición de 1949 fueron los descubrimientos arqueológicos de Margáin y sus implicaciones para la promoción del mayanismo: "The expedition for which Frey was the guide made the most accurate copies of the frescoes and came to interesting conclusions about the significance of Bonampak in the Old Empire of the Mayas. It had been their aesthetic centre, the Florence or Rome of their civilization" (212). De nuevo se excluye toda mención del trabajo creativo de Lázaro Blanco, Anguiano y los otros pintores chiapanecos y mexicanos cuya obra perdura como el legado permanente de la expedición por su valor arqueológico, etnográfico, artístico y humano.

Los diarios extáticos de Blom dejan al lector contemporáneo preguntándose si, de no ser por la influencia de Trudy Blom, no se habría "indianizado" también. Muchos años después al héroe Blom/Frey lo reemplaza en la narrativa lacandona la figura del antropólogo cultural Roberto Bruce (fallecido el año pasado), quien vivió varias décadas entre el Distrito Federal y las comunidades lacandonas, en las que fungió como ciudadano honorario. Igual que Trudy Blom, Bruce se hizo defensor de la causa lacandona y al hacerlo defendía el status de los lacandones como los únicos mayas "auténticos", los descendientes directos de los arquitectos de Palenque que se quedaban libres de la influencia corruptora ladina.

Tanto Duby como Bruce siguieron defendiendo esta tesis hasta el final de sus vidas, contra la evidencia cada vez más contundente presentada por Linda Schele y otros epígrafos de los ochentas y noventas, para quienes los choles que viven en los alrededores de las ruinas (y que ahora forman parte del Ejército Zapatista de Liberación Nacional) serían los descendientes directos de los antiguos constructores de las pirámides y de la civilización clásica de los mayas.

Otra variante más siniestra de la figura del colonialista blanco indianizado, la encarna el sobrino de Roberto Bruce, quien se mudó a Nahá, a través de regalos de alcohol a los mayordomos logró casarse con una niña lacandona, y en 1993 fue encarcelado por haberla matado a golpes.[3] Quizás el legado más triste del levantamiento zapatista del 1 de enero de 1994 es el haberlo liberado de la cárcel de Ocosingo, junto con todos los campesinos mayas que cumplían condenas, en muchos casos perpetuas, por su pobreza. El joven asesino Bruce huyó por la Selva Lacandona, según la abogada del Grupo de Mujeres de San Cristóbal de las Casas, con la ayuda de los zapatistas.

III. La movilidad femenina como traición o intercambio

Lejos de estar solos en la Selva, los hombres mayas y mexicanos tienen que contender con los jaguares, jabalíes, alacranes, moscas chicleras portadoras de parásitos y mosquitos portadores de malaria, además de los chicleros, que se presentan como peligrosos criminales, y las mujeres mayas, representadas como sufridas y/o traicioneras. Para 1949, también ocupan la Selva el ejército mexicano, un equipo de cine de Hollywood con su arrogante director, y hombres mexicanos afeminados como Franco Lázaro Gómez.

En su epílogo Carlos Margáin describe su propio regreso a Bonampak al año siguiente. Allá se encuentra con Kin-Obregón y sus cuatro esposas; y su hermana Margarita, la "kika" o mujer de Carlos Frey (120). José-Pepe Chambor se había ido a Agua Azul con sus dos esposas y dos hijos, y regresó a los dos meses con sólo una esposa. Un niño había muerto y el otro se había quedado con la madre al huir ésta con un arriero (120). Por su parte, Raúl Anguiano regresa a la Selva hacía 1963, y le pregunta a Obregón por la viuda de Frey, Margarita (Ná-Kin). El lacandón le responde, "¡Hú!, hace tiempo fue Guatemala; gusto mucho hombres" (121). A lo largo de estas narraciones de aventuras masculinas, nos encontramos con muchas bromas machistas sobre la excesiva sexualidad femenina, junto con su infidelidad, deslealtad y avaricia.

A esta visión machista se contraponen varios textos: las obras tempranas de Gertrude Duby, la esposa y compañera de trabajo de Frans Blom, a partir de su libro de 1944, *Los lacandones. Su pasado y su presente*, la parte de *The Last Lords of Palenque* escrita por el guatemalteco Víctor Perera (en combinación con Roberto Bruce) cuarenta años después, y la historia oral que acaba de hacer Mario-Odile Marion de varias mujeres lacandonas. Este último libro consiste en narraciones de un patriarcado fuera de control, tanto en la sociedad maya como en la mexicana. Se relatan casos terribles de incesto paterno, de venta abierta de niñas y muchachas a los ladinos por parte de sus padres, ya sea a cambio de parque o de alcohol. Se relata una crónica violencia doméstica de maridos contra esposas, con consecuencias devastadoras en los ámbitos físiológico, psicológico y social. En un caso, el rechazo amoroso que siente un pretendiente ladino por parte de una lacandona lo lleva a asesinar a machetazos a varios familiares de ésta, a cortarle una mano a la madre y secuestrar a la muchacha. Los lazos emocionales más íntimos formados por estas mujeres lacandonas parecen ser con niños y con otras mujeres, especialmente hermanas y co-esposas. Igual que Margáin, Duby y la gran mayoría de los escritores occidentales, Marion atribuye estas tendencias patológicas a la desintegración social causada por el contacto cada vez más frecuente que tienen los lacandones con la sociedad occidental metropolitana.

IV. Tecnología, globalización y nacionalismo

En su relación de la expedición de Tulane de 1925, Blom se jacta del sofisticado equipo de luz y fotografía que llevan, y nos cuenta una anécdota interesante sobre la diseminación trasnacional de la cultura y la información, a través de conciertos sinfónicos en vivo y noticias al minuto, transmitidos por la radio de onda corta que tiene un finquero alemán dentro de la Selva. (Al lector le recuerda la narración que hará Graham Greene, en 1939, de los entusiastas radioescuchas siguiendo de cerca el avance de los fascistas españoles, en el Hotel Español de San Cristóbal, donde Blom y La Farge también se hospedaron).

También encontramos un eco sugerente en la narración posterior de Margáin, en un incidente que resume la complejidad de la zona de contacto en que se había convertido la Selva Lacandona para 1949. Se trata de Año Nuevo, y los miembros estadounidenses y mexicanos de la expedición del INAH también escuchan la radio, en este caso la transmisión en vivo de la famosa celebración anual que tiene lugar en Times Square de Nueva York. Mientras tanto los nuevos amigos lacandones observan desde una distancia discreta, consternados, pues para ellos no tienen ningún significado ni el calendario europeo ni los dos nacionalismos feroces que se expresan en este momento. Este incidente encierra tanto los nacionalismos encontrados, como el desarrollo desigual asociado con las diferentes zonas temporales, ya que los integrantes estadounidenses celebran la llegada de Año Nuevo una hora antes que sus compañeros mexicanos. Pero para Margáin la entrega más apasionada de los mexicanos, con sus tiros al aire y sus canciones populares, son prueba contundente de su mayor autenticidad nacional, en contraste con sus desangelados compañeros estadounidenses.

A Margáin le resulta difícil explicarles a los lacandones por qué los ciudadanos de Estados Unidos y de México celebran Año Nuevo, y le resulta completamente imposible persuadirles que hay lógica alguna en disfrazar los árboles de la selva tropical de árboles de Navidad, según Margáin, "para que se vean en la nieve". Por supuesto existe un segundo nivel de ironía, ya que el Distrito Federal difícilmente recibe más nieve que Bonampak o Nahá. Comienza a ocurrírsele al arqueólogo chilango que existe una contradicción entre su vehemente patriotismo y antiimperialismo, por un lado, y su adopción incongruente de algunas costumbres gringas.

Así, en lo más recóndito de la Selva Lacandona, tan lejos de la Civilización y las buenas costumbres, a solas con tres pintores, un equipo de cine, Tarzán, el ejército mexicano, los bisnietos de 'los últimos señores de Palenque' y la multitud de gringos congregados en Times Square, se comienza a comprender el lamento de Ballinas de 1878, "Uno nunca sabe para quién trabaja".

NOTAS

[1] Agradezco el apoyo para estas investigaciones que me han brindado la Universidad de Washington, el Social Science Research Council de Nueva York, el Instituto Chiapaneco de la Cultura (ahora Universidad de Ciencias y Artes del Estado de Chiapas) y el jefe de su Dirección de Literatura, el Lic. Jesús Morales Bermúdez, Carlos Jurado, Miriam Chichai, Jan de Vos y el Grupo de Mujeres de San Cristóbal. Este ensayo se basa en una ponencia presentada en Stanford University en octubre de

1997 y forma parte de un libro en proceso entitulado *In the House of the Jaguar: Cultural Encounters in Chiapas*.

[2] Todavía en una entrevista con *Excelsior* en 1997, el viejo artista recordaba esta aventura como la más emocionante de su vida, recordándonos así lo resbalosa que es la memoria.

[3] Según el *New York Times*, este fue el primer asesinato entre los lacandones en tiempos modernos. Resulta más que evidente del libro de Marion que esto dista mucho de la verdad, como es de esperarse en cualquier comunidad humana, y más aún cuando se trata de un grupo subalterno tan marginado.

## Bibliografía citada

Anguiano, Raúl. *Aventura en Bonampak. Diario de un viaje extraordinario por la Selva Lacandona*. Mexico City: Editorial Novaro, 1968.

Bartra, Armando. *El México bárbaro. Plantaciones y monterías del Sureste durante el Porfiriato*. Mexico City: El Atajo, 1996.

Blom, Frans. *En el lugar de los grandes bosques*. Tuxtla Gutiérrez: Gobierno del Estado de Chiapas, 1990 (La edición danesa: *I De Store Skove. Breve fra Meksiko*. Andr. Fred. Host & Sons Forlag, 1923).

_____ *Las ruinas de Palenque, Xupá y Fince Encanto*. México, D.F.: Instituto Nacional de Antropología e Historia, 1991 (escrito en 1923).

_____ y Oliver La Farge. *Tribes and Temples. A Record of the Expedition to Middle American Conducted by The Tulane University of Louisisana in 1925*. 2 vols. New Orleans: Tulane University Press, 1926 and 1927. Spanish edition: *Tribus y templos*. Bertha Adalid Carbajal, trad. México, D.F.: Instituto Nacional Indigenista, 1986.

Brunhouse, Robert L. *Frans Blom, Maya Explorer*. Albuquerque: University of New Mexico Press, 1976.

Clifford, James. *Routes. Travel and Translation in the Late Twentieth Century*. Cambridge: Harvard University Press, 1997.

Cornejo-Polar, Antonio. *Escribir en el aire: Ensayo sobre la heterogeneidad socio-cultural en las literaturas andinas*. Lima: Editorial Horizonte, 1994.

Cortés Juárez, Erasto. *El grabado contemporáneo (1922-1950)*. Enciclopedia Mexicana de Arte. Vol. 12. México, D.F.: Ediciones Mexicanas, 1951.

De Vos, Jan. *Viajes al desierto de la soledad. Cuando la Selva Lacandona aún era selva*. México: Secretaría de Educación Pública, 1988.

Duby, Gertrude. *Chiapas indígena*. México, D.F.: UNAM, 1961.

_____ *Los lacandones. Su pasado y su presente*. México, D.F.: Secretaría de Educación Pública, 1944.

Franco Gómez, Lázaro. *Los sueños de Franco Lázaro. Artista chiapaneco*. Tuxtla Gutiérrez: Rodrigo Núñez Editores, 1990.

Gutiérrez, Jesús Agripino. *Ixtapa. Estampas de mi pueblo*. Grabados de Franco L. Gómez. Tuxtla Gutiérrez: Gobierno del Estado de Chiapas, 1949.

Harris, Alex y Margaret Sartor. *Gertrude Blom: Bearing Witness*. Chapel Hill and London: The Center for Documentary Photography, Duke University, and The University of North Carolina Press, 1984.

Margáin, Carlos. *Los lacandones de Bonamp ak*. Enciclopedia Mexicana de Arte Vol. 13. Mexico City: Ediciones Mexicanas, 1951. Con dibujos y óleos de Raúl Anguiano. 2nd ed. México, D.F.: Secretaría de Educación Pública, SepSetentas, 1972. Con fotografías anónimas.

Marion, Marie-Odile. *Entre anhelos y recuerdos*. México, D.F.: Plaza y Valdés, 1997.

_____ *Los hombres de la selva. Un estudio de tecnología cultural en el medio selvático*. México, D.F.: Instituto Nacional de Antropología e Historia, 1991.

Montañés, Pablo. *Lacandonia*. México, D.F.: B. Costa-Amic, 1961; second edition, corrected and expanded, 1963.

Morales Bermúdez, Jesús. *Aproximaciones a la poesía y la narrativa de Chiapas*. Tuxtla Gutiérrez: Universidad de Ciencias y Artes del Estado de Chiapas, 1997.

Perera, Victor and Robert D. Bruce. *The Last Lords of Palenque: The Lacandon Mayas of the Mexican Rain Forest*. Boston: Little, Brown and Company, 1982.

Pratt, Mary Louise. *Imperial Eyes: Travel Writing and Transculturation*. London: Routledge, 1992.

Swann, Michael. *Temples of the Sun and Moon. A Mexican Journey*. London: Jonathan Cape, 1954.

Tibol, Raquel. *Gráficas y neográficas en México*. México, D.F.: UNAM and SEP, 1987.

**Maureen Ahern** es profesora de literatura en la Universidad de Ohio State (OSU). Obtuvo su doctorado en la Universidad Nacional Mayor de San Marcos. Ha publicado extensamente sobre temas de literatura indígena y colonial hispanoamericana y particularmente sobre crónicas y relaciones de la Conquista. Es también autora de *A Rosario Castellanos' Reader* y *At Night The Cats* (antología bilingüe de Antonio Cisneros). Es miembro del Comité Ejectuvo de la División de Literatura Colonial Hispanoamericana de la *Modern Language Association*, y forma parte del Comité Editorial de varias revistas de crítica literaria, entre ellas *Revista Iberoamericana*.

**John Beverley** es catedrático de literatura española y latinoamericana y estudios culturales en la Universidad de Pittsburgh. Sus libros incluyen una edición crítica de las *Soledades* (1979), *Aspects of Góngora's "Soledades"* (1980), *Del Lazarillo al Sandinismo* (1988), *Literature and Politics in the Central American Revolutions* (1990), *Against Literature* (1993) y *Una modernidad obsoleta: Estudios sobre el Barroco* (1997). Ha co-editado *Ideología y crítica literaria* (1982), *Texto y sociedad: Problemas de historia literaria* (1990), *La voz del otro: Testimonio, subalternidad y verdad narrativa* (1993) y *The Postmodernism Debate in Latin America* (1995). Actualmente forma parte del Grupo de Estudios Subalternos Latinoamericanos y prepara un libro sobre el tema de *Subalternidad y representación* para Duke University Press.

**Raúl Bueno Chavez**, peruano, es profesor de literatura hispanoamericana y de estudios latinoamericanos en Dartmouth College desde 1989. Es también profesor emérito de la Universidad Mayor de San Marcos desde 1986. Ha publicado *Metodología del análisis semiótico* (en colaboración con D. Blanco — 1980, 1985, 1989), *Poesía hispanoamericana de vanguardia: Procedimientos de interpretación textual* (1985, 1987) y *Escribir en Hispanoamérica: Ensayos sobre teoría y crítica literarias* (1991). Tiene en preparación un volumen sobre metáforas de cultura, identidad y desarrollo en América Latina y otro sobre "el efecto vanguardista" en la literatura latinoamericana. Dirige la *Revista de Crítica Literaria Latinoamericana* a partir del número 48.

**José Castro-Urioste** obtuvo su Ph.D. en Literatura Latinoamericana en 1993 en la Universidad de Pittsburgh y su Bachillerato en Literatura en 1988 en la Universidad Nacional de San Marcos. Ha publicado artículos sobre crítica literaria en *Revista de Crítica Literaria Latinoamericana* y *Revista Iberoamericana*, entre otras. Actualmente está preparando un libro sobre la literatura latinoamericana y la construcción del imaginario nacional en el siglo XIX y principios del XX.

**Eugenio Chang-Rodríguez**, profesor emérito del Queens College y del Graduate School de la City University of New York (CUNY), es autor de varios libros sobre literatura, lingüística e historia latinoamericanas, publicados en castellano, inglés y chino. Entre ellos se encuentran *Latinoamérica, nación continental, Frequency Dictionary of Spanish Words,* y *Poética e ideología en Mariátegui.* Su experiencia editorial incluye la codirección del número especial de la *Revista Iberoamericana* sobre "Proyección de lo indígena en las literaturas de la América Hispánica" (1984), la dirección del *Boletín de la academia norteamericana de la lengua española,* la codirección de *Word,* publicación cuatrimestral de la Asociación Internacional de Lingüística. Chang-Rodríguez es miembro numerario de la Academia Norteamericana de la La Lengua Española y Académico Correspondiente de la Real Academia Española; actualmente preside la Asociación Internacional de Lingüística y codirige el Seminario Latinoamericano de la Universidad de Columbia.

**Jesús Díaz-Caballero**, peruano, realizó su maestría en Literatura Latinoamericana en la Universidad de Maryland y actualmente prepara su tesis de doctorado sobre el incaísmo criollo en la fundación de las repúblicas andinas en la Universidad de Pittsburgh. Se especializa en temas de raza y literatura en los Andes y el Caribe. Ha publicado artículos, reseñas y entrevistas en diversas revistas de crítica literaria.

**Frank Graziano** es profesor asistente de español y estudios latinoamericanos en la American University. Sus publicaciones más recientes incluyen *Divine Violence: Spectacle, Psychosexuality, and Radical Christianity in Argentine "Dirty War"* (1992) y *Semblanza de Alejandra Pizarnik* (1992). Acaba de terminar un libro titulado *The Lust of Seeing: Themes of the Gaze and Sexual Rituals in the Fiction of Felisberto Hernández* (1997) y actualmente está trabajando en un libro sobre Santa Rosa de Lima.

**Ricardo J. Kaliman** es profesor Asociado de la Facultad de Filosofía y Letras de la Universidad Nacional de Tucumán, Argentina, donde dirige el proyecto "Identidad y reproducción cultural en los Andes Centromeridionales". Su proyecto actual se titula "Ideología y literatura en el lenguaje poético. Las letras de zamba argentinas" (1940-1985), CONICET. Tiene en preparación el libro *Comunidades y consecuencias. Conceptos en la tradición de los estudios literarios y culturales latinoamericanos.* Ha editado las Memorias de JALLA Tucumán 1995. Sus artículos más recientes incluyen estudios sobre oralidad, identidad y estudios culturales latinoamericanos.

**John Landreau** es profesor del College of New Jersey. Sus publicaciones más recientes son "The Task of the Andean Translator" (1996) y "Translation, Autobiography and Quechua Knowledge", incluido en *José María Arguedas: Reconsiderations for Latin American Cultural Studies.* Ciro A. Sandoval y Sandra Boschetto-Sandoval, eds. (1998). Actualmente, está trabajando en un manuscrito titulado "Translating Culture: José María Arguedas and Perú, 1930-1969".

José Antonio Mazzotti es profesor de literatura colonial y poesía latinoamericana en la Universidad de Harvard. Ha publicado recientemente los libros *Coros mestizos del Inca Garcilaso. Resonancias andinas* (1996) y *Señora de la Noche* (1998). Ha co-editado también el volumen de ensayos *Asedios a la heterogeneidad cultural. Libro de homenaje a Antonio Cornejo-Polar* (1996) y la antología *El bosque de los huesos. Nueva poesía peruana 1963-1993* (1995). Entre sus artículos más recientes se cuentan "The Lightning Bolt Yields to the Rainbow: Colonial Semiosis and Indigenous History in the *Comentarios Reales*", "Sólo la proporción es la que canta: poética de la nación y épica criolla en la Lima del XVIII".

Mario Roberto Morales obtuvo su Ph.D. en Literatura latinoamericana en la Universidad de Pittsburgh en 1998. Sus publicaciones más recientes incluyen: *El Ángel de la Retaguardia* (novela, 1997); *Los que se fueron por la libre* (folletimonio). Ha publicado en *Internet* en <http://www.sigloxxi.com>; *Señores bajo los árboles* (testinovela, publicada en Guatemala en 1994). Ha publicado también extensamente sobre la cuestión étnica en Guatemala, la producción narrativa y testimonial centroamericana, sobre la obra de Miguel Ángel Asturias y sobre el tema de la identidad maya y ladina en la Guatemala contemporánea.

Mabel Moraña es profesora de la Universidad de Pittsburgh donde dirige el Departamento de Lenguas y Literaturas Hispánicas. Es también Directora de Publicaciones del Instituto Internacional de Literatura Iberoamericana. Sus trabajos incluyen *Políticas de la escritura en América Latina. De la Colonia a la modernidad* (1997), *Memorias de la generación fantasma* (1988) y *Literatura y cultura nacional en Hispanoamérica, 1910-1940* (1982). Es editora de *Relecturas del Barroco de Indias* (1994) y co-editora de *La imaginación histórica en el siglo XIX* (1994). Ha coordinado volúmenes especiales sobre literatura colonial para la *Revista de Crítica Literaria Latinoamericana* y la *Revista Iberoamericana*. Su último libro *Viaje al silencio. Exploraciones del discurso Barroco* será publicado por la UNAM.

Beatriz Pastor obtuvo su doctorado en la Universidad de Minnesota y es profesora de literatura en Dartmouth College. Ha publicado *Roberto Arlt y la rebelión alienada* (1981), *Discursos narrativos de la Conquista: mitificación y emergencia* (1988), libro ganador del concurso de ensayo de Casa de las Américas, Cuba (1983), *El jardín y el peregrino: Ensayos sobre el pensamiento utópico latinoamericano, 1492-1695* (1995) y *The Armachure of Conquest: Spanish Accounts of the Discovery of America 1492-1589* (1992).

Ana Peluffo enseña en la Universidad de California, Davis. Estudió literatura comparada en Sarah Lawrence College y literatura latinoamericana en New York University. Esta trabajando actualmente en su tesis doctoral sobre Género e identidad nacional en Clorinda Matto de Turner. El artículo que aparece en esta colección forma parte de ese proyecto.

**Guido Podestá** es profesor asociado de literatura latinoamericana en la Universidad de Wisconsin en Madison. Ha publicado dos libros sobre el teatro y las crónicas de César Vallejo titulados *César Vallejo: su estética teatral* (1985) y *Desde Lutecia: anacronismo y modernidad en los escritos teatrales de César Vallejo* (1994). Ha publicado artículos sobre literatura peruana y comparativos entre Estados Unidos y América Latina en revistas tales como *Modern Language Notes, Siglo XX/20th Century* y *Theatre Three*.

**Luis Rebaza-Soraluz** es profesor asistente de Estudios Hispanoamericanos en King's College de la Universidad de Londres. Poeta, crítico literario y artista gráfico. En la primera categoría, sus publicaciones incluyen *Del reino y la frontera* (1985, 1991), *Sonó que en una plaza* (1989) y *Dos solitudes* (1990). Ha publicado también numerosas entrevistas con escritores, y es autor de artículos acerca de la literatura del "Fin de Siglo" hispanoamericano, la obra de Manuel González Prada, Rubén Darío, José María Eguren y Javier Sologuren, entre otros. El ensayo incluido en este libro es un capítulo del volumen todavía inédito: *"Feliz promiscuidad": la construcción de un artista peruano contemporáneo*. Está terminando *Nudos y otros fragmentos del universo*, un CD-ROM que recoge, ordena y comenta la obra visual (plástica y literaria) de Jorge Eduardo Eielson.

**Verónica Salles-Reese** es profesora de español y directora del programa de español de literatura comparada en la Universidad de Georgetown. Ha publicado recientemente *From Viracocha to the Virgen of Copacabana* (1997). Ha publicado múltiples estudios sobre literatura y cultura hispanoamericana colonial. Trabaja actualmente un libro sobre la vida cotidiana en el Perú colonial.

**Alejandro Solomianski**, obtuvo los títulos de licenciado y profesor en letras por la Universidad de Buenos Aires. Ha trabajado como docente en la U.B.A. y en el barrio marginal Ejército de los Andes ("Fuerte apache") de Ciudadela. Actualmente prepara en la Universidad de Pittsburgh su tesis de doctorado *Aunque el olvido que todo destruye* acerca de la "posmodernidad" argentina. Su obra teatral *Pred na hubre* ha sido representada en la sala Babilonia, repuesta en la sala Alberdi del Centro Cultural San Martín y recopilada en la antología *Otro teatro después de teatro abierto* (1991). Recientemente ha publicado en *Revista Iberoamericana* "El cuento de la patria. Una forma de su configuración en la cuentística de Ricardo Piglia".

**Cynthia Steele** obtuvo su doctorado en la Universidad de California, San Diego. Es profesora de literatura y de *Women Studies* en la Universidad de Washington (Seattle), donde dirige el Programa de Estudios Latinoamericanos. Ha publicado, entre otras cosas, *Narrativa indigenista en los Estados Unidos y México* (1985) y *Politics, Gender, and the Mexican Novel 1968-1988: Beyond the Pyramid* (1992), así como numerosos artículos sobre temas tales como zapatismo, teatro maya y literatura indigenista. Actualmente trabaja en un libro titulado *Highland Chiapas as Text: Mayans, Anthropologists, Priests, and Struggles over Narrative Authority*.

Juan Ulises Zevallos Aguilar obtuvo su Ph.D. en la Universidad de Pittsburgh. Tiene en prensa su libro titulado *Indigenismo y construcción de la nacionalidad peruana* (1998). Está revisando los manuscritos de dos libros que saldrán a la venta en 1999: *Poesía y postmodernidad periférica* y *Representación y subalternidad en la Región Andina*. Es profesor visitante en Temple University. Actúa como secretario de JALLA (Jornadas Andinas de Literatura Latinoamericana) en los EE.UU. Ha publicado artículos críticos en *Revista de Crítica Literaria Latinoamericana*, *Revista Iberoamericana*, *Amazonía Peruana* y *Siete Culebras. Revista de Cultura Andina*.

www.ingramcontent.com/pod-product-compliance
Lightning Source LLC
Chambersburg PA
CBHW050627280326
41932CB00015B/2546